正说

冯建林 周俊玲 编著

人民出版社

责任编辑:侯俊智
装帧设计:张小国　徐　晖

图书在版编目(CIP)数据

正说岳飞/冯建林 周俊玲 编著. -北京:人民出版社,2012.10
ISBN 978-7-01-010713-4

Ⅰ.①正…　Ⅱ.①冯…②周…　Ⅲ.①岳飞(1103~1142)-人物研究
Ⅳ.①K825.2

中国版本图书馆CIP数据核字(2012)第032107号

正说岳飞
ZHENGSHUO YUEFEI

冯建林　周俊玲 编著

人民出版社 出版发行
(100706　北京市东城区隆福寺街99号)

北京海石通印刷有限公司印刷　新华书店经销

2012年10月第1版　2012年10月北京第1次印刷
开本:710毫米×1000毫米 1/16　印张:20.75
字数:348千字　印数:00,001-10,000册

ISBN 978-7-01-010713-4　定价:43.00元

邮购地址 100706　北京市东城区隆福寺街99号
人民东方图书销售中心　电话 (010)65250042　65289539

引　言

岳飞　这个在中华大地上家喻户晓的民族英雄，南宋最杰出的一代名将，在历经八百多年的岁月沧桑之后，他的名字已经成为了一面爱国主义的旗帜！

民间流传的岳飞形象已经深入人心，但那是小说、戏剧、评书等的演绎，与历史真相相去甚远。

那么，历史上的岳飞又是怎样的一个人呢？他又有着怎样的传奇经历呢？

杭州岳庙的岳飞塑像

究竟是怎样的战绩，使岳飞从名将如云的中国历史上脱颖而出被尊为武圣的呢？

究竟是怎样的经历，使岳飞从一介平民成长为南宋朝廷最高军事统帅之一的呢？

究竟是怎样的变故，使岳飞从一品重臣沦落为罪名“莫须有”而蒙冤遇害的呢？

究竟是怎样的曲折，使岳飞从被冤杀到平反昭雪再升华而成为民族英雄的呢？

刘兰芳播讲的评书《岳飞传》曾经轰动一时

著名作家、学者冯建林、周俊玲携手三十余位当代研究岳飞的学者、教授、历史学家及岳飞后裔，精心编著了这部《正说岳飞》，为你详细解读有关岳飞的历史疑云……

汤阴岳庙的岳飞塑像

目录

第一章 岳飞出世

公元1103年3月24日(宋徽宗崇宁二年二月十五日)夜里,月光皎洁,满地银辉,数丈之外即能看清人形。

在河北西路相州汤阴县永和乡孝悌里一户农家院里,男主人岳和拉着五、六岁的女儿,伫立院中,望着北屋的寝室,压抑不住内心的喜悦和焦急等待,心中暗暗祈祷:"我和妻子一生积德行善,如今都已年近四十了,膝下还只有一女,恳望老天垂顾我岳家,生个男孩儿吧,也好接续岳氏祖宗的香火!"

寝室里透出烛光,窗缝里弥漫着热水的雾气,他临盆在即的妻子姚氏发出一阵阵呻吟,就要生产了,产婆在安慰着姚氏,并做些产前指导和嘱咐。

这时,突然自东南方飞来了一只像鹄一样的大鹏鸟,飞鸣于岳家寝室之上,盘旋数次。

岳和望见,既感吃惊,又觉得很怪异,心中暗暗称奇,用手指给女儿看,说道:"快看,那是一只像鹄的大鹏鸟啊。"女儿看了,连连拍手,欣喜不已,欢快地说道:"大鹏鸟在咱家屋顶飞鸣不去,是要在咱家筑巢而居吗?"岳和慈蔼地笑了笑,轻声道:"怎么会呢? 鹄是神鸟,翱翔天际,鹏程万里,我等望见一次都是缘分,怎么会在咱家筑巢落户呢?"

南宋宫廷画师刘松年所绘《南宋中兴四将图》卷,左二为岳飞

女儿眨了眨眼，有些迷惘了，问道："爹，鹄不是大鹏鸟吗？"岳和低下头看着女儿，脸上满是慈爱，微笑着解释道："鹄就是天鹅。"

恰在这时，一声婴儿的啼哭声从寝室传了出来，声音十分洪亮——姚氏顺利地诞下了一个岳家男孩儿。

岳和夫妇年近不惑，喜得贵子，全家都高兴得不得了，喜气顿时洋溢了岳家整个儿院落。

岳和跑进屋内，小心翼翼地抱起男婴，左看右看，十分开心，慈祥的脸上尽是欣喜，在孩子那宽广的额头上不住地亲吻，一边乐呵呵地笑道："岳家有后了，岳家有后了！"

产婆笑着说："你这孩子脑袋颇大，而且方脸大耳，眉宇开阔，很不多见，这是富贵相啊！"

岳和听了，蓦地一怔，似是突然想起了什么，匆忙把婴儿交给姚氏，奔出了寝室，仰望屋顶上方的天空，只见月朗星稀，早已不见了那只盘旋鸣叫的大鹏鸟了。

岳和返回寝室，对妻子姚氏和产婆说道："刚才，我儿诞生之时，突然自东南方飞来了一只像鹄一样的大鹏鸟，飞鸣于我家寝室之上，盘旋数次，现在已经飞走了。"女儿也道："刚才我也看见那个大鹏鸟了，就像天鹅一样，好大，好大。"

产婆和姚氏听了，都道："刚才，我们也听到大鸟的叫声了，就在屋顶来回叫呢。"

岳和沉吟道："刚才的大鹏鸟在咱家屋顶飞鸣盘旋，应该是个吉兆！莫非预示我儿将来要鹏程万里么？如此，我儿就取名'飞'吧，岳飞，字鹏举。"

岳飞出世之后，随着他对中国历史产生的影响，使得岳姓名扬天下，四海皆知，那么，岳飞的籍贯哪里？岳姓又起源于何时呢？是不是名门望族呢？

岳朝军(岳飞思想研究会会长、岳飞第二十八代嫡孙)：岳飞的籍贯是宋代河北西路相州汤阴县，也就是今天的河南省汤阴县；当时，岳飞经常自称河北人或河朔人。

在中国古代的姓氏中，岳姓是个小姓。自宋以前，历史记载中尚无岳姓的名人。据邓名世《古今姓氏书辨证》及《姓源类谱》上说："唐尧时，有四岳者，佐尧理天下，因官以命氏，实岳姓所自始。"就是说，岳姓来源于唐尧时代的"四岳"，"因官以命氏"。其后数千年，岳氏宗族、支系没有明确记载，无法查考。

汤阴岳飞像

一直到公元十二世纪初，我们的民族英雄岳飞跃上中国历史舞台，才使得岳氏扬名天下。

岳姓实因岳飞而光大，岳飞之前不见岳姓名流，岳飞之后亦无岳姓超越。八百多年来，岳飞后裔都以飞祖为荣，传承尽忠报国精神，恪守忠孝节义，子孙昌盛，文臣、武将代不乏人，可谓精英辈出，欣欣向荣。

既然岳飞籍贯汤阴，三代务农，那么，他更早的祖先也是务农的吗？祖籍又是哪里呢？

龚延明(浙江大学教授)：岳飞的祖先来自山东省聊城县，迁徙到汤阴后定居下来，世代务农，因此，岳飞的祖籍应该是山东省聊城县。并且，岳飞的祖上也并非清一色的农民，在后周时期担任节度使的岳休、岳彦真父子就曾经官居武将要职，而迁居汤阴的岳飞高祖岳涣当时做"令使"，应该是文职官员。

岳玉玺(聊城大学历史文化学院教授)：我手头有一本汤阴县志编纂委员会和汤阴岳飞纪念馆编辑的《岳飞庙志》。这本书中，收录了全国各地的好多家岳氏祖谱。在其中三家的谱牒中，详列了汤阴岳氏先人原籍聊城的世系。

按照汤阴和西官路的谱牒，我们可以得知，从岳涣开始，岳氏从聊城迁至汤阴，按照寺里碑村的谱牒，我们可以得知从岳成开始，岳氏才从聊城迁至汤阴。综此二说，就可以得出岳涣、岳成父子从聊城迁到汤阴的结论。

这些谱牒的真实性是毋庸置疑的。我们可从《岳氏宗谱》的创修者以及创修年代上来分析。《岳氏宗谱》的创修者是谁呢？在汤阴《岳氏宗谱》中，有一篇序言，名曰《鄂国岳氏世谱序》，其作者是岳飞的第三个儿子岳霖之子岳珂。他在这篇谱序中写道：创修家谱非常重要，"谱为亲亲而设"，"家之有谱，犹国之有史"，修谱是"尊祖敬宗之道"的体现。修谱也是岳氏族人、父老乡亲的愿望，岳珂归乡后，"宗族乡党"之"愿考先烈及宗族始末者，俱以谱为请"，于是他便将家传的资料，"躬身参考，编为若干秋，增为若干世"。经一年多的时间最终修成。这一年是宋理宗端平元年(公元 1234 年)，距岳飞去世仅 93 年。我们知道，岳珂是南宋的文学家、史学家，其品行敦厚，治学严谨，学识渊博。以岳珂的身份及其品学而论，我们完全可以相信，他创修的岳氏宗谱，是真实可信的。

关于岳飞祖先的背景材料，《宋史·岳飞传》只提供了三个字，谓其家"世力农"，似乎他的先人世世代代都以务农为生。这样的一个农民家庭，却出了岳飞这样一位文韬武略兼备的帅才，这不能不令人感到惊奇。为了说明岳飞品学才能形成的原因，《宋史·岳飞传》也做了一些披露，其一，他的父亲的品德对他的正面影响："父和，能节食以济饥者。有耕侵其地，割而与之；贳其财者不责偿"；其二，他有武将之天赋："生有神力，未冠，挽弓三百斤，弩八石。"其三，他勤奋好学："家贫力学，尤好《左氏春秋》、《孙吴兵法》"，"学射于周同，尽其术，能左右射"。这三个方面，无疑都是使他成为一代名将的重要原因，但是还稍嫌不足。试想一个世代为农的贫家子弟能从哪里弄到兵书、引弩攻读与演练呢？合理的解释只能是，他的父祖虽然可能以务农为生，但也稍知诗书、兼具武功。资料证明，岳飞的家庭是有读书尚武的传统的。在河南洛阳寺里碑村《岳氏宗谱》中，有篇名为《姓系》的文章，是岳飞的十五世孙有丞图南氏编辑的，其写作年代大约在明成化、弘治间。文中写道："五季而生休，休居东昌，生彦真，父子仕周，为节度使。彦真生海，海生孟林，孟林生铉，铉生涣，涣以宋令使起家，生成，成迁汤阴生立，立生和，和生二子，长王飞，次翻。"这里的"王"是岳飞的封爵"鄂王"之简称。

山东聊城的岳飞像

由此我们可知，岳飞的高祖岳涣是以“令使”在汤阴起家的。既为令使，必然以读书科举入仕，所以，岳涣原先是个读书人而不是农民。岳涣的高祖岳彦真及其父岳休，是后周的“节度使”，都是武将，也不是农民。我们认为，岳飞先祖们的这种习文尚武的传统家风，对他的成长也起到了一定的积极影响。

岳飞的祖籍已经有定论了吗？

岳增敏（岳飞思想研究会秘书长、博士研究生）：对于岳飞祖籍山东聊城县的说法，我们正在组织国内外资深研岳学者、专家对相关资料进行辨析考证。

但我们注意到岳珂《鄂王行实编年》明确记载：“望虽出山阳郡，先臣实家于汤阴，亦莫知其所以徙。”就是说，岳珂当年撰写《鄂王行实编年》一书时，对于岳飞祖籍确定出自山阳郡，但何时、何因、从何地迁徙到汤阴，并没有给出答案。

山阳郡又称山阳国、昌邑国，公元前 144 年，西汉朝廷设置山阳国，治昌邑县，在今山东省巨野县南部一带。公元前 136 年，山阳国改为山阳郡，其后几经变迁。公元 220 年，东汉末年，汉献帝禅位给魏王曹丕，魏国改山阳国为山阳郡，封汉献帝为山阳公。南北朝、北魏时，山阳郡改为高平郡，移治高平县，县治在今山东省邹城市西南。隋初郡废。

历史上的山阳郡辖治数县，而且几经变迁，但并不包括今天的山东省聊城县。

岳飞的出生，带给这个家庭的幸福和欢乐是非常短暂的。

二十多天后，一场灾难突然降临了。

就在岳飞出生还未满月，内黄县的黄河又决口了，一场洪灾不期而至。

汤阴县位于太行山东面的大平原上，东临内黄县，因此，内黄决口处的黄河大水很快就奔涌而至，在汤阴冲毁房屋，淹没田园，夺去了许多人畜的生命。

洪水袭来岳家时，姚氏急中生智，抱起未满月的岳飞，坐在一口大瓮中，随波逐流，顺水漂去。

后来，大瓮在一条河道的岸边搁浅，岳飞母子俩保住了性命。

1951 年胡若佛连环画
《岳飞传》之岳母漂瓮救子

王彦英(河北师范大学教授):岳飞出生未满月而家乡遭遇洪水的说法最早出自岳珂《鄂王行实编年》的记载,其后的《宋史·岳飞传》也同样记载说:“未弥月,河决内黄,水暴至,母姚抱飞坐瓮中,冲涛及岸得免,人异之。”

但是,当代一些研究岳飞及宋史的知名学者断然否定了这场洪灾,认为这个故事是岳珂虚构的。

已故的北京大学历史系教授、著名研岳学者邓广铭先生就持这一观点,他在《岳飞传》一书中就明确说:“实际上,这个故事全部是由岳珂虚构的。因为:一则北宋末年的黄河,并不经行内黄县境之内;二则在夏历的二三月内,也决非黄河可能决口之时;三则在许多种记述北宋一代水旱灾情的史书中,全都没有说黄河在这一年曾在河北地区决口的事。这就足可把这一故事断然加以否定了。”

当代宋史研究泰斗王曾瑜也不支持当时发生洪灾的说法。

王曾瑜(中国社会科学院研究员、中国宋史研究会前会长):岳飞出生未满月时,即崇宁二年(公元1103年)三月,黄河是否发生水灾,邓广铭先生和我都认为,岳母姚氏将未满月的岳飞抱入大瓮漂流,得免于难不可信,因为史籍中查不到黄河泛滥的记载。当然,对此也有学者提出辩驳。例如,岳开英先生在2002年第二期《殷都社科》发表《岳飞生年河决内黄史事查考》一文中提出了驳论。岳开英先生是一位水利专家,熟悉内黄和汤阴一带的地形,又仔细查阅了相关史料,无论如何是一篇对研究黄河史颇有价值的论文。他引用《宋史》卷95《河渠志》:明年(崇宁二年)秋,黄河涨入御河,行流浸大名府馆陶县,败庐舍。”证明当年黄河确有水灾。从这条史料看,时间是秋季,而非暮春三月,秋天是易发生水灾的季节。馆陶县的方位是在内黄县之东北,两县之间还隔着宋代的北京大名府城。史料上说的御河泛滥地点是馆陶县,而非内黄县,似无法证明内黄县也必定牵连受灾。故从时间和地点两个方面看,仍然得不出当年三月,黄河发生水灾的结论。我为此又进一步查阅了地方志,如《嘉靖彰德府志》、《崇祯汤阴县志》、《乾隆汤阴县志》等,甚至还找不到宋时汤阴有水灾

的记录。因此,就没有必要修改邓先生和我原来的论述。

也有一些学者支持岳珂的记述。

岳楚渔(中国社会科学院研究员、岳飞后裔联谊会常务副会长、学者):对于这个问题呢,我持不同的意见,邓广铭先生、王曾瑜先生的论断值得商榷。首先,有史书明确记载,宋代的黄河流经内黄县,并且多次导致水灾。今日我们所看到的地理与古代地理往往会有很大的差异,不能以今日的地理来混淆古代地理。现在的内黄县的确远离黄河,但宋代的黄河的确流经内黄,而且经常决口形成水灾。这在《宋史》当中有明确的记载,比如:《宋史·河渠二·黄河中》载:“元丰五年(公元 1082 年),河溢北京(大名)内黄埽”;“元祐八年(公元 1093 年),五月水涨,南犯德清,西决内黄”;“元符二年(公元 1099 年)六月末,河决内黄口,东流遂绝”……其次,夏历二三月内,也是黄河可能决口之时。《宋史》记载有多起夏历二三月豫冀鲁地区黄河决口的史实。据《宋史·五行上·水上》载:“太平兴国四年(公元 979 年)三月,河南洛水涨七尺,坏民舍”,“卫州河决汲县;”“端拱元年(公元 988 年)二月,博州(今山东聊城)水害民田;皇祐元年(公元 1049 年)二月甲戌,河北黄、御二河决”。《新元史·志第十五行上》记载:从公元 1322 年至公元 1338 年的 16 年间,夏历十二月至次年二月,黄河下游发生决口或大水竟达 6 次之多。其三,史籍明确记载了岳飞出生那年秋天,黄河涨入御河,泛滥成灾。汤阴县东的古御河,常在汤阴、内黄、安阳这一低洼地带与古黄河水交汇成灾。《宋史》载:“徽宗崇宁元年冬,诏侯临同北外都水丞司开临清县坝子口,增修御河西堤,高三尺,并计度西提开置斗门,决北京,恩冀沧州、永静军积水入御河枯源。明年(公元 1103 年)秋,黄河涨入御河,行流浸大名府馆陶县,败庐舍,复用夫七千,役二十一万工修西堤,三月始毕,涨水复坏之。”

岳飞的曾祖父岳成、祖父岳立、父亲岳和,三代人都靠农田生活,属于宋代平民阶层。

到了岳和这一代,家有薄田数百亩,可以维持一家人的温饱、生计。

当时,河北西路一带多次遭遇荒年,吃不上饭的饥民很多。

岳和为人心地仁善、淳朴厚道,每天用几升米掺杂蔬菜,熬成粥,一家人每天只吃早、晚两顿饭，维持半饱，而将节余的米、菜等食物送给道路上的饥民，平均分给他们吃。

虽遇灾荒，家人原本可以吃饱的，但岳和如此节俭缩食，倾力救助饥民的困难生活，使自己一家人生活更加清苦，于是，便有人抱怨，岳和就语重心长地开导他说："那些要饭吃的饥民也是人啊！他们背井离乡、流离失所，可能已经一两天没有吃到东西了，会饿死的。如此荒灾之年，我家每天能吃两顿饭，就已经很不错了，怎可奢求每餐吃饱呢？我家节食救人，是一种积德善行，这样做，不是一件很有意义的事情吗？"家人听了，都理解了岳和的苦心和善行，因此，岳家在生活艰难时，也全家同心，勉力行善，乐此不疲。

岳和不但淳朴厚道，而且胸怀豁达，从不计较私利。有人侵占了他的田地耕作，岳和从不争执，反而很豁达地将那块地让出，笑着说："这块地不值什么，你要是愿意耕种，只管拿去好了。"有人借了他家的钱物不还的，岳和也从不催讨，反而大度地将借据一扯，平静地说："不用还了。"面色温和，毫不生气。所以，岳和一家深得乡里父老的敬重。

岳和品德高尚，望重乡里，一定对年幼的岳飞产生了深刻的影响。

特别是岳母姚氏对岳飞"鞠育训导"，既有温暖的抚爱，良好的童蒙教育，也有严格的管教，所以，岳飞从小便对母亲有着深厚的感情。

《岳飞传》连环画里描绘岳母教岳飞写字的画面

超常的禀赋，良好的家教，使得少年的岳飞就表现了许多与众不同。

少年岳飞就具备了远大志向和高尚的品质，遇事冷静沉着，非常老成持重，不喜欢多说话，性情刚直，想要说的话便勇敢地说出来，不计较个人的祸福。

少年岳飞天资聪颖，悟性奇高，而且博闻强记，记忆力惊人，对儒家的《四书》、《经传》等典籍无所不读，尤

其喜欢读《左氏春秋》及《孙子兵法》、《吴子兵法》，有时候读书整晚不睡觉，孜孜不倦，爱不释手。当时，岳飞家里穷，不能经常有蜡烛照明，他就用干柴点燃照明，继续读书。岳飞读书也与众不同，他不拘泥于章句，专门领会要领。他写的文章，信笔挥洒，于平淡之中见神奇，人们一开始并不看重，等到拿来诵读时，才惊讶赞叹，其文章明辨是非，剖析义理，就像是精心构思而写成的。

岳楚渔（中国社会科学院研究员、岳飞后裔联谊会常务副会长、学者）：岳飞少年时代出身农家，但有过一定的、系统的文化学习经历，而且其文章、书法都非常了不起，最终成长为一代文武全器的军事统帅，这在《鄂王行实编年》、《宋史·岳飞传》等典籍中均有记述。

我举一个史料作为例证来说明岳飞青少年时期就具备了一定的文化水平：那是公元1128年（宋高宗建炎元年）六七月间，二十五岁的岳飞尚是低级军官，为正八品修武郎，就写出了数千言的《南京上皇帝书略》，批评朝廷的投降政策，切中黄潜善、汪伯彦等投降派的要害，说明年轻的岳飞不但具备超人的远见卓识，也具备良好的文化素养。

我认为：岳飞少年时期就受到过良好的文化教育，这个不容置疑。

当然，岳飞少年时期的文化学习究竟是来源于家庭教育呢？还是私塾？村塾？冬学？或者兼而有之？对此，由于史籍记载不详，尚待于进一步的史料考索和发掘，来回答这个问题。

一些学者基于片面的史学观点，认为岳飞出身农家，少年时代缺乏读书、做学问的条件，以至文化水平不高的论断不值一驳。

首先呢，岳飞出身农家，祖上三代以农立家，这个没错，但是呢，我们必须应该注意到，在岳飞父亲岳和时家有薄田数百亩，还经常借钱物给别人、救济饥民，这些都说明岳和至少是宋代的平民，或者说是自耕农。绝不是一贫如洗的贫民，也不至于让孩子读不起书。

第二呢，没有任何史料证明岳飞的父亲岳和、母亲姚氏没有文化、不识字。相反，从大量的史料来看，岳和、姚氏都是淳朴善良、深明大义的典范。

第三呢，史料提到岳飞曾跟多个射箭武师学艺，还经外公姚大翁推荐向著名枪手陈广学习枪法，而一县无敌。如果少年岳飞家贫如洗，显然不可能四处学武。

第四呢，就是根据现有史料，我们可以肯定一点，那就是岳飞从他母亲姚氏那里得到了一些很好的教导，包括岳飞童年的启蒙教育，以及为人处世的品德、修养、文化学习等。岳飞对他的母亲有着非常深厚的感情，终其一生都念念不忘母亲的养育之恩。关于这些，我们可以从绍兴六年(公元 1136 年)四月十二日岳飞在给朝廷的《乞终制札子》得到答案，《乞终制札子》里面明确写道："伏念臣孤贱之迹，幼失所怙，鞠育训导，皆自臣母……"

其实，岳飞在童年时代接受文化教育的环境是客观存在的。

宋代的教育是非常发达的，童蒙教育也很可观。

当然，宋代的教育发达首先是基于社会经济的高度发展和繁荣所造就的。

宋朝是中国历史上最繁荣的时代之一，其政治制度、社会经济、文化艺术等都是世界之冠。法国著名的社会学家谢和耐写过一部《蒙元入侵前夜的中国的日常生活》，他在书中就认为"宋朝是当时全世界最富有和最先进的国家"。美国历史家斯塔夫里阿诺斯把宋朝称为"黄金时代"，美国耶鲁大学教授景迁曾写文章说："上一个中国世纪是 11 世纪，那时，中国是世界上最大也是最成功的国家。"

其次，宋朝自建立伊始就把"以文治国"作为基本国策，一以贯之；同时，两宋帝王大多都是非常重视教育的。《宋史·选举志一》载："自仁宗命郡县建学，而熙宁以来，其法浸备，学校之设遍天下，而海内文治彬彬。"宋代形成了学校、家庭和社会多管齐下的童蒙教育系统。特别是大量为广大中下层知识分子和普通百姓子弟设立的私塾、义学(义塾)、家塾、村塾、冬学等各种私学。

其实，在宋朝，出身贫寒、家境艰难的贫民也大有靠读书获取功名而进入官僚阶层的，更有成为大学问家的。比如：欧阳修四岁就成了孤儿，他的母郑氏亲自教他学习，没有毛笔和纸张，就用树枝画地学字；苏东坡幼年，也是其"母程氏亲授以书"；宋真宗时的宰相张齐贤少年时代也是孤贫力学；平民出身的宰相吕蒙正；仁宗朝的蔡襄就是以农家子弟举进士，为开封第一……

以上实例还说明了一个现象：那就是，许多人的幼年都得益于母亲教授学问，获取文化知识。

朱瑞熙在《宋代社会研究》一书中对宝祐四年(公元 1256 年)登科录中记载的 601 名中榜进士作了统计分析，得出结论：平民家庭出身的进士 417 人，官僚家庭出身的进士 184 人。

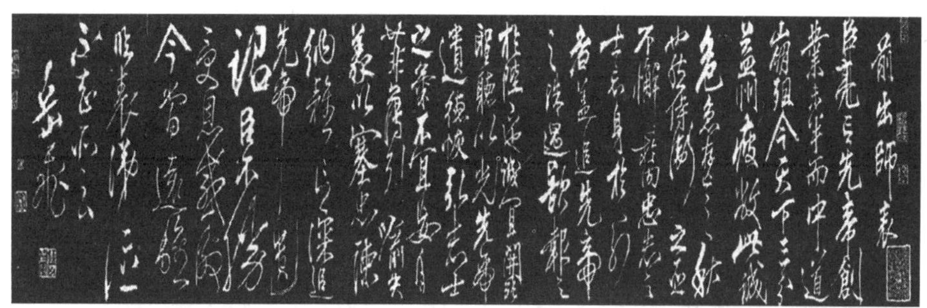

岳飞手书《前出师表》(局部)

中国两千多年的帝王时代，社会阶层主要由宗室权贵、官僚、地主、富商、平民、贫民等组成。但这一事实往往被某些人刻意歪曲，他们认为社会主要由两个阶层组成，即地主和农民，地主代表统治者，过着锦衣玉食、奢侈挥霍的生活，属于剥削阶层；而农民代表被统治者，过着饥寒交迫的日子，无力读书，属于被剥削阶层。其实，他们刻意回避了一个最重要的阶层——平民！平民才是社会阶层的主流。

综上所述，幼年的岳飞作为宋代一介平民家庭的子女，完全有条件获得一定的文化教育，而且，岳母最初的教育辅导也一定为岳飞获取文化知识奠定了基础，所以后来的岳飞说："鞠育训导，皆自臣母。"关于岳飞的文化水平，岳珂在《鄂国金佗续编》卷1称岳飞"起自诸生，经通谊明，笔妙墨精"。岳飞书法则学苏轼，字体浑厚大气，笔势纵横，气韵流动，颇见功力。对此，岳珂《宝真斋法书赞》卷15《黄鲁直先王赐贴》，卷28《鄂国传家贴》，《文物》1961年第八期徐森玉《郁孤台贴与凤墅贴》都证实岳飞"字尚苏体"。南宋末年名臣文天祥赞誉岳飞书法洵为神品并兼具文学之长，其云："岳先生哉，宋之吕尚也。建功树绩，载在史册，千百世后如见其生。至于笔法，若云鹤游天，群鸿戏海，尤足见干城之选，而兼文学之长，当吾世谁能及之，即后世亦谁能及之?"而且，《宋史·岳飞传》也赞誉岳飞"文武全器，仁智并施"代不多见！

岳珂记载岳飞"书传无所不读"，而当代宋史大家王曾瑜先生则认为岳飞"略知书传"，是较为保守的评价。方岳《跋岳武穆贴》赞扬"王(岳飞)……留题东松壁，老墨飞动。"足见岳飞书法功力深厚；南宋末年谢枋得亦考证一方"坚持守白，不磷不淄"的端砚铭文为岳飞亲题；岳飞幕僚薛弼言"凡密奏，皆飞自为。”岳飞初投张所时，张所与岳飞一席谈话，惊呼“公殆非行伍中人也！”以上史料都足以证实：年轻时的岳飞就已经具备了一定的文化知识和素养，以此，岳珂记载岳飞“刻意于学，涉猎经史”的论断绝非孝子贤孙的溢美之辞。

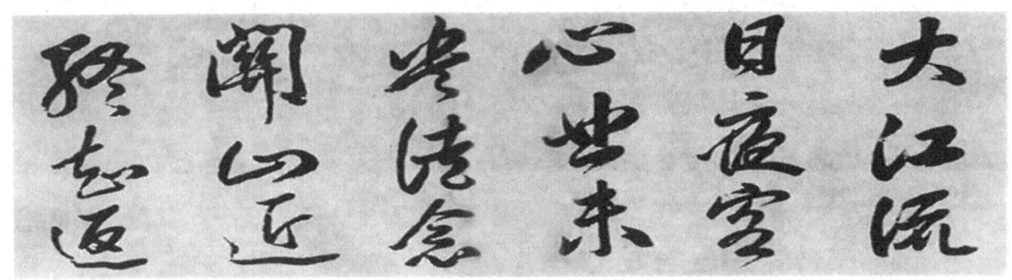

岳飞手书谢灵运诗句

大家不妨看看岳飞后来所作诗文、奏议等，那些文采飞扬、传诵后世、万古不朽的诗词如《满江红》、《小重山》等，那些高瞻远瞩、文辞雄奇的奏议都非同凡响，《宋史·岳飞传》就记载：“飞北伐，军至汴梁之朱仙镇，有诏班师，飞自为表答诏，忠义之言，流出肺腑，真有诸葛孔明之风！”这样非凡的文采都彰显了岳飞深厚的文化素养，绝不是一般文人所能相提并论的。

因此，我觉得，在没有确凿史料证据的前提下，我们不要想当然地否定前人的史籍记述。

少年岳飞似乎命中注定就是个不平凡的人，他未成年时就具备了一个超级武将的天赋，那就是他惊人的膂力和非凡的射箭技艺。史书记载岳飞生下来就有神力，不到二十岁的弱冠之年，就能拉开三百宋斤的硬弓，用腰部开弩八石。

王曾瑜(中国社会科学院研究员、中国宋史研究会前会长)：弓弩是宋时的主要兵器，时称“军器三十有六，而弓为称首；武艺一十有八，而弓为第一”。弩，其实是弓的一种。弓可步兵和骑兵通用，弩一般用足蹶开张，故只能由步兵使用。弩箭比弓前射程远，洞穿力强。衡量一个人的武艺，主要是看他能挽多大的“弓弩斗力”和射箭的准确性，时称“射亲”。岳飞年纪不满二十岁，已能挽弓三百宋斤(宋朝一斤约合今 1.19 市斤)，用腰部开弩八石(宋朝一石为 92.5 斤，约合今 110 市斤)。按宋朝军制，“弓射一石五斗”，已算武艺超群，可选充“班直”，当皇帝的近卫。北宋武士挽弓的最高纪录也只有三石。可知岳飞的挽弓能力已至登峰造极的境地。

岳增敏(岳飞思想研究会秘书长、博士研究生):宋朝的一斤约等于现在的598克,折合现在1.19市斤,史载岳飞二十岁之前就能开三百宋斤的硬弓,那就是说岳飞两臂一晃就有357市斤的力量。

岳飞弱冠之时开三百宋斤硬弓的记录在《二十四史》里面是最高纪录的保持者。

有资料说和岳飞同时代的名将韩世忠也有开弓三百斤的记录,其实,《宋史·韩世忠传》只说他"挽强驰射,勇冠三军",并无开弓三百斤的记载。

倒是《金史·李成传》记载:"李成,字伯友,雄州归信人,勇力绝伦,能挽弓三百斤。"惯舞双刀,每把刀各重七宋斤,但李成多次败给岳飞,显然差了一大截。刘光世率军击败李成,缴获一把李成的提刀。宋高宗看到此刀,从此一直很赏识李成的武艺。其实,若论兵器的重量,岳云的兵器两柄铁锥重八十宋斤,折合现在95.2市斤,比李成厉害多了。《宋史·岳飞传》记载:"(岳云)每战,以手握两铁锥,重八十斤,先诸军登城。"

未成年的岳飞不但天生神力,登峰造极,而且武艺也冠绝一时。

少年岳飞曾跟从乡间武师周侗学习射箭。这天,周侗当众表演,连发三箭,都射中靶心,指着对岳飞说:"达到这个水平,才能谈论射箭。"岳飞谦逊地行礼,说道:"请让我试一下吧。"引弓一发,居然射破周侗的箭筈。再射一箭,又射破周侗的箭筈。周

《岳飞传》连环画里描绘周侗教岳飞武艺的画面

侗大惊，立即将两张心爱的弓赠送岳飞，以示奖励。只几天工夫，岳飞就学会了周侗的全部射箭技艺。后来，岳飞经过更加努力的练习，能够左右开弓，随手发箭，百发百中。

不久，周侗去世，岳飞悲痛不已。每月初一日和十五日，都要到周侗坟前吊唁。由于无钱置办祭奠用的酒肉，岳飞就典卖了自己的衣服，在坟前奉上酒肉祭奠，悲伤落泪。然后，岳飞用周侗送的弓，射了三箭，再哭了一阵，然后将酒洒在周侗墓侧，把肉也埋在墓侧土内。岳和发现儿子的衣着突然一件件去向不明，便追问岳飞，甚至笞挞他，而岳飞却既不埋怨父亲，也不说实情。后经岳和暗地里跟踪，方才发现了儿子的秘密，就问岳飞："你跟从学习射箭的老师很多个，为什么唯独祭奠周侗呢?"岳飞回答说："我从前向周侗学射，周侗师父待我特别好，只用几天时间，我就学全了他的射箭技艺。顾念他已经去世，无以为报，所以才在每月初一、十五祭奠。在他墓前射三箭，是因为我的射箭技艺因其教授而精湛的；在他墓前洒酒埋肉，是要让周侗师父享用祭品，我不吃。"岳和听了，感觉儿子的确是一个重情重义的男子汉，抚着岳飞的脊背感叹道："倘若将来你能够获得报效国家的机会，一定会成为一个不惜为国捐躯的忠臣义士的!"岳飞说："既然父亲准许我捐躯报国，那么，我就没有顾虑了!"岳和感叹道："有这样的好孩子立志报效国家，我放心了。"

身怀绝技，而且自幼立志报国的岳飞，又是怎样走上从戎抗金之路的呢?他的首次投军之路又充满了哪些坎坷呢？请继续阅读《正说岳飞》第二章《尽忠报国》。

第二章　尽忠报国

公元 1118 年（宋徽宗政和八年，也即重和元年）的一天，相州汤阴县永和乡孝悌里岳家喜气盈门，贺客满堂，岳和、姚氏在家里张灯结彩，为儿子岳飞操办喜事，亲朋乡里都来贺喜，整个村庄都洋溢着喜庆、吉祥的气息。

在这个吉日，16 岁的岳飞结婚成家，迎娶了一位 18 岁的新娘子。

新娘子姓李，名娃，字孝娥，端庄贤淑、知书达理。

从这一天开始，李娃成为了岳飞的妻子，自此恩爱不渝，相濡以沫，同甘苦，共命运，祸福与共，不离不弃，伴随岳飞度过了二十多年的风雨人生，而且相夫教子，堪为典范。

杭州岳庙的岳母刺字壁画

岳　湛(著名制片人,四川省电视剧制作中心董事长):岳飞16岁便结婚娶妻,在现代人看来似是早婚,不可理解,但这在距今八九百年前的宋代却是很普通的,而且合情合法。

在中国古代,人们的实际婚龄一般为男子十五六岁,女子十三四岁。

中国古代由于战乱频仍,黎民涂炭,经常导致人口锐减,因此,国家鼓励增殖人口,并制订鼓励早婚的政策。早在春秋时期,齐桓公便下令规定:"丈夫二十而室,妇人十五而好";西汉惠帝六年(公元前189年)规定女子十五岁至三十岁不嫁,要按五倍缴纳对成年人的人头税。唐太宗贞观元年(公元627年)正月发布的《令有司劝他庶人婚聘及时诏》中规定:"男年二十,女年十五以上……并须申以媒媾,命其好合……";唐玄宗开元二十二年(公元734年):"诏男十五、女十三以上得嫁娶。"

既然岳飞与妻子李娃从一而终,那么学界的"岳飞前妻刘氏"的说法又从何而来呢?

岳朝军(岳飞思想研究会会长、岳飞第二十八代嫡孙):对于岳飞夫人问题,历来有两种说法:第一种说法是终一为结发妻李氏,五子一女皆李夫人所出;第二种说法是原配刘氏,生子云、雷及长女岳安娘,后因战乱随淮卒,岳飞又续配李氏,生霖、震、霆及季女银瓶。

戏剧《满江红》里的岳飞、岳夫人形象

第一种说法,源出岳飞的孙子岳珂著述,他在公元1203年编著《金佗稡编》及《金佗续编》中只记载了岳飞夫人李娃。《金佗宗谱·李夫人传》更明确记载:李夫人"名娃,字孝娥,年十八,归于王,时政和八年戊戌也,敬事尊嫜,懋著阃德。越己亥(公元1119年)长子

云生……"政和八年(宋徽宗重和元年)即公元1118年,李夫人年18岁,岳飞年16岁。李氏夫人卒于宋淳熙二年(公元1175年)十一月二十六日,寿年75岁。

第二种说法,源出宋代史学家许梦莘于公元1197年所撰《三朝北盟会编》,及李心传于公元1208年所著《建炎以来系年要录》。这两部史籍记载岳飞原配妻子为刘氏的文字有三条:

其一,《建炎以来系年要录》卷八"建炎元年八月乙亥"注引《高宗日历》载:"(绍兴)八年六月十三日丁卯,飞又奏:'臣始从陛下至北京,留妻刘氏侍臣老母。'"

其二,《建炎以来系年要录》卷一百二十"绍兴八年六月丁卯"载:"初,湖北、京西宣抚使岳飞之在京师也,其妻刘氏与飞母留居相州。及飞母渡河,而刘改适。至是在淮东宣抚处置使韩世忠军中,世忠谕飞复取之,飞遗刘钱三百千。丁卯,以其事闻,具奏'臣不自言,恐有弃妻之谤',诏答之。"

其三,《三朝北盟汇编》卷二百零七载:"飞执兵权之日,遣使臣王忠臣往楚州韩世忠军中下书,得回书,欲归。临行,世忠嘱之曰:'传语岳宣抚,宣抚有结发之妻,见(现)在此中嫁作一押队之妻,可差人来取之。'忠臣回,密报飞以世忠语,飞不答。世忠上闻,飞奏言:'覆冰渡河之日,留臣妻侍老母,不期两经更嫁,臣切骨恨之。已差人送钱五百贯,以助其不足,恐天下不知其由也。'上令报行。"

由于两种说法各有史为据,故成为历史疑案,争论不已。持有刘氏论者谓岳珂"为尊者讳",在《金佗稡编》及《金佗续编》中避而不提刘氏。持无刘氏论者,则认为系当时迎合秦桧诬陷岳飞者故放流言,丑化武穆,而徐梦莘、李心传"有闻必录",对此未加考证就记载于书中。

要辨析这一问题,我们很有必要将"李氏论"和"刘氏论"所依据的史书进行一下探究、比较。徐梦莘《三朝北盟会编》成书最早,成于公元1197年;岳珂《金佗稡编》其次,成于公元1203年;李心传《建炎以来系年要录》最晚,成于公元1208年。成书最早的徐梦莘《三朝北盟会编》在引用史料时一律照录原文,不加更改,使其"是非并见,同异生存",不以己意有所取舍,也不以己意为之折衷。按说,《三朝北盟会编》成书六年后,岳珂《金佗稡编》才成书,那么,岳珂应当读过《三朝北盟会编》的,而且,对其中记载岳飞原配妻子刘氏一事应当质疑并反对的,但是,《金佗稡编》及《金佗续编》恰恰丝毫不谈刘氏,而言之凿凿地记载岳飞原配妻子是李氏。并且,岳珂的《金佗稡编》是上奏当时的宁宗皇帝

"上欲以明君父报功之谊;中欲以洗先臣致毁之疑;下欲以信后世无穷之传"的专著,目标是为呈请注销给岳飞定罪的大理寺状《判决书》,彻底辩诬昭雪与褒赠用的!如此看来,岳珂《金佗稡编》及《金佗续编》的可信度、严谨度应该是相当高的。宁宗将岳珂所呈书稿,交中书门下后省详加审阅,审阅结果认为:"委实采摭精详,用志可嘉",于1204年6月24日中书、门下、尚书三省同奉圣旨:"依看详事理宣付史馆。"并于同年颁布岳飞追封鄂王告,两年后,再夺秦桧王爵,岳珂的奏状得到了实效。这样看来,当时的朝廷官员审读岳珂《金佗稡编》后,并不为此前数年成书的《三朝北盟汇编》所载"刘氏说"蛊惑,而是采信岳珂《金佗稡编》的"李氏说",足见岳珂、岳霖在《金佗稡编》所明确记载的李氏说更为可信。其次,绍兴八年(公元1138年)年六月,韩世忠嘱使臣传语岳飞有结发妻流随淮卒,并就此事韩、岳均有上奏,可是,我们详考《岳武穆文集》、韩世忠奏书,均无此事及奏议。其三,岳飞是建炎四年(公元1130年)正月十三日,由广德军移屯宜兴的,岳霖出生于同年十一月,循十月怀胎的时间前推,则岳飞娶李氏的时间只能是该年的正、二月间,可是,这段时间及其前后正是南宋朝廷形势最危急的关头,当时金军长驱南侵,宋高宗狼狈逃亡入海,存亡难料,此时此刻,心忧国事、尽忠报国的岳飞似乎不可能有心情迎娶新娘。其四,公元1127年(宋钦宗靖康二年)八月,岳飞辞别母、妻,到大名府投河北招抚使张所,从此与母、妻分离;该年岳飞活动地点在黄河北岸的新乡一带,距离汤阴约80公里;第二年,岳飞主要在黄河南岸的巩县一带活动,距离汤阴约150多公里;后半年主要在汴京(今河南开封),距离汤阴约100公里。公元1130年(宋高宗建炎四年)二月,岳飞到达宜兴。那么,这里有一个问题,在分别两年多一点的时间里,岳飞先后派人十八次回汤阴接母亲,那他只能是在到达宜兴之前就接到了母亲和妻儿。否则,宜兴距离汤阴千里之外,绝无可能半年内前后十八次派人去接母亲和妻儿。另外,以韩世忠的磊落胸怀以及与岳飞的良好私谊,断不至于将岳飞隐私奏报皇帝,以致引起皇帝对岳飞家事的过问。

因此,我认为岳飞原配妻子就是李娃,而且从一而终,不存在刘氏。

岳飞究竟有几个儿女呢?《宋史·岳云传》说岳云是岳飞"养子"又是怎么一回事呢?

王曾瑜（中国社会科学院研究员、中国宋史研究会前会长）：岳飞共有五个儿子，一个女儿，分别是：长子岳云，次子岳雷，三子岳霖，四子岳震，五子岳霭（宋孝宗为之改名岳霆），女儿岳安娘。

后来，岳安娘嫁与高祚为妻。

后世传说岳飞还有一个幼女，称为季女银瓶。她在父亲遇难时，因鸣冤无门，抱银瓶投井而死。宋末元初，周密的《癸辛杂识》续集下《银瓶娘子签》载："太学忠文庙，相传为岳武穆王，并祠所谓银瓶娘子者。"可知在宋末已有此传说。如果确有此事，《鄂国金佗稡编》不会全无记载，若将这个传说作为信史，是不妥当的。

年画岳云像

《建炎以来系年要录》卷六十八和《宋史》卷三百六十五《岳云传》说岳云是"养子"，然而《建炎以来系年要录》卷一百四十三又称他是"长子"，自相矛盾。当时，亲子、义子和养子都有严格含义，而不能把养子称长子。据岳飞冤狱一案的判决书（绍兴十一年十二月二十九日刑部大理寺状）记载："看详：岳云因父罢兵权，辄敢交通主兵官张宪……"很明确提到岳飞系岳云之父，而绝非养父；同时，该判决书还记载："岳飞次男岳雷"，则岳云自然是"长男"无疑。另外，据岳云妻巩氏在宋廷宣布对岳飞平反后的上状，说"故夫云见（现）有男二人，甫二十五岁，申二十二岁，女大娘二十四岁"，与岳雷的子女"并系阿翁枢密亲孙"。这些足以证明岳云确是岳飞的亲子，而非养子。

公元十二世纪初，世代居住在中国东北一带的女真人在完颜阿骨打的领导下日渐强盛，建立了金国，他们反抗辽朝的压迫，不断出兵攻击辽朝。而此时的辽朝，已经是腐朽没落、日薄西山了。随着金国军队一次次胜利，辽朝覆灭的历史趋势渐露端倪。

这时候，袖手旁观的北宋朝廷当然也看到了金国势必攻灭辽朝的前景。

于是，政治腐朽、贪贿公行、军政废弛的北宋朝廷便出现了错误决策，那些不切实际、好大喜功的当权者们便自以为天赐良机，可以联合正在崛起的金国覆灭辽朝，收回前朝石敬瑭割让给辽的燕云十六州，并以此作为炫耀后世的“形象工程”。于是，北宋朝廷主动派遣使者从山东半岛渡海，与金国沟通，达成了所谓的“海上之盟”，约定与金国分从两路出兵，夹击辽朝。北宋大军负责北上攻取燕京诸州，取胜后，北宋收复燕云诸州纳入版图，作为回报，北宋将前此给辽朝的“岁币”移交给金国。

正是这个收复燕云诸州的“形象工程”为北宋灭亡伏下了因子，并直接诱发了金国侵宋战争。

主持此事的是宋徽宗与权奸蔡京、王黼、童贯等人，他们企图借此巩固权势，树立威信。

公元 1122 年(宋徽宗宣和四年)五月和十月，按照宋、金“海上之盟”的预先约定，北宋权宦童贯率领在朝廷号称最为精锐的陕西军与金兵联合征伐辽国，宋军集中主力进攻辽朝占据的燕京等地，却被弱小的辽军两次击败，丧师辱国。

宋军第二次征辽大败的消息传来，临近燕京的真定府、相州一带军民人心恐慌，担心辽军乘胜来袭，遭受侵略。

九、十月间，真定府(治真定，今河北正定县)新任知府刘韐身兼真定府路安抚使，统辖真定府、相州等六个州府的军务，他为了防患辽军的乘胜进袭，未雨绸缪，下令在真定府和相州等六个州府内招募一批军队，充任“敢战士”，以备抵挡辽军。

官府招军的文告贴到了汤阴县城。

此时，二十岁的岳飞已达成丁之年，形貌英武，雄勇绝人，膝下已有了一个三岁的儿子岳云，一家人平静生活，安享天伦。

外祖父姚大翁很钟爱岳飞，请来一位名枪手陈广，教授岳飞枪法。经过一段时间的苦练，岳飞枪法精熟，在汤阴县一县无敌。

这天，岳飞进城，看到了榜文，心中寻思：“朝廷征辽惨败，辽寇若乘胜进袭中原，我大宋就面临战争威胁了，刀兵一起，黎民涂炭。我已练就了一身武艺，何不应征‘敢战士’投军效力？既保家卫国，有了用武之地，又能谋个生计。”想到这里，他立即回家禀告了母亲姚氏。

姚氏听了，也很赞成岳飞从军，说道：“做人当知大义！为国为民，便是大义！我儿沉稳干练，武艺超群，就当尽忠报国，拯救国家危难，家中琐事不必记挂，你只管安心投军去吧。”于是，岳飞辞别家人，独自北上，数日之后便来到了真定府投军。

刘韐在检阅应募者时，很快就看中了这个青年。

岳飞头颅颇大，方脸大耳，眉宇开阔，眉毛较短，双目炯炯有神，身材中等偏高，极其壮实，生就一副雄赳赳的勇士气概。

岳飞不但形貌英武，而且武艺超卓，雄勇绝人，又精通兵法，谈吐不俗，刘韐大为惊奇，当即任命岳飞为小队长。

岳占州(岳飞思想研究会副会长)：岳飞后来在上奏朝廷的《乞终制札子》中忆述自己在1122年(宋徽宗宣和四年)的首次参军，并阐明“国尔忘身”、“舍家报国”的大义。就是说，第一次从军，岳飞就抱定了为国尽忠的信念；他还在《乞终制札子》里说：“国家平燕云之初，臣方束发，从事军旅，誓期尽瘁，不知有家。”亦同样表达了他最初从军即确立了尽忠报国的思想。

过了一段时间之后，辽军并没有乘胜攻宋，于是，刘韐就使用这支“敢战士”的队伍进行剿匪。

当时，相州有一股“剧贼”，为首的是陶俊和贾进，他们聚集了数百人，“攻剽县镇”，杀掠吏民，为祸一方。而且屡败官军。

岳飞请求让自己率一百名骑兵，前往相州剿灭陶俊和贾进，为故乡剿匪除害。

刘韐便派他率二百名骑兵和步兵，返回相州。岳飞先派三十人装扮成商旅，进入匪寇的地盘，听任陶俊、贾进俘掠，收编入匪军。

到了晚上，岳飞又命令一百人埋伏在山下，自己带几十骑逼近匪巢，前往挑战。

陶俊和贾进看岳飞兵少，就率众出战。陶俊高坐在战马上，很蔑视岳飞等官军，随即仗着人多势众，对岳飞等人进行攻击。岳飞佯败而逃。陶俊和贾进率众追击。当匪寇进入预先伏击的阵地时，岳飞返身杀回，命山下伏兵一齐出击，而那三十名伪装成商人的兵卒立刻充当内应，突然袭击，活捉了陶俊和贾进，匪寇顿时大乱，大部被俘，余党溃散。

至此，危害相州的陶俊、贾进匪寇被岳飞一战而灭。

相州知州王靖向上司申报，保举岳飞为从九品的承信郎。

不料，朝廷的任命书还没有下来，而岳飞的父亲岳和去世了。噩耗传来，岳飞哀痛至极，连忙跣足奔回汤阴。

周俊玲（作家、学者）：按中国古代的规矩，父母死后，儿子守孝三年，实际上不满二十七个整月。自公元 1122 年（宋徽宗宣和四年）冬到公元 1124 年（宋徽宗宣和六年）冬，岳飞一直居家为亡父守孝。

宋军攻辽失利后，金军继续对辽国用兵，于次年（公元 1123 年）攻下燕京。

北宋朝廷在送给金国大量岁币之后才得到了燕京、涿、易、檀、顺、景、蓟七座被劫掠一空的空城。

鉴于辽国灭亡，燕京等地收复，北宋朝廷天真地认为战事已经结束了，就把不属于正式军队编制的敢战士裁撤，王靖的保举状因此没有得到落实，岳飞也放弃了，没有计较，这次本当受赏晋职的第一次战功就这样化作了泡影。

公元 1124 年（宋徽宗宣和六年）春天，河北等路发生水灾，相州汤阴县一带也遭受了前所未有的洪涝灾害，许多乡民丧失家园，被迫背井离乡，远走外地谋生去了。

北宋宰相韩琦在相州的昼锦堂

由于灾情严重，相州一带只有一些大户人家的庄墅存有余粮，于是，没有流离失所的乡民们便纷纷到那些庄墅里买粮或告借一些粮食维持生计。

岳飞家境一般，遇到灾荒，也得去那些庄墅里买粮度日。

河南相州的州治在安阳县，那里有一户世代富贵的簪缨之家，巨宦辈出，钟鸣鼎食，显赫一时。

这个豪门大族的奠基人叫做韩琦，历任宋仁宗、宋英宗、宋神宗三朝的宰相，而他的儿子韩忠彦又是宋徽宗初年的宰相，可谓父子宰相，富贵腾达，权倾一时。

宋代的法律规定，本地人一般不在本地做官，意在避免当地豪强势力的坐大，但是，韩琦的家族却皇恩浩荡，超越了这个规定的约束，韩琦和他的孙子韩治、曾孙韩肖胄，一家四代人中的三代都曾经先后担任相州的知州。因此，韩家不仅是朝廷上的名门望族，更是相州的权贵、豪强之家。

为了炫耀韩家的衣锦荣归，韩琦在安阳县城外建了一座别墅式的豪宅，定名韩府，筑昼锦堂；之后，韩治筑荣归堂，韩肖胄又筑荣事堂，更使韩府规模庞大，形成了一座城堡一般的豪门巨宅。

叶林桢（南昌大学国学研究院专职副院长）：韩琦（公元1008—1075年）这个人很不简单，在北宋历史上颇有名望，字稚圭，自号赣叟，是相州安阳（今属河南）人，祖籍河北赞皇县（据韩琦墓志记载），历任三朝宰相，封魏国公，为政有声，治军有方，文武全器，是北宋著名的政治家、名将。韩琦3岁时，父母去世，由诸兄扶养，长大后，能自立，有大志气。端重寡言，不好嬉弄，秉性纯正，学问过人。天圣年间考中进士第二名。初授将作监丞，历枢密直学士、陕西经略安抚副使、陕西四路经略安抚招讨使。与范仲淹共同防御西夏，名重一时，时称“韩范”。嘉祐元年（公元1056年），任枢密使；三年后拜同中书门下平章事，做了宰相。

“相三朝立二帝”的北宋宰相韩琦

英宗嗣位，拜右仆射，封魏国公。神宗立，拜司空兼侍中，出知相州、大名府等地。公元 1039 年（宋仁宗宝元二年），四川旱灾严重，韩琦在四川开仓赈灾，使 190 万饥民免于饥荒死亡，四川百姓感谢他说：“使者之来，更生我也！”熙宁八年（公元 1075 年），韩琦在相州去世，享年 68 岁。神宗御撰墓碑：“两朝顾命定策元勋”。谥号忠献，赠尚书令。韩琦“相三朝，立二帝”，当政十年，与富弼齐名，时人称为贤相。欧阳修赞誉韩琦为社稷之臣，称其“临大事，决大议，垂绅正笏，不动声色，措天下于泰山之安，可谓社稷之臣”。韩琦的生平事迹在《宋史》有传；他一生著述诗文甚多，有《安阳集》五十卷等传世，《全宋词》录其词四首。

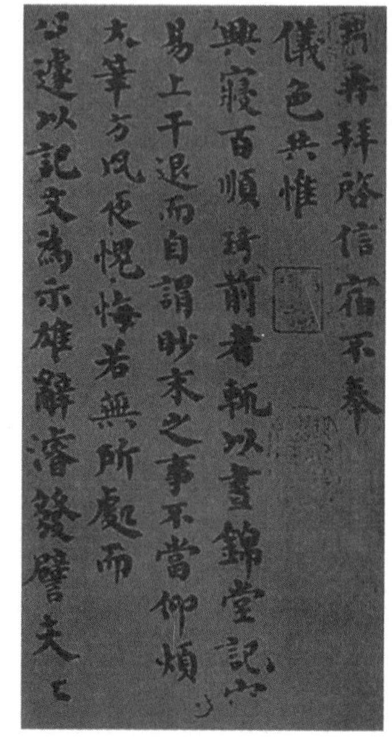
琦再拜啓信宿不奉
儀色無惟
興寢百順琦前者輒以晝錦堂記
易上干退而自謂眇末之事不當仰煩
大筆方深愧悔若無所處而
公遂以記文為示雄辭濬發譬夫

韩琦手迹墨宝

三月间的一天，岳飞到安阳县韩府的庄墅里买粮。

突然间，庄墅外面人喧马嘶，来了数百名强盗，包围了韩府的庄墅，要劫掠庄墅。

庄墅之内的人们都害怕强盗人多势众，一个个惊恐万状，却束手无策。

这时，唯独岳飞沉着不惧，怒道：“有我在这里，强盗竟敢来此打劫，太猖狂了！”遂起身前去察看。

为首的强盗名叫张超，自恃悍勇，率众鼓噪而来。

岳飞携带弓箭，跳上墙头，对准张超，引弓一发，“嗤”的一声，箭似流星，激射而出；但听得张超一声惨叫，利箭穿喉，仆地而亡。

那数百名强盗眼见首领张超被岳飞一箭毙命，顿时惊惶失措，四散奔逃而去。

岳飞以自己高超精绝的武艺使一场强盗劫掠顷刻间烟消云散，韩府的庄墅得以保全。

岳增敏（岳飞思想研究会秘书长、博士研究生）：一些史家、学者坚信岳飞曾在安阳县的韩魏公家里做庄客(佃户),耕种为生。其依据主要是宋人史籍、笔记的三条记载:其一,《三朝北盟汇编》卷二百零七《岳侯传》载:“侯名飞,字鹏举,少为韩魏公家庄客,耕种为生。”其二,《三朝北盟汇编》卷二百零八《林泉野记》载:“飞,相州人,为韩魏王家佃户。”其三,《朱子语类》卷一百三十二记载:“岳太尉飞本是韩魏公家佃客,每见韩家子弟必拜。”我们知道,徐梦莘《三朝北盟会编》在引用史料时一律照录原文,不加辨析、考证、更改,使其“是非并见,同异生存”;而宋代黎靖德编的《朱子语类》是朱熹与其弟子问答的语录汇编,都不是考证严谨的史料。

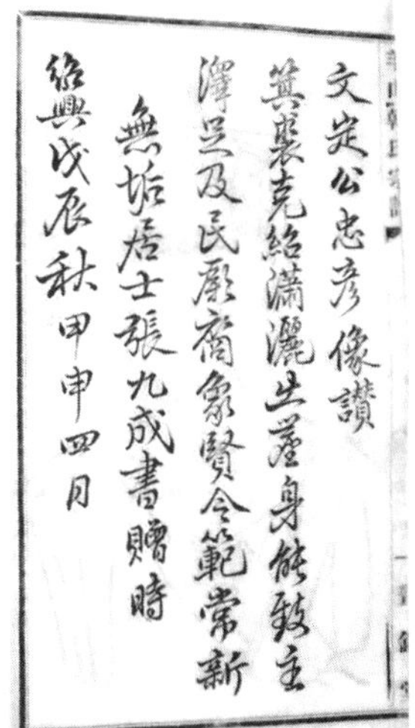

韩肖胄画像

岳珂在《鄂王行实编年》中从无其祖父岳飞当过佃客的记载。而且在韩家庄墅杀匪首张超是公元1124年(宋徽宗宣和六年)的事情,时年岳飞二十二岁,并未记载岳飞是韩家的佃客。

岳飞在韩魏公庄园里射杀匪寇头目张超

岳飞少年时代家境不富裕,却刻苦学习,连晚上学习点的蜡烛也不够用,就点燃枯枝照明,继续学习。这在岳珂《鄂王行实编年》中记载的很清楚:“家贫,不常得烛,画拾枯薪以自给。”而且,岳飞曾从

事农田劳作，以致他在军中的幕僚李若虚就曾说："宣抚乃河北一农夫耳！"(《三朝北盟汇编》卷一百七十八)

那么，岳飞究竟有没有在韩家做过佃客呢？我们认为这是一个历史悬疑，不能确定。

如果岳飞确实在韩家做佃客，韩家官宦韩肖胄等知道岳飞，又会是什么时间呢？

韩魏公是北宋三朝宰相韩琦，长子韩忠彦在宋徽宗初年做过宰相，韩家在相州州治安阳县有韩府及庄墅，系相州豪门望族，煊赫一时。韩琦的曾孙韩肖胄约在公元 1119 年(宋徽宗宣和元年)到公元 1122 年(宋徽宗宣和四年)担任相州的知州。

按时间推算，岳飞在公元 1122 年(宋徽宗宣和四年)，即二十岁时应募敢战士投军，当年父亲岳和去世，回汤阴守丧三年，公元 1124 年(宋徽宗宣和六年)再投平定军(今山西平定)，第二年，宋金交战，岳飞即投身抗金战场，岳飞不可能有时间在韩家做佃客。

《鄂王行实编年》记载：公元 1124 年(宋徽宗宣和六年)春三月，岳飞"适在墅告籴，怒曰：'贼敢犯吾保耶！'"射杀匪首张超，保全了韩家庄墅免于劫掠。于是，有学者推测岳飞在这年春天在韩家做佃客，而且兼做护院，所以才会说出那句"贼敢犯吾保耶！"但是，此时的岳飞还在为父亲守孝期，不可能在韩府做佃客，而且，《鄂王行实编年》说的很明确：那天，岳飞正好在韩家庄墅买粮，至于那句"贼敢犯吾保耶！"并非是说韩家庄墅就是自己负责保卫的领地，似乎应该理解为岳飞是说"有我在这里，强盗竟敢来此打劫，太猖狂了！"

如果岳飞真的在韩家做过佃客，韩家官宦子弟韩肖胄等知道岳飞，那只能是公元 1122 年(宋徽宗宣和四年)之前的事情，也就是说岳飞只有可能在二十岁前在韩家做佃客。当时，韩肖胄在相州做知州，大约四十多岁。韩府家大业大，即便是岳飞在他的庄墅做佃客，也很难引起韩肖胄的注意。若说能使韩家对岳飞引起重视，那只有岳飞在韩府庄墅射杀匪首张超、保全了庄墅免于一次劫掠，但那时韩肖胄已经升迁，不在相州知州职位上了，应该不会亲自和岳飞打过照面。而且，岳飞杀张超、保全韩家庄墅，似乎也没有得到韩家的报答和酬谢。反而是岳飞后来做了统兵大将时，韩家子弟有意无意地宣传，使士大夫们知道了岳飞的佃客出身。

因此，我觉得认定岳飞曾在韩家做佃客似乎史料不足，不妨存疑待考。

还有一些资料说岳飞曾在一个市镇做游徼，依据是：其一，李心传《建炎以来系年要录》卷八记载："（岳飞）尝为人佣耕，去为市游徼，使酒不检。"其二，《夷坚甲志》卷十五《猪精》载："岳微时居相台，为市游徼。"宋朝的市是仅次于镇的小工商业点，游徼在秦汉时代是基层政权的小头目之一，负责治安。宋代的游徼很少见，估计类似于巡警之类。其实，说岳飞曾为市镇游徼，似乎也无确凿的史料依据，而且，岳珂《鄂王行实编年》毫无提及，因此，我觉得这种说法无法认定。

公元1124年（宋徽宗宣和六年）冬天，宋朝廷在汤阴一带招募军士，扩充部队。

岳飞服丧已满，便第二次投军入伍，凭借自己超群的武艺投充高级军士"效用士"，报效国家。

从军后，岳飞被分拨到河东路平定军，不久，便升为"偏校"。

宋代实行募兵制，军中发放的钱粮，不仅供应军士，还须兼及军士家属；军营不但屯驻军人，也得居住家属。因此，岳飞得以将妻子李氏和儿子岳云带到了平定军居住，一家人生活暂时得到了安定。

从公元1124年冬天到公元1125年夏历十月，这是金军南下前的沉寂期，岳飞和妻子李氏住在平定军的广锐军营。这段时间，岳飞一定亲眼目睹了当时军政的废弛和腐败。汉末蜀国大将关羽和张飞都十分勇猛善战，年轻的岳飞向往着能够报效国家，在史册上与关、张齐名。身为偏校的岳飞，刻苦操演武艺，训练军士，也努力学习文化知识及兵法谋略，为此后献身抗金事业，夯实了基础。

王曾瑜（中国社会科学院研究员、中国宋史研究会前会长）：宋朝历来实行灾年招兵的政策，因为朝廷认为灾年容易产生社会动荡，应该将那些无以为生的破产和流亡的农民们招募为兵，"不收为兵，则恐为盗"，灾年招兵，可以防止那些青壮汉子们充当盗匪，从而消除社会不稳定因素当中的精英力量。

招募军士，宋时称为"招刺"。招募者先用刻着尺寸的木梃丈量被招募者的身长，再检阅他们的跑跳动作和能否骑马奔驰，最后又观测其瞻视目力。凡合格者，就在脸部刺字，发放衣、鞋、钱币等。按各人的身材高矮，分别拨隶上、中、下等禁军和厢军。

在军士脸部、手臂、手背等处，标明军队番号和军人身份，乃是唐末和五代的藩镇遗制，目的在于防止军士逃亡，逃亡后便于追捕。刺字是耻辱的标记，只有罪犯、奴婢或某些官府工匠有这种待遇。当兵是宋时一种卑贱的职业，一个人不到万不得已，是不肯从军的。

岳飞在这个灾荒年景前往应募，再次沦为“行伍贱隶”。他大概不肯在脸上蒙受耻辱，凭借自己超群的武技，争取投充“效用士”，但仍不免在手背上刺字。岳飞被分拨到河东路平定军（治平定，今山西平定县）。平定军屯驻的禁军（正规军）编额有五指挥，每指挥名义上应有四、五百人。其中神锐军两指挥和宣毅军两指挥，属侍卫步军司系统；广锐军一指挥，属侍卫马军司系统。岳飞大概是编入广锐军充当骑兵。广锐军士的身长规定是五尺五寸，约合今一点七零米。

据此，我们可以知道：岳飞的身高在 1.70 米以上，应属于中等偏高的个子。

金国统治者在联宋攻辽的战争中充分看清了北宋朝廷军政废弛、腐朽虚弱的本质，而中原地区富饶繁华的都市与数不尽的金玉珠宝也令他们垂涎三尺，于是，公元 1125 年（宋徽宗宣和七年），金国在灭亡了辽朝之后，于这年冬天的十一月间，兵分两路，大举南下，侵略宋朝。第一路是西路军，由金军左副元帅粘罕统兵六万，自云中府南下，进围宋朝的太原府；第二路是东路军，由金军右副元帅完颜斡离不率军六万，直取燕山府。

由于镇守燕山府的宋将郭药师投降金军，并充当向导，致使金兵东路军完颜斡离不所部自河北路长驱直入，迅速逼近了宋朝都城开封。

宋徽宗闻讯，惊慌失措，立即传位给长子赵桓，自己匆忙逃往南方去了。

赵桓即位，这就是北宋的末代皇帝宋钦宗，他将即位的明年改元靖康。

宋钦宗懦弱无能，而且刚愎自用，对一些宋军将领正确的战略建议置若罔闻，贪生怕死，畏敌如虎，慌忙与金军订立了城下之盟，答应割让太原府、中山府、河间府三镇，并奉献大批金银。

金军完颜斡离不所部东路军因一时无法与西路军会合，而孤军深入，乃是兵家大忌，他也深知危险，遂于公元 1126 年(宋钦宗靖康元年)的夏历二月撤兵。

金兵的西路军粘罕所部一开始就遭遇了宋军的顽强抵抗，在太原城与宋军激战，却迟迟无法破城。一直到金军东路军凯旋而回的时候，仍在围困太原城。

原本，宋钦宗在开封城下与金军订立的城下之盟已经许诺将太原府等三镇割让金国，但完颜斡离不的东路军撤退后，粘罕所部的西路军仍在围攻太原。

看到金兵已撤，威胁已去，宋钦宗当即抱着侥幸心理，撕毁城下之盟，组织军队赶赴太原解围。

太原城自公元 1125 年被金兵西路军围困以来，宋将王禀率部誓死固守，制止了知府张孝纯的投降企图，奋力抗金，进行了顽强的抵抗。

公元 1126 年(宋钦宗靖康元年)的夏历三月至八月，宋廷先后调集种师中、姚古、刘韐、解潜等多路兵马救援太原，但都被粘罕各个击破了。

岳飞戍守的平定军与太原毗邻，他身处河东抗金的前线，因此也参与了太原保卫战的外围作战。

六月，为了给刘韐自真定府救援太原作准备，路分都监、季团练使素知岳飞英勇，就命他率领一百多名骑兵，前往太原府的寿阳县、榆次县等地，进行武装侦察，宋时称为“硬探”。

在行军路上，岳飞所部猝然与一支金军遭遇，望到金军势大，众寡悬殊，料难抵挡，骑兵们都有些惊慌和畏怯。

这时，岳飞非常沉着、冷静，表现出了惊人的机智和勇猛，迅速制止了部众的惊惧与不安，同时，他奋发神威，单骑突入敌阵，以迅雷不及掩耳之势杀死了几名金军骑将，来回冲杀入敌阵四次，所向披靡，然后退回宋军队伍。金军将士慑于岳飞的神勇无敌，又不知宋军的虚实，遂不敢进逼，两军相持一会儿后，慢慢各自撤离。

当夜，岳飞又乘着夜色，悄悄换上金军的装束，潜入敌营进行侦察。他遇到击刁斗的金兵喝问，就学说些女真话应付，机警地走遍敌军营寨，掌握了金军屯驻情况，圆满地完成了此次武装侦察任务。

上司为此给予嘉奖，将岳飞由偏校升为进义副尉。

九月间，太原守城宋军在坚持抗战了二百五十余日后，粮尽力竭，被金兵攻陷。

太原府的失守，使西路完颜粘罕（宗翰）军得以南下，与东路完颜斡离不（宗望）军会师。在宋朝方面，则因号称最精锐的陕西的主力军在两次解围战中耗折殆尽，开封的陷落逐成为定局。

完颜粘罕（宗翰）攻取太原后，又出兵进犯平定军。

他满以为可不费吹灰之力，稳拿这座不大的军城。不料平定军的军民严阵以待，顽强抗击，使敌人损兵折将，始终无法攻占。最后，在东路完颜斡离不（宗望）派兵支援之下，金军付出重大伤亡后，才使平定军城陷落。

岳飞勇敢地参加了平定军的守卫战，殊死苦斗。直到最后平定军城被攻破，宋军溃败，大势已去，他才不得不带着妻儿拼死突围而去，奔回了故乡汤阴。

周俊玲(作家、学者)：关于岳飞如何离开平定军，返回故乡汤阴，岳珂《鄂王行实编年》记载说："会夜渡，亡其告身，先臣又弃不复问，间行归相州。""亡其告身"，即丢失官告；进义副尉也就是个不入品的小武官。夜间渡水行军，丢失官告，岳飞再次放弃一次军功的晋职，但这似乎不应当成为"间行"归乡的理由，所以，岳飞返回家乡应该是因平定军的陷落。

在归途中，岳飞和妻儿备受颠沛流离的苦楚，山河破碎，满目荒凉，百姓尸骨枕藉，惨不忍睹，胸中不禁燃起了对金兵仇恨的烈火。

公元1126年(宋钦宗靖康元年)冬天,岳飞回到家乡相州汤阴,村民已经是十去七八了,只有一些老弱病残者在家中忍受着冻饿交迫,苟延残喘。

岳飞在家中见到了思念已久的母亲姚氏,拜倒在地,大放悲声。

姚氏扶起岳飞,叹道:“孩子啊,莫哭,我们就是哭出了血泪,也不能哭走那些恶贯满盈的金兵!如今,国家有难,你还要从军去,带领将士杀敌报国,为死难的乡亲们报仇雪恨!”

岳飞不忍舍下母亲,流泪道:“孩儿记住了。但母亲年过六十,需要照料,更遭逢这兵荒马乱的岁月,孩儿实难放心而去。”

姚氏苦笑道:“孩子!乱世多苦难,苟延亦难得!如今,外寇入侵,国难当头,你身为堂堂大宋朝的七尺男儿,便当挺身捍难,杀敌破寇,尽忠报国!倘若国家灭亡了,咱要这区区一个小家有什么用呢?!我儿一向读书,深明大义,自然明白这个道理!你须牢记‘尽忠报国’这四个字,立即投身军旅,重返战场,挽救国家的危亡,拯救百姓的苦难!这才是大义孝道!”

岳飞垂泪感叹道:“母亲教诲,孩儿铭记在心!”

姚氏又道:“为使我儿时刻铭记‘尽忠报国’的信念,我便将此四字刺在你的脊背之上吧。”

岳飞当即除下上衣,裸露了后背。姚氏取来一枚钢针,将“尽忠报国”四字深深地刺入了岳飞后背肌肤之中,又取来墨醋染了,使之深入肤理,嘱咐道:“‘尽忠报国’就是大义孝道,我儿至孝,要恪守一生!”

岳飞磕头道:“慈母教诲,孩儿永志不忘。”

姚氏又道:“今年正月间,金将完颜兀术率军入寇,攻破相州,占领了汤阴。我亲眼目睹了金兵铁骑所过之处,抢尽财物,烧杀掳掠,无恶不作,老弱尽遭杀害,妇女被掳走,男子被抓去剃发结辫,充当军中的苦力。金兵对咱大宋朝百姓犯下了滔天大罪,罄竹难书!这是国难,更是国仇、国恨!”

岳飞道:“我在返乡途中,极目所见,村庄破败,百姓流离失所,田园荒芜,渺无人烟,尸骨遍野,心中悲痛已极,自当尽忠报国,誓杀金贼!”

杭州岳母刺字雕像

姚氏又道："我听人说，国都开封被围，皇上以康王为河北兵马大元帅，在河朔开府，募兵勤王，如今，武翼大夫刘浩大人受康王之命，正在相州城中招募军士抗金，我儿可速去投军，以酬尽忠报国之志。"

岳飞道："孩儿谨遵母命。"当下嘱咐妻子照料母亲，辞别家人，赶往相州城投军去了。

岳朝军(岳飞思想研究会会长、岳飞第二十八代嫡孙)：岳母姚氏是中国历史上最伟大的贤母之一，其教子有方、深明大义的事迹都记载在了史籍当中，不容置疑。

南昌大学校园里面的岳母刺字雕像

先说岳母的教子有方。少年岳飞从他母亲姚氏那里得到了一些很好的教导，包括岳飞童年的启蒙教育，以及为人处世的品德、修养、文化学习等。岳飞对他的母亲有着非常深厚的感情，终其一生都念念不忘母亲的养育之恩。对此，绍兴六年(公元 1136 年)四月十二日岳飞在给朝廷的《乞终制札子》里面明确写道："臣孤贱之迹，幼失所怙，鞠育训导，皆自臣母……"年轻时的岳飞很能喝酒，后来因为喝酒出现错失，岳母就告诫岳飞不可饮酒，岳飞当即戒酒。这在《金佗续编》卷 27 黄元振编岳飞事迹中有记载：岳飞对部属说，"某旧能饮"，"尝有酒失，老母戒某不饮。"

再说岳母的深明大义。公元 1126 年(宋钦宗靖康元年)，金军寇略中原，宋朝国土多处沦陷，国家危亡，黎民涂炭，深明大义的岳母以国家为重，命岳飞再度投军报国，抵御外侮。岳飞当然渴望重返战场，尽忠报国，但他天性至孝，

不忍撇下六十多岁的老母，以致犹豫。这时候，岳母就多次催促儿子即刻去投军报国，投入到拯救家国危亡的战争中去，体现了一个伟大母亲的大义。对此，《鄂国金佗稡编》卷9《遗事》明确记载："先臣天性至孝，自北境纷扰，母命以从戎报国，辄不忍。屡趣之，不得已，乃留妻养母，独从高宗皇帝渡河。"当岳飞投军报国之后，岳母所居住的汤阴沦入金兵的铁蹄之下，朝不保夕，性命堪忧，但她丝毫不以自己的危难为意，首先想到的是让岳飞从大义出发，舍家为国，让乡人传话给岳飞："不要惦记家里的苦困，不要惦记母亲的安危，把全副身心都用在尽忠报国上面！"（《鄂国金佗稡编》卷9《遗事》："俄有自母所来者，谓之曰：'而母寄余言：为我语五（吾）郎，勉事圣天子，无以老媪为念也。'"）

如此教子有方、深明大义的贤母足以名垂青史、照耀千古。

汤阴岳飞庙内的岳母刺字塑像

岳母刺字是在中国民间流传数百年，影响巨大，而且极富教育意义的经典历史故事。

尽管岳珂在《金佗稡编》里面没有"岳母刺字"的记载，但岳飞脊背上刺有"尽忠报国"四个大字，却是史载分明的事实，而且是岳飞青年时就刺上去的。这在《宋史》卷380《何铸传》里有十分清楚的记载：何铸审问岳飞时，看到岳飞"背有旧涅'尽忠报国'四大字，深入肤理"。《宋史·岳飞传》里也明确记载："初命何铸鞫之，飞裂裳以背示铸，有'尽忠报国'四大字，深入肤理。"

就目前学界所掌握的史籍、资料来看，最早记载"岳母刺字"故事的是明代万历十六年（公元1588年）彰德府司里张应登所编的《忠武王传》，其中记载："飞至孝，靖康初，始见高宗，母涅其背曰：'尽忠报国！'既而飞留妻养母，从高宗渡河。"

其后，钱汝雯编《宋岳鄂王年谱》卷1引《唐门岳氏宗谱》也说"尽忠报国"

四字是在靖康初姚氏所刺，但文字稍异："王至孝，靖康初，始见高宗。母涅其背曰：'尽忠报国。'趣之行，遂从高宗渡河。"《唐门岳氏宗谱》一书是在清"光绪丁酉"(二十三年，公元 1897 年)刊行的。

《鄂国金佗续编》卷 19 章颖《鄂王传》，同样部位的文字如下："初，飞从戎，留妻养母姚氏，从高宗渡河。既面河北沦陷，音问隔绝。飞遣人访求，数年不获。俄有自母所来者，谓飞曰：'而母寄余言：为我语飞，勉事圣天子，无以老媪为念也。'飞乃窃遣人迎之，往返十有八，然后归。"此段确是依据前引《鄂王行实编年》改写的，其中没有岳母刺字的记录。是否是张应登节录自章颖岳飞传的另一版本呢？或者是张应登据当时的民间传说增饰的？抑或是张应登原著并无此段记述，而是在清光绪年间《唐门岳氏宗谱》成书时篡改增饰的？现在已经很难考证明白了！

民间流传的描绘岳母刺字的图画

清初钱彩的演义小说《说岳全传》，在第二十二回"刺精忠岳母训子"中，也编写了岳母刺字的故事。

此外，值得一提的是，元代戏曲《岳飞破虏东窗记》就提到岳飞自幼背刺"尽忠报国"四字，第十八出描写岳飞被周三畏审问时回答："岳飞若有此事，岂肯自幼将'尽忠报国'四字刺入肤里？"

宋金战争爆发，面对金军入寇，国家危难，岳飞挺身而出，受母命"尽忠报国"，再次从军，投身于轰轰烈烈的抗金斗争洪流之中，头角峥嵘的岳飞又会有哪些惊人的表现呢？那些惊人之举会给他带来什么样的遭遇呢？请继续阅读《正说岳飞》第三章《越职上书》……

第三章　越职上书

公元 1126 年(宋钦宗靖康元年)十一月,鉴于金军势如破竹,迫近京城开封,北宋末代皇帝钦宗坐不住了,就命九弟康王赵构和资政殿大学士王云出使金营议和。

赵构、王云一行途径磁州(今河北磁县)时,出现了波折。

磁州知州宗泽乃是一代儒将,明察金军阴谋,就竭力劝阻说:"金人狡诈,不可相信,而今,他们大举入寇,气焰汹汹,狼子野心,怎肯和谈? 前次,肃王前往金营和谈,即被扣留;如今,所谓让王爷前往金营议和,不过是故技重施,以谎言欺骗做诱饵,设下了陷阱,想要抓王爷罢了! 断不可去!"

这时,磁州百姓们也闻知消息,簇拥上前拦住康王赵构的马,不让前行,并认为主张前去议和的资政殿大学士王云是金人的奸细,群起鼓噪,将王云打死了。

国防大学里矗立的岳飞戎装像

如此一折腾，本就惧怕前往议和会被金兵扣留的赵构，找到了不去的借口，便留在磁州；不久，赵构又被相州知州汪伯彦接到了相州。

金军一面与宋廷议和，一面迅速攻击南进，兵势如风，很快包围了北宋首都开封城。

鉴于首都开封被围，形势危急，宋钦宗命敢死之士秦仔等四人秘密突围出去，给康王赵构送蜡书密谕，希望赵构募集宋军勤王，解开封之围。

到了闰十一月，赵构接到秦仔等四人辗转送来的蜡书。按照宋钦宗在蜡书密谕里面的命令，康王赵构出任河北兵马大元帅，汪伯彦、宗泽为副元帅，征调河北的全部军队，火速入援京师开封。

于是，赵构遵照宋钦宗蜡书密谕，十二月一日在相州开设大元帅府，宣布出任河北兵马大元帅，调集、征募河北军队，准备救援国都开封城。

在相州州治安阳城里，武翼大夫刘浩负责招募义士。

岳飞面见刘浩，说道："在下汤阴岳飞，曾在真定府军中充敢战士小队长，讨平过相州剧寇陶俊、贾进；其后在平定军中担任偏校，斩杀数名金将后升任进义副尉，后来，平定军被数万优势金兵攻陷，我拼死血战，突围而出，而今闻听大人招兵抗敌，特来投军，誓杀金贼，尽忠报国！"

刘浩见岳飞气宇轩昂，英武不凡，而且胸怀国家，有"誓杀金贼，尽忠报国"的远大志向，慷慨激昂，谈吐不俗，更曾在军中多建功勋，顿时十分器重，便道："我看你英气勃勃，必有超人的胆识。这样吧，相州自今年正月被金兵攻破之后，各地饥民纷纷揭竿而起，抵抗金兵，渐成势力。安阳一带有一股义军，首领名叫吉倩，啸聚了三四百人，攻击金兵，也打劫州县，若不及早收服，将来后患无穷。因此，我命你带领一百名骑兵前去招抚吉倩，若能成功，定当重用。"

岳飞领命，率领一百名骑兵出发。

傍晚日落时分，岳飞所部抵达那股义军营寨附近，就地屯驻、用餐。

随后，岳飞命所部骑兵待命，以为声援，而自己只带了四名骑兵，径直来到了义军营寨。

义军大小头领闻知岳飞只带了四名骑兵前来，都感惊惧，而且不自禁地从心里暗暗钦佩岳飞的过人胆识。

义军首领吉倩多曾听到过岳飞的名头，知道他足智多谋，且武艺精绝，骁勇善战，曾以二百兵马剿灭过安阳悍匪陶俊、贾进等数百人，心中很是敬畏，此刻见岳飞仅带四骑前来，足见没有敌意，便率领营寨内的大小头领对岳飞以礼相待。

岳飞对吉倩等一众头领说道："金寇进犯，黎民遭难，河山沦丧，国家危亡，你等不以大义杀敌报国、荣立功名，反而落草为寇，苟延残喘，还有没有礼义廉耻呢？如今，我受河北兵马大元帅康王之命，招纳你等收编入伍，这正是你等转祸为福的良机！"

吉倩等为岳飞的大义和至诚所感召，又素知岳飞的威名，就纷纷表示归附朝廷，并置酒相谢。岳飞为了进一步打消他们的顾虑，就坐下来开怀畅饮，以示坦诚相待，毫不怀疑。

饮酒正酣，吉倩还是有所顾虑，就对岳飞说道："我等曾打劫州县，如今受了招安，恐怕还是免不了一死的！"岳飞就再三开导他们，表示一定既往不咎，吉倩等才放心地表示愿意听命招安。

这时，一头领突然跃起，偷袭岳飞。

岳飞眼疾手快，微微侧身，避开他的攻击，随手一掌，劈中了那人面颊。

那人被岳飞一掌击中，应声倒地，蓦地里突觉咽喉冰凉，却是被岳飞拔剑制住了。

慑于岳飞的神勇和凛然正气，吉倩等一众头领惊恐失色，一齐围着岳飞跪倒，请求饶恕那名头领的性命，并纷纷解甲归降。

就这样，岳飞兵不血刃，一举收服了吉倩等义军将士380人，也因此军功而被河北兵马大元帅赵构所知道，官升借补承信郎。

岳曰安（岳飞思想研究会副会长、高级工商管理硕士）：这时的赵构虽然开设了大元帅府，统领了一万军队，但是他这个人呢，却是畏敌如虎，不思前往破敌并救援开封，而是心怀异志，拒不执行宋钦宗的蜡书密诏，左顾右盼，派兵四出，侦察敌情，以备伺机寻找借口逃往安全地带，保存自己。

当时，刘浩任河北兵马大元帅府前军统制，岳飞作为相州所募义士编入了刘浩的元帅府前军。

这天，岳飞奉命带领三百名骑兵，前往北京大名府魏县李固渡侦察时，在侍御林突然遭遇了一支金军。

岳飞以三百部众大破金兵，阵斩金军枭将，凯旋归来，河北兵马大元帅府当即论功行赏，升岳飞为正九品的成忠郎，但因岳飞曾祖父名叫岳成，回避祖上名讳，改为“寄理保义郎”。

不久，岳飞又受命跟从刘浩前往救援东京开封城，在滑州南部与金军相持。

这天，刘浩将自己的骏马借给了岳飞，让他率领一百名骑兵在坚固的河冰上面操练。当时，天气严寒，整条河流都覆盖在了坚冰之下。对岸一支数百人的金军突然踏冰而来，与岳飞所部百骑遭遇。

古籍里的岳飞绣像

敌众我寡，岳飞却镇定如恒，指挥所部百骑迎敌，说道：“敌军虽多，却还不知道我军虚实，趁敌军还没有决定战斗或撤离之际，迎头痛击，可以击溃敌人！”随即，岳飞一马当先，向着金军扑去。一名金军枭将舞刀而前，迎面劈向岳飞。岳飞神力惊人，以刀相迎，那刀刃竟而砍入敌刃一寸有余。金军枭将顿吃一惊，就在这惊愕的一瞬间，岳飞拔刀再击，刀光闪处，金军枭将已经人头落地了，“噗通”一声，尸身坠落，跌在冰上。

岳飞所部百骑乘势进攻，金军大败溃逃。

此役歼敌甚众，还缴获了许多战马，岳飞因功升为从八品的秉义郎。

周俊玲(作家、学者)：岳飞在相州投军河北兵马大元帅府，很快就因英勇善战而闻名于大元帅府，并积功升迁为从八品的秉义郎。对此，南宋朝廷官员亦有证实，宋孝宗为岳飞拟谥时就记载说：“盖尝迹公际遇之始，自我太上皇凤翔于河朔，公已先负敢死名，受知大元帅府。”此段时间岳飞的事迹虽不见于《三朝北盟汇编》和《建炎以来系年要录》两书，但岳珂《鄂王行实编年》记载翔实，正好填补了前两部史籍的不足，证实了康王赵构为逃离相州做准备，而派遣岳飞到李固渡一带做武装侦察的事实。

岳珂《鄂王行实编年》虽严谨记述，但错失和疏漏仍在所难免。例如，《鄂王行实编年》记载：“（宋钦宗靖康元年）冬，高宗皇帝以天下兵马大元帅开府河朔，至相州，先臣因刘浩得见。”其实，考诸史籍，康王赵构当时任河北兵马大元

帅，而不是天下兵马大元帅。其二，《鄂王行实编年》记述岳飞在滑州之南冰河面上与金军的遭遇战时，说岳飞率百骑打得金军“大败，斩首数千级，得马数百匹”显然是夸大了战绩，因为我们很难相信岳飞的百骑骑兵能取得杀敌数千的战果；其三，《鄂王行实编年》记载：“大元帅次北京，以先臣军隶留守宗泽。”按史籍记载，当时宗泽的官职并非东京留守，其担任留守是后来的事情。

当然，小瑕不掩大瑜，这些记载错讹都是细微的枝节，就整部《鄂王行实编年》来说，还是考据严谨，记述翔实的。

当代治宋史的泰斗王曾瑜先生就明确认定：在记载岳飞事迹方面，《鄂王行实编年》较《三朝北盟汇编》和《建炎以来系年要录》两部史籍更为准确、严谨、可信。

赵构身负重任，却深怕河北兵马大元帅府的名义树大招风，惹来金军的攻击，而他所信任的副元帅汪伯彦毫无军事才干，只懂得阿谀拍马，这时也竭力怂恿他逃跑。两人经过密谋，决定先派刘浩领兵南下濬州（治黎阳，今河南浚县西北）和滑州（治白马，今河南滑县），扬言要解开封之围，迷惑金军，以掩护赵构逃跑。

宋高宗赵构画像

直至十二月十四日出行时，赵构和汪伯彦仍然对所部宋军隐瞒真情，谎称南下汤阴。但是，实际的行军路线却是出相州城的北门，往临漳县方向进发，军士们都莫名其妙。赵构和汪伯彦等避开李固渡的金营，逃入北京大名府。

赵构自十二月一日开设河北兵马大元帅府至逃跑，为时仅半个月。

刘浩受命率军到达了睿州，正值闰年冬暖，黄河已然解冻了，无法踏冰渡河，便先命部将丁顺带领前军五百兵士乘船过去。岂料，宋军甫登南岸，金军一千余铁骑杀来，顷刻之间便把那五百宋军冲散，丁顺收集残兵，向东溃退。

刘浩望见，连连顿足，却也无可奈何，眼见金军势猛，且扼守河岸，自忖所部兵力单薄，无法单独南进，只好带领人马掉头北上，追赶退往大名府的康王赵构和汪伯彦的大队人马去了。

不久，金兵包围了相州，鹤壁田家、南平李家、平罗兰家等大族所筑坞堡都相继投降。只有相州通判、宗室赵不试苦守州城，进行抵抗。岳飞的家乡汤阴县也沦陷了，金兵还在当地构筑了营寨。

赵构到达大名府后，下令河北各路兵马到大名府集结。

河北兵马副元帅宗泽首先率领所部二千兵马赶来，力言京城被围已久，救援乃当务之急。不久，信德府知府梁扬祖率领张俊、苗傅、杨沂中及三千人马也赶来了大名府。随后，河北路的几支宋军都来汇合，刘浩所部也赶来了。

这时，宋廷签书枢密院事曹辅来见，给赵构呈上了宋钦宗的蜡书密诏。

赵构打开诏书，只见上面大略写道："金兵攻击京城一时未能攻下，朝廷大臣们正在商议与金国议和，康王所部聚集的河北兵马可屯兵在京畿的边界，不要有所举动。"

赵构看罢，命曹辅退下，即刻召集副元帅宗泽、汪伯彦及都统制陈淬与信德知府梁扬祖等人商议。

汪伯彦等人都相信诏书所言，唯有副元帅宗泽不信，说道："曹辅一定投敌了，这份诏书是假的！金人诡诈，他们是想阻遏我们的军队入援京城罢了！皇上与朝臣们被困京城，日夜盼望我军入援，怎会下达这样的诏书?！这分明便是金人的诡计。我的意见是速斩曹辅，火急派遣大军直接奔赴澶渊，攻击金兵，逐次推进，来解救京城之围。只要我大军开到了京城近郊，就算万一金兵有什么其他的阴谋，那时，我军已经到达城下，也不惧他了。"

汪伯彦等各怀鬼胎，不愿意发兵，他们见宗泽坚持救援开封，就顺势力劝康王赵构先派宗泽出兵，从此以后，宗泽就不能参预元帅府的谋议决策了。

宗泽一向正直，欣然领命，心里哪会料到赵构居然有这等险恶的用心，自己片刻也不停留，带领所部兵马入援京城去了。

宗泽走后，汪伯彦及耿南仲当即建议赵构将军队转移到东平，避开金兵的锋芒，养兵观望，保存实力。赵构当即听从，率军进驻东平府。

公元1126年(宋钦宗靖康元年)夏历十二月，宗泽满怀一腔忠愤，只身毅然承担起了救援京城开封的重任，他以武显大夫陈淬为都统制，将所部一万兵马分为

宗泽画像

前、后、中、左、右五军，其中，前军统制就是刘浩，岳飞自然也列入了前军编制，从此成为了宗泽的一员部将。

宗泽墓

第二年春正月，宗泽率部进军开德府，派遣刘浩率领岳飞等骁将袭击一支金军。

刘浩率军逼近敌阵，岳飞率先出击，弯弓搭箭，连发两箭，射死了金军两名旗头，乘势指挥骑兵突击，一举打败了金军，还缴获了一批甲、马、弓、刀等军械。

此战获胜，岳飞因功升为正八品的修武郎。

岳月滨(岳飞思想研究会副秘书长)：宋金时期，军队之中执旗的将士被通常称为旗头。旗头，就是那队人马中的最骁勇善战者，在临阵破敌时，起着号召、引领部众冲锋陷阵的作用，当时军中就有所谓：旗进则众进，旗退则众退！因此，旗头很容易成为众矢之的，是很危险的。

史书记载："旗头本执持大旗，麾众当先者"，当时宋军每五十人为一队，"选壮勇善枪者一人为旗头"，是队一级编制单位的头领之一。

岳飞在抗金战争中，经常身先士卒，亲自担任旗头，带领部属冲锋陷阵，多次摧坚破锐，战胜强敌而取得胜利。即使在岳飞后来身居高位之时，也还是身先士卒，带头冲锋陷阵，与敌人展开厮杀。岳飞的幕僚黄纵就曾经亲眼目睹岳飞作为旗头，麾军杀敌，他很担心岳飞的安危，曾劝岳飞说："敌军狡诈，岳宣抚你亲自当旗头指挥作战，如果敌人认出了你岳宣抚，集中强弓硬弩射你，那可就很危险了!”岳飞出身行伍,亲历数百次血战,更深知作为将帅亲临战阵殊死破敌的中坚作用,遂并不为黄纵的话语所动,每次作战,毅然身先士卒,奋勇当先,以此鼓舞全军将士的斗志,最终赢得战争的胜利。

宗泽在开德府接连同金军打了十三仗,每战皆捷,士气大振,就用书信劝宋高宗赵构调集各道兵马会师于京城,还移书北道总管赵野、河东、河北路宣抚范纳、兴仁府知府曾茂,请他们合兵一起入援京城,但是赵构不予理睬,赵野、范纳、曾茂三人都认为宗泽轻狂,不予回答。宗泽无奈,只得以孤军前进。

二月,宗泽命刘浩引领前军转战曹州。

这天,刘浩所部岳飞与金兵遭遇。岳飞披散了头发,挥舞四刃铁锏,一马当先,直贯敌阵。

宋军将士被岳飞的骁勇所带动,人人鼓勇,无不一以当百,顷刻之间便突入金军阵中,大破敌军,一直追杀出了数十里,这才凯旋而归。

此战,岳飞又建首功,升为从七品的武翼郎。

几次突出的战功,令宗泽对岳飞另眼相看,器重有加。

一日,宗泽召来岳飞,给了他一些兵家阵图,命他钻研学习,并道:“你的智勇才艺,即使同古代的良将相比,也毫不逊色。然而,你一向喜欢野战,攻杀凌厉,锐不可当,这却不是古代名将的战法了。古之名将,都是骁勇与谋略并重,摧敌破寇,所向披靡。你喜欢野战强攻,如今作为偏裨将佐是可以的,他日做了大将,必须勇略并重,就嫌不足了。”

岳飞应声退了下去,仔细钻研了那些兵法阵图,颇有心得。

不久,宗泽再次召见岳飞,问岳飞研习那些阵图可有收益,岳飞答道:“古代的阵图虽有妙处,但大多拘泥于一些定式,陈陈相因,缺乏变化。我目前带兵不多,若是每战都按一定的阵势,岂不向敌人过早地暴露了己方的虚实了吗?因此,我认为,临战不必苛求必须因循阵法兵图。兵家制胜克敌的根本,在于出奇,让敌人不可测识,才能取胜。按照古代的阵法排兵布阵,然后作战,那是兵法的常规;兵法的巧妙运用,在于将领的临阵发挥,因地制宜,相机变化,也就是所谓:‘运用之妙,存乎一心!’”

宗泽听了,若有所悟,默然沉思了一会儿,感叹道:“你说得很对!”

王德保(南昌大学人文学院院长、中国语言文学系教授、博士):《鄂王行实编年》详细记载了建炎元年春,岳飞初隶宗泽时,宗泽和岳飞讨论阵图与兵法的对话,岳飞的精彩回答:“兵家之要,在于出奇,不可测识,始能取胜。”“阵而后战,兵法之常,运用之妙,存乎一心。”从此成为后世著名的军事格言。按当

时宗泽为河北兵马副元帅，担任东京留守是后来（六月）的事情，可是，这段记载中，岳飞称宗泽为“留守”，而不称副元帅，于是，后世许多历史学者都据此将这段宗、岳论兵对答归于岳飞第二次隶属宗泽时。

然则，《鄂王行实编年》明确记载此段论兵发生在建炎元年春。若仅仅依据一个可能是笔误的职务尊称就改变史籍的记载，似乎牵强。其次，岳飞在第二次隶属宗泽时，《宋史·宗泽传》记载：宗泽一见到岳飞，就惊奇地说：“此将材也！”其时，岳飞并不知名，他的真正出名还是再隶宗泽后，宗泽“升飞为统制，飞由是知名。”宗泽对岳飞有所了解，这时，宗泽不是仅凭貌相就判定岳飞是将材的，他一定是对岳飞的兵法谋略有所认识的，而且，称岳飞“将材”而不说猛将，也不会是岳飞初隶宗泽时勇猛善战，宗泽就认定他是将材的；显然，岳飞初隶宗泽时，宗泽就对岳飞深通兵法有所认识的，那么，就可以判定岳飞曾经在宗泽面前谈论过兵法。因此，我觉得，宗、岳论兵时间还是以《鄂王行实编年》的记载较为确切。

刘浩的二千兵马进驻广济军定陶县后，接到赵构的命令，让他所部人马划归黄潜善指挥，取消了宗泽对此军的指挥权。

周俊玲（作家、学者）：这个黄潜善原本是河间府知府兼高阳关路安抚使，他率兵数千赶到东平府追随康王赵构，立即便得到了赵构的宠信，先后被任命为节制军马和副元帅。此时，赵构的元帅府已经集结了八万兵力，黄潜善指挥三万六千人，而同为副元帅的宗泽却仅仅统领了二万六千人。黄潜善这个人私心很重，而且没有战略远见，只是懦弱畏敌，不敢同金兵作战，一味按兵不动，保存自己的实力，这样一来，便使宗泽所部陷于孤军苦战的境地。

公元 1127 年（宋钦宗靖康二年）夏历四月，金军把宋徽宗、宋钦宗、后妃、公主、宗室、大臣三千多人，京城开封的各种文物、图书、档案、天文仪器、金银珠宝等所有财物及技艺工匠等全部掳掠而去，至此，北宋政权灭亡。

金军临撤之际，另立原北宋大臣张邦昌为傀儡皇帝，国号楚。

北宋皇帝虽然被掳，但康王赵构等宗室还在，各地州府官吏及军队仍然存在，而且，伪楚政权不得人心，迫于当时的形势，张邦昌不得不将北宋的传国玉玺送到了济州，迎奉康王赵构为皇帝。

四月二十一日，赵构离开济州，应宗泽和朱胜非的建议，前往南京应天府（治宋城，今河南商丘市）即皇帝位。

出发之前，赵构将元帅府所属五军重新编组，任命张俊任中军统制，刘浩任中军副统制，武翼郎岳飞作为中军的一名偏裨武将，随同大队人马，护送赵构前往南京应天府登基。

五月初一，康王赵构在南京应天府即皇帝位，将靖康二年改为建炎元年，这便是南宋的开国之君，庙号高宗。

赵构即位后，设置御营司主管军政，任命黄潜善兼任御营使，汪伯彦为副使，以王渊为都统制，刘光世提举一行事物，韩世忠为左军统制，张俊为中军统制。至于不被赵构和汪伯彦欣赏的刘浩则外任为大名府兵马钤辖，但刘浩的部将岳飞等依然留在御营司军中，隶属于张俊。

赵构称帝之初，迫于当时严酷的形势，不得不启用望重一时的李纲担任宰相。但他卑怯懦弱的个性与追求享乐苟安的思想，导致他真正宠信的仍是黄潜善、汪伯彦等胸无远略、腐朽畏缩的一帮大臣。

李纲担任宰相后，立即实施抗金路线，采纳张悫等人的建议，号召民众组织忠义巡社，抵抗金军；推荐抗战名将宗泽担任东京留守兼开封府尹，负责守卫开封府；推荐张所任河北西路招抚使；举荐傅亮任河东路经制副使，负责收复两路沦陷的州县。

周俊玲(作家、学者)：张所是宋钦宗靖康时的监察御史，有才气，有谋略。北宋都城东京开封被围时，只有张所上书，请以蜡书密诏募集河北的兵马勤王。蜡书传到河北，士民都兴奋地说："宋朝廷不要我们了，将我等丢弃给金寇，只有张察院(张所)要拯救我们，并用我等抗金勤王！"应募的兵民达十七万人，张所名满河北。但东京开封很快陷落，张所组织的民军没能派上用场。

金军扶植伪楚政权后，张所主动向康王赵构传送蜡书，报告消息，并很快投奔了康王。康王赵构即皇帝位后，张所上奏，力言不可放弃河北与河东，并说黄潜善和其兄黄潜厚都是奸邪，不可用，以免危害新成立的南宋朝廷。时任中书侍郎的黄潜善获知张所弹劾自己后，就声称辞职。宋高宗赵构极力挽留并偏袒他，贬谪张所为凤州团练副使，安置到江州。其实，黄潜善作为执政官，倡议放弃两河，与金国以黄河为界，甚合宋高宗的心意，因此，才有张所的被贬。

李纲到南京出任宰相后，倡议招抚河北，收复失地。一些朝廷官员都说招抚河北，非张所不可。李纲也认为张所是最合适的人选，就出面劝说黄潜善："我知道你和张所有矛盾，但国家危急，你若能先国事，后私怨，将被人们称赞！"黄潜善同意了起用张所，于是，李纲才得以保奏张所出任河北西路招抚使。

但李纲的抗金方略却受到了执政大臣黄潜善、汪伯彦等人的多方掣肘。黄潜善、汪伯彦等人只想偏安享乐，无意对金作战，收复故疆，迎还宋徽宗和宋钦宗，所以，他们主张迁都东南，放弃河北与河东，与金国划河为界，议和修好，苟安一隅。而懦弱的宋高宗赵构则与黄潜善、汪伯彦的偏安思想十分一致，因此，应

天府一带便传出了高宗将要往扬州等地“巡行”的消息。

七月，在军中的岳飞也听到了这个消息，这位年仅二十五岁的青年低级军官以过人的战略眼光看到了朝廷决策的错失，这令他对国家的前途以及抗金事业的远景深感忧虑，更愤慨于黄潜善、汪伯彦等大臣的畏敌避战、不思进取、无意于收复失地的苟安思想，所有这一切让岳飞忧心忡忡，寝食难安，感到无法沉默了！

于是，年轻的岳飞以非凡的胆识和勇气，满怀着一腔爱国热忱，饱蘸激情，自己执笔写了一封建言书，向宋高宗赵构提出了建议。

在建言书中，岳飞说：陛下即皇帝位使得天下万民有了领袖，社稷有主，这就足以打破敌人的奸谋了；如今，勤王的大军日夜不停地从四面八方赶来，兵势渐渐强盛。金寇认为我军一向软弱，未必能抵挡，这正可乘其懈怠而发动攻击。而李纲、黄潜善、汪伯彦等不能落实陛下的圣意，恢复故疆，迎还徽、钦二圣，却一意南走，欲退避到长安、扬州、襄阳，只有苟安思想，没有远大的战略意图，中原的百姓将会感到失望。即使将帅们在战场上拼死作战，也无成功的可能。为今之计，不如请陛下返回东京开封，取消去长安、扬州、襄阳三州巡幸的诏令，乘车驾还东京开封，主持大计。乘着还徽、钦二圣蒙尘未久，敌方尚未稳固之际，陛下亲率大军，渡过黄河，大举北伐，则天威所至，将帅一心，士卒作气，中原之地指日可复。

王曾瑜（中国社会科学院研究员、中国宋史研究会前会长）：这是岳飞第一次正式批评朝廷的投降政策。北伐还是南逃，进驻开封还是退居扬州，是当时抗战派和投降派斗争的焦点之一。李纲和宗泽都是在这个问题上据理力争，寸步不让的。经过一年多的锤炼，岳飞作为一个二十五岁的青年，其批评居然切中投降派的要害，这表明了他已具备超人的见识。

在宋朝官场崇文抑武的风习下，武将被视为粗人，对其文化也并无什么要求，有的大将甚至目不识丁。岳飞本人自幼并无机会受良好的教育，至此居然能单独上书言事，足见他有相当的文化水平。他身为“区区武弁”，其见识却已不同凡响，这自然与本人的文化水平有关。宋时因印刷术之普及，文化教育势必有很大发展。南宋初年，文人上书言事，极为普遍。例如席益任中书舍人一年有余，曾“阅二千余书”，足见其多。但是岳飞作为一个低等偏将上书，则无疑是凤毛麟角，甚至是绝无仅有的。岳飞在建言书中批评了朝廷中苟安退缩的思想，表现了他的远谋大略，反映了他“位卑未敢忘忧国”的思想。

赵宋的家规是以文制武，有意贬低和压抑武人。按照官制，一般由文臣枢密使统管军政，与“三衙”（殿前都指挥使司、侍卫亲军马军都指挥使司、侍卫亲军步军都指挥使司）形成文尊武卑的关系。三衙长官虽为武将之首，参见宰相和执政时，必须“执檛”“谒拜”，这是宋时偏裨参见将帅的“军礼”，辞别时，必须恭敬作揖。连武将参与军政大计，也被视为越轨行为。岳飞不过是一个从七品的下级小武官，在这个鄙视武夫的时代里，他居然敢于上书规谏皇帝，指斥宰执，评议时政，这无疑需要非凡的胆识和勇气。

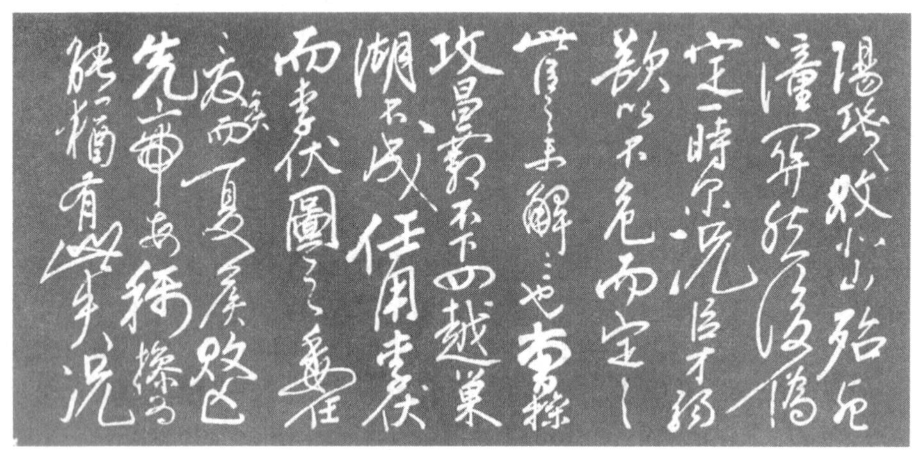

传为岳飞书法作品之《后出师表》

遗憾的是岳飞的建言书非但没有被宋高宗赵构所接受，反而触怒了当时的用事大臣黄潜善和汪伯彦。

黄潜善、汪伯彦他们看到了岳飞的《南京上皇帝书》，不但嗤之以鼻，而且十分震怒，认为绝对不可容忍，当即以“小臣越职，非所宜言！”论处，责令将岳飞革掉官职，削除军籍，赶出军营。

岳鹏（岳飞思想研究会副会长）：岳飞上书有几千字，今已佚失，仅剩概略。据《金佗稡编》卷10《南京上皇帝书略》，岳飞在上书中将李纲和黄潜善、汪伯彦一并指责，相提并论，这是他作为一个偏裨军官，不了解朝廷争议的内幕之故。事实上，李纲六月到南京后，便建议以长安为西都，襄阳为南都，建康为东都，但作为万不得已的退却之所，他主张皇帝应回开封去。岳飞上书应在李纲建议之后，即当年六、七月间。

岳飞建炎初南京上书，实为他个人成长史之中的一个重要篇章。在《金佗稡编》问世前，人们不知此事。李心传看过岳飞后来的奏议，却“不知所论何事”，误认为岳飞上书于靖康元年岁末在北京大名府时，就在《建炎以来系年要录》卷8建炎元年八月乙亥记做：康王称帝前，岳飞“至北京，论事，罪废！”其实是其史笔的误记。

岳飞满腔忠愤，上书建言朝廷进取，却换来如此惨重的打击和迫害，那么，被革掉官职、削除军籍、赶出军营之后，孑然一身，狼狈羁旅的岳飞会就此沉沦、湮没无闻吗？他尽忠报国的壮志又是怎样实现的呢？请继续阅读《正说岳飞》第四章《开封弃守》。

第四章 开封弃守

无辜遭受权奸打击、迫害的岳飞，并没有就此消沉。

岳飞不但是一位抗金报国的无畏勇士，更是一位忧国忧民的爱国志士。此时此刻，他胸中燃烧的仍是尽忠报国的熊熊烈焰，胸中存念的仍是驱逐金兵、光复河山、迎还二圣的报国壮志，在他自己的内心深处，个人的荣辱与挫折、困顿等等，都是次要的，在国破家亡、中华民族遭受外敌侵略的危急关头，挺身而出，舍生忘死，去拯救国家和民族的危亡、驱逐敌寇、收复失地、保境安民才是第一等的责任。正是在他自幼许国，矢志尽忠报国的爱国思想引导下，岳飞毅然决然地抛开了个人的荣辱与祸福，坚定地奔赴抗金第一线，要再度投军，踏上另一条抗金救国的道路。

宋朝开封城

既然不容于黄潜善、汪伯彦等权奸控制的南京，岳飞想到了主战抗金、曾指责黄潜善、汪伯彦为“奸邪”的河北西路招抚使张所。

张所在当时有一定的名望，也曾受到黄潜善等人的打击迫害，后被宰相李纲力荐重用，正在河北抗金前线主持对金作战。

于是，岳飞毅然直奔北京大名府，投奔张所去了。

周俊玲(作家、学者)：北京大名府当时设有两个重要的军事机构：一个是杜充的北京留守司，负责守城；另一个是张所的河北西路招抚司，负责收复河北的失地。当时，金军只占领了河北的怀州(治河内，今河南沁阳市)、卫州(治汲县，今河南卫辉市)、濬州和真定府四州，其余的府、州、军都为当地的宋朝军民固守。

张所就任河北西路招抚使后，积极招募民兵，筹划粮饷，准备先克复怀州等四州府，再去解除金军对中山府的包围。

公元1127年(宋高宗建炎元年)八月，岳飞只身来到北京大名府，要求参见河北西路招抚司招抚使张所，凡三次，才见到张所。

张所见岳飞干练勇武，就命他暂充效用兵，留在帐前使唤。

招抚司有一位干办公事赵九龄。他最初由李纲举荐，曾任“御营机宜”。赵九龄同岳飞有所接触后，很快地就赏识了岳飞，认为这个青年是“天下奇才！”并向张所推荐。

张所初步了解了岳飞的经历和志向后，说道：“我听说你曾在宗留守麾下勇冠三军，那么，临阵杀敌，你自料能力敌多少个敌人呢？”

岳飞道：“匹夫之勇，不足夸耀。两军交锋，一个人的勇猛剽悍算不了什么，用兵制胜，临阵破敌，在于将官预先设定谋略。谋略才是战场制胜的根本，因此，为将之道，不必担心自己没有勇力，而应当担心自己没有谋略！即所谓：将在谋，不在勇！”

张所听了，大为惊奇，感叹道：“你有大将之才啊！绝非行伍中的一介武夫！”当即恭恭敬敬地让他坐下来，两人促膝谈心。

张所道：“老夫虽是一介儒臣，粗读史书，不谙军国大事，但也很明白朝廷腐败，奸佞当道，军政废弛，以致金贼入寇，掳走二圣，劫掠京城，黎民涂炭，陷身水火，国事糜烂到今天这个地步，冰冻三尺，非一日之寒啊！但当此国难之秋，挽救危亡，挺身捍难，就在我辈了。张所虽然不才，但凭一颗忠心，鞠躬尽瘁，死而后已。”

岳飞感叹道：“大人忧心国事，身当重任，积极整饬河北军备，抗击金贼，克复故疆，令人敬佩。”

张所道：“你投身军旅多年，识见不凡，在你看来，河北路的抗金该当怎么着手呢？”

岳飞道：“我朝以开封为都城，地处平原要冲，虽然濒临黄河，但地势多是平川旷野，利于大兵团骑兵冲突作战，而骑兵正是金军的长项，因此，我军在那里很难阻挡金军的精锐铁骑。河北是开封的北面门户，山壑纵横，丘陵交错，很适宜设伏会战，狙击金兵。所以，若要持久对抗金军就必须先收复河北一带，充分利用其地理优势，使之成为阻挡金兵南犯的一道坚固屏障。若果不能收复河北，不仅河南无法守卫，就连江淮恐怕也难保全了。因此说，克复河北，使之成为抗金的堡垒至关重要，这关系到我朝的存亡命脉。而克复河北，当先攻取卫州、怀州、睿州三州，断敌归路，扼其咽喉，然后由朝廷号令各路大军云集，关门打狗，则歼灭金贼就指日可待了。只要歼灭了金军的有生力量，那么，挥师北上，直捣敌巢，迎还二圣，光复神州，就易如反掌了。”

张所听了岳飞这番言论，颇感惊奇，点头道：“真知灼见，果然不俗。”

岳飞又道：“其实，朝廷军备废弛多年，政治腐朽，根本无力外战，但蔡京、童贯等人好高骛远，贪图虚名，趁辽朝之危联金灭辽，所谓引虎驱豹，召魔入室，致使金人得窥我大宋的虚实，觊觎之心萌生，这便是我大宋灾难的开始。朝廷无力攻取燕京，不得已用大批金银换来燕云的几座空城，更错信郭药师等辽朝降将，委以重任，驻守边防，这些都是重大失策，所谓得虚名，受实祸！以致中原罹兵，百姓涂炭，二圣蒙尘，教训惨痛，不可不深思反省啊！”

张所听罢，对岳飞更是肃然起敬，感叹道：“你有这般超卓的见识，将来必成大器！”

岳飞逊谢道：“大人身当朝廷重任，望重一时，岳飞仰慕很久了，恳望大人给我一席用武之地，为国家效力疆场，驱逐金寇，光复山河。”

张所听了，既感动，又敬佩，赞道：“好！我这里正需要你这等才识过人的英杰呢！你虽被黄潜善、汪伯彦两个奸佞打击迫害，现在成了白身。但国家正在用人之际，不必拘泥陈规，我就先将你从白身的效用‘借补’修武郎、閤门宣赞舍人，充任中军统领，待报请朝廷批复真命后，再行加官。”

岳飞纪念银币

岳飞听了，感动不已，起身拜谢。

于是，岳飞留在了张所军中，充任了中军统领。

因他干练机敏，很有谋略，多立功勋，颇得张所的重用，又很快超升三官，从借补从七品的武经郎升任统制。此时，岳飞的官阶与革职前的武翼郎相比，已经高出了两阶。

周俊玲(作家、学者)：岳飞和张所相处仅有一个多月的时间，但我们可以相信，张所在得知了岳飞的不幸遭遇之后，他为国惜才的伯乐精神，以及与岳飞抗金志向的契合，和同受奸佞打击的愤慨，在两个有着巨大才干和勇气的英雄内心里产生了共鸣。

遇到张所，是岳飞人生的一个转折，从此在岳飞的内心深处，对张所的知遇之恩，一生之中都充满了感激，可以说是常怀报恩之情。

后来，岳飞身居高位，得知张所的儿子张宗本年纪尚幼，就“访求鞠养，教以儒业，饮食起居，使处诸子右”。不但如此，岳飞还上奏朝廷，“追复”张所，并将自己的“明堂任子恩”、“补文资”荫补张宗本为官，可谓仁至义尽，也算是报答了当初张所对岳飞的一番知遇之恩。

在岳飞的积极谋划下，张所的河北西路招抚司工作紧张有序地开展了起来。但专擅朝政的黄潜善和汪伯彦等人不断地从中作祟，就连朝廷存放在北京大名府的兵器和甲胄也不许张所动用。

九月中旬，张所编组了一支七千人的军队，命大将王彦任都统制，率军前去收复睿州、卫州、怀州三地。这是宰相李纲和招抚使张所商定的战略部署。

岳飞和张翼、白安民等十一将都隶属王彦，一起进发。

周俊玲(作家、学者)：李纲的抗金主张与宋高宗赵构等苟安派的思想不断冲突，特别是赵构很不赞成，在他做了七十五天宰相后，就被宋高宗罢免了，他的抗金措置也随之废弃。李纲失势，直接导致了他荐拔的张所垮台。王彦的军队离开大名府不久，朝廷贬谪张所的命令就下达了。原来，宋高宗、黄潜善等投降派扳倒了李纲，仍旧记恨当初张所弹劾黄潜善、汪伯彦并指责其为奸邪，认为当初处置张所太轻，且张所稍后又被李纲所重用，就旧账新算，从严惩处，将张所贬逐岭南。这是宋时对官员上书言事获罪极其严重的处分。张所后来居留荆湖南路首府潭州(治长沙，今湖南长沙市)，被土匪刘忠杀害。

张所的革职、河北西路招抚司的撤销，使王彦一军很快成了断线风筝，得不到上司指示，也没有后援，注定了王彦一军难成大功，而且不幸很快就降临到了这支部队头上。

王彦一路上屡破金兵，震动不小。金军统帅部既感到震惊，又切齿痛恨，便立即调集兵力，准备围歼这支宋军。

王彦驻军卫州新乡县(今河南新乡市)的石门山下，由于察觉到敌军大队集结的信息，他感到必须持重开战，择机避敌锋锐。但年轻气盛的岳飞却不理解王彦，一再请求出击，王彦不同意。岳飞不禁怀疑王彦胆怯，情绪激动地说："二圣蒙尘，远离家国，实为我辈军人的奇耻大辱，仇恨不共戴天。而今，贼兵据有河朔，我等身为臣子，便当率众破敌，驱逐金兵，光复故土，以迎还二圣！可是，我军驻扎在此，逡巡不前，观望不战，这是坐视金贼肆虐，让百姓斥骂我等怯懦惧敌，有降敌之嫌啊！"

王彦沉默不语，勉强设宴为岳飞劝酒。王彦帐内一位姓刘的幕僚屡次在手掌中写一"斩"字，示意王彦杀掉岳飞，王彦不理。岳飞见说不动王彦出兵，一怒之下，便率领自己所部兵马擅自出战。战斗中，他夺取了敌人的大纛旗挥舞，激励士气，奋勇杀敌。于是，其他各军也鼓勇出击，一举打败金军，收复了新乡县，生擒金军千户阿里孛。接着，宋军又打败了

岳飞力战金军

金军万户王索的部队。

优势金军主力集结于侯兆川，将在第二天与岳飞所部数百人决战。

岳飞深感局势严峻，就召集将士说道："我军已两胜金兵，敌军不甘心失败，一定会集结优势重兵来复仇，大战在所难免。我军虽少，但必须战胜敌军，才有生路。明日一战，关乎存亡，凡不用命者，斩！"

第二日，侯兆川一场激战，岳飞所部将士死战，许多士卒都受了重伤，岳飞自己也受伤十多处，最终还是打败了敌人，俘获了金军许多人马。

这天夜间，岳飞所部夜间宿营在石门山下，有人传言说金军又来攻击了，一军皆惊，唯独岳飞不信传言，冷静地躺着休息，不为所动，并传令让大家不必惊慌。结果，敌军并没有来。

金军集结了数万大军，进行反攻。王彦的数千宋军遭到了包围，最后，宋军在突围的战斗中溃散了。

王彦冲出重围，收得残部七百多人，退守卫州共城县（今河南辉县市）的西山。为了表示宁死不屈的抗金斗志，王彦和他的部属们都在脸部刺上"赤心报国，誓杀金贼"八个字。两河忠义民兵傅选、孟德、焦文通、刘泽等部纷纷响应。最后，王彦一军发展到十多万人的队伍，与金军战斗近百次，收复绵亘数百里的地区，"八字军"的威名响震一时。

岳飞突围后，独自带领残部苦战在太行山区，遭遇了很大的困难。天寒粮尽，将士们只能将自己骑乘的战马宰杀作食。

当听到王彦"八字军"发展壮大的消息后，岳飞单身前往王彦的山寨，叩门谢罪，请求接济一些粮食。王彦对往日的嫌隙耿耿于怀，不借给他粮食。有的部属甚至还建议将岳飞处死。王彦给岳飞敬了一杯酒，说道："你违反军令，擅自出战，罪责当诛！

连环画《岳飞》封面描绘了岳飞杀敌情形

但是，你离开我的队伍已经有些日子了，还不忘上司，回来请罪，渴望再投部伍，尽忠报国，胆气惊人。如今，国步艰危，外寇横行，河山沦陷，百姓涂炭，正是用人之时，非泄愤报复之日，我不用你，也不杀你，你自去吧，好自为之！”

岳飞无奈，只得辞别王彦，独自率领所部转战河南一带，抗击金兵。

在一次战斗中，岳飞所部俘虏金将拓跋耶乌，夺到几十匹战马。时隔数日，宋军又发现金军的一支大部队，在蜿蜒的山路中行进。岳飞命令几十名兵士据守险要，虚张声势。自己舞动一丈八尺长的铁枪，飞马驰下山岗，以迅雷急电般的动作刺死金酋黑风大王，上万名金军猝不及防，以为中了埋伏，仓皇败退。

岳曰安（岳飞思想研究会副会长、高级工商管理硕士）：关于岳飞和王彦的误会和分兵自立问题，当时的史料记载颇有差异，现予辨析，以正视听。

《三朝北盟汇编》卷198《王彦行状》记载：“公昔为招抚使司都统制日，飞实以偏将从。新乡之役，违公节度，飞辄以其所部别为一寨。已而公兵大集，飞一日单骑叩公垒，请罪，左右或劝公斩飞以谢众，飞惶恐色动，公曰：‘汝罪当诛，然汝去吾已久，乃能束身自归，胆气足尚也。方国步艰危，人材难得，岂复仇报怨时邪！吾今舍汝。’因以卮酒饮之，飞再拜谢。及公为制置使，飞终不自安，即檄使赴荣河把隘，自尔复睽。”

《三朝北盟汇编》卷207《岳侯传》记载与《王彦行状》不同，说：“至（建炎）二年，侯为王彦所疑，夤夜自引一军千人，投京城留守杜充。”

《三朝北盟汇编》卷208《林泉野记》记载：“建炎初，（张）所都统制王彦以飞为将，从彦与金人战太行，累立功。后彦疑忌飞才，乃率其众投京城留守杜充。”

前一段《王彦行状》所记与《鄂王行实编年》大致符合，后两段《岳侯传》和《林泉野记》记载称岳飞与王彦的矛盾是因为王彦的疑忌，并强调岳飞脱离王彦后投奔的是杜充。按史料记载，岳飞脱离王彦并非遭受疑忌，其实是出于误会，两人都有抗金的志向；而且，岳飞脱离王彦后投奔的是宗泽，而非直接投奔了杜充。

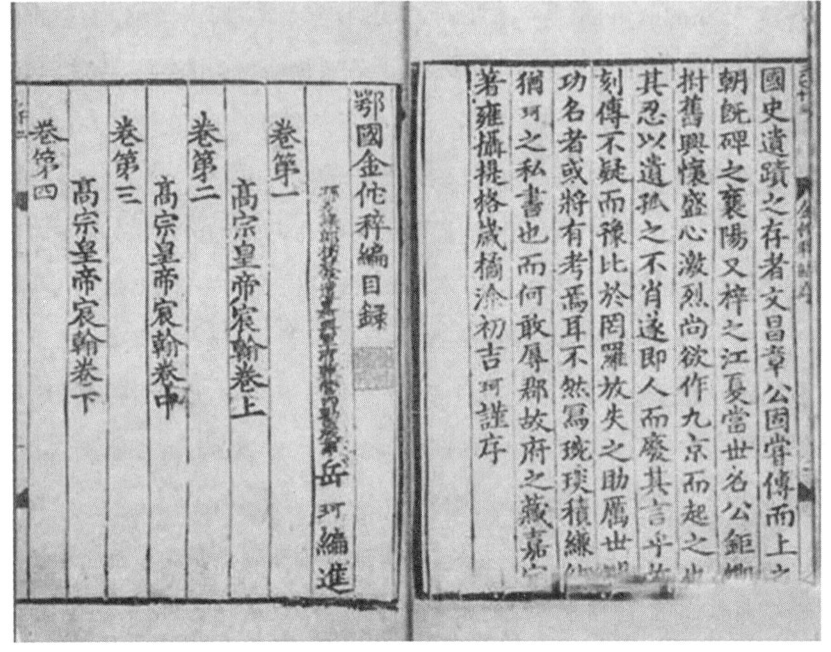
國史遺蹟之存者文昌章公固嘗傳而上之
朝既碑之襄陽又梓之江夏當世名公鉅卿
掛舊興懷盛心激烈尚欲作九京而起之
其忍以遺孤之不肖遂即人而廢其言乎
刻傳不疑而豫比於罔羅放失之助厲世
功名者或將有考焉耳不然寫琬琰積縑
猶珂之私書也而何敢辱郡故府之藏嘉
著雍攝提格歲橘涂初吉珂謹序

鄂國金佗稡編目錄
岳珂編進
卷第一
高宗皇帝宸翰卷上
卷第二
高宗皇帝宸翰卷中
卷第三
高宗皇帝宸翰卷下
卷第四

岳珂《鄂国金佗稡编》

我们将《三朝北盟汇编》中《王彦行状》所载与《鄂王行实编年》参看，二者可以互为补充，基本都是纪实叙述。并且，《鄂王行实编年》中记载的“居数日，复与虏遇，先臣单骑持丈八铁枪，刺杀虏帅黑风大王，走其众三万，虏军破胆。”也可以在后来邵缉在建炎四年的荐书中得到印证，其荐书说：（岳飞）“倾在河北，尝以数十骑乘险据要，却胡虏万人之军。”虽然却敌“三万”与“万人”有所出入，或者说夸大，但此数乃概言敌军万人有余，仍然可信。这段记述也更加彰显《鄂王行实编年》叙事严谨，言出有据，堪为信史。

这时，东京留守兼开封尹宗泽谋划抗金及北伐，他委任王彦“制置两河军事”，王彦便派人命岳飞所部“赴荣河把隘”。

王曾瑜（中国社会科学院研究员、中国宋史研究会前会长）：宗泽已经六十九岁了，却老当益壮。当时，开封尹空缺，宰相李纲说要收复旧都，非宗泽不可。于是，宋廷改任宗泽为开封府知府。后又任命宗泽为延康殿学士、东京留守兼开封尹。

宗泽在建炎元年六月赴任东京开封府后，着手整顿毁废的城防设施，沿大河建立连珠寨，规划光复旧物的大计。

宗泽除了联系两河、燕云等地的抗金军外，还注意收编大河以南的民间武装、溃兵游勇、盗匪之类。南方各类散居或流窜各地，千百为群，实为不可忽视的武力。民间大抵是处于乱世，以保卫本乡本土为宗旨，至于溃兵游勇和盗匪无非是乘乱作乱，烧杀抢掠，或者称霸一方。从抗金的大局出发，宗泽的收编工作得以顺利进行。王善是河东巨寇，拥有部众七十万人，万余辆车，想要占据东京开封。宗泽单人独骑进入王善的大营，哭着对王善说："朝廷正当危难时期，如果有一两个像你一样的人，哪里还有什么金兵入侵之患啊！今天正是你为国立功的时候，机不可失呀！"王善听了宗泽的一番话，感动得哭了，说："怎敢不为国家效力！"于是，解甲归顺了朝廷。

王善、杨进、王再兴、李贵、丁进、马皋、张用、曹成、马友、李宏等队伍，都争先恐后地归附宗泽的东京留守司。很多"义士"也从四面八方前往开封府投军。最后，宗泽编组号称百万人的大军，积储了足供半年食用的粮草。

宗泽执法严明，赏罚公平，全军上下都心悦诚服地听从他的命令，在军民中享有极高的威信。他曾处死擅杀主将的统制赵世隆，却重用其弟赵世兴；他执法处斩聚众抗金的李旺，又命令其弟李道接管这支抗金队伍。赵世兴和李道也欣然听命，没有怨尤。

岳飞转战在太行山区几个月后，深感自己所部势孤力单，但与王彦又难以共事，便率领部伍南下东京开封府，再次接受宗泽的领导。

东京留守司的官员查究岳飞脱离王彦的经过，按军法规定："军中非大将令，副将下辄出号令，及改易族旗军号者，斩"；"背军走者，斩"。他们报告宗泽，建议对岳飞军法从事。宗泽早在去年率部救援开封时，对曾隶属自己的岳飞有所了解，知道他的骁勇敢战和晓畅兵法，认为他确实是一个难得的"大将之才！"，也谅解他脱离主将，是出于抗金心切，决定将岳飞留在军中，降官为秉义郎，以将功补过。

王德保（南昌大学人文学院院长、中国语言文学系教授、博士）：宗泽是北宋末期、南宋初年最杰出的儒将，战绩卓著，军纪严明。我讲两个宗泽执法严明的事例。

第一个事例是：当初，宗泽以孤军救援开封时，他部下的总司令官（都统制）陈淬进言说金军兵锋正锐，不要轻举妄动。宗泽大怒，喝斩陈淬，后经诸将求情，这才免于处斩。还有一次，宗泽在西京与金将粘罕相持，命部将李景良等出击，一场大战，一些将领阵亡，而李景良临阵脱逃。宗泽擒获李景良，斥责他道："与敌作战，不胜，罪责可恕；私自溃逃，是目无主将和军法！"将李景良斩首示众。

第二个事例是：宗泽离开磁州时，把知州的事务交给了兵马钤辖李侃，可是，统制赵世隆却擅自杀了李侃。后来，赵世隆和弟弟赵世兴带领三万兵马来归附宗泽，大家担心他俩变乱。宗泽说："赵世隆原本只是我的一员将校罢了，能有什么变乱。"赵世隆到来，宗泽指责他说："河北沦陷了，难道我大宋的法令和上下级的尊卑身份也都没有了吗？"命令处斩赵世隆。当时，赵世兴带刀站在一旁，众兵将都拔出刀剑聚在庭下，变乱可能一触即发。但宗泽镇定如恒，对赵世兴说："你哥哥擅杀主将，论罪当诛，你若能奋发斗志、立功报国，足以洗雪这个耻辱。"赵世兴为宗泽的执法严明而感动落泪，痛哭失声。金兵进犯滑州，宗泽派赵世兴前往救援，赵世兴到那里后，趁金兵没有防备，一举打败了敌人。

傅伯星绘《宗泽与岳飞论兵图》

宗泽慧眼识岳飞，在《宋史》之中传为佳话。推思执法严明的宗泽能对岳飞网开一面，首先是缘于国家多难之秋、正在用人之际，而岳飞将才难得！其次是，岳飞脱离主将，擅自出战，是出于抗金心切，情有可原。因此，东京留守司的官员查究岳飞睽离王彦的经过。按军法规定："军中非大将令，副将下辄出号令，及改易旗旗军号者，斩"；"背军走者，斩"。他们报告宗泽，建议对岳飞军

法从事。宗泽早已知悉岳飞不但骁勇敢战，而且深通兵家谋略，认为他确实是一个“将材”，也谅解他脱离主将，是出于抗金心切，决定将岳飞留在军中，降官为秉义郎，以将功补过。

《鄂王行实编年》记载岳飞的军功及升官记录十分详细，但岳飞再隶宗泽后，虽屡立战功，其升官记录却颇有缺失，一直到岳飞在竹芦渡之战以奇计立下大功，这才记载他官升武功郎。岳飞再隶宗泽之初，因抵罪而贬降为秉义郎，至此才超过张所任岳飞借补武经郎的官阶。这些足以证实，岳珂《鄂王行实编年》的确有意避讳岳飞因脱离王彦犯法而险些被处死，因而一度贬官的史实。

十二月，金军大举南侵，进犯孟州（治河阳，今河南孟县）的汜水关。

宗泽委派岳飞为踏白使，率领五百骑兵，前往侦察。临行前，宗泽对他说：“你当初擅自出战、脱离王彦，论罪当死，我没有追究你，现在，金兵入寇，你当为我立功，将功补过。令你前往汜水关一带侦察，只需察看敌军的虚实态势，伺机歼敌，不必强斗。”

岳增敏（岳飞思想研究会秘书长、博士研究生）：古代行军，在前军的前面有踏白队，试探前方的敌军有没有埋伏，并侦查敌军的远近、多寡等军事情报。因此，踏白使应当是执行武装侦察任务的军官。司马光《资治通鉴》卷264胡三省注：“凡军行，前军之前有踏白队，所以踏伏，候望敌之远近众寡。”

岳飞谢罪后领命而行，在汜水关一带与金军接触，不但完成了武装侦察任务，还趁机奋勇出击，一举打败了敌军。

岳飞得胜而回，宗泽立即任命他为统领，不久又提升为统制，岳飞每战必捷，百战百胜，从此知名。

公元1127年（宋高宗建炎元年）冬季，金军倾其全力侵宋，精锐尽出，志在必得。

金军兵分三路：第一路是东路军，由右副元帅“三太子”完颜讹里朵（汉名宗辅）和元帅左监军完颜挞懒（汉名昌）统率，直下京东；第二路是西路军，由完颜娄室和完颜撒离喝（汉名杲）率领，攻打陕西；第三路是中路军，由左副元帅完颜粘罕（宗翰）和元帅右监军完颜谷神（汉名希尹）指挥，进犯京西。

完颜粘罕统帅的中路军是这次侵宋的主力，攻势最为凌厉，直取西京河南府，又还军占领郑州（治管城，今河南郑州市），同宗泽所率的东京留守司军对阵。同时，完颜粘罕又命部将完颜银术可与完颜拔离速、赛里、萨谋鲁、耶律马五、沙古质等分兵继续南下，焚掠京西很多州县，企图从南面包抄开封。

这时，东路军的“四太子”完颜兀术（宗弼）所部也渡过黄河，向开封进逼。

霎时间，开封一带，阴云密布，宗泽的东京留守司军濒临四面受敌的险境。

从建炎元年冬到二年（公元1128年）春，在东京开封府所属及其毗邻的州县，宋金双方进行了剧烈的争夺战。

宗泽坐镇东京留守司，从容地调动军队，部署战斗，迎击金兵。

滑州是开封的北方门户，争夺战打得最为激烈。宗泽先后派将官刘衍、张抙、王宣等率部前往迎战。几经鏖战，张抙战死，宋军将士坚守住了滑州。

岳飞从正月开始，也参加了滑州的战斗。他接连在胙城县（今河南延津县东北）、卫州汲县西的黑龙潭、龙女庙侧的官桥等处获胜，俘虏了一个女真千户，押送东京留守司处置。

金军虽然攻势凌厉，但宗泽指挥若定，多次挫败敌军的进攻；同时，他团结义军，协同作战。河北、河东等地抗金义军配合宗泽，广泛出击，扰乱了金军的后方。

四月，金军终于撤退，各路宋军乘机收复了一些州县。

周俊玲（作家、学者）：宗泽深通用兵谋略，颇有儒将的风范。当金将兀术兵渡黄河，谋取开封时，一些部将建议先截断河上的桥梁阻敌，再严加防守。宗泽笑着说：“去年冬天，金军直奔而来，就是因为我军截断了河上的桥。”随即命部将刘衍前往滑州、刘达去郑州，以此分散敌兵强大的攻势，并且告诫诸将要尽力保护桥梁，以待大军集结到来。金军听到这个消息，连夜拆断桥梁逃跑了。

第二年，金军从郑州发兵，抵达白沙，距离东京开封十分近了，开封军民都很惶恐，官员和部将们都来问宗泽怎么办。宗泽正在那里悠闲地和朋友下棋，笑着说：“何事慌张？刘衍等将官在外，一定可以抵御敌人的。”又选数千精锐，让其绕到敌军背后，伏击敌人的退路。果然，金军刚与刘衍交战，宋军伏兵突出，前后夹击，金军战败而逃。

等刘衍撤离，金兵再次侵入滑州。部将张抙请求前去救援，宗泽给了他五千兵马，并告诫他不要轻举出战，要等待救援大军到达。张抙至滑州就迎战金兵。当时，金军骑兵十倍于张抙所部，诸将都感觉众寡悬殊，应该先避一下敌军的锋芒。张抙却说：“避敌偷生，有何脸面去见宗泽大人？”遂挥军出击，力战而死。宗泽听说张抙局面危急了，派遣王宣率五千骑兵救援，最终打败金兵，抢回了张抙的尸首。宗泽任命王宣暂代滑州知州,金兵从此不敢再来进犯开封了。

岳鹏(岳飞思想研究会副会长):宗泽虽取得军事上的初步胜利,而宋廷朝政的昏暗,却日甚一日。李纲罢相之后,宋高宗又杀害上书言事的大学生陈东和士人欧阳澈,另外一些主张抗金的官员,如许景衡、许翰、马伸等人,都被贬斥,张悫多少支持宗泽,也得病而死。黄潜善和汪伯彦专擅国政。宋高宗自南京应天府移居扬州,在行宫纵情声色,恣意作乐,他对国政其实并无多少兴趣,说:"潜善作左相,伯彦作右相,朕何患国事不济!"宋高宗后来的扬州逃难和惊吓导致阳痿不育,其实正是拜黄潜善、汪伯彦二相之所赐,也算是恶有恶报,罪有应得。

四月以后,天气逐渐炎热。宗泽明察敌情,认为在六月里,女真骑兵不耐酷暑,士气不旺,正是大举北伐的良机。王彦的八字军奉宗泽之命,移屯滑州。五马山的首领马扩,也携带信王赵榛的信,前来东京留守司。宗泽和王彦、马扩等人共同制订了北伐的军事计划。计划规定,王彦等军自滑州渡黄河,直取怀、卫、濬、相等州;马扩等军由大名府攻打洺州(治永年,今河北永年县东)、庆源府和真定府;杨进、李贵、王善、丁进等部都分头并进,河北、河东山水寨的义兵,燕、云地区的"豪杰"也约定时日,里应外合。

金将王策原本是辽将,在黄河一带巡防,被宗泽俘虏了。宗泽将王策请到大堂上,亲自解开捆绑他的绳索,让他落座,开导说:"辽本是宋的兄弟之国,现在,金兵灭了你们辽国,又侮辱我大宋的皇帝,因此,金兵乃是我们共同的敌人,我们理当并力报仇雪耻!"王策感动得落泪,就透露了金军的部署情报。宗泽据此制定了作战计划,召集诸将说道:"你等若有忠义报国之心,就当协谋破敌,期盼迎还二圣,来立下大功。"说完就哭了,诸将都感动得流泪听命。于是,宗泽乘势出击,金兵溃败,全退走了。

宗泽的威望和名声一天比一天大,金人听到他的名字十分敬畏,对宋人说到他时,必称"宗爷爷"。

宗泽不断地上奏,前后共向宋高宗上了二十多份奏疏,恳请他"回銮"东京开封,鼓舞士气,主持报国仇、复故疆的大计。宋高宗无意进取,当然不会采纳宗泽的建言,就只好敷衍,有时升他的官来安慰,任命宗泽为资政殿学士。期间,宗泽的奏疏还多次被黄潜善之流所扣留。但宗泽很执着,还是不断地上奏,宋高宗实在搪塞不过去了,就下诏说要选择好日子回京。

岳宗周(岳飞思想研究会副会长):宋高宗赵构给宗泽的诏书说"朕将还

阙，恭谒宗庙"，实际上是在欺骗宗泽，安慰他一下而已，并非真的要回銮开封府。学界有一种说法，认为是宋高宗之所以下诏给宗泽宣称要还都开封，是因为宋高宗听到了信王赵榛将要率领五马山寨义军渡河前往东京的传言，生怕赵榛与自己争夺皇位，这才急急忙忙地下了要回东京的诏书。后来，五马山寨被金军攻陷，信王（赵榛）不知所在，宋高宗此诏也就成了一张废纸。以后，宗泽又接连四次上书，要求高宗"毋惑谗邪之言，毋沮忠鲠之论"，他还呈报了联络各地忠义山寨、水寨，约期会师的北伐计划，朝廷照旧不予理睬。其实，这种说法史料依据不足。首先，没有史料记载宋高宗听到了赵榛要到东京争皇位的传言，只是某学者的一种个人猜测而已；其次，赵榛和五马山抗金义军统领马扩、赵邦杰等的实力非常有限，赵榛曾派马扩寻求赵构派兵支援，根本不足以抗衡赵构的南宋朝廷，自保尚且不暇，何谈有资本与已经称帝近两年、根基已固的宋高宗赵构争皇位呢？其三，五马山寨被金军攻陷是宗泽去世后、杜充主政开封府时的事情，时在公元1128年（宋高宗建炎二年）秋，宋高宗更不会因为五马山寨陷落就对自己曾下给宗泽的诏书毁约失信。我觉得宋高宗赵构之所以给宗泽下诏宣称要回銮东京，是为了应付宗泽等坚请回銮开封的舆论而已，意在搪塞，并无复杂背景。

宗泽一腔忠愤，忧国忧民，面对昏暗的朝廷和弄权的奸佞，回天乏术，最后积愤成疾，背上生了毒疮，一病不起了。

七月的一天，岳飞和其他将领纷纷到病榻前问安，宗泽强打精神，感叹道："我因二帝蒙尘，积愤成疾，以致病倒的。你们如果能够歼灭金兵，我就可以死而无恨了！"众将军都流着泪说："怎么敢不尽力杀敌！"诸将退出后，宗泽叹息道："出师未捷身先死，长使英雄泪满襟。"第二天，天色阴沉，风雨交加，宗泽弥留之际，没有

宗泽坟冢

说一句交代家事的话，只是连呼三声“过河！”就此逝世。宗泽的遗书仍然极力主张宋高宗回銮东京开封。

消息传出，整个开封城官员、将士、民众无不落泪。

南宋朝廷追赠宗泽为观文殿学士、通议大夫，谥号忠简。

周俊玲（作家、学者）：在岳飞一生中，受教诲最深的长官无疑是宗泽，他并非宗泽麾下第一等武将，却是最忠实的继承人。从“唾手燕云”的矢志，到“连结河朔”的远谋，从治军的整肃，到律己的严格，岳飞处处保留着宗泽的遗风余烈。宋人评论说，宗泽“虽身不及用，尚能为我宋得一岳飞”。

公元1128年（宋高宗建炎二年）七月十五日，按照宗泽生前的既定部署，在保宁军承宣使、主管侍卫步军司公事闾勍的统领下，岳飞率部将毕进等进驻西京河南府，负责保护北宋的皇陵。

岳增敏（岳飞思想研究会秘书长、博士研究生）：闾勍是班宜出身，有膂力，善骑射。随着北宋的亡国，三衙制度已成空名，闾勍镇守东京开封府，其实已不能行使侍卫步军司长官原有职权，但他是宗泽的主要军事助手之一，也恪尽职责。按照宗泽生前的北伐计划，他是要“命勍军河南，欲会合王彦、杨进等，以图河北”。然而，宗泽去世，他的北伐计划也便夭折了。两年后，闾勍在淮西濠州定远县被金军俘虏，不屈而死。

西京河南府即今洛阳，是著名的古都，宋代中原地区最秀丽的花园城市，其园林的精美，牡丹的繁富，是驰誉全国的。但是，在不到三年时间里，金军三次攻入洛阳城，将当地很多居民驱掠到黄河以北，并且纵火焚城。岳飞早就向往观瞻洛阳，然而西京城却已面目全非，到处是残烬断瓦，颓垣败屋，“地近蓬蒿堆白骨，巷无人迹长苍苔”。这座比开封更大的城市，简直丧失了防守的价值，也难于防守。北宋的东、西、南、北四京先后经受战祸，而以西京的河南府的破坏最为酷烈。

八月，闾勍命岳飞去汜水关御敌。

汜水关是西京河南府的前卫，河东的金军两次南下，都经由此关。岳飞在建炎元年（公元1127年）冬曾受宗泽之命在此打败金兵。

此刻，岳飞再度兵临汜水关，与金军大战。当两军对阵时，一员金军骁将往来驰突，耀武扬威。岳飞跃马而出，左手引弓发箭，那员金将应弦毙命。金兵混乱，宋军乘机奋击，大破金军。

不久，岳飞又奉命屯兵汜水县东的竹芦渡，同敌军相持。当时，宋军粮草接济困难，眼看粮食将要吃完了，必须速战速决，打退敌人。于是，岳飞便以奇计破敌。他悄悄地精选了三百名精兵，埋伏在前方山下，到深更半夜时，令每名兵士手持两大束柴草做火把，四端点着火，一时之间，火光烛天，远望便有1200 根火把，貌似一千二百多名宋军将士赶来。敌人望见，以为宋军大队人马前来增援了，惊惶不安，便慌忙撤退。岳飞趁机率部追击，大破金兵。这次大胜，使他以奇功转升从七品的武功郎，升至诸司副使的最高一阶。

他自贬官秉义郎后，经几次升迁，至此方超过张所借补的武经郎的官阶。

年底，闾勍接到东京留守司的命令，要岳飞即刻率部返回开封。

闾勍当然不舍，他对岳飞这个二十六岁的青年统制十分欣赏，却又碍于军令，无法挽留。最后，他把岳飞属下赵宏等十个能征惯战的使臣（八、九品的小武官）留下，算是向岳飞借用。

继宗泽之后，接任东京留守、开封府尹的，是原北京留守杜充。他是进士出身，相州安阳人，和岳飞算是同乡。

宋高宗和黄潜善、汪伯彦任命杜充为东京留守、开封府尹时，要求他“遵禀朝廷，深戒妄作，以正前官之失”。

杜充画像

杜充上任后，立即对宗泽的既定部署反其道而行之：首先是中止宗泽既定的北伐部署。原本统制薛广一部已奉宗泽之命救援相州，但王善和张用两部却因杜充的阻挠未能派出协同作战，导致薛广战死，固守近两年的相州城在建炎二年（公元 1128 年）十一月陷落，守臣赵不试自杀守节；其次是切断了对所有北方民间抗金武装的联系和支援，客观上帮助了金军扫荡占领区。这一年秋天，金军没有大规模渡过黄河南侵，但河东和河北的最后一批抗金武装活跃的州县，包括北京大名府和五马山寨，全部在此时被攻占。

杜充不但不再北伐，不再支援北方民间抗金武装，而且把宗泽已经招

抚来开封城外的民间抗金武装当作潜在的敌人加以排斥、剿灭，前一年冬季还在宗泽的指挥下抗金的丁进、杨进两部首先叛而为“盗”，剩下的王善、张用等部也朝不保夕。

王德保（南昌大学人文学院院长、中国语言文学系教授、博士）：杜充这个人呢，虽是进士出身的文臣，却看不到一点儒家的仁爱和修养，才干平庸，刚愎自用，冷酷残暴，嗜杀成性，很有些自以为是，而且没有气节。他与同是文臣领兵的宗泽相比，简直是天壤之别，宗泽是人中龙凤，杜充则是豺狗；宗泽是抗金英雄，杜充则是降金叛徒，其人品、才干无一是处。《宋史》对杜充的评价是：“喜功名，性残忍好杀，而短于谋略。”我举一个例子说明杜充的残暴嗜杀，没有人性。在杜充重任沧州知州时，正值“靖康之难”，沧州有很多从燕云十六州逃来的汉人百姓，杜充认为这些人可能是金兵的内应，就下令全部不分青红皂白地杀掉了。

宋高宗赵构和他所宠信的权臣黄潜善、汪伯彦虽然极力推崇并重用杜充，但是杜充的抗金功绩几乎可以忽略。建炎二年（公元1128年）冬，当他得知金国侵宋东路军完颜宗望所部直逼开封而来，吓得失魂落魄，不敢应战，惶急之下，出了个祸国害民的昏招，就是下令扒开黄河的河堤，使黄河于十一月改道入淮，但暴溢的浊流并未对金军南下造成很大影响，却使得今河南、山东、安徽、江苏一带的百姓淹死甚众，因流离失所和瘟疫而造成的死亡数更难以计数，北宋时最为富饶繁华的两淮地区毁于水灾，无数百姓沦为难民。另一方面，杜充对南宋初期的抗金事业破坏力却是超乎人们的想象的：南宋朝廷大约丧失了五分之二的土地，主要是在杜充主持前沿军务之时。可以说，南宋初期，宗泽等呕心沥血、苦战搏杀所取得的抗金事业，在杜充手里完全丧失殆尽。就拿宗泽招抚的开封城外数十万义军来说吧，原本都团结在宗泽周围，抗金报国，戮力同心。宗泽一死，杜充不但不利用这些抗金力量，反将这些义军逼迫为盗，并进行剿杀，破坏了宗泽苦心经营的抗金统一战线，严重削弱了南宋抗金力量，招致大片国土沦丧，黎民涂炭。对此，后世的史家总结说：“宗泽在，则盗可使为兵；杜充用，则兵皆为盗矣。”

当然，历史不能假设，实际上，宋廷让杜充继任东京留守一职，还不如用宗泽之子宗颖。

宗泽的儿子宗颖，在军营中一向颇有威望，深得将士们的爱戴。宗泽去世后，追随他的义军将士离开的只有一半左右，东京开封的军民请求由宗颖继续担任其父宗泽的职位，镇守东京。但这时，南宋朝廷已经派杜充来出任东京留守一职了，于是，朝廷折衷，任命宗颖为判官。杜充上任后，庸碌乖张，一反宗泽的既定部署，颇失人心。宗颖也看不惯杜充的措置，就多次据理力争，杜充置之不理。宗颖无奈，就请求回家守丧。从此，开封一带的豪杰不被重用，聚集在城下的义军就再次去充当强盗了，于是，中原地区就没有义军民众守御了。宗颖后来官居兵部郎中。

公元1129年(宋高宗建炎三年)正月，岳飞率本部二千人马返回开封。

岳飞参见新上司杜充，万不料想，杜充调他回开封的第一个任务便是消灭张用等部义军。

张用是岳飞的同乡，曾当过汤阴的“弓手”。张用和曹成、李宏、马友绍等义军首领结为“义兄弟”，有数万兵力。此外，同张用交结的王善也必然会前来助战。岳飞以“兵寡不敌”为理由，婉言推辞，一贯以残暴冷酷著称的杜充喝令岳飞出击，说若不出战，当即砍头。

岳飞无奈，只好遵命。杜充假惺惺地拉住岳飞，以示亲近，郑重嘱咐道：“此战事关全局，你一定要取胜。东京存亡，在此一举！”

岳飞当然知道张用等义军是宗泽招抚的抗金力量，如此内部自相残杀，无疑只会削弱抗金力量，令亲者痛、仇者快。但杜充的军令难违，只好会同桑仲、马皋、李宝等屯驻开封西城外的诸将一同上阵，攻击南城外的张用军，双方在南薰门外交锋。

张用提前得到情报，在南薰门迎战杜充的突袭。

驻军东城外的王善闻讯后，果然率军前来支援张用。张用和王善击破了杜充所部的几支宋军，并俘虏了李宝。

岳飞以所部八百人出击张用等号称“数十万众”的义军，将士们都担心众寡悬殊，难以取胜。岳飞激励士气，对部众说道：“贼兵虽多，队伍不整，不足畏惧！我为大家率先破敌！”随即左挟弓矢，右运铁矛，带领几名骑兵横冲敌军。

张用所部被岳飞冲击，果然杂沓混乱起来。有一敌方悍将出斗，岳飞单骑直前，举大刀奋力一劈，居然将敌将自头顶至腰，劈成两半。一时敌方大骇，号称“二十万之众”终于溃退。

岳善进（岳飞思想研究会副会长）：岳飞临阵用大刀一劈，竟将敌将自头顶至腰，劈成两半。此事记载于《鄂国金佗续编》卷二十七黄元振编岳飞事迹引岳飞的自述说：“贼魁出斗，某驰骑独往，奋大刀劈之，自顶至腰分为两，数万众不战而溃。”多年之后，岳飞忆及此事，还是简直不敢相信自己当年的神勇竟至于斯！他曾对自己的一位幕僚黄纵说：“人力不至于此，真若有神助之者，某生平之战类如此。”

岳飞后面的将士也都突入敌阵，拼死作战，从午时一直打到申时，张用等部溃败而去。

岳飞因功升武经大夫，比原来的武功郎高三官。正七品的武经大夫属诸司正使。

盗匪杜叔五、孙海等包围东明县（今河南兰考县北），岳飞又奉命前往剿匪，活捉了杜叔五和孙海。他因此功升转武略大夫、借英州刺史。

二月间，王善围攻陈州，放任兵士外出劫掠。杜充命岳飞跟从都统制陈淬合兵围剿王善。岳飞先令偏将岳亨以游击骑兵截断王善军的剽掠之路，缴获其粮饷和一些牛、驴等牲畜。王善军不敢复出，士气日益低落。二十一日，岳飞率军与王善军大战于清河，大败敌军，俘虏敌将孙胜、孙清等一大批将士。岳飞因此功升转武德大夫，真授英州刺史。

四月，岳飞又随陈淬再次攻击王善军。六月二十日，岳飞在开封府太康县（今河南太康县）崔桥镇西又一次击败王善军。在这次战斗中，岳飞单骑与岳亨深入敌阵，擒获敌将而还。

王善率所部东奔西走，落魄流离，最后投降了金人。

王曾瑜（中国社会科学院研究员、中国宋史研究会前会长）：岳飞在开封城南薰门外的胜利，一时被传为美谈，其实，这正是杜充铸就的大错。他措置的乖谬，引发了一场本可避免的、自相残杀的内战，使宋军的实力损失于内耗，使抗金的军力甚至为金国所用。杜充为什么要岳飞等先攻袭张用呢？史料记载说，杜充认为张用“一军最盛，终必难制，乃有攻之之意”。这个理由很简单，也很荒唐：杜充认为张用兵力最强，担心他难以控制，就要岳飞等军武力剿灭。正可见杜充其人荒谬乖张，倒行逆施，破坏宗泽生前苦心经营的抗金统一战线。

关于这次战斗，各种史料记载差异很大。

《三朝北盟汇编》卷一百二十和《建炎以来系年要录》卷十九建炎三年正月乙未的记事说：“十五日甲午，众人打城（入城负粮）。乙未，充掩不备，出兵攻用，令城西诸军皆发。岳飞、桑仲、马皋、李宝等皆率兵城南以捣用，用觉之，勒兵拒战。会善亦自城东率兵来，与用为应，官兵大败，赛关索李宝被执。”

《鄂王行实编年》记载说：“春正月，贼首王善、曹成、张用、董彦政、孔彦舟率众五十万，薄南薰门外，鼓声震地。充抚先臣曰：‘京师存亡，在此举也！’时先臣所部才八百人，众皆惧不敌，先臣谓曰：‘贼虽多，不整也，吾为诸君破之！’左挟弓矢，右运铁矛，领数骑横冲其军，贼军果乱。后骑皆死战，自午及申，贼众大败。转武经大夫。杜叔五、孙海等围東明县，先臣与战，擒之。转武略大夫，借英州刺史。”

与《鄂王行实编年》相同的记事，还见于《三朝北盟汇编》卷207《岳侯传》和卷208《林泉野记》。《岳侯传》说：“至三年春二月，被虏将张用、王善领兵约五十万众，寇京城。留守杜充遣侯并丁进、桑仲、马皋等各统兵出战，不终朝溃散，张用、王善兵骑败走陈州后……”

《鄂国金佗续编》卷14《忠愍谥议》和《武穆谥议》都在《鄂王行实编年》之前，记录了岳飞“于京城南薰门外，以王旅数百，破群贼王善等二十万。”特别是建炎四年邵缉的荐书记载：“尝于京城南薰门外，以八、九百人破王善、张用二十万之众，威震夷夏。”应是可信的记载。所谓“二十万之众”乃是古时常用的号称，而《鄂王行实编年》大约采用《岳侯传》之说，更夸大为“五十万”，就更不

可信了。参对两类歧异的史料,"官兵大败"之说看来不确切,而岳飞确是在击败王善等军中起了关键作用的。

正在热拍的电视剧《精忠岳飞》中,黄晓明塑造的岳飞形象

由于岳飞骁勇善战,他不仅在内战中立下军功,其实也解救了杜充个人的危困,加之两人的同乡关系,杜充既需依靠岳飞,也须在某种程度上提拔岳飞,最后竟出现了岳飞为杜充"爱将"之说,并广为流传。岳飞在杜充属下计升九官,自武功郎至武德大夫计七官,另加借英州刺史到真授英州刺史计两官。但他是一个有伟大志向的军人,决不会因此便对杜充感恩戴德。岳飞既有以往擅自脱离王彦的沉重教训,他尽管对杜充强烈不满,也只能委屈在其节制之下。

岳飞在建炎三年(公元 1129 年)春夏这段时间,一直受命从事剿灭王善、张用等部作战。

周俊玲(作家、学者):就在岳飞奉杜充之命,忙于剿灭王善、张用等这段时间里,南宋朝廷发生了一起震动天下的军事政变,并导致了宋高宗赵构的一度逊位下野,对于南宋初年的历史以及宋高宗赵构本人一生产生了影响,从此惧怕大将拥兵自重、干预朝廷,甚至于 13 年后,宋高宗赵构心头的阴影仍然挥之不去,疑忌、冤杀岳飞或与此段历史种下的因子摆脱不了干系,这场军事政变在历史上称为"苗刘之变"或"明受之变"。

宋高宗赵构为躲避金军,自扬州渡江,经镇江、常州、苏州、秀州一路逃亡,最后抵达杭州。沿途百姓见皇帝带着一帮文武官员南窜，纷纷抛家舍业，扶老携幼，追随南逃，哭喊之声不绝于野，备受苦难，更遭乱兵洗劫、挤踏，死伤无数，因而也对南宋朝廷执政大臣黄潜善、汪伯彦等的无能怨声载道。一路上狼狈逃亡、颇受流离之苦的宋高宗，也与众百姓一样开始痛恨黄潜善、汪伯彦的治国无能、御敌无策，于是一到杭州就下诏罢免了黄潜善、汪伯彦的宰相职位。

这时，为抵御金军的攻势，张俊、韩世忠、刘光世等大将都统兵据守要地，只有扈从统制苗傅的军队一路护卫宋高宗到了杭州。苗傅和武功大夫、威州刺史刘正彦不满于宋高宗赏罚不公，宠用康履等宦官弄权祸国，对未建功勋且贪婪无谋的御营司都统制王渊，竟而提拔为签书枢密院事，便利用所部将士对朝廷的不满情绪，于公元1129年（宋高宗建炎三年）夏历三月五日发动军事政变，袭杀王渊，大肆捕杀宦官，并率军进围皇宫，高喊“苗傅不负国，只为天下除害。”宋高宗到城楼上意图安抚叛军。苗傅山呼下拜，但随即厉声指责宋高宗宠信宦官康履等，以致朝臣们只要结交宦官就可以获得高官厚禄；黄潜善、汪伯彦昏庸误国，虽罢相，却未流放；都统制王渊在扬州御敌无谋，招致朝廷君臣及百姓流亡南奔，死伤无数，数百万金帛财产都遗弃给金兵，却因宦官康履的保荐而升官签书枢密院事，自己立功不少却只在偏远的郡担任团练。还质问宋高宗：“陛下的地位来路不正，日后若渊圣（钦宗）归来，将何以自处？”并宣称：“上（高宗）不当即大位。”迫使宋高宗赵构宣告退位，册立年仅三岁的皇太子赵旉为皇帝，请隆祐太后垂帘听政，从三月十一日为始，改年号为明受。

宜丰南屏公园绿秀山下入岳王庙步道处的岳飞塑像

但苗傅、刘正彦没有远谋和政治能力，且其军事实力不强，导致驻守江宁

(南京)的江淮两浙制置使吕颐浩、据守平江(苏州)的侍御史张浚等大臣和韩世忠、张俊、刘光世等统兵大将们的极力反对,于是,张浚指挥韩世忠、刘光世等发兵勤王讨伐,要求赵构复辟。

四月一日,苗傅、刘正彦被迫率百官奏请宋高宗复位。随着韩世忠等大军很快打败苗刘叛军,攻取了杭州城,苗傅、刘正彦率残部逃往江西、福建,韩世忠乘胜追击,擒获并处斩了苗傅、刘正彦。高宗封赏平乱功臣。升吕颐浩为尚书右仆射;升李邴为尚书右丞;封韩世忠为少保,武胜、昭庆两镇节度使,御书"忠勇"赞扬其忠心,另外封其夫人梁氏为护国夫人。张浚被封为宣抚处置使。

等岳飞返回开封时,杜充正准备放弃开封,并要统领东京留守司的大军向南撤离。

由于杜充残暴冷酷,嗜杀成性,东京留守司的将领们多忌惮他,而不敢进言,岳飞却不管这些,径直向杜充建言道:"中原之地乃是我大宋江山的基业,寸土寸草不可丢弃!更何况,我朝宗庙、社稷都在东京,皇家陵寝都在河南,因此,固守开封府一带意义重大,绝非他地可比。留守你目前手握大军,在朝廷负有重望,如果连你也不守开封了,那将开封府托付给何人守御呢?今天,留守一旦率部离开,此地立刻就会沦陷于金兵之手,他日若想再夺回来,非得战死疆场数十万大军不可。这其间的利害攸关,不是一番言语所能说得明白的!岳飞斗胆,恳望留守再考虑一下!"

岳飞虽只是一军统制,却是东京留守司最负盛名的勇将,可谓柱石中坚,而且还是杜充的同乡,杜充不能不倚重于他。因此,尽管杜充刚愎自用,却还能容忍岳飞的直言进谏,而不给予处分。

岳飞的意见虽然正确,但杜充置之不理,率军逃跑、保存实力的主意已定,就不顾岳飞等抗战将领的反对,用强权压制不同意见,一意孤行,擅自率领东京留守司的大军很快南撤了。

临行之际,杜充又不愿意承担放弃故都东京的罪责,就要了个滑头,责成东京留守司的副留守郭仲荀守卫开封。不久,郭仲荀也如法炮制,命留守判官程昌寓接替防务,自己逃往南方去了。程昌寓也无心守城,将守城责任推给了上官悟，自己逃之夭夭了。

金军未到，开封大军却已南撤，守城官员相继逃离，这样一来，开封城的陷落，就已成定局了。

杜充弃守开封的消息很快传到了南宋朝廷，宋高宗赵构惊闻杜充擅自率领重兵南撤了，却也无可奈何，只能是听之任之，索性借坡下驴，命他兼任宣抚处置副使、节制淮南、京东、西路及应天、大名府，许其便宜行事，委任他主持大江以北的防务，提重兵防淮。

但杜充逃跑的心意早决，岂肯听命朝廷守卫淮河一带？当下带领大军越过淮河，渡过长江，径直撤退到了建康府。

庸碌乖张的杜充被赵构的南宋朝廷特别倚重，官升宰相，然而，这个"望重一时"、"身膺重任"的宰相却出乎预料地变节降敌，投降了金人！主帅投敌，岳飞怎么办呢？他尽忠报国的思想会动摇吗？岳飞又是怎样独立成军、崛起于抗金战场的呢？请继续阅读《正说岳飞》第五章《振起宜兴》。

第五章 振起宜兴

公元1129年(宋高宗建炎三年),岳飞作为杜充的部将,军令难违,只能追随杜充大军放弃开封,退往建康府。

七月,在撤退途中,岳飞所部在铁路步与张用军遭遇,并击败敌军后,终于渡过波澜壮阔的大江,进驻到了建康府。

这时,有个同乡前来建康府见到岳飞,告诉他故乡汤阴已经沦陷于金军的铁蹄之下,并且转达了岳母姚氏的谆谆嘱托:"为我语五(吾)郎,勉事圣天子,无以老媪为念也。"母亲和家人的陷身敌境,使岳飞忧心如焚,坐卧不安,食不甘味。于是,岳飞派人潜入汤阴,前后十八次,才将母亲和妻子李娃及两个儿子接到自己在建康府的军营。

杭州岳庙里描绘岳飞和岳家军凯旋的壁画

岳朝军（岳飞思想研究会会长、岳飞第二十八代嫡孙）：岳母姚氏在汤阴沦陷于金兵铁蹄之下，却不顾虑自己的安危，寄语岳飞专心为拯救国家危亡而追随南宋朝廷，不要惦念母亲！这段史料出自《鄂国金佗稡编》卷9《遗事》："俄有自母所来者，谓之曰：'而母寄余言：为我语五（吾）郎，勉事圣天子，无以老媪为念也。'"古代书籍印刷、传抄错讹是很常见的事情，岳母寄语中的"五郎"很有可能是"吾郎"之误，但有学者据此就认定岳飞乳名"五郎"，"岳飞应有四个哥哥，都夭亡了。"这显然不是史家的严谨论断。除了这段记载岳飞有"五郎"一说，再无其他史料参契，或者呼应，因此，即便真的是岳母称岳飞为"五郎"，那也是孤证，亦不足以认定"岳飞应有四个哥哥，都夭亡了。"况且，古人名讳中的数字不见得是实际位序，例如：《水浒传》中的北宋人物阮小二、阮小五、阮小七，显然阮小二不是兄弟排行为二，阮小七也不是兄弟排行第七。另外，战乱年代，岳母身处沦陷区，适逢有乡人去往南方的宋境，让人家捎封书信去给岳飞（而且书信的内容又很犯金军的禁忌：你要儿子效忠宋帝，对金人而言，那绝对是敌人！），显然不太合适。毕竟，乡人不是信使，也不是邮差，而且到了南方也未必就能见到岳飞，因此，岳母就说"若你见到我儿子时就传个话儿。"传话寄语显然比捎封书信更合适。而有的学者就据此认为岳母姚氏没有写信，是缘于她不识字、没文化，这个推论显然不能让人信服。史家讲究考证严谨，所谓言出有据，事出有征，似乎不宜想当然地就下结论。

宋高宗自从南宋小朝廷建立以来，一意对金妥协求和，以图苟安一隅。

公元1129年（宋高宗建炎三年）二月，进攻河南的金军攻取扬州北面的泗州，逼近扬州。参赞军事张浚得知敌情，深夜派人向宋高宗报告。宋高宗赵构闻知敌情，吓得心惊胆颤，匆忙找来宰相黄潜善、汪伯彦商议。黄、汪二人认为所谓金军不过是流窜在宿州、泗州一带的流寇李成余部罢了，而且，朝廷的使者宇文虚中已赴金营议和，很快就能达成和议的。不久，探报又到，说是金军已经抵达天长军（今安徽天长）了。南宋朝廷这才惶急起来，急忙派大将刘光世率军迎敌。朝野上下都对刘光世打退敌军抱有希望，都说："光世必能御敌。"然而，刘光世大军刚到达淮河，就溃散了。金军攻陷天长军，宋高宗仓惶上马，只带了御营军都统制王渊、参赞军事张浚、内侍康履等人和一些卫士，连宰相黄潜善、汪伯彦也没有通知，就逃往镇江去了。这时候，黄潜善、汪伯彦两位宰相正和一帮官员

们“会食中堂”,突然,堂吏大呼:“皇帝跑了!”这才一哄而散,纷纷逃命。扬州民众看到皇帝、宰臣们仓惶逃窜,也簇拥着加入了逃亡潮;一路上马踏人挤,死伤累累,于是,扬州军民对于宰相黄潜善、汪伯彦误国害民,恨之入骨。司农卿黄锷、给事中黄哲等只因姓黄而被军民误为黄潜善处死了。扬州陷落后被金军劫掠、烧杀一空。

宋高宗赵构逃到镇江不久又逃往常州、苏州、秀州,最后抵达临安(今杭州),所经之处,百姓弃家逃难,一些兵痞及溃卒趁乱劫掠,以致民众怨声载道。赵构在经历了扬州逃难和苗刘之变后,痛定思痛,在杭州下罪己诏,大赦天下,放还士大夫被放逐、窜斥者,却唯独不赦李纲,也不让他回来,意在讨好金军,把抗金的罪责推在李纲身上,但这丝毫不能阻止金军南下侵略。

为了顺应朝野上下抗金舆情,缓解社会矛盾,五月间,宋高宗改江宁府为建康府(今江苏南京),并把行在从杭州移到建康。但赵构和臣僚们还是忧虑金军的侵袭,在抵达建康之后不久,就派遣官员和兵马,护送孟太后到江西境内去避难。同时,赵构让兵戈吓破了胆,自动去掉了皇帝的尊号,改用康王的名义向金军统帅完颜粘罕(宗翰)致“乞哀书”,说自己一年之内,三次迁徙避难,“以守则无人,以奔则无地”,“惟冀阁下之见哀而赦己”,低声下气地哀求金军不再进逼。

然而,这年秋天,金军又以四太子完颜兀术为统帅,出动兵马,征发在燕、云、两河新签发的汉兵,又大举南侵了。

赵构和将相大臣们商讨对策时,决定只守江而不守淮。赵构看中了草包杜充,命他统兵在长江中下游布防,企图阻遏金军的攻势。赵构本人则带领朝廷文武官员,离开建康,又逐步返回临安(今杭州)去了。

杜充虽然对部下冷酷苛刻,残暴嗜杀,但他对上却是趋炎附势、揣度逢迎,极善钻营,早已摸透了宋高宗赵构的心思,而且他自己手握重兵,身当抗金要地的战区统帅,而且大臣吕颐浩、张浚特别向皇帝推荐杜充,以至于赵构认为杜充乃是“天下奇才”,若要偏安,就必须重用此人,当年六月,南宋朝廷听说杜充引兵赴行在,就任命他“兼宣抚处置副使、节制淮南、京东、西路”,还负责应天、大名府,提重兵防淮。岂知,杜充根本不理会宋廷的部署,径直率兵逃到了江南。七月,张浚前往川陕时,与杜充在江宁镇相遇,两人密谈了很久才分别。

杜充既不守开封，又不守淮，径自率重兵逃到江南，宋高宗的南宋朝廷却非但不追究其罪责，反而对他特别超擢，任命杜充同知枢密院事，让他官至执政。

周俊玲(作家、学者)：有学者提出“为什么宋高宗一再提拔擅离职守、畏敌南奔的杜充？原来这是他乞和‘棋局’中的一着棋。杜充弃守东京，把中原大地拱手让给金人的做法，是暗合高宗想收缩兵力保住南方，使他的小朝廷得以偏安江左的如意算盘的。为此，高宗倚重杜充，目的就是要杜充守住长江天险。”其实，这个观点有失偏颇，就算宋高宗赵构再想偏安，也不至于乐意让杜充奉送中原大地给金兵。倘是那样，南宋朝廷干脆不要抵抗了，金军一来，就撤兵南逃算了。再混蛋的败家子，也不会越输越开心的。赵构和南宋朝廷重用杜充首先在于识人不明，包括宰相吕颐浩、大臣张浚等都曾误认为杜充很有才干，那是他们并不真正地了解杜充的平庸与乖张，以至于南宋朝廷大约丧失了五分之二的土地，主要是在杜充主持前沿军务之时。在杜充擅自弃守开封，率重兵南逃时，因他手握重兵，宋高宗又刚经历了苗刘之变，根本无力干掉杜充，况且金兵进袭，朝廷又在用人之际，提拔杜充，让他守淮，也可以说是无奈之举。不料，杜充根本不守淮，径自退到江南。南宋朝廷只好再求其次，让他率兵主持长江防线，抵抗金兵。并非杜充多么高明，“暗合高宗想收缩兵力保住南方，使他的小朝廷得以偏安江左”。

可是，自视甚高的杜充却觉得朝廷还是将自己大材小用了，推托说自己中风了，告病假，不能赴任。宋高宗明白杜充的心思，知道他还不满足，就破格提拔他为右相。这么一来，总算达到了杜充的满意，于是，朝廷的任命书下达四天，他当即就职。接着，宋廷又宣布杜充兼江、淮宣抚使，领行营之众十余万守建康。宋高宗则与左相吕颐浩等向南撤往临安(杭州)。

杜充担任右相，又兼任江、淮宣抚使，全权负责江防。宋高宗特别倚重杜充，把王𤫉的部队也拨归他直接指挥；另外，把刘光世的部队布置在从太平州(今安徽当涂县)到江州(今江西九江)一线，把韩世忠的部队布置在镇江，也都归杜充节制。但韩世忠、刘光世是“苗刘之变”时给宋高宗救驾的大功臣，位尊望重，他们都知道杜充严酷无谋，不服从他的节制，宋高宗表面申斥刘光世和韩世忠几句，实际都依从他们；行朝三大将中的张俊所部追随和护卫皇帝，当然也不在杜充的管辖之内了。此外,签书枢密院事周望又担任两浙宣抚使、总兵守平江府,亦不归他节制。杜充也无可奈何,只调集了王燮等几路兵马,连同自己所部东京留守司的兵马约六万部队,部署在沿江防线上。

长江自古以来便被兵家视为天堑,江面宽广,波浪汹涌,非常利于水战破敌。两年之前,宰相李纲便向朝廷提出过建设一支强大水军的计划,可惜未被落实。杜充命邵青、郭吉为水军统制,率领为数不多的一支水军,布防在江面上,敷衍塞责。

杜充虽然受到宋高宗赵构的重用,却怯懦无谋,平日里深居简出,只知道筵宴享乐,根本不去筹划军事部署,许多部将都见不到他的面,而他的苛刻冷酷与残暴却是日甚一日,多次诛杀无辜将领,震慑部伍,借此立威,搞得部属们人心惶惶,离心离德。

岳飞被杜充器重,官职做到了江、淮宣抚司右军统制,他深知如今的秋冬季节正是金兵入寇的时机,更感肩头责任重大,便闯入杜充的卧室进言道:“金寇亡我之心不死,秣兵砺马,随时都有可能进犯。大敌近在淮南,虎视眈眈,睥睨长江。国家危亡,百姓祸福,实所难料,当此危急时刻,而大人却终日宴饮,不理兵事!万一敌人趁我懈怠,举兵突袭,就连大人都不整饬军备,注意江防,怎保诸将们会拼命死战呢?倘若诸将虚与委蛇,应付差事,建康府失守,大人还能在家里高枕无忧吗?到了那时,即使岳飞效忠朝廷,尽忠职守,孤军死战,也无补于国家的危亡了啊!”说到慷慨动情处,岳飞泪流满面,坚请杜充措置江防军事。

杜充对这些恳切的忠言并不在意,但鉴于岳飞是自己的得力部将,便随口敷衍道:“你说得有些道理,我知道了,来日便去江边视察军情。”

但杜充应付了岳飞之后,照旧深居宅院,闭门不出,每日宴饮取乐,全然不理江防事务。

周俊玲(作家、学者):杜充残暴嗜杀,经常滥杀无辜立威,史书上说他“斩人无虚日!”深居简出,借此树立自己的淫威,掩饰自己的无能,故作高深莫测的神秘。《宋史·杜充传》记载:在杜充就任宣抚使之初,大将张俊前往拜见并汇报工作,或许是事情紧急抑或是张俊托大,总之是还没等杜充召见,张俊就径直闯入了府衙,杜充大怒,但碍于张俊是宋高宗赵构的救驾功臣、而且是统军大将，就迁怒张俊身边的随从，予以处斩。杜充给张俊来个下马威，无非是借此在新部属御营军、御前军将士面前立威。从这件往事上来看，杜充的残暴嗜杀是很厉害的。也正因此，诸将多次请求杜充安排军事部署，杜充置之不理，众人也都无可奈何。岳飞闯入杜充卧室进谏，其实是冒了很大的风险的。其他将领，包括都统制陈淬，只怕也没有擅自闯入杜充内室的胆量。

岳飞作为杜充部下一员出类拔萃的勇将，且智勇兼备，屡立战功，而且两人都是相州人(《建炎以来系年要录》说杜充是相州安阳人)，可谓同乡，以致杜充很器重岳飞。宋高宗称岳飞乃是杜充爱将，其实是一个表象推测，出自《鄂王行实编年》："上曰：'飞乃杜充爱将。充于事君，失臣子之节。而能用飞，有知人之明，犹可喜也。'"又见《金佗续编》卷二十八《吴拯编鄂王事》："节使岳侯飞，邺人也，初为杜相充爱将。"其实，我们从史料即可看出，岳飞和杜充乃是两个截然不同的人物：岳飞尽忠报国，忧国忧民，杜充则叛国投敌，祸国殃民；岳飞智勇兼备，杜充则荒唐庸碌……岳飞对杜充的庸碌乖张和残暴嗜杀一直很反感，而且岳飞的很多高明建言都不被杜充接纳，但岳飞碍于早年曾因擅自脱离王彦独自成军险遭军法处斩的教训，这个萦绕心头的阴霾挥之不去，因此，他在杜充部下时表现了足够的忍耐。

到了十月，宋军哨报探得盘踞在滁州的盗匪李成阴谋勾结金兵袭取淮南，杜充闻讯大惊，慌忙命王燮率军进攻李成，消除后方的隐患。

周俊玲(作家、学者)：李成是河北东路雄州归信县人，最初做弓手，天生膂力惊人，能力挽三百斤的硬弓，勇猛彪悍，杀人如麻，临阵厮杀，惯使双刀，每把刀重达八九斤，运转如飞，刀法精奇，所向无敌。宋高宗称帝之初，李成是归信县知县，率领兵众及老小数万人投奔了宋高宗，以壮声势。但不久，李成听信了一个相面道士陶子思的谣言蛊惑，说他有割据称帝的面相，于是，李成便飘然不知所以了，竟尔发动部属叛乱。刘光世率领大军击破了李成，杀死了相面道士陶子思，缴获了李成的一把刀，呈献给了宋高宗。宋高宗因此知道了李成的非凡膂力和武勇，经常欣赏、把玩这把刀。

如今，王燮虽然受命进击李成，但他畏惧李成的勇猛，只行军三天，便找个借口，畏缩不前了。

杜充命岳飞率部策应王燮，合击李成。

岳飞立即引军渡江，抵达了真州六合县的宣化镇，得到急报，说是李成派遣了五百轻骑兵，前来偷袭六合县的长芦镇，企图劫掠王燮所部寄存在这里的辎重、财物。于是，岳飞下令所部急行军，前往救援。

岳飞率部赶到九里冈时，正遇在长芦镇劫掠成功、满载而归的李成匪军。岳飞挥军迎头痛击，迅速全歼了那五百名轻骑兵，活捉了李成帐下骁将冯进，夺回了大批银钱、绢帛，同时还营救出了一批被劫掠而来的百姓与僧众。

公元1129年（宋高宗建炎三年）十月，金军兵分两路进犯南宋，在江南一带爆发了战争。

金军西路军由完颜挞懒、拔离速、耶律马五等统帅，由黄州渡江，进犯江西、湖南、湖北三路。驻守在江州的刘光世所部宋军不敢拒敌，望风而逃，使得金军西路军顺利攻取了许多州县，横行几千里，大肆劫掠，烧杀作恶，只是一些村民自动组织抵抗，才使金兵受到一些损失。

金军的东路军是主力部队，由完颜兀术统帅，在渡淮之后，取道滁州、和州，要在渡江之后经江东而趋浙江。

周俊玲（作家、学者）：金国在灭辽攻宋之际，骁勇善战的名将很多，如完颜挞懒（昌）、粘罕、娄室、完颜拔离速、完颜兀术等。此次侵宋，主要由完颜挞懒（昌）、完颜兀术统兵。这两个人在《金史》中的评价是：完颜挞懒（昌）"有谋而怯战"，完颜兀术（宗弼）"乏谋而粗勇"，所部多而且精锐。完颜兀术在此次侵宋战役中崭露头角，其后更左右了金国的朝政，主导了对宋的侵略。完颜兀术一生中的胜仗和败仗都很多，十分悍勇，也算是一代名将。在金国攻辽的战斗中，完颜兀术率部突袭正在狩猎的辽朝皇帝，他箭矢用尽，就徒手夺取了辽兵的长枪，一口气刺死了八名辽军将士，活捉了五名辽将，神勇无敌。越是战斗激烈之时，他就越发威猛，喜欢脱掉头盔，暴露出光秃秃的脑袋和两条发辫，冒着矢石，冲锋陷阵。

在这里，我需要说明一点，从传世的实物和图像以及金人墓葬考古发掘来看，金国女真人往往是双辫，与后金、清代满人的独辫子有异，周锡保先生《中国古代服饰史》一书对此有详尽阐述。

十一月，杜充所部的江、淮宣抚司水军进袭李成所部。完颜兀术指挥的东路军增援李成，击破了宋军水师，随即攻打太平州的采石渡和慈湖，企图在采石渡渡江。

驻扎在镇江的韩世忠，探知金军企图在采石渡渡江的消息后，不敢率部迎击，却先把储集的物资装入海船，然后放一把火烧了镇江城垣，率领全军人马，坐船一起运往江阴。

知太平州(今安徽当涂县)郭伟这时奋发了英雄气概，率部三日内五败金军，阻敌渡江。金军转往慈湖镇，在那里又被郭伟所部击败。金军进攻失利，转而改从建康府西南的马家渡过江。

当东路金军攻入和州时，杜充只下令淮南清野，坐拥大军，只驻防在建康府城内外，却不在大江以北部署防御。他根本不懂战略军事部署，而他所擅长做的，只是破坏：特命一位统制带了三百名士兵前往真州，将长芦镇崇福禅院的两千间房屋放火烧毁。敌军未至，这里已是一片废墟。

十月下旬，东路金军趋马家渡渡江时，宋军水军统制邵青仅有一艘战船，率领十八名水手进行阻击，力竭败退；另一水军统制郭吉溃散。

杜充部下尚有六万大军，足可与金兵一战，但他并不用心也不具备抗金的才干，在闻听金军主力完颜兀术在马家渡过江时，才命都统制陈淬率领岳飞、戚方、刘立、路尚、刘纲等十七员将领，统兵二万截击金军，又命王燮所部的一万三千人策应作战。

金将万夫长挞不野所部率先登岸，他挥军击败了在岸上驻防阻击的数百名宋军，为金军大队人马顺利登岸扫平了障碍。

陈淬与王燮所部抵达马家渡时，金军大部已经上岸，做好了迎击宋军的准备。

陈淬所部宋军二万军士也保留了宗泽统兵时的战斗作风，与金军勇敢搏战。岳飞所率右军更是争先奋击，同金国汉军万夫长王伯龙部对阵。当时其他各支宋军往往一触即溃，或不战而溃，惟独原东京留守司军还是继承能打硬仗的传统，居然与金军激战十多个回合，未分胜负。不料负责策应的王燮率部逃跑,金军遂得以乘机击溃了宋军。

周俊玲(作家、学者):陈淬是福建兴化军莆田市人,靖康年间,他的妻儿八人全被金兵杀害,国仇家恨使他投身到了抗金战场。当时,陈淬建议说:"完颜兀术所部金军有二十艘大船,一艘装兵不过五十人,每次能运送近一千人马渡江,我军提前埋伏重兵在江边芦苇丛中,等金军一波登岸,就即掩杀,可以破敌。"但杜充不听他的建议,以致失了先机,最终导致了马家渡被动阻击战。

马家渡一战,王燮临阵逃跑,最后陈淬兵穷势尽,仍死战不退,大骂敌人,壮烈殉国。陈淬生前曾"自题其像"说:"数奇不是登坛将。"也可谓一位有自知之明的将军。

马家渡一战,各路宋军都被优势金军击溃,蜂拥逃走,粮食辎重也被都溃军带走了。

岳飞率部死战,直至天色昏暗,将士乏食,孤军无援,迫于敌军强大的攻势,只得整军退往建康城东北的钟山(今江苏南京紫金山)驻扎。第二天,岳飞率部再次出战金军,斩杀敌军一千余人。

杜充接到宋军马家渡的败报,得知除了岳飞一军之外各路宋军全被金兵击溃,都统制陈淬阵亡,大将王燮临阵脱逃,顿时大惊失色,慌忙收拾一些金银细软财物,便要乘船逃命。

杜充刚下令打开建康城的水门,众百姓的船只也都一拥而上,争先恐后地也一起想要出城,二三十条船只一齐涌来,顿时便将水门堵住了。

杜充命人上前要百姓的船只让路,说道:"你等众百姓且向旁边让一让,杜相公要出城迎敌去!军机大事,片刻延误不得。"

众百姓素知杜充畏惧金兵,明白他此刻是要逃跑,便都叫道:"杜相公出城迎敌,我等也是要出去迎敌呢!既然大家都是出城迎敌,凭什么要我等让路?!"

杜充听了,气得暴跳如雷,想要发作,但怎奈身边没有多少卫士,而众百姓的船只又多,无奈之下,只好掉转船头,返回了宣抚司衙门。

建康城中的众百姓亲眼目睹了杜充闻听败讯便想自己逃命的一幕闹剧,不禁群情大愤,在街头喧闹起来,更有人聚众冲到了杜充的宣抚司衙门门前,高声斥骂杜充道："杜相公自到建康以来，专杀无辜立威，不知道枉斩了多少人！如今，金兵入寇，却要弃城先逃了，世间哪有这般道理?!"

杜充见民愤盈天，群情鼓噪，心中害怕，龟缩在衙门里面不敢出来，命人打开府库，给诸军将士每人犒赏十两银子、十匹绢，令其都往蒋山(即钟山)下寨。但这天夜里，诸军都骚乱不宁，黎明时分，都跑到东阳镇去了。

杜充眼看军心涣散，无法统御，便不顾百姓的斥骂与嘲讽，自己率领三千亲兵夜间偷偷地渡过长江，逃到江北的真州(治扬子，今江苏仪征市)，住在真州长芦寺。真州守将向子忞劝杜充由通州、泰州一起去浙江和宋高宗会合，但杜充不听。

完颜兀术得知杜充逃往真州，立即让已降金的杜充友人唐佐写信劝降，并派人告诉杜充说："若降，当封以中原，如张邦昌故事。"杜充本来就惧怕金兵，而今又得完颜兀术允诺可以组织一个伪政权，割据中原称王，就变节投降了金国。

宋高宗闻听杜充投降了金人，大惊之余，又是大大地失望，大大地想不通，一个人喃喃地叹道："看起来，要看透一个人真是不容易啊！朕将他杜充从一个平头百姓一直提拔到了宰相的位置上，累次重用，还破格超升，恩遇可谓天高地厚，古今罕有，怎么到头来他竟变节投敌了呢?!"为此，几天吃不下饭食；无奈之下，只有下诏削去杜充爵位，将其子杜嵩、杜岩、杜崐、女婿韩汝流放广州。

周俊玲(作家、学者)：杜充以南宋宰相身份投降金军，影响极度恶劣；而且，他在宋时，对南宋朝廷抗金事业的破坏和损失也很大。杜充这样一个庸碌乖张、才敢平庸、毫无气节的人竟被宋高宗和南宋朝廷誉为"天下之奇才"，足见南宋君臣的昏庸和腐败。

早在杜充担任北京大名府留守时，提刑郭永曾提过许多建议，杜充不听，郭永讽刺他说："人有志而无才，好名而无实，骄蹇自用而得声誉，以此当大任，鲜克有终矣。"意思是说："一个人有志向却没有才干，贪虚名却没有实力作保障，骄傲、刚愎自用却得到了良好的声誉，用这种人去担当大任，很少会有好结果的！"或许是郭伟有识人之明，抑或是他一语成谶，这几句近乎挖苦的嘲讽竟成了杜充一生的写照。

但杜充枉做叛臣，还是被完颜兀术忽悠了，他的割据中原称王之梦并没有兑现。第二年冬天，杜充到达云中的粘罕（完颜宗翰）的营中，粘罕很瞧不起他，让他去他自己的家乡相州做知州。在南宋位极人臣，官居宰相，到了金国，不但许诺的列土封疆成了画饼，反而屈尊去做知州。杜充的内心一定很纠结，故态复萌，在相州猜忌同僚，威逼下属，招致同僚的不满。绍兴二年（公元 1132 年），杜充的孙子从流放地逃到相州投奔杜充，杜充的副手胡景山乘机诬陷杜充阴谋私通南宋。粘罕撤了杜充的职，并严刑拷打，杜充不服，大喊冤枉，粘罕问道："你想逃奔南宋吗?"杜充于是给了一个很经典回答："元帅你敢去南宋，杜充却不敢!"粘罕笑了，凭这句话，他相信所谓杜充私通南宋是不可能的事，但也不会重用他了。公元 1141 年，宋、金《绍兴和议》签订时，杜充去世。

宋高宗无意抗金，只求偏安，带着那个南宋小朝廷一路南迁，一直退到了临安（今杭州），将那里作为了行都。

完颜兀术在马家渡击破宋军后，迅速占领了建康府。他此次进犯宋朝的目标就是要活捉宋高宗赵构，迅速灭亡南宋政权。因此，完颜兀术在攻取建康府后，立即留下萧斡里和张真奴率领数千金兵镇守，自己于十二月初亲统大军经广德军、湖州安吉县，直扑临安府。

宋高宗等南宋君臣得知完颜兀术大军渡江来犯，已成惊弓之鸟，惶惶不可终日，就采纳了宰相吕颐浩下海避敌的建议，慌忙从临安转往越州，再退到明州，募集了二十艘海船，然后从定海县（今浙江镇海县）坐船下海南逃，到海里避难去了。

宋军在十一月二十日马家渡之战溃败后，岳飞在率右军在钟山驻扎两天，面对溃散而去的宋军和措置失策的统帅杜充，他颇具前瞻性地预见到了杜充的败亡和建康城的沦陷已经在所难免了。于是，岳飞终于下定决心摆脱尚在建康城中的杜充，于二十二日率部南下，寻找南宋朝廷，这是岳飞脱离杜充后，自成一军，独立抗金的开始。

不久，岳飞就得到了建康城陷落和杜充降金的消息，这早已是他预料之中的事情了。

岳琴舫(岳飞思想研究会副会长、武汉岳飞文化研究会会长):杜充的失败,给南宋最富庶的江东、两浙路带来了前所未有的深重劫难,这是战祸,亦是人祸,也可以说是宋高宗自己种下的恶果。杜充的失败,在岳飞而言,不啻是驱除了头顶的乌云,迎来了一个崭新的黎明,从那一刻起,我们的民族英雄岳飞脱颖而出,从此自成一军,一个孤独的爱国者,用尽忠报国的思想肩负起了抗金卫国的使命和责任,勇敢地踏上了拯救民族灾难和国家危亡的历程。

古朴的碑刻岳飞像

岳飞自投军报国,直到自己独立成军,先后跟随过九个直属上司,他们是:刘韐、季团练使、刘浩、张俊、陈淬、张所、王彦、宗泽、闾勍、杜充。

岳飞早期抗金事迹反映了一位民族英雄的成长历程,由于他文武全器,天纵英才,从南京上皇帝书的头角峥嵘,到与宗泽论兵的真知灼见,再到与张所谋划河北抗金、收复燕云的高屋建瓴,以至建言杜充据守开封的眼光独到,乃至闯入杜充寝阁建言稳固江防、坚守建康的忧虑国家安危,都表明了岳飞高瞻远瞩的政治远见和非同凡响的军事谋略以及忧国忧民的爱国情怀,这样一位文武兼备的大将之才,在那个国破家亡、山河破碎的乱世,历经坎坷,百折不挠,愈挫愈勇,不断地放射出照耀中国历史的璀璨光彩,所以,岳飞后来成为南宋第一名将、民族英雄,绝非偶然幸致!

岳飞自钟山南下,孤军转战,路上又与溃败下来的宋军统制官刘经和扈成

两支人马会合在一起，兵威稍振，驻军在建康府句容县东南的茅山。

岳飞对刘经和扈成两人提议南下广德军寻找朝廷，刘经表示赞同，扈成却口是心非，表面上佯装同意，却同床异梦，在岳飞和刘经的部队开拔后，自己悄悄率领所部人马赶往镇江府金坛县去了。

刘经发觉扈成率部潜逃，当即禀明岳飞，并建议派部队跟踪追击，生擒扈成，强行收编了他的部属，岳飞制止了，说道："扈成首鼠两端，根本无意效忠朝廷，抵御金兵，当此国家危亡之际，我等不宜内斗，人各有志，他既不愿意和我们南下广德军，就由他去吧。"

岳飞从建康府行军到广德军，与金兵前后六战，取得了六次胜利，斩敌一千二百多首级。

岳飞率部到达广德军的钟村后，各种不利的消息和情报传来，使得军心动荡，前途变得渺茫、暗淡了起来。

周俊玲(作家、学者)：以宋高宗为首的南宋小朝廷为了躲避金军的兵锋，仓皇逃命，从明州漂洋出海，去向不明；被南宋朝廷倚重为柱石的右相兼江淮宣抚使杜充率部渡江投敌，归顺了金国，影响极度恶劣，给危在旦夕的南宋朝廷及其军民带来了阴霾。当时，天下局势风起云涌，搞得人心惶惶，很多宋军将领溃败成为劫掠为生的盗匪。

岳飞所部将士的粮饷、给养失掉了朝廷供给的来源，而岳飞严禁部属劫掠百姓，这支部队便只能是缺衣少食、忍饥挨饿，度日维艰。在这段困难时期，岳飞部下的一些将士无法忍受困境煎迫，更感前途渺茫，竟然逃往一些盗匪军中做了贼寇；许多原江、淮宣抚司的溃兵聚集起来，渐成规模，他们仰慕岳飞的武勇和胆识，派员前来鼓动岳飞降金，并称可以推举岳飞做首领……

此时此刻的岳飞面临到了前所未有的艰难复杂局势，当此存亡绝续的紧要关头，岳飞心中激荡着的"尽忠报国"精神焕发了作用，他用自己一腔热忱的拳拳爱国之心迸发出了前所未有的激情，奋发出了震古烁今的英雄气概。

杜充失败后，诸将所部数万兵士多为西北壮士，一旦溃散，许多人都谋划叛逃；将领戚方首先率部逃亡，做了强盗。岳飞部下也有人随着逃走，沦为盗匪的。

岳飞召集全体将士，情绪激昂，慷慨陈词，朗声说道："我辈生长于大宋这片热土上，投身军旅，享受朝廷的俸禄，便当扬威沙场，抗敌破寇，以忠义报国，建立不世的功业，名垂青史，即使牺牲了，那也是为国捐躯，光荣不朽的！倘若思想动摇，投降金寇，或者溃散为盗，偷生苟活，身死名灭，那就是一失足成千古恨了！我军曾经驻屯的建康城，乃是江左名都，繁华形胜，兵家必争的战略要冲之地，我们必须拼了性命去从敌寇手里夺回来，倘若让金贼长期侵占，那么，我大宋何以立国?! 因此，我等必须挺身捍难，血战贼寇，收复建康！古人说：主忧臣辱，主辱臣死！这话太精当了！朝廷播迁，皇帝避难，建康沦陷，河山践踏，百姓涂炭，今日之事，我辈军人责无旁贷，有死无二！自今日起，若有胆敢胡言乱语动摇军心，惑动变乱者，擅离营伍者，一律杀无赦！”

岳飞一番慷慨激昂的言辞和凛然正气感动了在场的全体将士，大家都激动得哭出声来，从此不敢再有二心。

岳飞最后对傅庆、刘经等军说：“凡不为红头巾者，随我！”傅庆、刘经等人也表示愿追随岳飞，共同抗金报国。

对于前来相约降金的各路散兵游勇，岳飞假意应允，并且要求他们上缴兵籍。当他们按预定日期抵达时，岳飞率亲信三五人，全副武装，“弯弓跃马”，同各部的勇健者比武，接连击败了几十人。最后，岳飞点阅兵籍，对众人朗声说道：“你等都曾经是堂堂大宋官军，食朝廷俸禄，保家卫国，令人敬仰。如今，国家遭遇危难，金寇入侵，河山沦陷，正是我辈军人效力战场，拼死报效朝廷之时。以你等的兵强马壮，正当克复中原，驱除金虏，为国家建立不世奇功，身受朝廷的重赏，封妻荫子，光耀祖宗，荣归故乡！怎可与流寇、盗匪为伍？更不可变节降金，辱没祖宗！若能摒弃旧恶，重新投顺朝廷，尽忠报国，我岳飞举手欢迎！若要投顺金贼，便请诸位先杀我岳飞！有我岳飞一日，决无变节降金之事！”

岳飞态度决绝，义正词严，终于使众人悔悟。

大家钦佩岳飞勇武绝伦，异口同声地表示：“唯统制命！”

岳飞收服义军

从此，岳飞收集散兵游勇和溃兵，兵力渐渐强大了起来。

不久，岳飞侦知占据溧阳县的敌人兵力薄弱，命刘经率一千人马前往。宋军夜袭并攻克县城，杀获五百

多金兵，生擒同知溧阳县事、渤海太师李撒八。

公元1130年（宋高宗建炎四年）初春，正是青黄不接的粮荒季节，岳飞的军中再度出现了军粮匮乏，就出击敌军，资粮于敌，从敌人手里夺取粮食，还拿出自己家里的资财买粮贴补，与普通士兵吃一样的饭食，因此，将士们饥寒交迫，仍在岳飞尽忠报国精神的感召下刻苦操练，枕戈备战。岳飞军纪严明，部属忍饥挨饿，也不敢扰民，所以，驻军之地市井贩夫一如往常。

岳飞所部一名随军效用使臣李寅向岳飞建议移屯常州宜兴县（今江苏宜兴市）张渚镇。

岳琴舫（岳飞思想研究会副会长、武汉岳飞文化研究会会长）：《三朝北盟汇编》记载：当时，江、淮宣抚司右军统制岳飞与刘经驻军于广德军钟村，岳飞下令军中不得骚扰乡村，约束虽严，然而仍有问题。李寅向岳飞献计说："若移军到宜兴县太湖边上的张渚镇附近屯驻，就可以杜绝将士外出扰民事件。因为那里三面濒临太湖，只有一条极狭窄的陆路与外面相通，只需派一名小将官把守住路口，士兵们就无法外出了。"

若单从这则记载来看，岳飞进驻宜兴似乎仅为方便约束部下不扰民，其实，这只是岳飞进驻宜兴的一个因素。更为重要的是，岳飞军中缺乏粮食，而宜兴粮草充足；并且宜兴困扰于匪寇之患，亟需岳飞整军来保境安民，所以宜兴知县钱谌等人也特地邀请岳飞率军保护县境；此外，宜兴地当军事要冲，进可攻，退可守，非常适合做军事基地。

这时，宜兴知县钱谌等人闻知岳飞之威名，也特地移书岳飞，欢迎他率军保护县境，并说县里的存粮足供一万军人吃十年。宜兴县东临太湖，北通常州，西面又逼近建康府通临安的大道，确是进可攻，退可守的军事要地。

二月，岳飞统军进驻宜兴县，将兵营屯扎在县城西南的张渚镇。

进驻宜兴之后，岳飞所部的军粮问题解决了，但岳飞随即发现了宜兴存在的问题，那就是匪寇众多，横行肆虐，经常残害百姓，烧杀抢掠，为祸一方。

于是，岳飞迅速率部开始了剿匪斗争。

横行宜兴县的土匪共有四支，头领分别是郭吉、马皋、林聚和张威武。

其中郭吉所部最为强大，他原是杜充所部江、淮宣抚司水军统制之一，当初，金兵在马家渡渡江之际，杜充命水军统制邵青、郭吉阻击敌人，邵青力战殉国，而郭吉却率部潜逃了，后来盘踞在宜兴一带，打家劫舍，开始了他的土匪生涯。

第二支土匪首领是马皋，他原是杜充帐下的部将，去年正月间曾随岳飞在开封城南薰门外大战张用、王善，后来被完颜兀术所部金兵击溃后，流落到了宜兴，做了土匪。

另外两支土匪的首领林聚和张威武则是当地的流寇，各有几千人马。

岳飞派人投信给郭吉，以好言抚慰，约他共同抗金。郭吉却急忙带一百艘船，满载财物逃跑。岳飞闻讯后，命令部将王贵和傅庆领二千人追击，俘获了郭吉的几乎全部的人和船。

周俊玲(作家、学者)：王贵是汤阴县人，后来成为岳家军的主将之一。傅庆是卫州窑户出身，他原是刘光世部将，在马家渡之战后追随岳飞。两人都是能征惯战的勇将，是岳飞早期的得力部将。扈成被杀后，统领庞荣率领残部投奔郭吉，此时也乘机归顺岳飞。

灭了郭吉，岳飞又派遣将士劝降了马皋和林聚，迅速平定了郭吉、马皋、林聚三支土匪，只剩下张威武一支匪寇了。

张威武自恃勇武，不肯归降岳飞，妄图顽抗。岳飞单骑闯进他的巢穴，乘张威武惊愕之际，将他斩杀，并收编了其全部人马。

至此，岳飞引军进驻宜兴县很快便荡平了所有的匪寇，而且治军严明，对百姓秋毫无犯，使得宜兴县成为动荡局势下的一处平安乐土，因此，宜兴百姓欢声载道，交相称誉岳飞的恩德，纷纷画了岳飞像供奉起来，一家老小晨昏瞻仰，大家都道："父母给了我们生命，岳将军给了我们平安幸福！"("父母生我也易，公之保我也难。")常州等很多外地的官吏、士民也都纷纷移居来宜兴躲避战祸，计有万余家之多。

岳飞所部兵马在当时南宋朝廷军队兵败如山倒、望风溃逃、畏敌如虎的大环境中，卓尔不群，一枝独秀，战绩辉煌，而且深得民心，因此，不断发展壮大，而岳飞这个年仅二十八岁的青年也开始成为雄踞一方的主将，在南宋朝廷的

大将之中崭露头角，他按照自己所独具的军事才干和谋略，用自己坚强的意志和必胜信念，用自己尽忠报国的一腔热血与风范，锻造出了一支抗金的劲旅，成为了江南抗金战场上的中流砥柱。绍兴初年，人们将这支百战百胜，所向无敌的雄师称为“岳家军”。

同时，岳飞在与金兵的作战中发现，金军中有许多原辽朝统治区的汉人，也有从中原掳掠回去的汉族人，称为“南人”，他们用这些汉人充当“签军”，战时冲锋在前面，遭受对面宋军的杀戮，充当炮灰，平时做军中苦役，吃最下等的伙食，备受歧视和虐待，而他们也时时刻刻在内心深处思念着家乡，渴望脱离金军的控制，回归南宋。于是，岳飞便对那些俘虏来的汉人签军大做思想教育工作，将他们视为骨肉同胞，晓以大义，努力争取，激发他们爱国的忠义精神，然后命令他们回到金营做内应，多次在黑夜放火，烧毁兵仗器械等军用辎重，与宋军里应外合，大破金兵。那些汉人签军对岳飞非常景仰，甘心效死，都称岳飞为“岳爷爷”，称岳家军为“岳爷爷军”，一遇到机会便成千成百地发动起义，脱离金军，归附岳飞。

不久，宜兴百姓出资为岳飞建立了一座生祠，把他当作活菩萨来祭拜，以表达大家的感激之情。因为在那个金兵入寇，匪患肆虐的年代里，人们渴求平安幸福的生活，而岳飞正是他们保境安民的守护神，因此，岳飞在宜兴一带很得民心。

宜丰岳王庙

岳占州(岳飞思想研究会副会长):在中国古代,为活人建生祠是一种很隆重的崇拜。

一些宜兴百姓为感谢岳飞保境安民的恩德,便在古老的周将军(东晋周处)庙内,增设一屋,将岳飞石像供奉在里面,享受香火。

宜兴知县钱谌得知众百姓为岳飞建立生祠,尊崇为神,也深为感动,就写了一篇《宜兴县生祠叙》,其中说:"建炎丁未仲春,岳公观察总熊罴之师,以捍国保民为志……时方夷狄、盗贼交寇四境,举邑生灵几死而复生者屡矣,皆公之造也,其德孰加焉。人莫不谓'父母生我也易,公之保我也难'。无以见其报称不忘之意,乃立生祠,绘英雄卓绝之姿,修况水芬馨之奉……然察人之情,犹以未至,皆欲图像于家,与其稚老晨昏钦仰,如奉省定而后已。"故将岳飞画像"摹刻于石,庶广其传",并引述百姓赞颂岳飞的质朴言语说:"父母生我也易,公之保我也难。"

钱谌《宜兴县生祠叙》中称"岳公观察",是将岳飞的官职称为观察使,这是一个小误。其实,岳飞当时的官衔是武德大夫、英州刺史。

岳飞驻军宜兴,年仅二十八岁就成为雄踞一方的主将,他按照自己所独具的军事才干和谋略,用自己坚强的意志和必胜信念,用自己尽忠报国的一腔热血与风范,锻造出了一支抗金的劲旅——岳家军,成为江南抗金战场上的中流砥柱。那么,刚刚振起的岳家军实力尚不强大,能够为南宋朝廷挽狂澜于既倒吗?面对正面战场上强大的金军攻势,和身后盗贼蜂拥的割据局面,岳飞会有怎样的措置呢?岳飞在日后的抗金战场上,又会有哪些惊人的表现呢?请继续阅读《正说岳飞》第六章《收复建康》。

第六章 收复建康

完颜兀术率领金军占领南宋朝廷的行都临安之后，命部将斜卯阿里和乌延蒲卢浑带领四千精锐骑兵，直取明州，追击宋高宗，妄图以擒获宋帝迅速灭亡南宋。

宋将张俊奉赵构之命留守明州，就在明州阻击斜卯阿里和乌延蒲卢浑所部金兵，在高桥打败了金军。张俊和明州官员预料金军必定反扑，担心战败，急忙引军撤离了明州，并将城外一座浮桥破坏，导致明州城内百姓无法随同他们逃难，被金军屠杀殆尽。

金军占领明州后，宋高宗及南宋小朝廷早已漂洋下海去了，金军追之不及。

海口的岳飞戎装像

此时的金军统帅完颜兀术擒获宋高宗的计划宣告破产，并且他已经觉察到了自己孤军深入的危险，宋将张俊、岳飞、韩世忠等虎踞后方，随时都有可能集结攻击，而且金兵深入南方之后，水土不服，兵士多有患病的。于是，完颜兀术终于决定撤兵北归了。

在海船中飘摇避敌的宋高宗和南宋小朝廷先是在章安镇(今浙江临海县东南)停泊，后又漂泊在台州到温州的近海中，到建炎四年四月，金军撤离江浙地区北返，南宋君臣才舍舟登陆，在越州停留下来。后来，才又重返杭州。

此番入侵宋朝，金军劫掠甚多，在陆路上拖运不便，于是便绕道大运河，击破秀州，攻陷平江府，水陆并进，攻向常州，准备从镇江府渡过长江北还。

金军在疯狂劫掠所攻陷州府的同时，还大肆烧杀掳掠，明州城里的百姓基本被杀光了，房屋楼阁也都被金兵焚烧，化为了灰烬。临安府同样遭受了金兵的摧残，他们在临安城中纵火，一直烧了三天三夜，曾经繁华一时的都市化为了一片焦土。在平江府，金军的大火绵延百余里，烟焰张天，五天后方才熄灭。金军的杀掠，官军、匪寇的骚扰，再加上这年夏季的瘟疫流行，平江府有近五十万百姓丧失了生命……

金军在三月撤离平江府后，直扑常州。

常州知州周杞探知敌情，急忙派属官赵九龄专程赴宜兴县，邀请岳飞前来守卫州城。由于是当年在张所河北西路招抚司的相知，赵九龄也曾为岳飞移军宜兴县进行联系和说合工作，岳飞对此十分感激。于是，岳飞立即部署军队，准备驰援常州城。

周俊玲(作家、学者)：当时，岳飞救援常州是做了一番军事计划的，其战略措置是岳家军进驻常州后据城坚守，并派出一支奇兵截断金军的归路，然后里应外合，全力破敌，建树奇功。然而遗憾的是，常州知州周杞不懂军事，而且没有信心坚守常州城。他等不及岳飞兵到，就紧随赵九龄之后，放弃常州城，带领数万军民逃往宜兴。岳家军刚刚启行，常州城就已经沦陷，以致岳飞的破敌措置搁浅了。

其实，进袭常州的金军舟船主要沿运河而来，而运河之水都来源于镇江府丹阳县的练湖，因此，只要决堤排放练湖的水，使运河水位下降，金人的舟船就会在运河中搁浅，而不能行驶，则金军这次攻取常州的行动就会无法实现。由于知州周杞等人的仓促逃跑，遂使金人长驱而无阻碍。

既定军事计划无法实施，但岳飞随即调整了部署。

岳飞与周杞、赵九龄重新筹划一番，即带领精兵北进，击败金军，夺回了常州。

岳家军前后四战，将不少敌兵掩杀在河里，并活捉了女真万夫长主少孛堇、汉儿李渭等十一人，一直追击到镇江府的东部。

这时，盗匪戚方攻陷了广德军，使张渚镇的岳家军后方基地受到威胁。

岳飞果断回师宜兴县，迎战戚方，稳固后防。他带领一千多骑兵奔赴广德军，戚方却已转而西向，前去攻打宣州（治宣城，今安徽宣州市）了。

岳飞途经广德军的金沙寺小憩时，写就一篇题记，以抒襟怀："余驻大兵宜兴，缘于王事过此，陪僧僚谒金仙，徘徊暂憩，遂拥铁骑千余长驱而往。然俟立奇功，殄丑虏，复三关，迎二圣，使宋朝再振，中国安强，他时过此，得勒金石，不胜快哉！建炎四年四月十二日，河朔岳飞题。"

第二天，岳飞率军赶到了广德军，然而，戚方所部的匪军却已经离开广德军，向西攻略宣州去了，岳飞只得班师返回宜兴。

周俊玲（作家、学者）：岳飞军纪严明，执法如山，家人都不得干预军务。周密《齐东野语》卷十三《岳武穆逸事》记载了一段岳飞驻军宜兴期间严明军纪的故事。一次，岳飞率部外出作战，委托一员亲将负责管理营中之事。岳飞出发之后，宜兴军营中却传来一个消息，说岳飞在外作战遇到挫败。岳夫人听到这个消息，十分担心，便去和那位留守营中主持军务的亲将商议，希望他选一些精兵前去策应。正当那名亲将调集兵马的时候，岳飞却从前线回来了。他看到这一情况，就立刻赶往校场，问那员亲将调集兵马要去做什么？亲将答道："听说将军你在外作战不利，所以选了一些勇士，准备前往策应你。"岳飞大怒，斥责他道："我命你坚守根本，天不能移，地不能动。你现在并没有得到我的命令，却擅自听信流言，调动军队，这是目无军纪！”说罢，便要依军法从事，处斩那名亲将。那亲将害怕求饶，并说这是受了岳夫人的命令才这样做的。然而，岳飞却认为军伍中的事情不是家人妇女所可以干预的，更不应该按照她的意见行事，所以，这个错误还必须由那员亲将承担。岳飞终于把那员亲将处斩了。

其实，周密《岳武穆逸事》这则记事中也存在一些错误，比如，周密说岳飞驻军宜兴时，杜充还在守建康，显然不确。

公元1130年（宋高宗建炎四年）三月，完颜兀术率领近十万金军抵达镇江，满载劫掠来的财物，企图渡过大江，北还金国。

韩世忠闻讯，带领所部八千兵马全都登上战舰对完颜兀术阻击，由于金兵不习水战，而且都是小船，不敌韩世忠，在金山一带江面上屡次战败，无法过江。完颜兀术无奈，只得亲自来到船头请求韩世忠让开水路，放金军过江。韩世忠答道：“必须放回徽、钦二帝，归还宋朝的故土，方可放行！”完颜兀术心知这样的条件万难接受，遂长叹了口气，率军退到了黄天荡，企图开掘一条河道入江，又遭到了韩世忠的拦截，被围困在黄天荡内四十天，吃尽了苦头。后来，完颜兀术收买当地的汉奸，这才另外掘通河道，得以将船只经秦淮河进入了建康城西的江面。

韩世忠随后引军溯江赶来攻击。完颜兀术发现韩世忠所部的大型战舰上面装载了大量的马匹、粮食、辎重等战备物资，船体庞大而且沉重，全靠风力行进，在无风之际便难以行驶，当即命所部大军派出许多小船，向宋军战舰施放火箭攻击。

韩世忠所部的战舰被火箭射中，顿时燃烧起来，损失甚大，迫不得已，只好退兵。

完颜兀术用火箭烧退韩世忠的战舰，这才得以夺路而逃。

说岳连环画《黄天荡》封面

周俊玲(作家、学者):黄天荡之战经后世小说、戏曲的演绎,影响甚广。历史上的宋金黄天荡之战前后相持四十日,韩世忠以八千宋军在水路截击号称十万的完颜兀术所部金军。韩世忠先胜后败,但虽败犹荣。

韩世忠此战教训了完颜兀术所部金军,让其知道,在江南水乡作战,金军无法发挥其陆地上骑兵突击的优势,极易陷入被动挨打的局面。

至于民间流传的"梁红玉擂鼓震金山",故事脍炙人口,应系小说家言。史书记载:当年,韩世忠参与平定"苗刘之变"有功,获得升赏,其夫人梁氏也获封为护国夫人。据此可知,韩世忠夫人的确姓梁,但没有提到其名字,更无"擂鼓震金山"的记载。

历史演义小说里的韩世忠夫人梁红玉

当完颜兀术和韩世忠在黄天荡相持之际,屯驻在建康城中的金军则在城东北的钟山、城南的雨花台构筑了大寨,开凿了两道护城河,并在山上挖洞,以供避暑之用,企图以建康府为据点,待暑夏过后再行进犯江南。

浮海归来的宋高宗赵构和南宋小朝廷将越州作为了临时都城,他们虽然逃过了金兵的追杀,却对金军屯据建康府,构筑城堡,大造战船,随时都可能南下进犯越州日夜忧心,寝食不安,于是,宋高宗下令任命张俊为浙西路、江东路制置使,全权负责收复建康,那一带的统兵宋将都受他的节制。

同时,南宋朝廷鉴于杜充领导的原江、淮宣抚司早已不存在了,便命岳飞改任御营司统制,率领所部的岳家军自宜兴向西北进兵,协助张俊收复建康。

张俊受命之后,虽然坐拥大军,但畏惧金兵,迟迟不敢进兵。

岳飞深知张俊的萎靡懦弱,更知道建康陷落敌手对南宋朝廷的威胁,因此，他大义凛然，以朝廷大局为重，独自勇敢地承担了收复建康的重任。受命之日，岳飞立即以奋发昂扬的斗志誓师出征，亲统大军，开赴建康，攻击金兵。临走之际，岳飞将宜兴军营的事务委托给了统制刘经负责，命他留守宜兴。

岳家军前进途中，哨报探知建康城南三十余里的清水亭驻扎着金军一千人马，岳飞认为，清水亭是建康城的外围重镇，有如手足，遮护着建康城，因此，克复建康，必须先断其手足，要狠狠地打他一仗，彻底围歼敌军，一战拿下清水亭，给金兵来个下马威。

岳家军十分威猛，清水亭的那一千金军顷刻瓦解，多半被歼，其余部众四散溃逃。

岳飞趁势挥军猛杀，一直追杀出了十五六里，只杀得金兵横尸遍地，血流成河。

四月二十五日，即韩世忠战败的同日，岳飞在位于建康城南三十宋里的清水亭首战告捷。

此役当中，傅庆最为勇猛，立了战功；岳家军共斩得耳戴金环、银环的金兵头目首级一百七十五颗，活捉女真、渤海、汉儿军四十五人，缴获马甲、弓、箭、刀、旗、金鼓等器械三千七百多件。

五月，完颜兀术率领大军又来到建康。

在敌众我寡的情势下，要围歼完颜兀术的大军，自然是不可能的。岳飞采用的策略是自南而北，驱逐敌人过江。建康城南三十宋里有一座山，上方双峰，东西对峙，故取名牛头山。五月初，岳飞率军前往清水亭之西十二里的牛头山扎营，山上“林树葱郁，泉石相映”，足以保障将士的休整和饮水。他派遣一百名军士，身穿金军的黑衣，在昏黑的夜里混入雨花台的金营，偷袭敌军。金军分辨不清敌我，自相攻击，乱杀一通。为防止岳家军再次劫营，金人不得不在营外增派巡逻部队，其巡逻部队又遭岳家军的伏击，而被歼灭。

从四月到五月，岳家军同金军交战几十次，都取得胜利。战事的失利，使完颜兀术虽然感觉放弃建康甚是可惜，但更知如此和岳飞打下去必败无疑，若不尽早撤军，只会输得更惨。无奈之余，完颜兀术恼羞成怒，命令建康城中的金军大肆杀掠城中百姓，劫夺财物，焚烧房屋，以杀戮和破坏来聊泄愤恨，而自己却不敢再继续呆在建康城中了，率领大队精兵移驻到了建康城西十余里的靖安镇去了。

岳飞侦知金兵有撤退的迹象，当即亲自率领三百名骑兵和二千步兵冲下牛头山，再次击败金兵，占领了建康城西南的新城，对建康城形成了围攻的态势。

完颜兀术见岳飞步步进迫，深知建康城难以固守，便只得一退再退，率领大队人马从靖安镇渡过长江，退屯到真州六合县宣化镇去了。

岳飞察知敌军撤退，趁势发动猛攻，一直追杀到了靖安镇，那些没来得及撤退的金兵抵挡不住岳飞的迅猛攻势，或被斩杀，或被江水淹死，折损甚多。此役，岳家军俘获了金兵三百多人，其中女真头目数人。而金兵败退之际，极是狼狈，丢弃了许多船只，岸上的铠甲、兵器、辎重、牛马等数以万计，尽被岳家军俘获。

随即，岳飞乘胜进击，终于克复了建康城。

在今日南京市郊的岳飞抗金故垒

这场收复建康战役，历时半月，岳飞孤军主动出击，斩杀女真族秃头、垂环的将士足有三千多人，擒获金将千夫长留哥等二十多名将领，取得了对金兵作战的空前胜利。

周俊玲（作家、学者）：克复建康是岳飞独立成军后的第一次重要战役。岳家军自东而西，占据牛头山，又自南而北，从雨花台、新城杀至靖安镇，其战绩是驱逐完颜兀术率领的金军精锐主力过江。与岳飞同时代的邵缉在荐书中将克复建康之役的意义说得十分透彻。没有岳飞收复建康

杭州岳王庙内民国冯玉祥所题“民族英雄”

之战的胜利，南宋朝廷就无法在江南立足。

岳家军进驻建康城，安抚百姓，稳定秩序。建康府前通判钱需也纠合一些乡兵，随同进城。

王曾瑜（中国社会科学院研究员、中国宋史研究会前会长）：经历金军洗劫后的建康城遍地煨烬，街巷和屋宇已面目全非；居民的尸体纵横，血流遍地，很多伤残者还在呻吟呼号。两年后，人们收拾和掩埋残缺不全的尸骨，竟达七八万件。此外，还有大批人口被金兵驱掳过江。这座平时拥有近二十万人口的大城市，遭受了毁灭性的浩劫。

岳飞及其将士们，都是久经战阵，敢于直面刀光、正视血影的人，面对此惨绝人寰的景象，也实感目不忍睹，人人无比悲痛和激愤。

岳飞克复建康之战，如从四月二十五日清水亭之战算起，到五月十一日胜利，前后历时十六天。关于此战最原始的记录，应是邵缉举荐岳飞的上书。邵缉荐书中"生致酋领万户、千户者二十余人，及斩胡人秃发垂环者之首无虑三千人"应是岳飞克复建康之战"大小数十合"的战果。对此，《鄂王行实编年》的叙事却成了最后从新城至江岸的战果，这当然是其疏谬之处。《鄂王行实编年》虽然记录了清水亭、牛头山、新城等战斗，对此次战役"大小数十合"战斗而言，已是残缺不全了。在秦桧父子大肆篡改官史之余，记述岳飞克复建康之战的其他史籍就更加残缺而且错谬百出了。《三朝北盟汇编》卷 141 记载："五月，岳飞有靖安镇之捷，生获金人三百余人。"《建炎以来系年要录》卷 33 只是在叙述建康府金军北撤时，附带说"淮南宣抚司右军统制岳飞闻敌去，以所部邀击于静安，胜之。""权通判建康府钱需纠率乡兵"，"遂从飞入城"。如此记载，似乎只是在得到金军北撤的情报后，岳飞才乘机出兵，袭击已经逃跑之敌。这里的错讹甚多，就官职而论，当时也没有什么淮南宣抚司。

我始终认为，《鄂王行实编年》对岳飞事迹记述的丰富和可信度，还是超过了《三朝北盟汇编》和《建炎以来系年要录》两大史籍的。《三朝北盟汇编》博采众说，对各种歧异记载兼收并蓄，不加分辨，尚有可说；而《建炎以来系年要录》力求考证异同，其对岳飞的记事错谬和疏略过多，就不能不是一个重大缺陷。对《鄂王行实编年》的曲笔、虚美、错谬和疏漏，需要进行考辨，这是无可置疑的。但对其缺乏旁证的记事，不应当一概采取否认的态度。研究岳飞克复建康之役，《鄂王行实编年》提供了清水亭、牛头山、新城等战的若干情况，应是可贵的史料，更何况清水亭之战还有《三朝北盟汇编》的旁证。如果依据上述两大史籍，只能相信有靖安一战，而否认有清水亭等战，似难以有很充足的理由。

岳飞受命率部北上收复建康时,命刘经留守宜兴县岳家军大本营。

这时,岳飞率部从建康府凯旋,返回宜兴,途经溧阳县时,忽然有刘经的部将王万前来密报,说刘经图谋杀害岳飞的母亲和妻子,吞并他的军队。岳飞大吃一惊,便命部将姚政连夜返回宜兴县军营,相机行事。姚政火急赶到宜兴军营中,就设了一个计谋,派人邀请刘经,谎称岳母姚氏有急事找刘经来商量。刘经上当前来,刚跨进岳母姚氏的房间,便被姚政预先埋伏的伏兵杀掉了。岳飞率领大军随后回到军营,即刻安抚刘经的部众,向他们说明事情的原委。由于岳飞威信素著,刘经所部早已是岳家军的一部分了,因此,军中很快安定了下来。

五月下旬,岳飞亲自押解战俘,前往"行在"越州献俘。这在南宋立国四年以来,尚属首次。

岳飞抵达越州,首先见到了浙西路、江东路制置使张俊。

南宋中兴四将图之张俊

张俊十分赏识岳飞在收复建康府战役中的杰出表现,赞许道:"当初,我受朝廷重托,想要克复建康,但自思敌众我寡,不可冒进,而且建康地当军事要冲,易守难攻,颇多顾虑,为慎重起见,我推迟了进兵时间,不想岳统制骁勇善战,以少胜多,迅速收复了建康,后生可畏,可喜可贺啊!我已表奏朝廷,嘉奖你的功绩。此次,你奉命赶来越州献俘,实是我朝偏安四年来从所未有的荣耀!"

岳飞逊谢道:"岳飞身受国恩,常以尽忠报国为念,而今,河山沦陷,百姓涂炭,每每思之,食不甘味,夙夜忧虑,恐负朝廷与制置使大人的厚望,此次攻略建康,乃是将士用命,侥幸获捷,些小成绩,何足道哉?!"

张俊见他立功不骄,言辞谦逊,越发敬重,赞叹道:"我辈许身军旅,效力疆场,若都像岳统制一般忧虑国家安危，尽忠报国，何愁金贼不灭？河山不复！”

岳飞道：“张制置使身当军国重任，可曾听说朝廷有意趁着金兵北撤的颓势，集结重兵北伐么？”

张俊叹道：“集结重兵北伐？谈何容易啊？！目下，金兵势大，往来肆虐，横行无忌，我朝但求自保，已然不易了，哪有力量北伐？我告诉你吧，前些日子，朝廷重臣们商讨军情，仍在担心金兵再次渡江进犯。皇上知道岳统制的忠勇无敌，兵精能战，很是倚重，计划命你镇守江南东路的饶州，扼敌要冲，阻挡金兵骚扰江南东、西两路。”

岳飞听了，认为朝廷一味懦弱，措置不当，当即表示异议，说道：“江淮一带都是山陵起伏、河流交织，可谓山乡泽国，道路狭窄，车骑通行不便，自古以来便有‘车不得方轨，骑不得并行’之说，金寇长驱进犯，孤军深入，必有后顾之忧。因此，我们只要坚守住江淮要塞，就不必担心金兵进犯江南了。假若江淮沦陷敌手，那么，敌人就可以和我们隔江对峙，到了那时，我们所倚仗的长江天险可就不复存在了。一旦长江天险与敌寇共有，那么数千里长的江岸都可能被敌军攻击，防不胜防，守无可守，我军纵有数十万兵力一字排开，逐一设防，也断难抵挡金兵入寇！如今，朝廷所论放弃江淮不守，退保江南，可谓错之极矣！简直便是荒唐之举！让我守御饶州的朝臣们，可谓鼠目寸光，根本不懂军事措置，将来不免遗祸国家，酿成千古大错！制置使大人带兵多年，何以不明白这其间的利害呢？恳望三思！”

张俊听了，深感岳飞所论极是精到，不禁大是心折，感叹道：“你说得很有道理，但朝廷已有定见，且容我禀报皇上，另做决断。”略作一顿，便转换话题，说道：“岳统制用兵如神，百战百胜，声名响震天下，可以请教你的用兵之道吗？”

岳飞很谦逊地一笑，说道：“用兵的道理没有什么奥秘可言，统兵的将帅必须具备五德，即：仁、信、智、勇、严。为将之道在于治军严明，治军严明在于赏罚分明，有功者重赏，无功者重罚，所谓号令严明，指的就是这些。”

张俊道：“我记得《孙子兵法》上说：‘将者，智、信、仁、勇、严也。’岳统制是活学活用，将“仁”放在了为将五德的第一位了。”

岳飞笑道：“为将首先必须要有怀仁之心，正己然后可以正物，自治然后可以治人。”

正在这时，内监过来传旨，命岳飞押解八名女真将领入见高宗。

于是，岳飞与张俊作别，押解战俘进见。

宋高宗在内室亲自审问那八名金将，通过翻译与金将对话，详细打听了徽、钦二帝在金国的消息，然后放声大哭，下令将那八名金将即刻处斩。

尔后，宋高宗走上大殿，召见岳飞，说道："朕早就听说过你的大名了，此番收复建康，以弱克强，建树大功，而且忠勇过人，谋略制敌，可谓智勇兼备，将才难得！不知道你对当前战局有何高见？"

岳飞奏道："若要江南稳固，就必先固守江淮，要固守江淮，就必须要坚守建康。建康城扼长江之咽喉，为我大宋形胜要害之地，必须增派重兵固守。刚才，臣进见张制置使，论及朝廷战守策略，张制置使说，朝廷的意图是想要臣驻守鄱阳、饶州一带，以防备金兵进犯江东、西两路。臣以为，金贼若要渡江入寇，必先攻取二浙，江东、西二路地处偏僻，道路狭窄，而且金兵即使孤军冒进，也必顾虑重重，担心我军断其归路，有全军覆没之危险。因此，臣敢断言，江东、西二路不是金兵首先入寇的目标。臣以为，我们只要坚守住江淮要塞，就不必担心金兵进犯江南了。因此，臣请求率领重兵坚守江淮，屏障江南，拱护朝廷的腹心。"

宋高宗赵构听岳飞说的头头是道，不禁赞叹道："卿家所言高屋建瓴，精辟至当，朕这就转达朝臣商议，再作决断。"

岳飞磕头谢道："军国大计，非同儿戏，恳望陛下慎重图之！"

宋高宗道："卿家忠心可嘉，谋略高超，但朝廷大计，关乎国运，且容朝议定夺。"

岳飞叩谢，退了出去。

随即，宋高宗下旨赏赐岳飞铁铠五十副、金带、鞍、马、镀金枪、百花袍等物品，以资嘉奖。

六月初，南宋朝廷命岳飞征讨在广德军一带为患的盗匪戚方。

周俊玲(作家、学者)：戚方武艺高强，悍勇善射，但匪性很重，反复无常，实属势利小人。他最初在官军中充当养马军士，隶属厢兵。后来，戚方脱离官军，做了盗匪头目，聚集了一帮亡命之徒。之后，他率众投奔了杜充，被任命为准备将，后来擢升为统制。马家渡战败后，戚方再度离开官军做了盗匪，攻打宣州失利后，率部寇掠湖州安吉县。他是东南一带最凶悍的匪徒。

马家渡一战之后，宋军统制官扈成战败，收拾残部，不肯与岳统制合兵，在茅山分道扬镳，独自率部出走，后被戚方设计诱杀。扈成死后，其部伍多投奔了岳飞。

岳飞领兵三千，直下广德军，在军城东南约七十里的苦岭扎寨。

苦岭位于广德军通往湖州安吉县的要道上，正是戚方的必经之地。戚方闻讯后，派兵拆断了一座官桥，意图阻截岳家军的进剿。岳飞亲自在桥柱上射了一箭。戚方得到这支岳飞的箭，大惊失色，急忙逃走。岳飞令部将傅庆等追击，未能擒获戚方。戚方增兵，进行反扑，岳飞亲统一千人与之对阵。在战斗中，戚方的手弩竟发箭射中了岳飞的马鞍。岳飞拔箭，插入矢箙，发誓要擒获戚方，让他折断这支箭，再杀掉他。两军前后激战十多个回合，戚方战败，逃往湖州安吉县，岳飞穷追不舍，戚方走投无路，正逢张俊的大军赶到，便急忙向张俊投降，交出了六千名兵、六百匹马。

张俊出面为戚方求情，设了一桌酒宴请岳飞来，让戚方给岳飞下跪谢罪。

戚方哭着求岳飞饶恕他，张俊也从旁劝解，岳飞对张俊说："既是张招讨有命，岳飞自当遵从。当初，岳飞与戚方同在建康为将，他叛去为盗，我曾派人对他晓谕顺逆的道理，却不听。屠掠生灵，骚动郡县，又诱杀扈成而屠其家，且拒命不降，比那些盗匪更加凶狂，这种人怎可饶恕?"张俊极力庇护戚方，就再三说情，岳飞无奈，就训诫戚方说："张招讨赦你一死，你当洗心革面报效国家。"戚方再次拜谢后站在旁边。岳飞取出那支箭来命他折断，戚方魂胆俱丧，恭谨遵命，将那支箭折成了数截，流汗股栗，不敢仰视。

岳飞和张俊看了戚方诚惶诚恐的丑态，不禁同时哈哈大笑了起来。

平定戚方之后，岳飞率部返回了宜兴。

他在宜兴县张渚镇的房东名叫张大年，曾任黄州通判，已退闲家居，"藏书教子"；张大年濒临太湖修建了一个园子，取名叫"桃溪园"。岳飞军务之余喜欢交结儒士，与张大年颇有来往。自独立成军之后，岳飞振起宜兴、收复建康、献俘越州、平定戚方，可谓略展夙志，意气风发，不禁有感而发，便在张家一面屏风上题词留念："近中原〔板〕荡，金贼长驱，如入无人之境；将帅无能，不及长城之壮。余发愤河朔，起自相台，总发从军，小大历二百余战。虽未及远涉夷荒，讨曲巢穴，亦且快国雠之万一。今又提一垒孤军，振起宜（兴），建康之城，一举而复，贼拥入江，仓皇宵遁，所恨不能匹马不回耳!"

"今且休兵养卒，蓄锐待敌。如或胡廷见念，赐予器甲，使之完备，颁降功

赏，使人蒙恩；即当深入虏庭，缚贼主喋血马前，尽屠夷种，迎二圣复还京师，取故地再上版籍。他时过此，勒功金石，岂不快哉！此心一发，天地知之，知我者知之。建炎四年六月望日，河朔岳飞书。"

周俊玲（作家、学者）：岳飞自靖康年间参加抗金战争，四、五年间，经历了二百余战，已成长为统率一万多将士的主将，拥有胜任披挂马甲的战马近千匹。在当时的东南地区，拥有如此军力的队伍，仅有韩世忠、刘光世、张俊、王燮等四、五支，而岳飞的抗金战绩则是刘光世、王燮等人所望尘莫及。

在这篇题记中，岳飞以简洁明快的文字，抒写了强烈的爱国主义的豪情壮志，满腔义愤倾吐于字里行间。即使在千百年后，一个伟大的英雄形象依然浮凸于纸上。应当指出，即使在古代的历史条件下，不分青红皂白，"尽屠夷种"的提法，也未必允当。但是，岳飞在尔后的抗金实践中，更正了自己的这种提法。对于愿意归降的金军，包括女真人在内，他也采取了诚恳的欢迎态度。

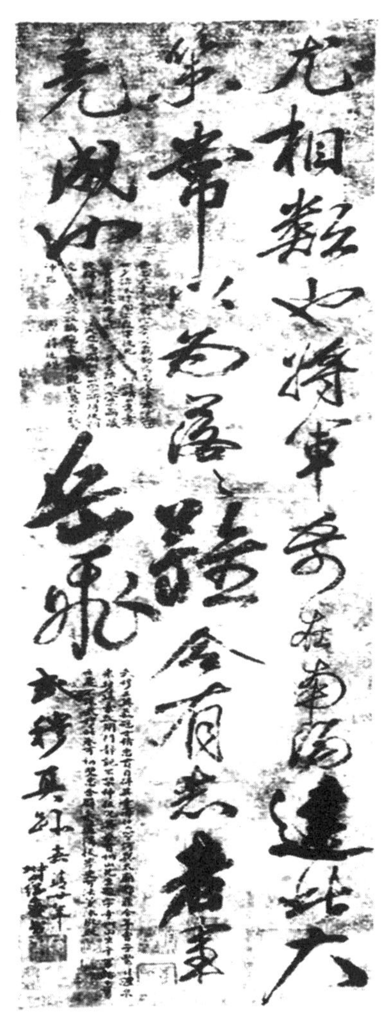

据传为岳飞书法

平定盗匪戚方的战斗结束后，张俊回朝，向宰相范宗尹举荐岳飞。

范宗尹向宋高宗奏事，说："张俊自浙西来，盛称岳飞可用。"宋高宗道："岳飞乃是杜充的爱将。杜充在事君方面，有失臣子之节。然而他能重用岳飞，也算有知人之明，还算有一点值得称道的。"

对岳飞有相当了解的江东人邵缉，也上书数千言给朝廷，举荐岳飞，说岳飞"骁武沉毅，而恂恂如诸生。从军河北，曾以数十骑乘险据要，阻击敌军万人。还曾在南薰门外，以八、九百人破王善、张用五十万之众，威震四方。岳飞与所部普通兵士同甘苦，对百姓秋毫无犯。当初考虑金军留驻南方，牵制官军，是东南的大祸患，就奋不顾身，与敌血战，克复建康，为国家夺去了形势咽喉之地，使金寇仓皇逃遁，不留一兵一卒。江、浙平定，其谁之力?”列举岳飞的威名战绩，说“朝廷诸将特然成军如飞者，不过四五人耳。飞又品轶最卑，此正易与时也”。“朝廷宜优擢之，假以事权”，“必能为国家显立战伐之功”。南宋朝廷看了邵缉的书奏，都很欣赏岳飞的战功和才干，于是，宋高宗有意超擢提拔岳飞了。

七月，南宋朝廷升岳飞为武功大夫、昌州防御使，并任通、泰州镇抚使兼泰州知州。

周俊玲(作家、学者)：岳飞接到任命书，颇不开心，因为他知道，通州和泰州僻处江海一隅，并非战略要冲之地，这与自己当初对宋高宗所奏的恳望增兵镇守江淮的本意不符，而且，镇抚使是个防御性的职务，与自己时刻盼望的光复故土、驱逐金兵志向不合，于是，岳飞上书朝廷，辞免通、泰州镇抚使一职，他在奏章中写道：“金贼侵寇虔刘，其志未艾。要当速行剿杀，殄灭静尽，收复诸路，不然则岁月滋久，为患益深。若蒙朝廷允飞今来所乞，乞将飞母、妻并两子为质，免充通、泰州镇抚使，止除一淮南东路任使。令飞招集兵马，掩杀金贼，收复本路州郡，伺便迤逦收复山东、河北、河东、京畿等路故地。庶使飞平生之志得以少快，且以尽臣子报君之节……如蒙指允飞所乞，即乞速赐指挥，亦不敢仰干朝廷，别求添益军马。伏乞钧照。”

岳飞书奏朝廷之后，宋高宗和宰相范宗尹及一众朝廷大臣们大都懦弱无谋，而且十分畏惧金兵，自忖无力收复河山，洗雪国耻，更渴望能够偏安一隅，坐享荣华富贵，遂不理岳飞的请求，只答复说朝廷收到这份上书了，就此了事。

岳飞辞免通、泰州镇抚使职务不成，只得接受朝廷的成命，于八月十五日回到宜兴，与百姓作别，于八月十九日率领本部人马离开宜兴，四天后抵达了江阴军。

完颜兀术渡江以后，依旧沿运河水陆并行，以便将抢劫来的财物和珍宝运往北方。

南宋承州、天长军镇抚使兼承州知州薛庆和楚、泗州、涟水军镇抚使兼楚州知州赵立率宋军扼守要冲，截击完颜兀术的归师。

为打通这条贯通南北的水路，主持淮南战场的金国元帅左监军完颜挞懒来到六合，会见完颜兀术，两人商定了会师攻打楚州（治山阳，今江苏淮安市）的计划。

真、扬州镇抚使兼扬州知州郭仲威闻讯后，便约承州知州薛庆共同迎敌。薛庆领兵至扬州，郭仲威却临阵变卦，听任薛庆孤军作战。薛庆兵败，奔回扬州，郭仲威竟又闭门不纳。薛庆奋战，力尽被俘，惨遭杀害。金军便乘胜攻占了扬州和承州（治高邮，今江苏高邮市），并包围楚州。

八月，楚州遭遇金军优势兵力围攻，形势十分危急。

周俊玲（作家、学者）：此时，南宋知枢密院事张浚在陕西大规模集结军队，准备开辟第二战场，以分金军之势，减轻金军对南宋朝廷的压力和对江南的侵略。因为陕西宋军一向号称宋朝最精锐的部队，且规模庞大，不可小觑，金国决定将陕西作为主要进攻目标，于是，完颜兀术一军奉命西调。淮南战场则由完颜挞懒和龙虎大王完颜突合速主持。

金国虽因分兵而势弱，宋朝却不能合军而力强。宋廷根本没有集中东南韩世忠、张俊、刘光世三大将等兵力，与金军在淮东决战的勇气和计划。在宋高宗君臣看来，韩世忠军新败，元气未复，而刘光世与张俊关系不睦，无法形成合力，统一指挥作战，故出兵只能是非此即彼。

签书枢密院事赵鼎先找张俊，张俊立即拒绝说："金军锐不可当。楚州只有镇抚使赵立一旅孤军、一座孤城，危在旦夕，若增兵救援，如同赤手空拳与猛虎搏战，只会一起灭亡，毫无价值。"赵鼎再三坚持救援楚州，张俊再三拒绝。两人争执再三，赵鼎就上奏宋高宗说："张俊畏惧金军，不愿救援楚州，臣愿与他同往。"张俊仍拒不从命。南宋朝廷无奈，只得改派刘光世出兵，而命岳飞、郭仲威接替薛庆任主管镇抚司公事的王林，海州、淮阳军镇扰使兼海州知州李彦先等部，都划归刘光世节制，共同救援楚州。

刘光世前后接到金字牌快递发来的五道宋高宗亲笔手诏，十九道枢密院札。其中，宋高宗的一份手诏说："唇亡之忧，于卿为重。宜速前渡大江，以身督战，庶使诸镇用命。戮力尽忠，亟解山阳之围。"

然而刘光世用兵作战的惯例，是本人远离战场，只派偏裨出战，算是"持重"。他本人有数万兵力，却以重兵屯守镇江府，而命部将王德和郦琼率轻兵，于八月二十四日渡江，次日便越过距离承州不远的邵伯，却不敢向北直进，而是朝西北方向绕到与承州有重湖之隔的天长军（治天长，今安徽天长市）。单从行军路线看，如此绕道，就表明刘光世和王德毫无复承援楚的诚意。王德谎报若干战功之后，便借口部属不用命，斩左军统领刘镇和裨将王阿喜，即于九月撤兵。

八月二十二日，岳飞所部抵达江阴军，尚未接到宋廷八月十九日发出的第一道救援楚州的命令。这时，传来哨报说金军元帅左监军完颜挞懒率领大军围攻楚州，情势十分危急，而金兵一旦攻陷楚州，势必立刻就会危及泰州了。

岳飞当即亲自率领一支轻骑兵渡江，火速赶往泰州，想要抢先部署抵御金兵进犯泰州和救援楚州的事宜。至于岳家军的大队人马一万多将士及五、六万随军家属，岳飞则交给了部将王贵负责指挥，随后跟进。

九月初二日，岳飞抵达泰州，但随即发觉这里也存在着许多困难，首先是粮饷供给就是个很大的问题，泰州原本管辖着四个县，即海陵县、如皋县、兴化县、泰兴县，但如今的泰州却只剩下海陵县和如皋县，另两县早已划归承州和扬州了。而且，海陵县和如皋县累遭兵祸，收成几绝，就连百姓的温饱也难保障，在这种情况下，岳家军的粮饷衣物何谈保障？眼看着深秋来临了，而将士们衣装残旧，冬衣也无着落，岳飞不禁心中忧虑起来。

尽管军中钱粮匮乏，但岳飞仍然严明军纪，对百姓秋毫无犯，因此，很快便赢得了通、泰两州百姓的信赖和欢迎。

随即，岳飞着手开始了安抚泰州将士，在点检兵籍后，岳飞命泰州部伍的敢死士、效用和使臣逐一填写“从军愿否状”，然后集中到校场，让众将士比赛射箭和武艺。赛后，岳飞亲自挑选了一百名优胜者分为四队，每人赐给一匹战马，一副铠甲，充当自己的亲兵。然后，岳飞每有活动，都将这一百名亲兵带在身边，以示对泰州部伍的信任。于是，泰州将士都从内心打消了岳飞会薄待自己的念头，与岳家军团结成为了一个密不可分的整体。

尽管遭遇种种困难，岳飞还是毅然担负起救援楚州的重任。

九月九日后，岳飞命部将张宪留守泰州，自己亲自挥师出征，率军进驻承州以东的三墩，与金兵营寨对峙。

这时，刘光世派来的王德、郦琼根本无意救援楚州，已经领军返回镇江府去了;而王林和郭仲威则畏缩不前,敛兵自保;只有李彦先一部救援楚州最为出力,因为他是楚州知州赵立的结义兄弟。李彦先率部进抵楚州山阳县的北神镇,却被金军阻截在了淮河当中,无法前进。

岳飞了解了周边形势,深知救援楚州任务的艰巨,而自己孤军数千,并且粮饷匮乏,的确难以胜任,便写了两份《申状》给两浙西路招抚大使刘光世,请求他的增援和接济。

周俊玲(作家、学者):岳飞在《申刘光世乞兵马粮食状》中说,本军"军马万余,自春并不曾支给衣赐","惟是新复建康之后,所有士马疮痍尚新,羸疲方甚,兼自到任未及一旬",军粮匮乏,但考虑到承州、楚州军情危急,所以拼死前来,只因敌军势大,自己孤军难以破敌,希望两浙西路安抚大使刘光世派遣一二千兵马,并借给他十天的军粮,使得激励将士,直取敌寇,解承州、楚州之围;或者派遣一名统制官前去相为犄角,声援他破敌。但刘光世对岳飞合情合理的请求,一概置之不理。

虽然得不到刘光世的支持,岳飞却并不因此灰心。

他召集自己所部将士,以忠义报国激励大家,在外援断绝的情况下,仍然孤军出击,在承州及楚州外围和金兵展开激战,三战三捷,杀其大酋高太保,擒女真、契丹、渤海、汉儿军等,又俘阿主里孛堇及里真、阿主黑、白打里、蒲速里酋长七十余人,押解到后方,献俘行在。宋高宗下诏嘉奖说:"卿节义忠勇,无愧古人。所至不扰,民不知有兵也。所向必克,寇始畏其威也。朕甚嘉焉。今方国步艰难,非卿等数辈,朕孰与图复中土耶!赐卿金注梳一副、盏十双,聊以示永怀也。"

但是,围攻楚州的金军势大,并且倾尽了全力攻城,昼夜不息。

到了九月中旬,楚州知州赵立被金兵的炮石打碎了头颅,临死前慷慨说道:"我再也不能为国家消灭金贼了!"

九月下旬,金兵冲进楚州城,与楚州军民发生了激烈残酷的巷战,一场血战之后,金军在付出重大牺牲后终于还是攻陷了楚州城。

楚州失守后,完颜挞懒转攻屯泊北神镇的李彦先所部。

金兵包围了李彦先的座船,李彦先全家在淮水中殉难。

随后,完颜挞懒又以重兵南下,向承州附近的岳家军猛扑。

当时正值泰州出现盗匪,王昭的部伍寇扰于城东,张荣的部伍寇扰于城北。岳飞已接到了退守通州和泰州的命令，便忍痛指挥几千名将士撤退。

岳家军在回师途中，自北炭村直到泰兴县的柴墟镇，屡次击退金兵的追击，敌人伤亡甚多，不得不终止追击。岳飞的部伍终于全师退回了泰州。

岳飞回泰州后，部伍中有发生了一件不愉快的事情。

岳飞怒喝道："不斩你傅庆，何以服众？！"命人将傅庆推下去斩了。

岳飞喝斩傅庆

岳家军的前军统制傅庆，本是卫州（今河南汲县）的一个窑户，膂力惊人，勇猛善战，岳飞也很倚重他。傅庆也恃才傲物，经常吹嘘说："岳丈这支部队的威名，都是我傅庆力战有功得来的。"傅庆不时向岳飞告借钱财，岳飞总是尽可能地借给他。岳飞出任通、泰州镇抚使后，治军更加严明，对博庆不像以往那样宽纵了。傅庆因此心怀不满，打仗不肯出力，承州之战也没有军功。岳飞出兵救援楚州时，傅庆和刘光世部将王德相遇，就向王德表示，愿重新隶属旧日的长官刘光世，王德当即应允。张宪听到两人谈话，便将此事报告岳飞，岳飞嘱咐张宪不要泄露出去，自己也隐忍未发。

回到泰州后，某一天，岳飞命军中诸统制比赛射艺。其他将领射箭都未超过一百五十步（一步为五宋尺，约合 1.55 米），唯独傅庆三箭，都达一百七十步。岳飞赏他三杯酒。接着，岳飞又颁赏承州城下的战功，命令取宋高宗"赏赐"的战袍和金带给王贵。傅庆抗议说："应当赏给有功的人。"岳飞问他："有功者为谁？"傅庆说："傅庆在清水亭之战有功，当赏傅庆。"

岳飞喝退傅庆。傅庆不服，竟然下阶焚烧战袍，捶毁金带。

岳飞震怒，说："不斩傅庆，何以示众！"下令将傅庆斩首。

十月下旬，以"玩寇养尊"著称的刘光世上奏朝廷，推诿责任，并反诬岳飞等人"迁延五十余日"，贻误军机，还巧为辞说，拒绝统一指挥，因而招致楚州的陷落。

签书枢密院事赵鼎主张“诘刘光世等违命不救楚州之罪”，他为宋高宗草拟御批说：“逐官但为身谋，不恤国事，且令追袭金人过淮，以功赎过。”但宋高宗认为：“光世当此一面，委任非轻，若责之太峻，恐其心不安，难以立事。”于是，宋高宗发布的诏旨中反而嘉奖刘光世“体国忠勤”，令他“节制诸镇”，“戮力保守”通、泰两州。

刘光世对朝廷的姑息迁就，心知肚明，照旧违诏抗命，并不发兵援助通、泰两州。

在承州和楚州之间，有樊梁、新开和白马三个湖泊，绵亘三百宋里。

当金军于建炎三年攻陷扬州时，梁山泊（在今山东巨野、梁山、郓城三县间）渔民出身的抗金义军领袖张荣，号称“张敌万”，他率领其军分乘数百艘船只，由清河南下，转移到这个湖泊和沼泽地带，驻扎于鼍潭湖。张荣将茭草堆积成墙，再用泥土涂抹粘合，建成一座茭城，作为据点，神出鬼没地打击金兵，队伍发展到一万多人。

公元1130年（宋高宗建炎四年）十一月，天寒地冻，湖面结冰，张荣的舟船无法行驶，金军趁机猛攻鼍潭湖的茭城，张荣舟师丧失了水中优势，抵挡不住，只得焚烧积聚，撤往通州。

完颜挞懒攻取茭城后，便以号称二十万的大军，猛扑泰州。

当时，泰州城无险可恃，无粮可守，岳飞兵力又与金军相差悬殊，而刘光世坐拥大军，却违抗南宋朝廷的命令，不派兵救援泰州。南宋朝廷只好下令给岳飞，命他相机处置，能打就打，若不能坚守住泰州，就保护百姓，撤退到江岸的沙洲。

张荣的败退，使岳飞的通、泰二州防区形势更为严峻，不撤离，就可能被金军围歼。

十一月三日，岳飞放弃泰州城，率军退保泰兴县的柴墟镇。

柴墟镇一度作为泰兴的县治，有一道城墙。岳家军依托柴墟镇的旧城，抗击金军，掩护几十万百姓和军队家属渡江南撤。

敌人的大军迫来，与岳家军在南霸塘展开激战。岳飞身中两枪，仍然指挥将士死战，最终，岳飞以少敌众，还是打退了金军的进攻。柴墟镇南霸塘一带金兵死尸累累，河里的水都被金兵的鲜血染成了红色。

随后，岳飞亲率二百名精锐骑兵断后，在留驻柴墟镇的最后几天里，粮食断绝，只能割敌尸充饥，历尽艰辛，毫不退缩。最终，在泰州军民尽数撤离之后，岳飞这才渡江南撤。

泰州和通州分别在十一月十七日和二十日被金军攻陷。

岳飞率军民退到沙洲之后，立即上奏朝廷，叙述泰州失守的经过，请求朝廷治罪。

南宋朝廷和宋高宗都十分清楚当时泰州的局势，岳飞孤军兵少，没有得到刘光世一兵一卒的救援，却血战五日，掩护数十万泰州军民安全撤离，已经很不易了，就谅解了岳飞失守泰州的责任，免于处罚，命他率部在江阴军就粮，负责防守江岸，阻遏金兵的进击。

金国元帅完颜挞懒占领泰州和通州后，急于消灭张荣的抗金义军。

张荣因为通州地势不利，又将本军转移到兴化县的缩头湖。

公元1131年(宋高宗绍兴元年)三月，完颜挞懒率领六千多名精兵，乘船攻击张荣水寨。张荣出动几十只小船迎敌。他看到金军用大战舰作前导，无法与之对抗，就想出一条妙计。张荣对部下说："不必忧虑，金人只有数只战舰在前，其余的都是小船，如今水势刚退，隔着大片泥淖，敌船都不能触岸，必然陷于泥沼。那时，我等弃舟登陆，逐船砍杀金贼，就像杀棺材中人一般！"

于是，张荣设计引诱金兵陷入泥淖，不能自拔，欲战不能，欲逃不得，进退两难；而张荣所部将士们早有准备，即刻弃舟登陆，怒吼着上前，逐船砍杀金兵。连留在舟船中的金军也不攻自乱，纷纷跳船逃命，溺死了很多。此役，张荣大获全胜，金将完颜忒里被杀，完颜挞懒的女婿、万夫长浦察鹘拔鲁被俘。完颜挞懒只带了二千人左右逃走。陷入泥潭中的金兵，成了瓮中之鳖，张荣所部花了两三日功夫，才将泥沼中的金军俘杀殆尽，共计消灭敌人四千多名。

张荣乘胜追击金军，克复泰州，完颜挞懒逃往楚州，再撤退到了淮河以北。

由于金军退却，淮东路大部分州县又重新回到了南宋朝廷的手中。

张文台(全国人大环资委副主任委员、解放军总后勤部原政委、学者)：单以歼敌的数量而论，缩头湖之战是南宋立国后空前的大捷。缩头湖后来也因张荣此战而改名得胜湖。

张荣获胜后，率部投奔刘光世，出任忠勇军统制兼泰州知州，其部属立功将士4029人也都获得了奖赏。

岳飞在经历了泰州失守的挫折后，面对一意偏安的朝廷，畏敌避战的统帅，岳飞会怎样奋起呢？又是怎样成为南宋朝廷的中流砥柱的呢？请继续阅读《正说岳飞》第七章《剿寇平叛》。

第七章 剿寇平叛

金国占领区的大宋百姓不甘于金人的残酷统治，纷纷揭竿而起，组织义军抗击金兵，骚扰其后方，使其在进军江南时颇多后顾之忧。而且，金兵在这次进犯南宋的战役中几次遭受挫败，完颜兀术在建康和靖安被岳飞所败，完颜挞懒在通州缩头湖被张荣击败，金将耶律马五在汝州被牛皋打败并俘虏……更为重要的是，川陕宣抚处置使张浚为了减缓金军在东南追袭南宋朝廷的凌厉攻势，在西北的陕西开辟了第二战场牵制金军主力，调集了号称四十万的精锐宋军，集结于富平（今陕西富平），准备与金军展开一场大兵团决战。

所有这些，迫使金国统治者必须重新考虑对南宋的攻略计划了。

金国侵宋的传统策略是“以和议佐攻战，以僭逆诱叛党”。其内部也有主

杭州南宋御街里的岳飞及岳家军塑像

战派和主和派之分，左副元帅完颜粘罕和“四太子”完颜兀术是主战派，元帅左监军完颜挞懒是主和派。

在金军侵宋遭遇挫折后，金国主和派又有所动作了。

金太宗完颜晟在灭亡北宋时，曾立张邦昌为楚国皇帝，作为傀儡政权。但赵宋宗室康王赵构即位，建立了南宋朝廷，张邦昌迫于民心不附和舆论压力，只好抛弃了伪政权，投靠宋高宗。

到这时，完颜挞懒与金太宗准备立原宋朝济南知府刘豫做傀儡皇帝。

当时，驻扎在山西大同的完颜粘罕军功显赫，是金国的实权人物；他有个亲信渤海人高庆裔，担任西京留守，察知完颜挞懒有意举荐刘豫做傀儡皇帝一事后，当即对完颜粘罕建议“首建此议，无以恩归他人。”完颜粘罕当然不甘落后，就派高庆裔到大河以南，刘豫的家乡景州（今河北景县）及山东德州、博州（今山东聊城）等地，访求民意，制造了一些虚假的百姓拥戴刘豫的“愿状”，然后上报金太宗，得到了允可。

公元1130年（宋高宗建炎四年）九月，金国册封刘豫为齐国“子皇帝”，命降金的原宋太原知府张孝纯做宰相，定都原宋北京大名府，号北京，最后徙开封府。金国还将京东、京西等地划归伪齐管辖。

周俊玲（作家、学者）：让刘豫建立齐国，对金来说颇有利益：其一，让刘豫接管淮东淮西和京西三处战场，使得金军可以集中兵力专注于进攻陕西的张浚，那里可是宋军最为精锐的部队，只要摧毁了张浚的兵马，就会彻底瓦解南宋军民的抵抗意识了。其二，金军可以抽出精力来消灭在后方捣乱的那些宋朝民兵了，稳固后方。其三，刘豫的齐国一建立，便可吸引那些对南宋君臣不满的将领前往投顺，以此分化、瓦解宋廷的残余力量，以利于金军最终灭亡宋朝。

在扶植刘豫伪齐政权的同时，完颜挞懒又放纵奸细秦桧归宋，金人灭宋政策可谓双管齐下，一明一暗。

秦桧画像

岳　湛（著名制片人，四川省电视剧制作中心董事长）：秦桧是建康府江宁（今江苏南京）人，字会之，进士出身，当太学生时，博闻强记，文章写得也不错，有个外号叫“秦长脚”。其妻王氏，是宋神宗朝宰相王珪的孙女。秦桧原是北宋王朝的御史中丞，在北宋灭亡之际，他曾反对割地和谈，反对金人扶立张邦昌为帝，乞存赵氏王室，因此被押解到了北方。不久，秦桧变节，充当完颜挞懒的“任用”，后升为“参谋军事”。金兵攻打楚州时，他为金人出谋划策，写过劝降书。建炎四年十月，完颜挞懒（昌）攻破楚州后不久，即将豢养三四年的秦桧放归。

秦桧到了南方，就声称自己杀死看管自己的金兵，拼死逃了出来，重新归宋，很快就得到了宋高宗的礼遇。

高宗很赏识秦桧，自称得到了“佳士”，高兴得彻夜难眠，不久就提拔他做了宰相。

一天，高宗召见秦桧，问道：“如今，天下局势动荡，爱卿有何高见可以安定天下吗？”

秦桧奏道：“如果想要天下太平无事，那就只有‘南人归南，北人归北！’也就是将河北人给金国，中原人给刘豫，不要再图收复失地，保持现状，就能偏安了！”

高宗听了，认为可行，当即不顾满朝大臣们的反对，通过刘光世向完颜挞懒致书乞和，但过了一段时间后，竟然杳无音讯。高宗乞和不成，遂恼羞成怒起来，迁怒秦桧，怒气冲冲地道：“你献策说‘南人归南，北人归北！’这哪里是什么安邦定国的策略？朕是北人，难道也要划给金人吗？”盛怒之下，就下旨将秦桧的宰相职务罢免了。

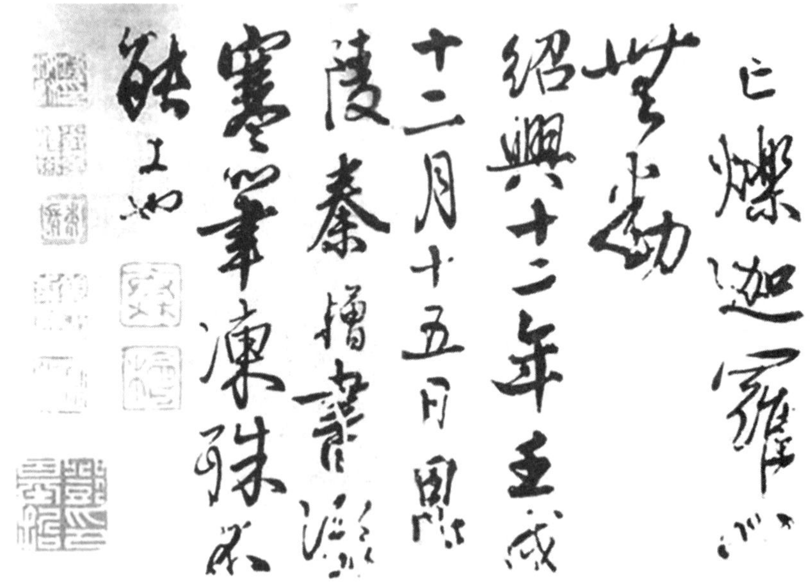

秦桧书法

王曾瑜(中国社会科学院研究员、中国宋史研究会前会长):从建炎二年三月到建炎四年正月,金军经过激战,终于攻破陕西战略重镇陕州,李彦仙等将士英勇殉国。建炎四年九月,宋朝知枢密院事、宣抚处置使张浚轻率地决定,在耀州富平县(今陕西富平县北)与金军进行大规模会战。宋方集结了步兵十二万,骑兵六万,结果被金国右副元帅完颜讹里朵(宗辅)督率完颜娄室、完颜兀术(宗弼)等军打得一败涂地,宋朝自此基本上丧失了陕西。

宋将吴玠在一溃千里的逆境中,坚守大散关附近的和尚原要塞(今陕西宝鸡市西南)。绍兴元年十月,吴玠在和尚原大破金军,完颜兀术(宗弼)本人也身中两箭,狼狈逃窜。绍兴三年(公元 1133 年)冬至绍兴四年(公元 1134 年)春,金元帅左都监完颜兀术(宗弼)和完颜撒离喝(杲)率大军自凤翔府宝鸡县(今陕西宝鸡市)南下,越过和尚原,直抵仙人关(今甘肃徽县东南白水江车站)。宋金两军进行反复而激烈的搏战,吴玠军又获大胜。

和尚原和仙人关两次大战,更胜于岳飞的建康之役和张荣的缩头湖之役,是金军自灭辽破宋以来的两次惨败。从建炎四年秋开始,川陕成为宋金战争的主要战场。吴玠一军以少击众,奋战四年,几乎是独力支撑半壁江山,使金军不敢再窥伺四川。在南宋前期,吴玠是第一个因抗金战功,而荣获节度使头衔的大将。

刘豫的伪齐政权成立后，亟须积蓄力量，招兵买马，扩充实力；而南宋政权在遭受金兵入寇的同时，内地盗匪多如牛毛，不断滋扰，使得南宋君臣们大伤脑筋。因此，南宋和伪齐之间都有各自紧迫的事情要办，自顾不暇，于是便暂时处在了休战阶段。

岳飞作为南宋的一员主将，时刻关心着朝政大局，而且他识见超卓，高瞻远瞩，深刻地认识到：若要稳固南宋政权，抵御金兵，破灭伪齐，有所作为，就必须首先剿灭横行内地的盗匪，稳定局势，也即是所谓："攘外必先安内！"为此，岳飞在翠岩寺题诗一首，以诗言志，诗云："秋风江上驻王师，暂向云山蹑翠微。忠义必期清塞水，功名直欲镇边圻。山林啸聚何劳取，沙漠群凶定破机。行复三关迎二圣，金酋席卷尽擒归。"

此时，在南宋朝廷的东南一带，势力最为强大的盗匪是李成，宋高宗君臣们正日渐觉察到了李成大军的威胁。

一开始，宋廷试图对李成招安，以镇抚使的官封来拉拢李成。但李成自从接受了相士陶子思的一番鬼话后，一心想着要和南宋朝廷分疆裂土，割据称王，哪里会看中一个镇抚使的官帽子呢?！他趁着金兵渡江攻击宋朝的机会，在淮西攻城略地，大肆扩展势力。接到南宋朝廷招安的劝说后，佯装受命，麻痹朝廷，然后突然出兵，迅速攻取了江淮十个州军，聚集了数万兵马，号称三十万大军，企图割据东南一带。

宋高宗深感李成的威胁严重，就在十二月任命张俊为江淮招讨使，让他剿灭李成。

公元1131年(宋高宗绍兴元年)春正月，张俊担心李成实力强大，颇有怯意，就对高宗说道："李成兵多势大，号称三十万，我孤军只有数万人马，恐怕难以抵挡，误了朝廷剿匪的大计。"宋高宗说："李成虽然兵多，却不足畏惧！"又说："朕所器重的诸将之中，唯独你没有立功！"张俊急忙请教："我怎么没有功劳?"宋高宗笑着说："像韩世忠那样平定苗傅之乱，擒获苗傅、刘正彦的功勋，你可比不上啊！"张俊一听，心中惊惧，颤声道："臣遵命出击便是！"

张俊退下来后，又产生了畏敌情绪，自忖难以战胜李成，考虑到朝廷诸将之中惟有岳飞智勇兼备，就请求宋高宗让岳飞所部协同征剿李成。宋高宗当即准许，并命王燮的神武前军、陈思恭的神武后军都归张俊指挥，一同剿灭李成。

岳飞接到朝廷和张俊的命令后，即刻亲率大军赶到了饶州。

京剧里的岳飞形象

这时，李成的匪军已经攻取了江州，张俊便命岳飞随后从陆路绕道赶赴洪州会合，而自己率本部五万人马立即从饶州坐船，径直穿越鄱阳湖，前去救援洪州。

张俊抵达洪州后，李成部将马进率军在章水西岸的西山扎营，阻挡张俊。

马进屡次下战书向张俊挑战，但张俊见匪军士气旺盛，心怀畏惧，将近一个月不敢出战，两军相持。而在这段相持的时间里，李成的部将邵友又分兵攻取了筠州和临江军。

三月初，岳飞率部赶到了洪州，张俊所部诸将都畏惧敌人，自己也没有破敌之策，就召来岳飞问计："我军与李成前后几次战斗，都失利了，请你为我筹思一个破敌良策。"

岳飞道："区区李成匪军，很容易击破的！李成、马进等贼将只知道抢掠，哪里懂得用兵之道呢?！他们虽然人多势众，但斗志不坚，战力低下，两军相持，往往后方空虚。我军若能以三千骑兵，自章水上流生米渡过河，出其不意，突袭敌军后面，破灭敌军易如反掌。岳飞虽然不才，愿为先锋，当先破敌。"

张俊喜道："如此甚好。"

三月七日，岳飞身披重铠，率领所部三千骑兵悄悄地渡过章水，突然出现在马进大军的后方，对敌军右翼发动攻击，两军在玉隆观一带展开了激战。岳飞当先突入敌阵，所部将士跟从进击，大破马进。岳飞引军掩杀，追击马进残敌二十五里，到了一条河边，敌军从一座土桥上逃走。岳飞当先引军过桥追袭。不料，岳飞所部才过数十骑，土桥就坍塌了，后续大军隔河相望，一时无法过河。马进望见只岳飞数十骑过河追来，顿时大喜，亲率五千兵马，回攻岳飞。

岳飞临危不惧，一箭射死了敌军先锋将官，率领所部数十骑突前猛攻，马

进所部慑于岳飞神勇，纷纷溃退。这时，张俊大军也赶到了，急忙派人修复土桥，大军继进，马进军无力再战，就逃往筠州去了。

张俊大军进迫筠州，马进集结兵力，出城列阵，横亘十五里。

张俊令岳飞和陈思恭两部分头进击。此役，岳飞用红罗做旗帜，刺绣了白色的“岳”字，亲率二百名骑兵诱敌。马进见岳飞兵少，认为不足畏惧，便指挥大军上前交锋，结果，遭到宋军伏兵攻击，大败而走。岳飞让人对敌军大喊：“不从贼者，就地而坐，脱掉衣甲，就不杀你了！”贼兵应声坐地而降者有八千人。这时，张俊引兵增援，杨沂中又领兵渡过筠河，从西山上冲杀下来，夹攻敌军。马进军大败。

岳定子(岳飞思想研究会副秘书长)：关于筠州之战，《金佗稡编》卷5《鄂王行实编年》记载与《三朝北盟会编》卷145，卷219《林泉野记》，《建炎以来系年要录》卷43绍兴元年三月庚戌，《宋史》卷367《杨存中传》，卷369《张俊传》有异。总的看来，此战应是诸军分进合击而取胜者。《海陵集》卷23《张循王神道碑》说此战“死者数万人，俘两万人”，当属夸张失实。战后，张俊害怕降兵反复，命令陈思恭将他们全部坑杀，体现了其残暴冷血的个性。

马进率残兵向北逃往建昌，投奔李成。

岳飞连夜率领将士衔枚急行军，赶到马进之前，在朱家山埋伏在一处密林之中。待马进残部逃到此地，岳家军伏兵齐发，斩杀敌将赵万等，马进大败，只带了十余骑，仓皇逃走。

李成闻知马进兵败，十分恼怒，留马进守江州，亲自提兵十余万反扑。

李成大军与岳飞所部在楼子庄展开激战，同时，李成部将商元在洪州奉新县(今江西奉新县)楼子庄的草山依险设伏，企图聚歼宋军。但张俊大军由小路冲上山顶，杀败伏兵，夺取了险隘，与岳飞合力大破李成。

楼子庄一战，李成所部遭到重创，引军败退。

张俊和岳飞分兵两路，张俊往东北方向收复江州，岳飞往西北方向追击李成。

李成逃到洪州武宁县(今江西武宁县)，适逢修水暴涨，不及渡河，就被岳家军一战击溃。李成收拾残部，忙由独木渡退往淮西路的蕲州(治蕲春，今湖北蕲春县)。岳飞率军从武宁县东进,到江州与张俊会师。张俊大军因军粮匮乏,在江州耽搁四十多日,方得以渡过大江,继续讨伐李成。

李成在淮西凭借都统领胡选的军队,号称十余万,企图负隅顽抗。宋军直抵蕲州黄梅县(今湖北黄梅县西北),李成在石幢坡依托山险,投木石阻击宋军。最后,张俊大军实行强攻,大败敌人。岳飞以骑兵追击,另遣步兵渡过张家渡,夹击敌军,斩杀马进、孙建等敌将。李成残部昼夜恐慌逃奔,得不到休息,饥饿、疲困而死的几近半数。李成眼见大势已去,就投靠了伪齐刘豫,张俊大军乘胜收复被李成匪军所占的淮西各州县,招抚其余部赵端,于是,江淮一带平定。

张俊乘战胜李成的兵威,决定降服在江州和洪州一带活动的流寇张用。

周俊玲(作家、学者):相州人张用,勇力绝群,号为"张莽荡"。他的妻子是一位巾帼英雄,勇猛更在张用之上,据说她披甲上马,能力敌千人,自号"一丈青"。一丈青原是宋将马皋之妻,马皋被东京副留守郭仲荀处斩后,闾勍抚恤一丈青,收为义女。

张用自从在开封城外与杜充进行内战后,率领部伍在京西和淮西一带抄掠,又先后同"义兄弟"马友和曹成、李宏分手,各统所部流窜南方。

曾率岳飞驻守西京河南府的闾勍,在撤往淮南的途中与张用相遇。闾勍和张用当年都在宗泽麾下共事,二人相识,闾勍就劝说张用归顺宋朝,并将义女"一丈青"嫁给张用。

张用虽接受了闾勍的好意,但仍窜扰一些地区,并没有归降南宋朝廷。

张俊和岳飞击破李成后,张用的部伍正由鄂州(治江夏,今湖北武汉市武昌)转移到江州瑞昌县(今江西瑞昌市)和洪州分宁县(今江西修水县)一带,因此,张俊决意顺便解决张用这股流寇。

张俊命岳飞率军前往征剿张用,并说:"剿灭张用,除了你没有更合适的了。不知你要带多少兵马可以胜任呢?"

岳飞说:"让我一个人去,徒手就可以擒获张用。"

张俊很佩服岳飞的勇略,坚持增拨给岳飞三千步兵。

岳飞率部征剿张用，在金牛屯驻，采取先礼后兵的策略，派了一名兵卒带信给张用，信中说："吾与汝同里人，忠以告汝，南薰门、铁路步之战，皆汝所悉也。今吾自将在此，汝欲战则出战，不欲战则降。降则国家录用，各受宠荣；不降则身陨锋镝，或系累归朝廷，虽悔不可及矣。"

张用夫妇素服岳飞的骁勇和威望，加之間勍的影响，当即表示乐于听命。自六月至八月，一支包括家属在内，共计五万人的队伍，在兵不血刃的情况下，接受张俊的收编。

张俊非常高兴，对部属盛赞岳飞，说："岳飞的勇略，我与你等都比不上啊。"后又上奏朝廷，力称在这次降戚方、讨李成、收张用的军事行动中，岳飞功劳第一。

绍兴元年七月，宋廷将岳家军的军号定名为神武右副军，任命岳飞为统制，暂且屯驻洪州，剿抚当地匪寇。

周俊玲（作家、学者）：北宋亡国后，原有的正规军——禁兵大部溃散，各种军号也完全打乱，不得不另外编组新的正规军。当时，张俊所部称神武右军，韩世忠所部称神武左军，这两人官位高，故其差遣为都统制。王燮所部称神武前军，陈思恭所部称神武后军，这两人官位低，故其差遣为统制。原神武右副军统制名叫颜孝恭，由于他的兵马拨属江南东路安抚大使司，编制出现空缺，正好由岳家军填补。

洪州为江南西路的大都会，自建炎三年冬经金将耶律马五屠城后，元气未复。岳家军接取在徽州的家属，也进驻洪州，不久就遇到钱粮供应缺乏的困难。岳飞除了向朝廷申请调拨钱粮外，更加严明军纪。将士们对民间秋毫无犯，给人们留下了难忘的印象。

公元1131年（宋高宗绍兴元年）十月，宋廷论功行赏，将岳飞武官虚衔超擢为亲卫大夫、建州观察使，为从五品的遥郡观察使。

时值福建路发生范汝为叛乱，攻陷了邵武军。因为建昌军临近邵武，抚州临近洪州，两地亟须护卫。江南西路安抚大使兼洪州知州李回命岳飞分兵三千守卫建昌军（治南城，今江西南城县），分兵二千守卫抚州（治临川，今江西抚州市）。

岳飞命人在城门楼上插上“岳”字大旗，并在境内发布榜文，上写：“贼入此者死！”盗匪、游寇惧于岳飞的军威，见了榜文和“岳”字大旗，都互相告诫不可进犯。有岳家军的保境安民，致使村民樵苏，一如平时，百姓不知有盗贼。

十一月，盗匪姚达、饶青率领万余人进逼建昌军。岳飞命部将王万、徐庆统领建昌军守军征讨，打败盗匪，在四望山擒获了匪首姚达、饶青。

岳增敏（岳飞思想研究会秘书长、博士研究生）：古人说：人非圣贤，孰能无过。岳飞驻兵洪州期间，也曾因酒醉偶犯过失。当时，驻洪州的江南西路兵马钤辖赵秉渊，原是燕、云地区易县（今河北易县）人。辽亡时，他据城投宋。岳飞有一次同赵秉渊饮酒，在酩酊大醉之后，失了理智，动手打了赵秉渊。岳飞虽是酒醉，仍是神勇异常，几乎将赵秉渊打死。酒醒之后，岳飞赶忙认错，赔礼道歉。江南西路安抚大使兼洪州知州李回为此事还上奏弹劾岳飞。

两年后，南宋朝廷打算将赵秉渊的军队也拨属岳飞，但因那次岳飞酒后殴打赵秉渊，以致赵秉渊非常寒心。他与刘光世有旧交，就央告刘光世提出申请，将本部人马改隶刘光世的部下。岳飞为此十分懊悔，宋高宗也因而告诫岳飞，从此不要饮酒。

后来，赵秉渊在岳家军担任胜捷军统制。

十二月，岳飞所部的神武右副军主管文书高泽民前往“行在”绍兴府（当时越州已升格为绍兴府）奏报军情，他是岳飞的外甥女婿，为岳飞战功赫赫却升迁甚慢而不平，便斗胆冒用了岳飞的名义，向朝廷主管军政的枢密院投状，要求朝廷提高岳飞的官阶，任命他为都统制或总管，以附和统军大将的身份与地位。

枢密院接到这份投状，权衡一番，也都一致认为岳飞的确应该提高官阶。恰在这时，神武副军都统制辛企宗因拥兵逗留，镇压福建路范汝为之乱不力，而被削职处分。于是，朝廷降旨让岳飞取代了辛企宗的位置，升迁岳飞为都统制，并将岳飞所部的军号由原来的神武右副军改为神武副军。

岳飞得到高泽民的书信后，了解了真相，对自己的升迁力辞不受，并要求严厉惩办高泽民的罪责。

为此，李回上奏朝廷，说道：“岳飞一军自从讨贼，服勤职事，忠勇之名闻于江右，纪律之严信于疲氓。留屯洪州，声势甚远，江、湖群寇，率皆逃避。近迁神武副军都统制，士论皆谓称职。及得其外甥婿私书，乃知此除曾经枢密院陈乞，飞小心惶惧，累与臣言，实非本心所敢侥望。”

宋高宗下诏书给李回，说岳飞骁勇善战，治军严明，驭众有方，此次升迁任命他为都统制，取代辛企宗的地位，都是出自皇帝的意见，让他安心就职。并下令特别铸了一方官印赐给岳飞。

岳　湛（著名制片人，四川省电视剧制作中心董事长）：宋高宗的回报并非纯属顺水推舟，或者是将错就错。在当时的政治和军事形势下，他必须提拔能为朝廷效命的良将。近年来的一系列征战，业已证明岳飞是个出类拔萃的将才。绍兴初年，宋朝尚有几十名统制，每名统制所统兵员至多不过数千人。若使岳飞混同于普通的统制，确实与他的军功和兵力并不相称。故将他升擢为都统制，并提高军号的级别，乃是势在必行。原先的东南大将号称“刘、韩、张、辛”，辛姓统兵官有辛企宗、辛兴宗、辛永宗、辛道宗等人，二十九岁的岳飞至此正式取代了辛企宗的地位，成为南宋朝廷所看重的东南大将中的一员。

公元1132年（宋高宗绍兴二年）正月，宋高宗下诏，以岳飞治军整肃，勇于战斗，赏赐衣甲一千副。

二月，南宋朝廷命岳飞统率本部军马，前往潭州，担任知州兼荆湖东路安抚使、都总管的差遣，征剿曹成，还给了岳飞金字牌并黄旗十副，用于招降群盗。

当时岳家军的兵力为一万两千余人。岳飞留下两千人驻守吉州（治庐陵，今江西吉安市），保护军人眷属，率领其余的一万多人进驻与荆湖交界的袁州（治宜春，今江西宜春市）。在出征的一万多人中，有三成是火头军和辎重兵，能出战的实有七千余人。

这时，宋廷又起用李纲为荆湖、广南路宣抚使，岳飞等将领都归他“节制”。李纲当时正在福州，他得知朝廷的意图后，深感岳飞兵力不多，而且粮饷匮乏，难当重任，便立即上奏朝廷，请求朝廷另派韩世忠的神武左军自福建前往湖东路等地，增援岳飞。

岳琴舫(岳飞思想研究会副会长、武汉岳飞文化研究会会长):宋廷的部署,是为要消灭湖东路的盗匪。宋时一般将荆湖分为南路和北路,但绍兴元年至二年间,又一度分为东路和西路。湖东路的盗匪最大有四支,其首领为曹成、马友、李宏和"花面兽"刘忠。刘忠及其部伍都在额上刺花,故得此绰号。除刘忠外,曹成等三人都接受宋朝的官封,处于反复无常的状态。他们三人虽曾是张用的"义兄弟",自从流窜到荆湖一带,却各自成军,割地称雄,彼此嫌隙很深,互相攻伐,对人民则奸淫掳掠,无恶不作。

在这四大寇中,军力最强者则是曹成。曹成是大名府内黄县(今河南内黄县)人,有膂力,擅长射箭。他部下有七万多人,其中精兵约三万人,"所至以人为粮,有噍类",真是一伙杀人不眨眼的巨盗。曹成所部一度俘虏了湖东安抚使向子湮,盘踞道州(治营逍,今湖南道县)。

宋廷决定首先解决曹成匪军,企图以"盗"制"盗",命令驻扎潭州的马友,占据岳州(治巴陵,今湖南岳阳市)的李宏,再加上韩京和吴锡两支小部队,"并听帅臣岳飞节制","共力破贼"。

江南西路安抚大使李回也上奏,说岳飞出兵,只能增加李宏和马友的猜疑。马友占据潭州已逾半年,他决不会允许岳飞进入潭州,就任新命。若令岳飞先往道州,讨捕曹成,湖东的盗匪其实也是"阴相交结","为互援之计",马友、李宏会"阻害粮馈",使岳飞"有腹背受敌之患"。

李纲的上奏尚未到达,宋廷已接受李回的意见,命岳飞暂驻袁州,等候韩世忠大军到来,"同共进兵"。

三月中下旬,曹成闻知岳飞受命征剿,自料难敌岳家军,便放弃道州的巢穴,分兵两路南下。东路兵攻占广南西路的贺州(治临贺,今广西贺县东南),并侵犯昭州(治平乐,今广西平乐县)和广南东路的连州(治桂阳,今广东连州市)、封州(治封川,今广东封开县)。西路兵北上永州(治零陵,今湖南永州市),折往全州(治清湘,今广西全州县),再南下进犯广南西路首府桂州(治临桂,今广西桂林市)。

岳飞三月十七日自洪州出兵后，三十日，岳家军的前哨部队已抵达衡州茶陵县（今湖南茶陵县）。

民国三十三年，殳山外史
徐菊庵绘制的岳飞像

在探知曹成军的动向后，岳飞便继续进兵，经郴州（治郴县，今湖南郴州市）、桂阳监（治平阳，今湖南桂阳县），直抵道州，尾追曹成匪军。马友和李宏两部既不协助岳飞，也不支援曹成，而是按兵不动，坐观胜负。

将领韩京和统制吴锡两支部队分别屯驻在茶陵县和郴州，其军士多数是老弱残兵，能出战者各不满一千人，而他们的军纪又极其败坏。岳飞与韩京、吴锡两军先后会合，他嫌老弱者影响军队的战斗力，就在行军途中，将他们“给据放散”，另外又选拔近千名精兵拨入本军。韩京极其不满，借口有病，带领余部几百人返回茶陵县。惟有吴锡还勉强率部伍随同作战。

宋高宗命岳飞试探曹成能否接受招安，再定征讨。岳飞便多次派人转达朝廷的招抚意见，曹成不予理睬。

岳飞上奏朝廷，说道：“臣窃谓内寇不除，何以攘外；近效多垒，何以服远。比年群盗竞作，朝廷务广德意，多命招安；故盗亦玩威不畏，力强则肆暴，力屈则就招。苟不略加剿除，蜂起之众未可遽殄。”接到岳飞的奏札，宋高宗批准执行。

岳飞攘外必先安内的思想也正是宋高宗君臣们所奉行的原则，他们对外软弱，惧怕金兵，就连金人扶立刘豫的伪齐政权也十分忌惮，而对内地的民叛和兵叛，一概目之为扰乱大局稳定的盗匪，不惜动用大军残酷镇压，必欲剿灭而后快！

岳飞探得曹成匪军的实情后，并未分兵袭逐，而是倾注全力，先攻其一路。曹成西路军围攻桂州，广南西路经略安抚使、桂州知州许中率部守御，形势危急。四月，岳飞派前军统制张宪和吴锡取道全州，往西南进军桂州，才解除了敌军的包围。

曹成军战败南逃，退守桂州荔浦县（今广西荔浦县西）东北几十里的莫邪关。莫邪关设在莫邪山上，山势险峻，难攻易守。

岳飞命张宪率部攻关，张宪的亲兵郭进力大勇猛，当先杀死了敌军旗头，岳家军奋勇而前，一举攻占了莫邪关。

岳圣朋（岳飞思想研究会副会长、学者）：张宪有个牵马、扛枪的亲兵，名叫郭进，力气很大，饭量也很大，也很勇敢。他常说不能饱餐，就自备一个大马杓盛饭，久而久之，便得了“大马杓”的诨名。在攻打莫邪关的战斗中，郭进和两名旗头当先攻关。敌军据守关隘，郭进挺枪率先突进，刺死敌军的旗头。曹成匪军旗头被杀，顿时士气沮丧，队伍散乱，岳家军一拥上前，攻破了莫邪关。莫邪关一战，郭进建第一功，岳飞大喜，当即解下自己的金束带和随身带的一些银器赏给了郭进，并将他补官秉义郎。对此，《鄂国金佗稡编》卷 9《遗事》和《三朝北盟汇编》卷 151 有大致相同的记载，可以相互印证。但《鄂王行实编年》却未载莫邪关之战。

《三朝北盟汇编》在记述岳家军攻取莫邪关后，又说岳家军第五将韩顺夫解鞍卸甲，以所掳妇人佐酒恣饮。曹成部下猛将杨再兴率军反扑，攻入韩顺夫的营地。韩顺夫在仓猝迎敌时，被杨再兴砍折一臂而死。岳飞大怒，诛杀了韩顺夫的亲随兵，并责令第五将副将王某擒捉杨再兴赎罪。正好前军统制张宪和后军统制王经率部赶来，一齐掩杀杨再兴所部。杨再兴屡次战斗，杀死了岳飞的弟弟岳翻。岳家军不断追击，杨再兴多次落败，将曹成的西路军逐出了桂州各县。这段记载，《鄂国金佗稡编》卷 9《遗事》不载，特别是其中提到“岳家军第五将正将韩顺夫解鞍卸甲，以所掳妇人佐酒恣饮”和“杨再兴屡次战斗，杀死了岳飞的弟弟岳翻”两事，不见于其他史料，仅为孤证。而且，其中韩顺夫“以所掳妇人佐酒恣饮”绝对为岳飞的军纪所不容，一向以纪律严明的岳家军

当不致有此丑闻，而且这里又突然冒出了个岳飞的弟弟岳翻，究竟是胞弟？还是堂弟？亦未说明。有些学者据此孤证就说岳家军曾军纪不严，当是污蔑之词；据此孤证就认为岳飞还有个胞弟岳翻，也很牵强。我觉得，如果真有韩顺夫违犯军纪、岳飞胞弟岳翻被杀，对于前者，岳飞当会申奏朝廷请求处分的；而且岳飞胞弟战死，朝廷亦当抚恤或追赠，但根本没有这类记载，因此，这段孤证值得质疑。

《鄂王行实编年》记载杨再兴是曹成部将郝政的下属将领，出现在曹成失败后。曹成部将郝政率众逃到沅州，头裹白布，自称为曹成报仇，被张宪所擒，郝政的下属将领杨再兴逃走，跃入涧中，张宪打算杀掉他。杨再兴说要见岳飞。岳飞见到杨再兴，惊奇于他的相貌，解开绑绳，说："我不杀你，你当以忠义报国。"在这段记述中，丝毫没有提及杨再兴曾杀岳飞胞弟岳翻。

因此，《三朝北盟汇编》这段孤证的真伪有待商榷。

闰四月初，岳家军和广南西路经略安抚使司统制欧阳临、罗选两部自桂州东进，直抵贺州境内，以剿除曹成的东路军。

曹成已经在太平场设立营寨，抗拒官军。岳家军在距离敌寨数十里外屯驻，立营设寨。

这时，岳飞军中捉到了一名曹成部队的间谍，绑送岳飞帐下。岳飞当即心生一计，命军吏当着帐下间谍的面向他假报军粮告竭。然后，岳飞出帐，召来军吏调整将士们的伙食，军吏请示说："我军粮草已尽，怎么办呢？"岳飞对军吏说："催促粮草供应，不然的话，我军暂且返回茶陵解决粮饷再说。"假作生气顿足，走入了大帐。

岳飞有意让那名间谍听到此语，然后便设计放他逃走。

曹成得到假情报，很高兴，就松懈了防备，等待岳飞明天退兵时进行追击。

当天夜里，岳飞命将士饱餐战饭，半夜里取道绕岭，奇袭敌军。

第二天（四月初五），天色未明，岳家军已经攻破了太平场的曹成军寨，全歼敌军，并焚毁了营寨。

六日，曹成又集结三万余人，在贺城外二十几里处，据守山险，迎击官军。

岳飞挥军掩击，大败曹成匪军，一直追杀到了城东江岸。

曹成放弃州治临贺县，往东北方向逃到桂岭县（今广西桂岭）。岳飞获胜后，命欧阳临和罗选率广西本地军驻守州城，他的本部兵马则在城外露宿。

从临贺县到桂岭县，到处是山崖深涧，只有狭窄的小山路。曹成命都统领王渊把守北藏岭、上梧关和蓬岭三道险隘，自以为占尽地利优势，一夫当关，万夫莫开。

岳飞作了周密的准备，并从广西路经略安抚司借到战马三百匹，率军前往北藏岭下扎营。十二日，王渊率兵下山迎战，岳飞挥军迅猛冲杀，王渊匪军大败。岳家军便乘胜攻克了北藏岭和上梧关，曹成急忙逃走。在此战中，岳家军的战马损失很多，光是借来的战马竟有五分之三坠崖死亡。

十三日，曹成派遣的一万五千多名援军赶到，又被岳家军彻底击溃。

曹成不甘心失败，又自桂岭设置营寨一直到北藏岭，绵延六十余里，所据守的都是山险、河涧，道路狭隘，人马不能并行。曹成亲自守御蓬岭，严阵以待。当时，曹成所部贼众十余万，都是河北、河东、陕右的散兵，骁勇善战。而岳飞所部才八千人马，骑兵最少，不到曹成军的十分之一。

十五日，岳飞进兵蓬岭，在下午未时向曹成匪军发起总攻，一鼓作气，冲上山巅，敌人四散逃窜，被杀及堕河者不计其数。曹成滚到岭下，抢得一匹骏马，落荒而逃。张全等敌将都被擒获。

十六日，岳家军的旌旗直指桂岭县，曹成往连州方向逃窜。

岳飞召来部将张宪、王贵、徐庆，对他们说："曹成匪军多是掳掠良民，胁迫他们为寇的，这些人其实也很可怜的，若是一味剿杀，有失朝廷的仁义爱民之心。但若不加追剿，一旦我军撤离之后，他们就又会死灰复燃，啸聚山林，形成大规模的匪军了。因此，我命你三人率部分三路招降这些溃军，加以收编、改造，使其重新做人，为国家效命疆场，建功立业。若他们贼性不改，劣行不除，抗拒我军招安的，就斩杀他们的头领，晓以大义，劝降他们。切勿大开杀戒，使那许多被迫屈身盗匪之中的百姓枉死刀下。"

于是王贵等三将便分兵追击，相机招降。张宪军攻古连州，负责招降连州和贺州的溃匪。曹成和都统领王渊在连州不得存身，又逃往桂阳军和郴州一带，由王贵军负责追袭掩杀。徐庆也是汤阴县人，他率军北上道州和邵州（治邵阳，今湖南邵阳市）。岳家军在战斗中缴获了敌人大量军械，曹成匪军前后掳掠的几万百姓，都得到解救。

曹成势穷力竭，走投无路，只得投降了新近前来荆湖的韩世忠军。

曹成残部郝政不肯投降，逃窜到沅州（治卢阳，今湖南芷江县）一带，他们头裹白布，号称"白头巾"，自称要为曹成报仇，被张宪所部擒获。

郝政的下属将领杨再兴逃走，跃入涧中，张宪打算杀掉他。杨再兴说要见岳飞，就被捆绑了押回。岳飞见到杨再兴，惊奇于他的相貌，命人解开绑绳，说:“我不杀你,你当以忠义报国。”杨再兴拜谢,从此成为岳家军的一员虎将,后来在抗金战争中为国捐躯,有名将之誉。

除曹成外,其他三大寇的解决,也出乎意料地顺利。李宏袭杀马友,又被迫投降韩世忠。韩世忠大军破刘忠匪军,刘忠逃奔伪齐,充当登、莱、沂、密州都巡检使。后被部属所杀,航海“传首”临安府。这个杀害张所的败类,终于落得可耻而可悲的下场。

岳林才(岳飞思想研究会副秘书长):岳家军转战荆湖南路、广南西路和广南东路,往返追奔数千里,独力击溃了兵力上占很大优势的曹成匪军,完全出乎宋高宗和南宋朝廷的预料。盛夏时节用兵行师于号称“烟瘴之地”,曹成匪军因疾疫而死者相继,而岳家军居然无人得病,而且伤亡极少,当时人们说岳家军都被岳飞尽忠报国思想所感召,因此才神勇无敌。

新到任的荆湖、广南路宣抚使李纲称赞岳飞“年齿方壮,治军严肃,能立奇功,近来之所少得”,断言他“异时决为中兴名将”。建议将岳家军留驻荆湖一带,但南宋朝廷认为江州系控扼要地,应该屯驻重兵,便决定命岳飞率本部兵马回江南西路,去江州驻扎。

六月十一日,南宋朝廷升岳飞为中卫大夫、武安军承宣使。

岳曰安(岳飞思想研究会副会长、高级工商管理硕士):南宋朝廷在官告中称赞岳飞“为时良将,统我锐师,许国惟以忠诚,驭众亦能训整,同士卒之甘苦,致纪律以严明。宣力久劳,战多实著,功加数路,迹扫群凶”。宋时升官制词或告词自然也难免有虚饰的成分,但此份告词对岳飞才能、战功和军纪的评述,还是恰如其分的。

岳飞路过永州祁阳县(今湖南祁阳县)大营驿,写了一篇题记:“权湖南帅岳飞被旨讨贼曹成,自桂岭平荡巢穴,两广、湖湘悉皆安妥。痛念二圣远狩沙漠,天下靡宁,誓竭忠孝。赖社稷威灵,君相贤圣,他日扫清胡虏,复归故国,迎两宫还朝,宽天子宵旰之忧,此所志也。顾蜂蚁之群,岂足为功。过此,因留于壁。绍兴二年七月初七日。”

岳飞在这篇文章中重申了自己光复旧物之宿愿,而认为讨伐曹成,则“岂足为功”。

当时正发生蕲、黄州镇抚使孔彦舟叛降伪齐的事变,故宋廷急令岳飞火速回戍江州,以防伪齐南侵。经历此次征战,岳家军兵力陡增一倍,达二万三四千人，与东南大将韩世忠、刘光世、张俊等军相差不多。

自南宋初年开始，吉州和虔州一带民风强悍，只因为朝廷设立的官府号令无定，横征暴敛，苛捐杂税多如牛毛，导致许多贫民了无生计，被迫铤而走险，揭竿起义，啸聚山林，逐渐形成了颇有军事实力的土寇、盗匪。

其实，吉州、虔州地形险阻，山林深密，易守难攻，地当兵家要冲之地，自古以来便是盗匪横行的地区。到了南宋初期，更因金兵入寇，国家动荡，盗匪势力日益庞大，气焰嚣张，烧杀掳掠，恣意侵扰百姓，而当地的官府以及驻军已经无力镇压，形同虚设了。

南宋朝廷将吉州和虔州的叛乱视为心腹之患，说虔、吉之民，一向顽固狡诈，阖境之内，很少有良民，认为需要派遣得力的部队，前往剿灭。

江南西路安抚大使李回，荆湖南路宣谕薛徽言，江南东、西路宣谕刘大中，广南东、西路宣谕明橐，梧州知州文彦明等人，都举荐或要求岳家军讨捕。他们都说岳飞所部最为整肃，所过不扰，可除群盗。宋高宗为此特下亲笔手诏，命岳飞火速统率精锐人马前去，务要招捕静尽，无使滋蔓，并令颁赐钱帛，江南西路、荆湖南路和广南东路的转运使等必须保证岳家军的钱粮供应。

公元1133年（宋高宗绍兴三年）四月初夏，岳飞率军先至吉州，得知彭友在固石洞设立营栅，移军至雩都对抗官军，并且放言说："人们都说岳飞智勇天下第一，我现在就打败他，连岳飞都败了，其他人更能奈我何？"岳飞听了，一笑置之，派遣两名能言善辩的使臣去龙泉县（今江西遂川县），规劝彭友等投降。但彭友等拒绝投降，回答说："请为我传话给岳承宣，我等宁可战败也不投降，别拿大话吓唬我们。"

彭友和李满匪军在武陵、烈源、陈田三处扎寨，并联合永新县（今江西永新县）尹花八等两支三千多人的队伍，共同抵抗官军。

岳飞和王贵、张宪分兵三路，展开进攻。彭友等跃马驰突，耀武扬威，以示其骁勇，但初次交锋，就被岳家军擒获，其余头领也都战败而逃，叛军大败，被杀得横尸遍满山谷。岳家军除缴获很多军械外，还将被彭友等叛军掳掠的两万多老弱百姓，放归田里。

岳飞乘胜移军虔州。他此次分遣一些统领官前往劝降。虔州的四百多支叛军集中到兴国县（今江西兴国县）衣锦乡，与官军决战。岳家军大败叛军后，徐庆等将便分头攻破几百座山寨，俘虏了王彦、钟超、吕添、罗闲十、陈颐等首领。

最后，只剩下雩都县（今江西雩都县）东北的固石洞，由李洵和廖氏三姐妹的廖小姑等坚守。此洞处在高山之巅，四周环水，只是在陡壁悬崖上有一条通路，光是登山，就异常困难。洞中粮食、钱帛之类储备甚足，故李淘等有恃无恐。岳飞驻军瑞金县（今江西瑞金市），仍派辩士前往劝降，说："你等凭借险阻，就能保证不败吗？若战败后再投降，我就不宽赦你等了！要降就赶紧投降，免致后悔。"

李淘等不听，说："岳飞若果真能够攻破山寨，我等即使战死了，也无遗憾！"

于是岳飞便挥军进攻，山上炮石、檑木之类滚滚直下，每次冲锋，都被打退。岳飞心生一计，令军士缚天桥八座，不断佯攻，诱使叛军将其木石耗尽，然后下令说："来日当破贼！"

众人都不明其意。次日凌晨，岳飞命将士在山下排列严整的队形，他本人登高瞭望，只见一女子（廖小姑）手持兵刃，大声呼喝："今日官军要破我寨，除非是岳飞亲来！"

岳飞当即说："岳飞就是我！"

遂令击鼓进兵。张宪前军官兵三百人为先锋，他们身穿前后掩心，疾驰登山，实施强攻，很快冲上山顶。岳飞看到首先登上顶巅的战旗飘扬，便说："此前军第三队也，当作奇功！"

诸军竞进，叛军的山寨很快便被占领。不少叛军在仓促间坠落山崖身亡，有的叛军逃下山来，也被山下的岳家军包围，成了俘虏。岳飞下令不许斩杀俘虏和降敌。有的部属说，既然劝降不从，应将被俘者和投降者全部处死。岳飞不听，说："这些叛军虽然凶顽，然而，他们本是一时糊涂的百姓而已，杀之何益！"命人收缴叛军的金帛库藏，收归国家府库，选择降民之中的勇锐者从军，其余的都放归田里，让他们安心耕种，于是，那些逃走的人也都回家安心种田了。

被俘的吉州和虔州叛军人数众多，光是两州的叛军首领即有五百多人。

因为建炎四年隆祐皇太后在虔州受到乡兵叛乱的惊吓，宋高宗下密旨，令岳飞将被俘者全部处斩，岳飞不同意此种做法，就在离虔州城三十宋里外驻军，接连上奏，申述己见，请求诛杀首恶，赦免胁从。宋高宗不许，岳飞就再上奏申述。最后，宋高宗只好下旨命岳飞自己裁决。

六月，岳飞入城处置叛军头领，只将其中一些罪恶大的头目依法处死。

王曾瑜（中国社会科学院研究员、中国宋史研究会前会长）：岳飞申奏宋高宗建议取消屠虔州城的记事出自《鄂国金佗稡编》卷5《鄂王行实编年》："初，庙堂以隆祐震惊之故，有密旨，令屠虔城。先臣既平诸寇，乃驻军三十里外，上疏请诛首恶，而赦胁从，不许。连请不已，上乃为之曲宥，就诏先臣裁决。六月，先臣始入城沧囚，即诸酋罪之尤者数人，各置之法，余悉称诏贳之。市不易肆，虔人欢声如雷。至今父老家家绘而祀之，遇讳日，则裒金饭僧于梵舍，以为常，虽更权臣之祸，亦不变。”

据《三朝北盟汇编》卷136及《建炎以来系年要录》卷31记载：隆祐太后孟氏在建炎四年逃到虔州时，卫兵与乡民发生冲突，她曾受到惊吓。《鄂王行实编年》的关于岳飞申奏宋高宗建议取消屠虔州城的记事，虽无其他史料印证，但也找不出岳珂编造此事的证据。实际上，岳珂也根本没有在此事上作伪的必要。因为，此事虽然表祖父岳飞之德，却又是彰先帝（宋高宗赵构）之过，如果是有意造谣，罪莫大焉！事实上，岳飞在吉、虔州平叛之后，一直得到当地百姓的怀念。据岳珂本人自述：“顷为儿时，侍臣霖游宦四方，帅广州日，道出章贡，见父老帅其子弟来迎，皆涕泣曰：‘不图今日复见相公之子！’时臣在侍侧，感泣曰：‘先公遗德犹在此！’”章贡就是赣州，即虔州的别名。曾敏行《独醒杂志》卷7记载：“异时尝见其提兵征赣之固石洞，军行之地，秋毫无扰。至今父老语其名，辄感泣焉。”参照这则史料，更可见岳珂之说非虚。岳飞在整个军事行动中，始终维持严格的军纪，“士卒托宿廛市，黎明，为主人洒扫门宇，洗涤釜盎而去。太守供张郊饯，师行将绝，谒未及通，问殿后者：‘大将军何在？’笑曰：‘已杂偏裨去矣。’”“真可谓中兴诸将第一”。岳飞不仅解救了大批被强迫为盗者，且珍惜生命，不随便杀戮，所以，人们对他长久地怀念，就不足为怪了。

岳家军在吉州和虔州一直维护着仁义之师的形象，“军行之地，秋毫无扰”，特别是对大批被俘者的处置如此宽大为怀，故深得民心，城内秩序井然，虔州人欢声如雷。此后家家户户悬挂岳飞的画像，奉若神明，只要提到岳飞的大名，都感泣不已。

岳飞此次镇压行动虽获全胜，但因当地发生变乱的因素并未消弭，故不久又出现了“余党复炽”的局面。有个士大夫说：“民叛与兵叛不同，如虔贼向来岳飞非不讨杀，亦有已见净尽之言，终不能绝，尚跨四路出没，何也？州县非其人，归业不可，宁为寇耳！”

岳飞完成镇压任务后，便上报宋廷，说吉州和虔州的叛军已“一无遗类”。但接替李回任江西路安抚大使的赵鼎仍不放心。他命岳飞留五千人屯驻虔州，以为“弹压”。岳家军主力一万人赶回江州防秋。宋廷又另外抽调岳飞部下的三千人马，前往广州（治南海、番禺，今广东广州市）戍守。在此次剿匪平叛行动中立功的部将王贵、张宪、徐庆、姚政、杨再兴等都论功行赏。

平定了内寇乱军之后，南宋朝廷面对的主要敌对势力就是金国和伪齐刘豫政权了，他们会让岳飞立即开赴抗金战场吗？岳飞又是如何实现他尽忠报国、收复失地的抱负的呢？请继续阅读《正说岳飞》第八章《克复襄汉》。

第八章　克复襄汉

宋高宗在绍兴府居住了一年有余，又将“行在”迁往临安府。

宋高宗暂时不得不同金与伪齐处于战争状态，以战求和，觊望在半壁残山剩水中寻欢作乐。他骨子里并无恢复河山的盘算，而将东京开封、西京洛阳等视同异域。宋高宗和一些大臣甚至连“北伐”、“收复汴京”等类政治口号也不敢使用，“约束诸路，并不得出兵”进攻“大齐”。有的官员接纳越界归宋的北方军民，竟被朝廷惩处。

公元 1133 年（宋高宗绍兴三年）九月，岳飞奉命来到临安府，第二次朝见宋高宗。赵构很欣赏岳飞这位年仅 31 岁的军队统帅，战功赫赫，军纪严明，在他上朝参见前，特意派人告诉岳飞，让他系金带上殿，以示尊崇。

周俊玲（作家、学者）：此时，岳飞的战功主要表现在剿寇平叛上，在当时舆论将吴玠和岳飞视为军界后起之秀。参见《宋史》卷 375《李邴传》：“陛下即位之初，韩世忠、刘光世、张俊威名隐然为大将，今又有吴玠、岳飞者出矣。”

从绍兴元年到三年，岳飞率领岳家军除了进行大规模的戡平内乱的军事活动外，岳飞还分兵遣将，镇压了若干规模不大的内乱。他命徐庆和王万率三千兵马，会同江南东路安抚大使司统制颜孝恭、郝晸等，平息建昌军石陂寨姚

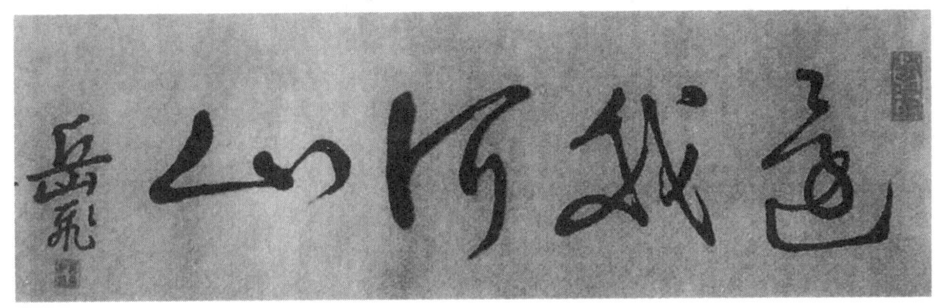

相传为岳飞书法之《还我河山》

达和饶青的兵变。他亲自招降转移至筠州的马友残部郝通，消灭盘踞舒州太湖县(今安徽太湖县)司空山的盗匪李通。徐庆和江南西路安抚大使司统制傅选合军，击破叛将李宗亮和张式的队伍。王贵、徐庆率军破刘忠余部高聚于袁州，破张成于萍乡(今江西萍乡市)，并擒获高聚和张成。

岳飞长子岳云，时年十五岁，却已是军功突出的少年战将了，也随同朝见。

岳朝军(岳飞思想研究会会长、岳飞第二十八代嫡孙)：在《二十四史》里，使用武器最重的武将就是岳云，他所用的两支铁锥重八十宋斤(折合现在95.2市斤)。《三国演义》说关羽的青龙偃月刀重八十二斤，那是小说家言，并非历史记载。

岳云秉承父志，自幼立志许国，建炎四年，即岳云十二岁时，就编入张宪的部伍从军，并且立下军功。岳飞对儿子的要求极端严格。有一次，岳云身披重铠，练习飞马冲下陡坡，不慎马翻人仰。岳飞大怒，说："前驱大敌，亦如此耶？"下令将岳云斩首，经众将说情后，改为责打一百军棍。三年时间的严酷锻炼，造就了岳云一副铜筋铁骨，他天生神力，能将两支八十宋斤重的铁锥抡动如飞。

宋史泰斗王曾瑜先生曾考证岳云所用的兵器，他认为岳云的武器应是铁锥枪。

盛行民间的《岳飞传》年画

他考证说,《金佗稡编》卷9《诸子遗事》载,岳云"手握两铁鎚,重八十斤"。《金佗续编》卷21《鄂王传》,卷27黄元振编岳飞事迹,《宋史》卷365《岳云传》作两锥或铁椎。当时"鎚"和"锥"两字或可通用,《金史》卷77《亨传》记载一种"铁连鎚"的武器,类似后世的链镖。现在京剧"八大锤"之"锤",宋时往往称为"骨朵"。《辽史》卷34《兵卫志》载"正军"的装备,即有"骨朵"和"鎚锥"。《淳祐临安志辑逸》卷3和周密《武林旧事》卷5说,在褒忠衍福寺中,"岳云所用铁枪犹存"。《武经总要》前集卷13载当时有一种四棱的"锥枪",可知岳云的铁鎚应是铁锥枪。冯培《岳庙志略》卷1说岳云的古画像,"手携两铜锥","其锥形椭而锐首,异于今之所谓铜锥者。无年代,亦不知何人所画"。这是近于真实的,京剧"八大锤"中的"锤"反而失实。八十宋斤铁鎚,约合九十六市斤,只怕太重了。

对此,我持不同的意见。

首先,《宋史》写得很清楚:"每战,以手握两铁锥,重八十斤,先诸军登城。"《宋史》不可能把铁锥枪叫做铁锥,两种兵器的使用也截然不同。这里明确强调岳云使用兵器是:"握"!如果是枪的话,应该说"持",而不是握。岳珂《金佗稡编》卷9《诸子遗事》载,岳云"手握两铁鎚,重八十斤,先诸军登城。"他的记载应该是较权威的,"鎚"的意思就是我们现在的"锤"。此外,《鄂国金佗续编》卷22《襄阳石刻事迹》记为"铁鎚"。

其次,铁链也不是铁链鎚。据《金史·亨传》记载"持铁链鎚击狐兔……中其腹,穿入之。"可见铁链鎚的顶端一般是有尖的,属于穿刺性兵器,但不是枪,也不是后世流星锤式的兵器。据《武经总要》前集卷13《器图》记载一种锥枪,"其刃为四棱,颇壮锐,不可折,形如麦穗,边人谓为麦穗枪",宋代的兵器中既有锥枪,鎚枪,也有铁锤。鎚枪其实就是柄身很长的锤,但顶端是尖的。

其三,关于一个庙里有所谓的岳云的铁枪,充其量只是后世膜拜者的一家之言而已,形象图腾,其可靠性不可与正史相比。

其四,《宋史》明确记载岳云"每战,以手握两铁锥,重八十斤"从兵器的重量来看,岳云的兵器也只能是粗短的双铁锤,而不可能是两支铁锥枪。我们不妨设想:八十宋斤(折合现在95.2市斤)的铁枪,而且可以手握战斗,肯定不会太粗,否则难以手握,那么,其长度会在一二丈开外,如此长的铁枪,绝不是可常用于战斗的兵器。

综上所述，我认为：岳云的兵器应该是双铁锤。

九月十三日，岳飞和长子岳云一同入见宋高宗。宋高宗对岳飞慰抚再三，岳飞磕头拜谢而退，自始至终都没有提自己的功劳。宋高宗见岳飞有长者风度，更加敬重。赏赐衣甲、马铠、弓箭各一副，捻金线战袍、金带、手刀、银缠枪、战马、海马皮鞍各一。宋高宗亲笔书写“精忠岳飞”四字，绣成一面战旗，命岳飞在用兵行师时作为大纛。又赐给岳云弓箭一副，及战袍、银缠枪各一。赏白银二千两，犒赏将士。

宋高宗还特授岳云正九品保义郎、閤门祗候的武官虚衔，岳飞接到诏旨后，立即上奏辞免对岳云的任命，认为岳云尚未建树大功，不该接受皇帝的官封。高宗闻知，又降旨对岳飞说：皇帝的恩命是不能推辞的。岳飞无奈，只得让岳云接受宋高宗的恩赏。

朝见之际，岳飞最悬心的是荆湖北路和京西南路的战事，由于败报接踵而至，他渴望与猖狂进犯的伪齐主将李成再决雌雄。宋高宗却未忘在建炎时，刘光世军缴获的那把李成所用七宋斤重的刀，他对岳飞说：“如李成归国，朕当以节度使待之。”

并且命令岳飞派人去做争取工作。

朝见以后，宋高宗似乎也觉察到自己在李成问题上的失言，便以更重的奖赏，笼络人心。

十五日，宋廷发表岳飞落武阶宫中卫大夫，超升正四品的镇南军承宣使。

岳　达（岳飞思想研究会副秘书长、武汉岳飞文化研究会秘书长、学者）：按宋时官制，岳飞算是由遥郡承宣使改升正任承宣使，而“遥郡、正任恩数辽绝”。宋廷在升官敕诏中赞扬他“料敌出奇，洞识韬钤之奥；摧锋决胜，身先矢石之危”。“千里行师，见秋毫之无犯；百城按堵，闻犬吠之不惊”。又赐诏说：“卿殄寇之功，驭军之略，表见于时，为后来名将。江、湖之间，尤所欣赖，儿童识其姓字，草木闻其威声。”

周俊玲（作家、学者）：在经过岳飞的力争，宋廷作出以下决定：第一，命岳飞任江南西路、舒、蕲州制置使的差遣，若“军期急速”，可抽调江南西路的其他驻军"随宜措置",并将淮南西路舒州和蕲州的防务也归他管辖。第二,岳家军自分拨三千人往广州屯戍后,只剩下二万一千余人,除去火头军、辎重兵、病员等,只有战士一万五六千人。为弥补兵力不足,宋廷便将驻守蕲州的统制李山,屯扎江州的统制傅选两支部队并入岳家军。岳家军的军号也由神武副军升格为神武后军,岳飞由都统制改任统制。这是因为他官位尚低,不能与神武左军都统制韩世忠、神武右军都统制张俊等平列。傅选早年曾在太行山参加过王彦的八字军。

在此之前,南宋并未设置固定的军区。朱胜非再相后,"始议分遣诸帅,各据要会,某帅当某路,一定不复易"。宋廷的意图,只是要岳飞负责保障江南西路的安全,并不允许他前往增援或接管京西路和湖北路的战场。

岳飞返回江州驻地后,不便拂逆高宗的旨意,便派遣自己的幕僚王大节乔装改扮,以间谍潜入伪齐,去做争取李成归宋的工作。但在岳飞的内心深处,他是不对李成归宋抱有什么幻想的,并且,岳飞向来就很蔑视李成的才干,争取李成投宋,不过是敷衍一下高宗的旨意罢了。

公元 1132 年(宋高宗绍兴二年)冬,伊阳县风牛山寨的翟琮一军联合宋朝神武左副军统制、襄阳府、邓、随、郢州镇抚使兼襄阳知府李横和随州知州李道,向伪齐发动进攻。伪齐将领牛皋、彭玘、赵起、朱全、牛宝、朱万成等军起义,向李横投诚;董先、张玘、董震等军起义后归附于翟琮。

第二年,李横与牛皋、彭玘等军克复了汝州(治梁县,今河南汝州市)、颍昌府(治长社,今河南许昌市)、信阳军(治信阳,今河南信阳市)等地。伪齐唐州知州胡安中也由李道招降。翟琮部署董震、张玘、董贵、赵通诸部攻入西京河南府,处决了挖掘宋朝皇陵的伪齐河南尹孟邦雄。军事上的节节胜利,使翟琮一军很快便控制了东至郑州,西至京兆府的广大地域。

翟琮和李横两军从西面和南面两个方向进逼开封府,刘豫的伪齐政权岌岌可危,慌忙向金国求援。三月间,金国元帅左都监完颜兀术(宗弼)会合李成所率二万伪齐军,在开封城西北牟施冈同宋军会战。结果,李横、牛皋等宋军被金军的重甲骑兵所击溃。

到十月为止,不仅伊阳县的风牛山寨、邓州(治穰县,今河南邓州市)、随州(治随县,今湖北随州市)、唐州(治泌阳,今河南唐河县)、襄阳府等地相继陷落,连处在较近后方的郢州(治长寿,今湖北钟祥市)也被敌军攻占。李横、翟琮、牛皋、董先、李道、张玘等先后退到江南西路,彭玘战死殉国。

襄阳府、郢州等地的失守,使南宋长江防线形成巨大缺口,金军可以顺江东下,进逼南宋"行在"临安。

刘豫得意忘形,准备在下一年(即宋高宗绍兴四年)麦熟后大举南下。伪齐的李成、许约等不断派遣使者,前往洞庭湖,联络在当地割据的杨么叛军,策划南北夹攻南宋朝廷。

杨么、黄诚等和伪齐军一拍即合,约定来年六月间,杨么水军想要在六月间火急抢收早稻,于七月先取岳州,然后大军兵出洞庭湖,顺江攻取鄂州、汉阳军、蕲州、黄州等地,接应伪齐李成的大军渡江,两家联军水陆并进,顺江东下,在浙中会师。妄图消灭宋朝后,两方各自称王建国,通好共处。

岳飞自临安府回江州(今江西九江市)后,曾主动派部将张宪前往襄阳府,招纳李横。李横不肯听从,逃到蕲州、黄州一带,随即渡江,径赴洪州,参见江南西路安抚制置大使赵鼎。岳飞闻讯后,也疾驰至洪州,却比李横晚了一日。岳飞责备李横,李横口称伏罪,其实仍不愿隶属岳飞。惟有李道、牛皋等屡次申状赵鼎和岳飞,"乞听岳飞节制",但岳飞因"未准朝旨,不敢拘收",只是令他们率部暂且到江州驻扎。

经岳飞、赵鼎与宋廷往返交涉,宋廷终于将牛皋、董先、李道等部并入岳家军,张玘也拨归岳飞统辖。翟琮改任江南东路兵马钤辖,李横改隶张俊。

岳月滨(岳飞思想研究会副秘书长):历史上的牛皋是一位骁勇善战的将军,而且居功不骄,被岳飞所器重,为岳家军重要将领,与演义、小说中的莽夫牛皋截然不同。牛皋(公元 1087—1147 年),字伯远,汝州鲁山县(今河南鲁山县)人,他比岳飞年长十六岁,当时年龄已四十七岁。牛皋当过弓手,曾组织当地民众抗金,以功补保义郎,在鲁山击破盗匪杨进。公元 1129 年,牛皋在京西路一带与敌军进行十余战,每战皆捷,其中最有名的就是前述建炎四年奇袭金西路渡江军之归师。此后,牛皋一度被迫投降伪齐。公元 1133 年(宋高宗绍兴三年),宋将李横北伐,牛皋等人重归宋军,被南宋朝廷任命为左武大夫、安

州观察使、蔡、唐州、信阳军镇抚使兼蔡州知州。金国元帅左都监完颜兀术出兵增援伪齐，击败李横、牛皋等军。伪齐军南侵，襄阳府等地相继失守，牛皋、李道等渡江，请求接受岳飞节制。十二月，宋廷命牛皋、董先两部一千余人隶属岳飞。绍兴四年（公元 1134 年），牛皋和董先至行在临安，向宋高宗面陈“伪齐必灭之理，中原可复之计”，宋廷赏银各一千两，牛皋任岳飞的中军统制，后改任左军统制。绍兴十七年（公元 1147 年）三月，牛皋因对宋金和议表示不满，秦桧密令鄂州驻扎御前诸军都统制田师中将牛皋毒死。牛皋临死时说：“皋年六十一，官至侍从，幸不啻足。所恨南北通和，不以马革裹尸，顾死牖下耳！”五月，宋廷追赠安德军节度使。牛皋子牛僎，后官至鄂州、江陵府驻扎御前诸军副都统制，江陵府驻扎。

董先后来也成为岳家军的重要将领，他字觉民，河南府洛阳县（今河南洛阳市东）人，原是翟兴的统制。张玘，字伯玉，河南府渑池县人，是董先的副将。两人曾在商州（治上洛，今陕西商州市）、虢州（治虢略，今河南灵宝市）等地抗金，屡立战功。董先后来出任岳家军的踏白军统制。

李道，字行之，汤阴县人，最早与其兄李旺聚众抗金，投奔宗泽。李旺因过被宗泽处斩，由李道继续掌军。他后来出任岳家军的选锋军统制。

在李横等军节节败退之际，南宋朝廷十分惶急，不断发布命令，要岳飞在大江南北岸措置堤备，并多派间谍和探马，每天报告江防情况。

岳飞不断得到李成和杨么准备联合行动的情报，同幕僚、部将们经常讨论形势和方略，众人谈及对付伪齐和杨么“二寇”的先后次序，岳飞毫不犹豫地回答：“先襄汉，襄汉既复，李成丧师而逃，杨么失援矣。弟申严下流之兵以备之，然后鼓行。”

随即，岳飞主动请缨，向朝廷呈奏《乞复襄阳札子》，提出了收复襄阳六郡的战略计划。他认为，襄阳六郡地当军事要冲，战略意义重大，要收复失地，就必须尽快夺回襄阳六郡，消除心腹之患。

周俊玲（作家、学者）：岳飞在《乞复襄阳札子》中说：“臣以为善于观察敌情的人，能够料知敌人的企图；善于克敌制胜的人，一定会先去除敌人的依仗。这就是所谓：‘善观敌者，当逆知其所始；善治敌者，当先去其所恃。’如今，我大宋外有金贼寇掠，内有杨么匪乱，这些都是国家的大患，会危及江山社稷的。臣细心分析了当前的局势，杨么虽然近为朝廷的心腹之患，其实，他之所以能够成为真正的祸患，就在于外敌李成与他相呼应而已，两家唇齿相依，互为援助，所以才能兴风作浪。今日之计，应当进兵襄阳，抢先收复襄阳六郡，击破李成，再加兵湖湘，瓮中捉鳖，剿除杨么。况且，襄阳六郡，地处险要，乃是恢复中原的战略基地。臣已经整顿兵马，随时准备出击敌人了，恳望朝廷早定大计，允准臣出师北伐，那样则中兴可期，天下万民仰重了！”

公元1134年(宋高宗绍兴四年)春，宋高宗将岳飞收复襄阳六郡的战略计划，交给朝廷辅臣们进行商讨。

新任参知政事赵鼎了解岳飞，更赏识他的才干，就上奏说：“知上流利害，无如飞者。”

宰相朱胜非也赞同岳飞的主张，他说：“襄阳上流，与吴蜀襟带相连，唇齿相依，我们如果占据了襄阳六郡，那么，进可以攻击、逼近敌寇，退可以保境安民。如今，襄阳六郡被贼寇占领，局势对我十分不利，的确应当尽快收复。”

宋高宗也深知，襄汉的得失已关系到南宋朝廷的安危存亡了，他说：“今便可议，就委岳飞如何？”

签书枢密院事徐俯持不同意见，他反对委派岳飞出兵，理由是岳飞作为大将独当一面的资历尚浅，不能过于信赖。此外，戍守淮南西路的刘光世也要求由他“措置荆、襄”。

屡经争议之后，宋高宗君臣最终决定由岳飞出师襄汉，刘光世派兵增援，王燮仍按早先的布置，钳制洞庭湖的杨么军。

由赵鼎带到临安府的牛皋和董先，也得到宋高宗的召见。牛皋慷慨陈词，向皇帝申述“伪齐必灭之理，中原可复之计”。宋廷赏银各一千两。

三月十三日，宋廷向岳飞发布出兵的省札，其要点如下：

第一，正式任命岳飞为荆湖北路前沿统帅，兼任荆南、鄂、岳州制置使。荆湖北路安抚使司统制官颜孝恭和崔邦弼两军，连同荆南镇抚使司的兵马，都归岳飞节制。

第二，命令岳飞指挥所部军马，在当年麦熟以前，克复京西路的襄阳府、唐、邓、随、郢四州和信阳军。其中唐州和信阳军又在原李横镇抚使司管辖之外。

第三，宋廷强调“自通使议和以来，朝廷约束诸路，并不得出兵”，只因李成出兵南侵，才有必要收复襄阳府等六郡。故此次出师，只能以此六郡为限。

第四，支付六万石米，四十万贯钱，以作军需。四十万贯钱以十万两银和五千两金折支，当时金银尚未作为独立的货币使用。又另加二十万贯钱“充犒设激赏”。

第五，收复襄汉六郡后，由岳飞差官防守，“或用土豪”，或用牛皋等旧将。岳飞大军则回大江沿岸驻扎。

宋高宗在省札之外，又特别亲下手诏，叮咛和警告岳飞：“现在就按照你的奏请，朝廷已做出了具体部署。命你负责收复襄阳六郡。进兵时，顺从的就招抚，抗拒的就征伐，追奔敌军的时候，不要超出李横原来管辖的地界，引惹麻烦，有误大计。倘有违令，即便你立下奇功，也要惩处，只须谨记遵从朝廷的命令就行了。”

总而言之，宋高宗部署襄汉战役的指导方针，就是以战求和，使自己的小朝廷得以偏安东南。

岳飞当时的兵力并不多，约三万五千人。

岳军（岳飞后裔联谊会副会长）：李横的一万五千人马已拨属神武右军都统制张俊，翟琮的人马也由他自己带走。牛皋、董先、李道等部的并入，兵力有限，如“牛皋、董先两项，共一千余人”。岳家军的总兵力，时为二万八千六百一十八人。暂归岳飞“节制”的崔邦弼军约有三千人，颜孝恭军约有一千九百人，还有荆南府、归、峡州、荆门、公安军镇抚使解潜仅派统制辛太率一千二百名乡兵前来助战，其实没有什么战斗力。岳飞用于进攻襄汉六郡的总兵力，应在三万五千人左右。

崔邦弼曾在京东路青州（治益都，今山东青州市）、潍州（治—北海，今山东潍坊市）一带与金军作战，有相当的军事经验。颜孝恭在建炎三年秋，曾任杜充的江、淮宣抚司统制，与岳飞共事。

四月十九日，岳家军由江州向鄂州挺进。

宋廷对于岳飞的出师，仍是忧心忡忡，大力推荐岳飞的赵鼎上奏说：“陛下渡江以来，每遣兵将，止是讨荡盗贼，未尝与敌国交锋。飞之此举，利害甚重，或少有蹉跌，则使伪境益有轻慢朝廷之意。”

他建议宋高宗下亲笔手诏，给刘光世，荆湖北路安抚使刘洪道，江南西路制置使胡世将，荆南府、归、峡州、荆门、公安军镇抚使解潜等，要他们想方设法，支持岳飞，包括“遣发援兵，资助粮食”等。

宰相朱胜非特派使者通知岳飞，只要旗开得胜，即授予他节度使的头衔。

岳飞郑重地对使者说：“请替我岳飞辞谢丞相的好意！岳飞可以用忠义责命，却不可以用利益来驱使。此次，岳飞奉命出师襄阳，乃是奉皇上的圣旨出征，忠君之事，岳飞绝对不敢有所懈怠。攻取敌人一座城池，就获得一个官爵的升赏，那是对待普通人的奖励，并不是待国士！”

宋高宗特令张俊的神武右军和杨沂中的神武中军分别选战马各一百匹，拨给岳家军。

五月，南宋朝廷命岳飞兼黄州、复州、汉阳军、德安府制置使。

为了笼络岳家军，宋高宗亲写手诏给岳飞，说岳飞曾保奏王贵、张宪和徐庆三将多次立功，可以重用，应当奖赏，就给王贵等三人颁赐捻金线战袍各一领，金束带各一条。

这时，吴玠仙人关大捷的喜讯传来，鼓舞着岳飞，使他更加蔑视敌人，满怀胜利的信心。大军自鄂州陆续渡江，旌旗直指郢州。岳飞在江心对幕僚们慷慨发誓说：“岳飞此去定擒贼帅，收复襄阳六郡，如不成功，决不涉此江而回！”

郢州已成为伪齐最南端的要塞。刘豫很重视郢州城的防守，特命荆超任知州，配置了一万多人马，其中还包括少量金兵，自以为有金汤之固。

周俊玲（作家、学者）：荆超曾在北宋皇宫里当过班直，悍勇非凡，号称万人敌。

五月五日，岳家军直抵郢州城下。岳飞跃马环城一周，亲自侦察敌情。他举起马鞭，遥指东北角的敌楼说：“那里可以作为我们设宴庆祝胜利的地方！”

荆超率众登城据守，岳飞派张宪对荆超说：“你等本受宋朝的恩典，委官受禄，为什么要叛变，追随刘豫呢？”荆超的谋主、伪齐长寿知县刘楫害怕动摇军心，在城上抢先回应说："现在你我各事其主，不必多说。"岳飞大怒。

这时，一位部属报告说军粮匮乏了，岳飞问："还剩多少军粮？"。部属回答："只剩下两顿饭的粮食了。"岳飞满怀信心地说："够了，我军会在明天破贼！"

六日黎明时，在紧擂的战鼓声中，岳家军发起总攻，将士们踩肩踏背攻上城头。岳飞坐在大纛下指挥，忽然有一大块炮石飞坠在他面前，左右都为之惊避，岳飞的脚却纹丝不动。

荆超眼见岳家军攻破郢州城，大势已去，便投崖而死。刘楫被岳家军生擒，押到岳飞面前，岳飞责以大义，下令将他面南斩首。此战杀敌达七千人，郢州城中，敌尸遍地。

岳飞乘胜分兵两路，张宪和徐庆率军朝东北方向进攻随州，岳飞本人率主力往西北方向猛扑襄阳府。

襄阳府是伪齐准备大举南下的大本营，由主将李成亲自驻守。李成取荆湖，下江、浙的计划已成泡影，面对着岳家军雷轰电击般的兵威，面对着荆超军一日之内覆没的前鉴，他再无勇气拒守，只得仓皇逃遁。

十七日，岳飞兵不血刃，进入襄阳。

张宪和徐庆兵临随州后，伪齐知州王嵩不敢出战，逃往随城据守。张宪和徐庆军连攻数日，不能成功。岳飞命牛皋带三日口粮前往增援，到五月十八日，三日粮食尚未吃完，牛皋便与张宪、徐庆合力攻下了随城，歼灭了五千伪齐军。王嵩被俘后，处斩。

在破随州的战斗中，十六岁的岳云勇冠三军，他手持两柄数八十斤重的铁锥，捷足先登，第一个冲上城头。从此，岳云以勇冠三军闻名。岳飞鉴于儿子去年无功受禄，问心有愧，所以正式上报岳云一份战功。

刘豫得知兵败失地，急忙调遣兵力，还请来金国的"番贼"与河北、河东的"签军"，集结在邓州东南的新野市、龙陂、胡阳、随州的枣阳县(今湖北枣阳市)以及唐、邓两州。

李成得到增援后，气势汹汹，又自新野市回军反扑，号称有三十万大军。岳飞命统制王万和荆南府镇抚使司统制辛太屯清水河，作为饵兵，诱敌深入。辛太不听命令，竟私自逃往峡州宜都县(今湖北枝城市)。

六月五日，王万军与敌军交战后，岳飞亲自指挥大军夹攻，击败了李成军。

六日，李成率军在襄阳城外四十里迎战，左临襄江。王贵、牛皋等将纷纷请战，岳飞察看敌方阵势后，笑着对部将王贵等人说："李成这个蠢贼屡次败在我的手里，我想他应该吃一堑长一智了，努力修习兵法战策，有些长进了，却不想，今日一见，他仍旧是依然故我，毫无长进！他连用兵之道最基本的常识都不懂，还怎么打仗?！步兵之利在险阻，骑兵之利在平旷。诸位请看，李成居然左列骑兵于江岸，右列步兵于平地，简直糊涂透顶，即使他有数十万大军，又能有什么作为呢?！"

他举鞭指着王贵说："你率长枪步卒，从李成的右侧攻击他的骑兵部队。"

他又举鞭指着牛皋说："你率骑兵，从李成的左侧攻击他的步兵。"

两军接战，伪齐军经受不住王贵、牛皋两将挥军猛攻，一败涂地。李成的骑兵更是乱作一团，前列骑兵被岳家军步兵长枪刺死后，溃散而逃，将后列骑兵拥挤入水中，人马淹死了很多。

岳家军追奔逐北，敌军横尸二十余里。李成连夜逃窜，岳飞收复襄阳府，驻军城中。

败报频传，刘豫忧心如焚，接连向金国告急求援。自完颜兀术本年三月大败于仙人关后，金军主力损折很大，元气未复。金兵又都不耐酷热，正在北方避暑。但他们对"子皇帝"的困窘，当然也不能听任不管。于是便派遣刘合孛堇，会合李成，拼凑了陕西和河北的番、伪之兵数万人，在邓州西北集结，扎三十多个营寨对抗宋军。

宋廷得悉金、伪齐大军集结的消息，十分惶恐，向岳飞颁发省札说："奉圣旨，令岳飞详度事机，审料敌情，唐、邓、信阳决可攻取，即行进兵；如未可攻，先次措置襄阳、随、郢如何防守，务在持重，终保成功。"

所谓"持重"，其实是允许岳飞半途而废，放弃继续进兵，攻取唐州、邓州和信阳军的计划。事实上，宋廷的省札对岳飞的军事行动并未产生任何影响。

岳飞为此战早已做好了充分准备。他派遣王贵等自光化路，张宪等由横林路，一齐向邓州疾进。七月十五日，王贵和张宪两军在州城外三十宋里，同数万金、齐联军激战；王万和董先两部以兵出奇突击，一举打败了敌军。岳家军俘降"番官"杨德胜等二百余人，夺取兵仗、甲、马数以万计，刘合孛堇只身逃窜。

伪齐高仲的残兵退守邓州城，闭门坚守。十七日，岳飞率部猛烈攻城，将士们冒着矢石，奋勇攀附城垣，实行强攻，一鼓作气，攻取了邓州，活捉了高仲。

此战，岳云又是第一个登城的勇士。岳飞看到儿子又立新功，但他认为岳云已有随州之功，便不再将邓州之功申报。事隔一年，宋廷查清此事，方才将岳云升迁为武翼郎。自此之后，凡是岳云立下战功，岳飞一律扣押不报。由于岳云勇猛善战，屡建殊勋，将士都称他为“赢官人”。

邓州决战的成功，使攻占唐州和信阳军变得轻而易举了。岳飞命选锋军统制李道前往唐州，在二十三日收复州城。王贵和张宪同时在唐州以北三十宋里，再次击败金与伪齐联军，以掩护李道收复州城。同一天，荆湖北路安抚使司统制崔邦弼等军也攻下信阳军。两次战斗俘虏伪齐知州、知军、通判等官员共五十名。翌年，宋高宗为此特奖赏李道和崔邦弼金束带各一条。

二十六日，刘光世部将郦琼率五千援军姗姗来迟，抵达襄阳府。因襄汉之役已取得全胜，郦琼军空跑一回，无仗可打。岳飞特别上奏，恳请给这五千人先次推赏。郦琼是相州临漳县人，与岳飞也算是同乡。他对岳飞用兵制胜的谋略，功成不居的品德，印象颇深，从此十分敬佩岳飞。

克复襄汉是岳飞的第一次北伐，以完胜收官。

周俊玲（作家、学者）：在襄汉之战中，岳家军遭逢的对手是金、齐联军，而不是金军主力。但是，此次战役是南宋朝廷第一次收复了大片失地。其中包括原先在李横辖区之外，而由伪齐控制的唐州和信阳军，这又是南宋立国八年以来，进行局部反攻的一次大胜利。襄汉平定之后，川、陕贡赋的水路通道，从此畅通无阻了。

襄阳府等六郡久罹兵火，当地百姓或被驱虏，或遭杀戮，十分荒凉。因此，在收复之后，如何防守，又是一个难题。宋高宗给岳飞手诏中说，“若少留将兵，恐复为贼有”，“若多留将兵，唯俟朝廷千里馈粮，徒成自困，终莫能守”。他命岳飞“用心筹划全尽之策”。

为了免于千里运粮，造成根本不能承受的后勤负担，岳飞只能将大军撤走，而留少量兵力戍守。

岳飞命张旦任唐、邓、郢州、襄阳府安抚使兼襄阳知府，牛皋任安抚副使，李道任唐、邓、郢州、襄阳府四州都统制，辅以孙革、李尚义、王昇、李霖、周冲翼、姚禾等属官，配置军士二千人，守卫襄阳府。岳飞还命周识和李旦率一百五十名军士守郢州，孙翚和蒋廷俊率二百名军士守随州，高青和单藻守唐州，张应、党尚友和邵俅守邓州，舒继明和訾谐守信阳军。唐、邓州的守军则在戍守襄阳府的二千人中分拨。

周俊玲（作家、学者）：在岳飞任命的这些官员中，既有文官，也有武将。舒继明是信阳军罗山县（今河南罗山县）人，身高七宋尺，善骑射，箭不虚发。因他身材特别高大魁梧，人称"金刚"。岳飞特别向宋廷举荐他守卫乡土。

岳飞命令这些官员在收复地区整治城壁楼橹，修葺防城器械，加强守备。襄汉六郡原先耕地膏腴，灌溉设施发达。岳飞为恢复农业生产，大力兴办营田，招徕归业农民，向他们借贷耕牛和种子，并规定免税三年，未归业前的官、私债赋一律免除。

宋廷特别将原先分属京西南路和北路的襄汉六郡，单设襄阳府路。除在襄阳府设安抚使司外，不按制度"差监司"，即不设转运使司等衙门，"止委制置使岳飞措置"。

经岳家军将士和当地居民的多年努力经营，襄汉六郡终于成为南宋强固的前沿阵地。伪齐军虽也时或进行一些袭扰，但终究不可能夺回襄汉六郡的控制权。

周俊玲（作家、学者）：岳飞收复襄阳六郡大捷，在南宋抗金史上具有重要地位，襄阳六郡的收复，使南宋军队控制了长江上游，东可进援淮西，西可连结川陕，北可图复中原，南可屏蔽湖广，具有重要的战略意义。

岳飞在平襄汉六郡后，上奏辞制置使，说自己"人微望轻，难任斯职"，请求宋廷另外"委任重臣，经划荆、襄"。宋高宗下诏不准。

赵鼎上奏说："湖北鄂、岳，最为沿江上流控扼要害之所，乞令飞鄂、岳州屯驻。不惟淮西藉其声援，可保无虞，而湖南、两广、江、浙亦获安妥。"

宋高宗同意他的主张，命岳飞改驻鄂州。岳飞部署好前沿防务后，便率大军回驻鄂州。

岳宗周(岳飞思想研究会副会长):鄂州城据说还是三国时代孙吴所建,是座因山附险的石城,只开约两三个城门,周环不过二三宋里。石城之外,则市肆居屋,鳞次栉比,著名的南草市(简称南市)长几宋里,是宋朝重要的贸易中心。鄂州居民至少有好几万户。这个繁华的都会,荆湖北路的首府,雄峙大江的重镇,正式成为岳家军的大本营。

岳飞认为,单凭自己这支二万八千余人的队伍,其中又包括火头军、辎重兵等非战斗人员,要防守如此广阔的地区,是相当困难的。他上奏朝廷说:“六州之屯,宜且以正兵六万,为固守之计。就拨江西、湖南粮斛,朝廷支降券钱,为一年支遣。候营田就绪,军储既成,则朝廷无馈饷之忧,进攻退守,皆兼利也。惟是葺治之初,未免艰难,必仰朝廷微有以资之。”

宋时军士出戍,往往增发口券,凭券领钱,作为加俸,这就是岳飞所说的“券钱”。宋廷回复岳飞,同意他扩充兵力,“然必待杨么贼平,然后抽摘”,方能凑足六万人之数。经岳飞力争,宋廷后来终于将崔邦弼和颜孝恭两部,正式拨入岳家军,使岳飞的队伍扩大到三万人以上。

荆湖北路和襄阳府路战区,西邻川、陕,东接两淮,南面屏障长江中游,北面距东京开封府和西京河南府最近,天然地成为宋朝北伐反攻的主战场,正如岳飞请缨上奏所说,“恢复中原,此为基本”。

周俊玲(作家、学者):后来,李纲对这个战区,有一段精彩的评论说:“遣大帅率师以镇之,如置子于局心,真所谓欲近四旁,莫如中央者也。既逼僭伪巢穴,贼有忌惮,必不敢窥伺东南。将来王师大举,收京东、西及陕西五路,又不敢出兵应援。则是以一路之兵,禁其四出,因利乘便,进取京师,乃扼其喉,拊其背,制其死命之策也。朝廷近拜岳飞为荆、襄招讨使,其计得矣。”

杭州打铁关路的一堵墙上绘制的岳家军

岳飞此后一直担任这个战区的统帅，当然是再合适不过的人选，也是他多年以来，梦寐以求的宿愿。

早在六月，当襄阳府战事已经结束，正准备进军邓州之际，岳飞应宋高宗手诏之命，在讨论襄阳府等如何防守的奏札中，便批判了朝廷的畏敌思想，恳请继续进兵北征，他说："臣窃观金贼、刘豫皆有可取之理。金贼累年之间，贪婪横逆，无所不至，今所爱惟金帛、女子，志已骄堕。刘豫僭臣贼子，虽以俭约结民，而人心终不忘宋德。攻讨之谋，正不宜缓。苟岁月迁延，使得修治城壁，添兵聚粮，而后取之，必倍费力。陛下渊谋远略，非臣所知，以臣自料，如及此时，以精兵二十万直捣中原，恢复故疆，民心效顺，诚易为力。此则国家长久之策也，在陛下睿断耳。"

岳飞以精兵二十万兵力直捣中原、恢复故疆的计划，在宋高宗看来不可想象，因为他根本没有那样的胆略和能力。

克复邓州的捷报传至临安府，宋高宗得知岳飞已稳操胜券，才使自己忐忑不安的心安定下来。他对大臣们说："朕素闻岳飞行军极有纪律，未知能破敌如此。"

新任签书枢密院事的胡松年说："唯其有纪律，所以能破贼。若号令不明，士卒不整，方自治不暇，缓急安能成功？"

从此以后，岳家军既以秋毫无犯，安堵不惊而闻名，又以鼓勇敢战，摧锋决胜而著称。

公元1134年(宋高宗绍兴四年)八月二十五日,南宋朝廷按宰相朱胜非早先的许诺,将岳飞由正四品的正任镇南军承宣使超升为从二品的清远军节度使,其实职差遣改为湖北路、荆、襄、潭州制置使,依前神武后军统制,特封武昌县开国子、食邑五百户、食实封二百户。又赏赐了岳飞一条金束带。

岳子力(国防大学教授、岳飞后裔联谊会副会长、学者):南宋朝廷升迁岳飞为从二品的清远军节度使,其制词说"身先百战之锋,气盖万夫之敌。机权果达,谋成而动则有功。威信着明,师行而耕者不变。振王旅如飞之怒,月三捷以奏功。率宁人有指之疆,日百里而辟土。慰我后云霓之望,拯斯民涂炭之中。"

宋承唐制,将一些要冲大郡作为节度使的"节镇"。但节度使只是武将及宗室、勋戚、某些文臣的虚衔,一般"不必赴镇"。节镇和武将的军事辖区也无须一致。例如清远军设在广南西路的融州(治融水,今广西融水县),而岳飞本人从未去过此地。

抗金英雄吴玠、吴璘

凡封拜节度使,朝廷要授予一套很威风的"旌节",包括龙、虎红缯门旗各一面,画白虎的红缯旌一面,用一束红丝作旄的节一杆,麾枪两支,用赤黄色麻布做的豹尾两支。全套旌节共五类八件,都用黑漆木杠,加以种种装饰,制作精美,旌节自宋廷发出后,沿途所至,宁可"撤关坏屋,无倒节礼,以示不屈"。隆重而别致的"建节"仪式,为另外的文官武将所无,特别用以显示节度使是武人升迁梯级中最重要、最荣耀的虚衔。

当时已建节的大将有刘光世、韩世忠、张俊和吴玠四人。因抗金战功而建节者,岳飞是第二人。他的战功暂时还次于吴玠,却已远胜于其他三人。至于在三十二岁的年龄建节,在当时更是绝无仅有的。但岳飞"自列校拔起",一旦骤然与诸大将平列,也招致韩世忠和张俊的忌妒,特别是过去曾三次任岳飞上级的张俊,心胸狭窄,更是愤愤不平。

岳飞再三再四地上奏辞免节度使。宋高宗和南宋朝廷当然不准。

当清远军节度使的旌节自临安府发到鄂州，全军将士都引以为荣。

一天，岳飞登上鄂州的一座高楼，凭栏俯瞰江流，仰眺远天。时值雨后天晴，锦绣山河分外明媚。岳飞触景生情，思潮澎湃，祖国的危难，个人的遭际，一齐涌上心头。北方的故土有待收复，同胞的泪眼南望欲穿。往后的征途修远而漫长，襄汉之役的成功又何足挂齿。至于个人的功名利禄，更如尘土一般，不足萦怀。岳飞肺腑的满腔热忱，终于化为吭喉的一曲长歌《满江红》："怒发冲冠，凭栏处，潇潇雨歇。抬望眼，仰天长啸，壮怀激烈。三十功名尘与土，八千里路云和月。莫等闲白了少年头，空悲切！　靖康耻，犹未雪；臣子恨，何时灭？驾长车踏破，贺兰山缺。壮志饥餐胡虏肉，笑谈渴饮匈奴血。待从头收拾旧山河，朝天阙。"

千百年来，岳飞这首爱国主义的绝唱，一直激励着华夏子孙，为祖国而献身效命。

王曾瑜(中国社会科学院研究员、中国宋史研究会前会长)：对岳飞《满江红》词的真伪的争议，最初是在几位著名前辈学者中进行的。我的两位老师张政烺和邓广铭先生就各持针锋相对的议论。在大学时代，我怀着好奇心，向邓先生询问《满江红》词的真伪。邓先生说，现在《满江红》就是岳飞，岳飞就是《满江红》。他曾向夏承焘先生劝说，何必写辨伪的文字。他为此发表了两篇文章，特别是《再论岳飞的〈满江红〉词不是伪作》，又特意收入《邓广铭学术论著自选集》中。依我的体会，邓先生当年的谈话，是强调《满江红》词确是充分地体现和抒发了岳飞的爱国情怀。人们可以对《满江红》词提出一些疑点，但如要断然判定为伪作，还是没有充分的证据，这在邓先生的文章中已作论证。在一次中央电视台的讲话中，我说非岳飞不能写此词，这实际上是来源于对邓先生谈话的体会。但是，如果在宋人的记载中确是没有提到岳飞的《满江红》词，也不能不说是个缺憾。幸好又因已故前辈学者王云海先生寄赠郭光先生的《岳飞集辑注》，使我拜读到他的《岳飞的〈满江红〉是赝品吗?》。此文无疑是研究岳飞《满江红》词的最重要的新进展。南宋后期陈郁著《藏一话腴》，此书我也曾看过，使用的是《豫章丛书》本，并将有关文字编入《鄂国金佗稡编、续编校注》。但郭光先生则使用清沈雄《古今词话》卷上和康熙《御选历代诗馀》卷 117 中所引的《藏一话腴》文字，比之《豫章丛书》本，多了如下一段重要文字："(武穆)又作《满江红》，忠愤可见。其不欲'等闲白了少年头'，可以明其心事。"这当然为判明岳飞《满江红》词的真伪，提供了十分有力的证据。郭光先生所作的详细论证，在此不必重复，感兴趣者可找来阅读。此外，清人潘永因《宋稗类钞》卷 3《忠义》也有如下一段文字："武穆家《谢昭雪表》云：'青编尘乙夜之观，白简悟壬人之谮。'最工。武穆有《满江红》

词云：怒发冲冠，凭栏处，潇潇雨歇。抬望眼，仰天长啸，壮怀激烈。三十功名尘与土，八千里路云和月。莫等闲白了少年头，空悲切！ 靖康耻，犹未雪；臣子恨，何时灭？驾长车踏破，贺兰山缺。壮志饥餐雠恨（应为‘胡虏’，乃出自清人篡改——作者注）肉，笑谈渴饮匈奴血。待从头收拾旧山河，朝天阙。"《宋稗类钞》是辑录宋代的各种笔记小说，分类编排而成书。此书卷3辑录的四条岳飞记事全未标明史料出处。但依今存载籍参对，第一条是抄自《朝野遗记》，第二条是抄自《枫窗小牍》卷下，第三条即以上引文，第四条是抄自《说郛》卷18《坦斋笔衡》。今查南宋罗大经《鹤林玉露》乙编卷3《谢昭雪表》的前一句与此段引文几乎全同，唯有"最工"作"甚工"，开头多一"岳"字，可知上引第三条大致可判定为《鹤林玉露》的另一版本。岳珂《鄂国金佗稡编、续编》在南宋最后一版是端平元年（公元1234年）。罗大经在《鹤林玉露》乙编自序中所说的写作年代是"淳祐辛亥"，即淳祐十一年（公元1251年）。其成书年代与《藏一话腴》相近，都在端平元年之后，自然是反映了在《鄂国金佗稡编、续编》成书后的新发现。既然如今尚得以见到南宋后期有两处记载，《满江红》词确是岳飞所写，便无可疑者。然而也许还有人对于在清人作品中转引宋人著述表示怀疑，似有必要谈一点个人的读书经验。在相当长的一段时间内，我对于明人，特别是明初尚能见到大量今人见不到的宋籍，是毫不怀疑的，最明显的例证就是《永乐大典》残本。但也有一种错误印象，似乎清人所能见到的宋籍，今人就都能见到。但随着一些研究工作的进行，此种错误印象必然得到纠正。清丁传靖所辑录的《宋人轶事汇编》自然是治宋史者不时翻阅的书，但按照史料原始性的原则，此书一般不能作史料引证，只能提供线索，再查宋人的原始记录。我见到此书卷3引元代的李有《古杭杂记》，有一首讽刺宋高宗养鸽的小诗，不料查阅了今存《古杭杂记》的各种版本，竟皆无此诗，故最后在《荒淫无道宋高宗》一书定稿时，只能在第148页注中标明引自《宋人轶事汇编》。由此可见，在明清载籍中转引宋人著述，也应是扩大宋代史料搜索范围的一个不可忽视的方面。

但是，今人已不可能判定《满江红》词的确切创作时间。我在岳飞传记和历史小说中将此词系于绍兴四年（公元1134年）克复襄汉，荣升节度使之后。宋时节度使是军人最重要的虚衔，可以比喻为如今荣获元帅军衔。岳飞决不是官迷，正如袁甫诗中引用百姓的评价："儿时曾住练江头，长老频频说岳侯；手握天戈能决胜，心轻人爵祇寻幽。"这位常胜将军决不会因荣升而沾沾自喜，相反，荣升只能使他更加强烈地关注山河一统的大业，心中念念不忘的是肩负的重任，今后修远而漫长的征程。"三十功名尘与土，八千里路云和月"，用以反映他此时的心态，也许是最为恰当的。这是我系于此时的一点臆测，在现代史学研究中，只怕还是允许的。

岳飞《满江红》一词中提到的"贺兰山"，其实在磁县。

周俊玲(作家、学者):我对岳飞《满江红》一词中提到的贺兰山作一简单考证:

顾祖禹在《读史方舆纪要》记载说,山名贺兰山的一共有三处:一在宁夏中部,二在河北磁县,三在江西赣州西。

河北省邯郸市磁县有一座贺兰山,系太行山余脉,山不甚高,约17米,绵延10余华里,地当要冲,乃宋金战争时的兵家必争之地。《磁州志》云:"磁地脉本于太行,风气完固,前环漳水,后倚贺兰,滏流负其左,苍嵬、神麇拱其右,冈阜嵌崎,原野平衍,密迩畿甸,屏障中州;洵河朔之要地也。"

河北磁县的贺兰山在宋朝真宗景德二年(公元1005年)就定名贺兰山,也就是说岳飞出生九十多年前,磁县贺兰山就已经存在了,至于此山最早的名称是什么,已经无法查考了。据清代康熙年间编纂的《磁州志》记载:"贺兰山在州西北三十里,山非高峻,而蜿蜒起伏,长亘二十里,宋贺兰真人隐居于此,因而得名。"

磁县贺兰山在岳飞"连结河朔之谋"的对金作战大战略中,是重要的战略据点,又是岳家军"直捣黄龙府"的必经之地。

1996年出版的《邯郸辞典》记载:贺兰山是磁县城西北15公里林峰村南的山名,系因宋代道人贺兰在此修炼而得名。还有一种说法,说是因该山上长有一种花叫贺兰而得名贺兰山。此山高出地面约17米,由鹅卵石堆成,蜿蜒5公里。

其次,《磁州志》中所记载的古代"磁州八大景"中就有"贺兰积雪"。盖因贺兰山蜿蜒十余华里,冬季积雪覆盖,山表鹅卵石堆积,宛如玉石波涛,别具景致,因而成为磁州八大景之一的"贺兰积雪"。

一些专家、学者经过考察,证实现在磁县贺兰山所在位置是宋代京师开封的南北官道经行之地,地当军事、交通要冲,战略意义重大。靖康之难,金兵渡河围开封,便是循此路行进的,所渡之河应为漳河。岳飞早期的军旅生涯中,曾几次经过磁县的贺兰山。

磁县南部的岳城(宋朝时建村),据《磁州志》记载:"岳城在县西南三十五里。宋高宗建炎初年,岳武穆曾驻兵于此。"岳城现在名为岳城镇,相传有其岳飞驻兵操练的演兵场。

贺兰山一带的人民十分淳朴、善良,对岳飞的深厚感情代代传承,至今犹存。一直到今天,当地仍保留了许多岳飞当年军事活动的遗迹,如"讲道沟"、"岳飞寨"等。当地群众曾不准演唱《三绞岳飞》、《风波亭》等戏剧,因为他们心中挚爱岳飞这位民族英雄,而不忍心看到民间戏剧上演岳飞的悲惨结局。

"先李成、后杨么","先襄汉,襄汉既复,李成丧师而逃,杨么失援"是岳飞的既定用兵方略,如今,李成战败,襄阳六郡收复,那么,岳飞下一步的措置又当如何呢?能够顺利剿灭杨么吗?请继续阅读《正说岳飞》第九章《荡寇湖湘》。

第九章　荡寇湖湘

岳飞派往伪齐的王大节回到鄂州，带来了金、齐联军大举进犯两淮的情报。

王大节混入刘豫之子刘麟的“皇子府”，当上届官，却没有机缘同李成接触，他对争取李成的工作事实上也不抱什么希望。一天，刘麟突然向他征询“征江南之策”。王大节以四川人的身份建议先攻四川，然后再顺江东下，江南的戍军肯定会“魂丧胆裂”。于是，刘麟向他透露底牌，说金国已有成命，准备会合伪齐军攻占两淮，渡过长江，直犯临安府。王大节仍然固执己见，说如果

武汉岳飞广场的岳飞塑像

宋军扼守长江，必然使金和伪齐联军顿兵挫锐；不如打四川，虽然迂回迟远，却是万全之计。刘麟当然不可能轻易改变金国的成命，而冒重蹈仙人关覆辙的风险。王大节便脱身而归。岳飞又将他送往临安府，向朝廷报告敌情。

周俊玲(作家、学者)：原来在绍兴三年四五月，宋朝明州守将徐文航海叛逃。他向刘豫报告，宋高宗在临安府和明州昌国县(今浙江舟山市)聚船积粮，以便万一有风吹草动，再次逃往海上。刘豫据此向金国时已升任都元帅的完颜粘罕(宗翰)提议，由海道袭击昌国县，再趋明州，直抵钱塘江口，得到完颜粘罕(宗翰)一派的首肯。然而实际掌兵的左副元帅完颜讹里朵(宗辅)和元帅左都监完颜兀术(宗弼)坚决反对，金太宗自然又偏袒他们，最后决定仍取陆路。

海道和陆路之争，标志着完颜粘罕(宗翰)虽据有都元帅的最高军职，其实徒有虚名，正处在失势之中。

半年之间，在西部和中部战场接连两次大败，使女真贵族和伪齐头目恼羞成怒，急于报复。但是，他们已无勇气与西部战场的吴玠军，中部战场的岳家军再次硬拼，只能避实击虚，向东部的淮南东、西路进攻。两淮距离临安府最近，往往成为金、伪齐攻宋的主战场。

连年征战的损耗，使女真族的兵源渐趋枯竭，必须向各个被统治民族搜罗壮丁。金国在辽东和燕、云地区征调渤海汉儿军五万人，并且规定，凡是被征发的汉人，一律不准由别人代替。

金军由左副元帅完颜讹里朵、刚升任的右副元帅完颜挞懒(昌)和元帅左都监完颜兀术三员大将统率，伪齐军由刘麟指挥，在九月下旬分路渡过淮河。他们采纳李成的意见，远远避开岳家军的防区，以免岳飞出兵，使自己腹背受敌。刘豫在出兵前还发布伪诏，扬言要“直捣僭垒，务使六合混一”。

消息传来，宋廷“举朝震恐”。很多官员建议宋高宗解散“百司”，远遁避敌。惟独宰相赵鼎反对，说：“战而不捷，去未晚也。”

东南地区有韩世忠、刘光世和张俊三支大军，另加杨沂中神武中军等，兵力总计十五万人以上，比西部战场的吴玠，中部战场的岳飞多了好几倍，然而在失败主义情绪的笼罩下，连淮南东、西路也不能守住。

刘光世按未战先遁的惯例行事，立即退兵江南，将整个淮南西路拱手让给

敌军。狡猾的张俊表面上说“避将何之”，但主张划江而守，“当聚天下兵守平江，俟贼退，徐为之计”，回避自己一军与敌对抗。他以“坠马伤臂”为借口，拒不出兵渡江。赵鼎发怒，派人监督他发兵，并奏请严惩张俊，但因宋高宗的姑息，也毫无结果，不了了之。韩世忠军在大仪镇、鸦口桥和承州获得三次小胜，然而终究独力难支。最后，张俊军退守常州，韩世忠军退守镇江府，刘光世军退守建康府，只能凭借大江天堑，阻遏敌人。

李纲向宋廷上奏建议，“岳飞新立功于襄汉，其威名已振”，“陛下倘降明诏，遣岳飞以全军间道疾趋襄阳”，“捣颍昌以临畿甸，电发霆击，出其不意；则伪齐必大震惧，呼还丑类，以自营救，王师追蹑，必有可胜之理”，“此上策也”。参知政事沈与求也对宋高宗说：“诸将之兵，分屯江岸，而敌骑逡巡淮甸之间，恐久或生变。当遣岳飞自上流取间道，乘虚击之，敌骑必有反顾之患。”

李纲与沈与求的意见，可谓不谋而合。宋高宗表面上也同意沈与求的建议，说“当如此措置，兵贵拙速，不宜巧迟”云云。其实，他在东部战场聚集如此众多兵力的情势下，仍要岳飞这支不足三万人的队伍赴援。他写手诏给岳飞说：“近来淮上探报紧急，朕甚忧之，已降指挥，督卿全军东下。卿夙有忧国爱君之心，可即日引道，兼程前来。朕非卿到，终不安心，卿宜悉之。”

在宋高宗偏安一隅的消极防御军事思想指导下，只能头疼医头，脚痛治脚，绝不会采纳李纲提出的上策。

岳飞不能完全遵照宋高宗的命令行事，而“全军东下”，他以一半兵力部署襄汉一带的防务，命令徐庆和牛皋带二千余骑为先锋，自己和李山等部将率大军为后继，驰援淮西。

庐州知州兼淮南西路安抚使仇悆正处于险境。两三个月以来，刘光世江东、淮西路宣抚司的急件不绝于道，其内容无非是命令他焚烧积聚，放弃庐州(治合肥，今安徽合肥市)。按照宋朝官制，淮西安抚使本应全权负责本路的防务；但因为在非常形势下，仇悆之上，又有了刘光世作为上级。仇悆拒绝执行刘光世的错误军令。最后，刘光世派统制张琦带领几千兵士前来庐州城，企图以武力劫持仇悆，胁迫他带头逃跑。仇悆大怒，说：“若辈无守土责，吾当以死殉国！寇未至而逃，人何赖焉！”

张琦只好一走了之。仇悆召募庐州和寿州(治下蔡，今安徽凤台县)守军几百人，加上二千乡兵，几次打退来犯之敌。十二月，刘麟又增兵攻打庐州，完颜兀术（宗弼）亲自为后继，形势危急。仇悆自认为只能实践殉国的诺言了。

徐庆和牛皋率领部伍及时赶到庐州，使仇悆喜出望外。岳家军匆忙吃完午饭，留下一部分人守城，一部分人在城南扎营，其余紧急出城迎敌。牛皋命令部兵展开“岳”字旗和“精忠岳飞”旗示敌，五千敌骑大为惊愕，他们料想不到会在此地出现岳家军。

不足二千的宋方骑兵展开队形，以少击众，与敌军短兵相接，前后交锋三个回合，所向披靡。但金、齐联军也迭退更进，没有溃散。突然，徐庆坠下马来，敌骑一拥而上，企图活捉或杀害他。牛皋眼明马疾，抢先赶到，将徐庆扶掖上马，连杀几个敌人。他脱去头鍪，大声呼喝：“我牛皋也，尝四败兀术，可来决死！”

牛皋舞稍直贯敌阵。岳家军的骑士形成一股不可阻挡的铁流，将敌军冲得七零八落，溃不成军。战斗从申时打到酉时，斩杀敌人一批将领，活捉八十多名敌军，夺得八十多匹战马。徐庆和牛皋率军追奔三十多宋里，才收兵回城。

仇悆赞叹岳家军骁勇善战，写信向岳飞致谢，信中特别表彰了牛皋的功劳。岳飞却偏信徐庆，在上报朝廷的五百四十六名立功官兵中，将徐庆列为奇功。

在徐庆和牛皋军立功之翌日，岳飞亲统大军来到庐州，再次击破敌军。

金、齐联军既无力渡江，又败衄于庐州，岁末严寒，大雪纷飞，粮饷不通，野无所掠，只能杀马作食。汉族的签军极为愤恨，有的甚至向金将递送匿名信件，说众人被驱逼到如此地步，如果渡江，一定活捉酋领们献给南朝。即使女真军也叫苦连天。此时，又传来了金太宗病危的消息。于是完颜讹里朵（宗辅）、完颜挞懒（昌）和完颜兀术（宗弼）再也不敢停留，慌忙撤兵。刘麟接到金军的命令，立即抛弃全部辎重，昼夜兼程，一口气逃奔二百余里。伪齐“六合混一”的大话至此成为笑柄。

岳飞在敌人撤退后，率全军的一半人马暂驻江南东路的池州。张俊和刘光世为敷衍朝廷，虚报战功，也乘机派兵渡江，收拾小股残敌。刘光世的副手王德率部到达庐州。他也颇感难堪，对部属说：“当事急时，吾属无一人渡江击贼。今事平方至，何面目见仇公耶！”

庐州之战并非大战，却是击破了金、齐联军的最后一次攻势。岳家军的东援，也适同刘光世和张俊的怯战避敌，形成鲜明对照。在东部战场三大主力退缩江南之际，岳飞以孤军进援，保全淮南西路的首府，对扭转战局有重要影响。

公元 1135 年（宋高宗绍兴五年）二月，岳飞自池州前往“行在”平江府，并且随同宋高宗返回临安府。宋廷将岳飞晋升为镇宁、崇信军节度使。又任命他为荆湖南、北、襄阳府路制置使，升神武后军都统制，“将所部平湖贼杨么”，并赐钱十万贯，帛五千匹，作为犒军费用。

岳成（岳飞后裔联谊会副会长兼秘书长、资深律师、学者）：镇宁军为开德府之节镇名，崇信军为随州之节镇名。宋朝授予两镇和三镇节旄便是“希阔之典”，后来岳飞在奏中曾说：“窃以两镇节旄，国朝盛典，非有大勋，岂容轻授。”

宋高宗时，只有刘光世、韩世忠和张俊授三镇节度使，吴玠和岳飞授两镇节度使。

早在去年八月，岳飞复襄汉后，宋廷本已委任他全权“讨捕”杨么军。岳飞也为此进行了一些筹划和准备，但因金、齐联军南侵，使镇压行动延搁了半年。

钟相原本是个巫师，居住在在荆湖北路鼎州武陵县唐封乡水连村，那里有一处天子冈，位于洞庭湖西岸。他自称“天大圣”，吹嘘有神通和天通，能救治人们的疾病，鼓动百姓造反，宣称：“法分贵贱贫富，非善法也。我行法，当等贵贱，均贫富。”当地的许多百姓被他愚弄，纷纷将自己辛辛苦苦积攒下来的那点钱物奉送给钟相，并拜他为钟老爷。于是，钟相暴富了起来，更拥有了信徒数万人。那时，东平府的兵马钤辖孔彦舟因与一个宗室女子私通，被人揭发，便趁机叛乱，进犯鼎州。原本怀有异志的钟相也乘势而起，举兵叛乱，自称楚王，改元天载，攻略州县，围绕着洞庭湖滨建立了伪政权。钟相匪军自称“爷儿”，所到之处，诛杀官吏、儒生、僧道、巫医、卜祝五类人，谓之行法。他们劫掠到财物之后便即均分，患病的人不许服药，死掉亲人的不许行丧，只拜祭钟相就行了。后来，钟相匪军与孔彦舟所部的叛军发生火拼，孔彦舟派遣奸细打入钟相军内部，里应外合，一举俘虏并处死了钟相及其长子钟子昂。此后，孔彦舟在鼎州、潭州大肆杀掠后，北上投靠了伪齐刘豫。

钟相死后，他的余部继续在洞庭湖一带作乱，其中以澧州的杨太最为强大，此人十分年轻，荆湖一带的方言呼幼为幺，所以，人们就把杨太称为杨么了。杨么与其他匪首推举钟相的次子钟子义为“太子”，他们在建炎四年劫掠了前往鼎州赴任知州的程昌寓。将程昌寓多年来搜刮的民财尽数抢去，还将程昌寓的爱妾小心奴给了钟子义为妻。程昌寓自然对杨么恨之入骨，多次进兵，却都大败而回。

杨么军占据湖湘一带的龙阳、武陵、沅江、湘阴等地，水陆千里，约有五六万人，主要头目有杨钦、刘衡、周伦、黄佐、黄诚等，东犯岳阳，至临湘县；西犯江陵之石首，至枝江县；北犯江陵，至荆门；南犯潭州，至巴溪。他们对付官军的策略是"陆袭则入湖，水攻则登岸"、"陆耕水战"。

杨么这支匪军愈战愈强，日益壮大，已经成了朝廷的心腹大患，不先剿除便无以立国了，于是绍兴三年六月，南宋朝廷命王躞为荆南府、潭、鼎、澧、岳、鄂等州制置使，统一指挥各路人马，聚集了五六万大军，围剿杨么。

王躞怯懦无谋，只知道克扣军俸，聚敛私财，军纪败坏，肆虐百姓，民愤盈天，而且，程昌寓私欲熏心，企图贪功，不断地干扰王躞的剿匪规划，互相掣肘。王躞与杨么决战，屡战屡败。事后，他又虚报战功，企图掩饰惨败，最终被台谏官弹劾而罢免了官职。南宋朝廷将王躞那一万五千兵马划归了韩世忠统领，将程昌寓也调离了鼎州。

三月，岳飞自池州发兵，前往潭州。此外，宋廷沿用文臣督军的惯例，特命右相兼知枢密院事张浚以都督诸路军马的头衔，亲临湖湘。

当时，岳家军大多是西北人，不习水战。宋朝的将领对杨么这支似乎是神出鬼没的水军，都颇感束手无策，认为即使动用很多的兵力，进行成年累月的围剿，成功的希望也相当渺茫。岳飞却主动表示愿膺此重任，他说："兵亦何常，惟用之如何耳。今国势如此，而心腹之忧未除，岂臣子辞难时耶！"

洞庭湖景色

进兵途中，遇到连日雨天，泥淖没膝，岳家军部卒行军十分艰难。岳飞当即下马步行，亲自踏足行进在泥浆之中，与士卒同甘共苦，于是将士们为主帅的身先士卒、不畏艰险的垂范所感召，群相激励，精神倍增。

岳飞严明军纪，对民间没有丝毫的骚扰，有时候，村民们自发上前，给岳家军奉献酒食，将士们都作价给钱，于是，百姓欢悦，都交口称赞岳家军纪律严明，秋毫无犯。因此，宋高宗特颁诏奖谕说，“连万骑之众，而桴鼓不惊；涉千里之途，而樵苏无犯”、“嘉治军之有法，虽观古以无惭”。

岳家军即将进抵潭州，岳飞就派人持檄前往杨么水寨，进行招降。

岳飞在离开“行在”临安府时，便向宋廷申请到了“金字牌、旗、榜十副，充招安使用”。宋高宗还应岳飞的请求下诏，规定杨么、黄诚等“如率众出首”，可以授予荆湖南、北路的知州差遣。在此之前，宋朝在荆湖路的官员程昌寓、孟庾等，甚至像李纲那样的大臣，先后派使者去杨么军水寨说降，都被叛军杀死。有此前车之鉴，岳飞的使者叩头伏地，对岳飞说：“岳节使派遣我去招降杨么，就像用肉去往饥饿的老虎嘴里送啊！我宁愿死在岳节使的剑下，也不愿忍受逆贼的折辱。”

岳飞命他起身，说：“我岳飞派你前往，你绝不会被杀的。”

使者接受命前往，当接近杨么营寨时，大声叫道：“岳节使遣我来！”诸寨开门接入，使者将岳飞的招降文告交给了杨么部众，有人就捧了文告进行宣读，更有人向使者转达对岳飞的致意，问道：“岳节使还好吧？”杨么军的头领们虽未下定投降的决心，但都不敢怠慢来使。

岳飞吸取了以往程昌寓和王𤫉失败的教训，改变了策略。

冯　军(全国政协委员、岳飞思想研究会副会长、学者)：岳飞制定的平杨么新策略，概括起来，主要有两点：

第一是抚剿并重，分化瓦解，促其内讧，以敌制敌。采取“且招且捕之计”，施行分化和离间，以敌制敌。

第二是重兵围困，扼守交通，断敌粮草，瓦解敌之军心，摧毁其斗志。岳飞四月上旬抵达潭州后，并不急于用兵作战，而是“先分遣军马，扼贼要路，断其粮道，严行禁止博易，使贼乏食”。

岳飞征剿杨么带来的岳家军约有一万五千人，此外，南宋朝廷划归他统一指挥的还有荆湖南路安抚司统制任士安、郝晸、王俊、吴锡、步谅等军，共有二万多人；宋廷调来江南西路安抚司统制祁超等军，共有八千五百多人；程昌寓留下的蔡州（治汝阳，今河南汝南县）兵和乡兵九千人，其中蔡州兵等约八千人，仍由改任都督府左军统制的杜湛率领。故官军兵力总计约有五万人，同过去王𤫉的兵力大略相当，并不比杨么军占多少优势。但是，由于采用新的策略，加之岳飞本部军马素质甚强，杨么军就遭逢到前所未遇的劲敌。

杨么叛军却依然墨守对付程昌寓和王𤫉的旧规，三十多个水寨各自为守，各自为战，不能最大限度地集中兵力，集中指挥。此外，荆湖路一带恰好逢大旱之年，湖水浅涸，严重地影响了吃水甚深的车船的行驶。在官军的包围和封锁之下，杨么叛军的处境日益危困。

周俊玲（作家、学者）：绍兴四年冬，杨么叛军的一个重要将领周伦，突然派人向岳州知州程千秋递送"申状"，说自己因受程昌寓的"凌逼"，"不得为王民，且在湖中苟逃各家老小性命"，请求宋廷撤换程昌寓，使自己得以"保全老小，耕田种地，输纳税，复为良民"。周伦在申状中还强调自己并未勾结伪齐，而是拒绝与之"会合"，后又杀掉来使。

宋廷闻讯后，认为周伦是黄诚的亲信，他的申状大概是出自黄诚授意，就急忙递发黄榜，派人至周伦等水寨招安。黄榜被送到夏诚水寨，夏诚招众头领看榜，惟独杨么拒绝前去看榜。

自绍兴三年大败宋军后，宋军和杨么军在绍兴四年都并无大的军事行动。周伦在并不困难的处境下，却向宋廷试探招安，其实应是慑于岳家军抢先粉碎伪齐和杨么南北攻宋计划之军威。但是，周伦的申状也无疑是一种缓兵之计，事实上，叛军的任何一个头领也未接受黄榜的招安。

岳飞虽然采取了新的策略，但仍将强大的武力征伐作为后盾，因此，尽管岳飞深知水战非本军之长，而最初仍打算建造大舰，以对付杨么水军。

一位地方官员的献计，让岳飞更加坚定了招抚策略，很快瓦解了杨么的叛军。

岳　达（岳飞思想研究会副秘书长、武汉岳飞文化研究会秘书长、学者）：这个给岳飞献计的官员是两浙路温州永嘉县（今浙江温州市）人薛弼，字直老，他比岳飞

大十五岁，担任荆湖南路转运判官，负责后勤供应，十分机敏干练。

一天，薛弼乘宴会之机，对岳飞说："适观儿戏摸鱼，而得一理。"

他立即命令小吏端来一盆水，水中放一尾鱼。在盆水满盈之时，鱼纵鳍恣意畅游，无法捕捉；然后将水舀去，鱼便无法游动，任人捕捉。薛弼虽不发一语，岳飞看了这番表演，发出了会意的微笑，心中已经筹定了解决杨么的谋划。

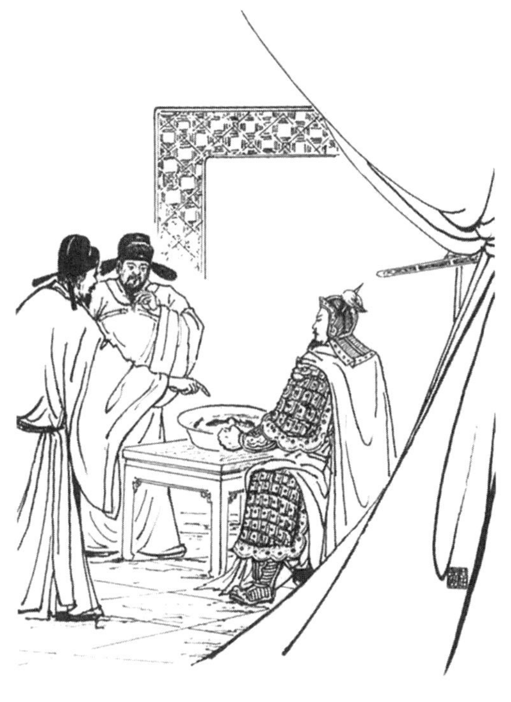

岳飞悟出破杨么之策

在强大的岳家军军威震慑下，岳飞的招抚工作很快取得实效。

为了吸引杨么叛军将领接受招抚，显示朝廷的诚信，岳飞请求张浚都督府对早先投降，而并没有获得朝廷官俸的叛军头领田明，充任添差衡州兵马钤辖。添差官不管事务，却可领一份俸禄，以此让投诚的叛军首领感觉到了前途光明。时任潭州兵马钤辖的杨华，也奉岳飞之命，"入贼招安"，设法串通旧部，谋杀杨么。

杨么叛军中最先慑于岳飞军威而投诚的头领是黄佐，他对其部众说："我听说岳节使号令如山，非同一般。若与之对敌，我辈只有死路一条，不如速往投降。岳节使是一个讲诚信的人，一定会善待我等的。"就率领其部众到潭州向岳飞投降。

岳飞当即上奏朝廷，保荐黄佐为正七品的武义大夫、閤门宣赞舍人，并给予丰厚的赏赐。岳飞还单骑到黄佐所部的营地巡视一番，进行安抚慰问，以示对他们投诚的信任不疑。

第二天，岳飞又招黄佐赴宴，在酒酣之际，岳飞以手抚黄佐之背，说："你真是一个好汉，知道逆顺祸福的没有人比得上你。你姿力雄鸷，不在我部诸将之下，倘然真能为朝廷立功名，封个侯爵不在话下！我打算派遣你再至湖中，看叛军中有便利可乘者，就擒获他们；可以言语劝动者，就招抚他们。你能胜任我交办的这件事吗？”

黄佐十分感动，以至于流下了眼泪，再次拜谢岳飞，并接受军令，说：“我黄佐受岳节使厚恩，即使以死相报，黄佐也不会推辞的，一定遵从岳节使的命令去执行。”于是，岳飞派遣黄佐回到洞庭湖杨么叛军之中活动去了。

不久，又有三百余名叛军来降，岳飞都予慰劳，任命其首领做官，奖赏给他们银两和绢帛，然后再将他们放归叛军中活动。几天后，又有二千余人来降，岳飞都给与优待。

当时，右相兼知枢密院事张浚以都督诸路军马的头衔，亲临湖湘督导岳飞平杨么的战事，抵达潭州。

参政席益对张浚详细汇报了岳飞征剿杨么的进展情况，并说：“岳飞迟迟不进兵征剿，会不会是有什么其他的想法，故意玩弄贼寇呢！我打算将这里的情况上奏朝廷，怎样？”张浚笑着说：“岳飞，是个忠孝之人。你难道不知道吗？用兵作战是有大学问的，怎可妄自猜测！”席益听了，自感惭愧，放弃了自己的想法。

四月十四日，黄佐率部伍攻破周伦的营寨，杀死不少叛军，俘获统制陈贵等九名头目，夺取了许多衣甲、器仗，将整个水寨的寨栅、粮食、船只焚毁。周伦大败，率残部逃走。

黄佐派人将战绩向岳飞报告，岳飞立即上报黄佐的功劳，因此，黄佐升一官，转武经大夫，其立功的部伍也都得到了奖赏和抚慰。

在官军严密封锁粮食、物资的情势下，叛军只能私下交易物品获得一些必需品，官军便利用这个的机会，诱捕了数百名叛军。

岳飞将抓获的叛军集中在教场，问幕僚们当如何处置。众人都说：“他们残害了很多官军，都应该杀掉。”

惟独主管机密黄纵不说话，岳飞征询他的意见，黄纵说：“诱捕敌人，胜之不武，然而，这正好是个兵机。”

岳飞表示赞同，就对众俘虏说：“你等为盗，祸害一方很久了，现在被擒获，一死也不足以清偿罪恶。”

于是，众俘虏都请死，岳飞说：“主上圣明，以你等本来都是良民，不幸遭逢祸乱，被驱遣胁迫才走上了贼寇的道路。如今，主上命我来，正是来解救你等的。”又问他们：“你等在贼寨中有什么可以开心的事情吗？”

众人都说在水寨中荒索愁苦，没有外界的自由快乐。岳飞全部赦免了他们，并厚加赏赐，令他们去市中购买所需物品，并且私下规定市上必须压低价格，其亏损的钱额由官府赔偿。

众俘虏返回杨么军水寨后，感慨岳飞的宽宏度量，更向往外界的自由生活，自然起到了瓦解叛军军心的作用。

周俊玲（作家、学者）：岳飞制定的“抚剿并重，分化瓦解，促其内讧，以敌制敌”的策略不但立竿见影，收到了很大的实效，而且也很符合宋高宗赵构的意图，令他很满意，在给岳飞的一份札谕中说：“朕以湖湘之寇，逋诛累年，故特委卿，为且招且捕之计，欲使恩威并济，绥靖一方。闻卿措画得宜，朕甚嘉之。”

南宋朝廷拨隶岳飞指挥的部队，有些纪律很差，令不行，禁不止，岳飞就整饬了军纪。

荆湖南路安抚司统制任士安曾不服王燮的命令，拒绝出战。岳飞知道后，严明军纪，打了任士安一百鞭子，以儆其余，命他充当饵兵，前往交战，如三日之内不获胜，便当斩首。

五月五日，钟子义和黄诚集中各寨二万多名步军，进攻官军。任士安和统领陈照迎战，扬言：“岳太尉大兵二十万到了！”

叛军看到并没有岳飞大军，只不过是任士安等军罢了，便不畏怯，鼓勇直前，双方展开激战。待两军都打得人困马乏之际，岳飞预先布置的伏兵四起，叛军大败，缴获了许多战马、器甲。任士安等军追杀过荷陂山，再度获胜。随后，任士安与牛皋军乘胜移屯龙阳旧县以南，逼近了杨么大寨。杨么军出战，官军迎击，又俘虏叛军数百人。众幕僚说：“前些天释放了一些俘虏，叛军已有愿归之心，现在也应该将他们释放了。”

黄纵又表示异议，说：“前些天不杀他们，是为了利诱他们，瓦解军心。如今，叛军还敢出战，必有凶恶顽固的头目在其中指挥。”

岳飞遂亲自检阅，选择相貌凶恶者数人，予以处死，又将其他数百人放回水寨。

五月的一天，宋廷的诏旨递发到潭州，命令张浚回“行在”临安府，商议防秋。

张浚眼看杨么叛军仍然据守，一时似无可乘之隙，就召见岳飞说：“我将要回朝廷去了，岳节使负责征剿湖寇，已经有定划了吗？”

岳飞当即取出袖中所藏的小地图，递给张浚说：“有定划了。”

张浚仔细观看地图，仍不明所以，他对岳飞说：“我看杨么这个贼寇，阻险穷绝，只怕不易剿灭。现在，朝廷要召我回去，商议防秋。不如暂且罢兵，规划上流军事要务，等明年再慢慢商议征剿杨么吧。”

岳飞胸有成竹，说：“不用等到来年，张都督若能为我少留，用不了八日，就可破贼。那时，都督再还朝，也仅耽搁几天而已。”

张浚简直不敢相信，严肃地说：“你为何说得这么容易呢？王燮两年尚且不能成功，你竟然想以八日破贼，你为什么说得这么容易呢？！”

岳飞说：“王燮以官军攻水寇，就很难成功；岳飞以水寇攻水寇，就很容易成功。”

张浚问：“什么是以水寇攻水寇？”

岳飞说：“杨么一帮湖寇的巢穴，艰险莫测，舟师水战，正是我军的短处，敌军的长处，进入敌寇的巢穴而没有向导，那是以我军所短而对抗敌军所长，这样成功就难了。如果因敌人之将，用敌人之兵，去掉其手足之助，离间其腹心的援助，使顽固的敌军孤立，然后以官军进击，打败敌人就易如反掌了。除掉进军、退军的日程，我看只需要八日时间，就可以将杨么等全部匪首擒获，献俘于都督之庭了。”

岳飞保证八日破敌，并说得如此详明和透彻，张浚却依然将信将疑，好在所争论的归朝日期相差不过十天八天而已，因而就依从了岳飞的意见，并希望岳飞真的能够如期成功。他上奏宋高宗说：“杨么水寨乏粮，部众离心，岳飞声称十余天之内就可以取胜。我若按皇上的命令立即返朝，不免动摇军心，贼寇势盛，不若等到六月上旬，若杨么未平，就将岳飞召来潭州再做规划，兼程赶回朝廷。”

五月二十五日，岳飞赶到驻扎在鼎州的前沿军营，“置寨列舰”，指挥最后剿灭杨么军的战斗。

杨钦是叛军中最骁悍的头领。岳飞早已派黄佐做了许多招诱工作，杨钦依然犹豫不决。

六月二日，岳飞再派黄纵前往汎州村杨钦水寨，催促招降。杨钦见到黄纵，仍然借故推托。黄纵要求在其水寨中“巡历”。他看到茅屋竹舍，鳞次栉

比，特别易于火攻，便对杨钦说，岳飞等候在鼎州城上，立圭臬，备漏壶以待，若过时不降，踏白军统制董先早已部署了强弩火箭，要将全寨焚烧一空，他最后说："你今日若不归降，我一死无所谓，你可要全军覆没了。"

杨钦本已为黄佐说动，至此已别无选择，遂率全寨老小一万多人出降，其中有战士三千多人。此外，还有大小舟船四百余艘，牛五百多头，马四十多匹。

岳飞闻讯后很高兴，对身边部属说："黄佐真可任办大事。杨钦在杨么军中最为骁悍，今日也归降了，杨么乱军的腹心崩溃了。"岳飞亲自到鼎州城东邻善湾视察受降的群众和船队，再往以报恩光孝寺地基所建的营寨，当众扶起杨钦，命人解开绳索，将皇帝所赐的金束带、战袍送给了他。他立即申报都督张浚，授予杨钦武义大夫的武阶官，并且将空名的官告填写后，立即给付杨钦，并派副手王贵设宴招待。

岳飞隆重而优厚的礼遇，使杨钦深受感动，部属们也很开心，只恨投降太迟了。

岳子力(国防大学教授、岳飞后裔联谊会副会长、学者)：岳飞派遣幕僚黄纵说动杨钦投诚一段，取材于记述较详的《金佗续编》卷27黄元振编岳飞事迹。按此记述，促使杨钦投诚，似乎黄纵临场说服，功勋也很大；但《鄂王行实编年》明确记载招降杨钦功主要是因黄佐的招抚。原文为："六月二日，杨钦受黄佐之招，率三千余人，乘船四百余艘，诣先臣降。"并且专门提到岳飞为此很高兴，对身边部属赞赏黄佐可以倚办大事："先臣喜，私谓左右曰：'黄佐可任也。"这些足以证实招降杨钦是黄佐的大功，且并未提到黄纵的促进作用。还有，后来黄元振记叙公元1137年（宋高宗绍兴七年）初，岳飞和幕僚黄纵讨论今后的军事行动计划所论及"结连河朔之谋"，黄纵针对绍兴六年两次北伐进军，而无奇兵的配合，提出了批评。黄元振系黄纵之子，记述两事原委虽甚详细，但过多地突出黄纵，又系一家之言，总是让人不能不怀疑黄元振或有溢美其父之嫌。

随即，岳飞不顾诸将力谏，又派遣杨钦返回湖中招抚乱军。过了两天，杨钦为岳飞劝降了全琮、刘诜等部。

未投降的乱军还有数万人，岳飞假装发怒，骂道："贼军为什么不都来投降！"命人杖责杨钦，命其再入湖中招抚。当夜，岳飞以舟师袭击敌营，大败乱军，杀了一些顽抗头目。

在一批头领投降后，杨么叛军的实力大为削弱，但杨么仍企图凭借地利，负隅顽抗，他有号为望三州、和州载、五楼、九楼、大德山等数百个大楼船，用轮子激水，船速飞快，前后都设置了撞杆，能撞破官军舟船。官军舟船小，对抗杨么军大楼船只能仰攻，却无法看到敌人，而敌军矢石自上而下射击，所以经常打败官军。

杨钦又向岳飞献计，说大车船非一丈深的湖水不可通行，应开闸放水，并可用千万束青草撒在湖面，以阻遏车船的行驶。岳飞立即采纳，下令取君山之木，多造巨筏。用巨筏堵塞鼎州附近湖面的各个港汊，选择水浅之处，派官军用小船挑战，以秽言詈骂，引诱敌军出战。

杨么、钟子义等引水军出战，车船护板中的翼轮果然被腐枝烂草缠住，使这些主力战舰进退两难，无从发挥威力。岳飞指挥牛皋、傅选等将乘机急攻。杨么叛军情势危急，企图突围，在各个港口又遇官军巨筏的拦截。官军在巨筏上张挂牛皮，遮挡矢石，用巨木撞坏敌方一些战船。叛军统制陈瑫等劫持钟子义的座船充当礼品，投降官军。杨么眼看大势已去，就先将钟子义投入水中，自己也紧接着跳水逃命。官军中的水手孟安将杨么从水中挟起，牛皋又用抓子将他拖上官军战船。气息奄奄的杨么被押解到岳飞面前，还叫了几声“老爷”(指钟相)，当即被斩首。

钟子义泅水回到寨栅，守栅的黄诚、周伦等人将他逮捕，押解到潭州的张浚都督行府。刘衡、杨收、杨寿、石颗、黄进等叛军水寨，也相继被击破，或接受招安，只有白德等个别头领被杀。

最后，只剩下了夏诚一寨。夏诚绰号叫“夏猫儿”，是叛军所设三衙的步军司统帅。他的水寨地据芷江，背靠峻岭，三面环水，又设置重城、深壕和陷坑，易守难攻。

岳飞仍然采取行之有效的战术，从芷江上游投放很多草木，顺流而下，盈积水中。他又令挑选二千名口齿伶俐的兵士，站在浅水里毒骂。叛军中计，向官军大量投掷瓦石。官军利用草木和瓦石，铺成一条进攻之路，一拥而上，终于摧毁了叛军最后一个水寨。

岳飞像(明代人佚名绘)

六月十一日，夏诚水寨被攻破，兵败势穷，也不得不向官军投降。

六月十五日，黄诚与周伦擒钟子义到潭州张浚都督府投降，至此，湖湘匪寇彻底平定。

胡 正(岳飞思想研究会副会长、学者)：关于岳飞提出八日内破杨么军，很多史籍均有记载，诸如《三朝北盟汇编》卷168，卷207《岳侯传》，卷208《林泉野记》；《金佗稡编》卷6《鄂王行实编年》；《金佗续编》卷28《吴拯编鄂王事》；《建炎以来系年要录》卷90绍兴五年六月甲辰都有记述，但以《金佗稡编》卷6《鄂王行实编年》最为详尽。这些史料都持"湖贼悉平，果不过八日"之说。

王曾瑜先生考证，认为：从五月二十六日或二十七日到六月十一日，五月为二十九天，则前后合计十四五天。故"湖贼悉平，果不过八日"之说，并不准确。尽管如此，人们还是承认岳飞"殆神算也"。"半月之间，谈笑以平群贼，使有船者不能远去，有寨者不能坚守，几于不战屈人。"(南宋卢奎《鼎澧闻见录》)确是反映了岳飞军事指挥艺术的高超。

其实，《鄂王行实编年》记述岳飞承诺八日内破杨么的原文是："飞请除来往之程，以八日之内，俘诸囚于都督之庭。"译作现代汉语，当是"除掉进军、退军的日程，我看只需要八日时间，就可以将杨么等全部匪首擒获，献俘于都督之庭了。"这里，岳飞强调了"请除来往之程"，也就是说不及进军、退军的时间，岳家军发动总攻，可以八日之内破敌。则《鄂王行实编年》所载"自其与浚言，至贼平，果八日。浚叹曰：'岳侯殆神算也！'"不算疏误。

因此，我认为：从岳飞至鼎州后，到击破夏诚寨，约十四五日，但以大破敌军、擒斩杨么当日算，则不过岳飞早先保证的八日之限。张浚钦佩，感叹说："岳侯真神算呀！"

由于岳飞坚持以攻心为上，攻兵为下，故战斗并不很激烈，杀人不多，而持续六年的一方割据政权终于土崩瓦解了。

岳云在这次战役中，功居第一，而岳飞一如既往，不予上报。后张浚得知实情，也颇受感动，说："岳侯避宠荣已至此，廉则廉矣，然未得为公也。"

他特向宋高宗上奏说："湖湘之役，岳云实为奇功，以云乃飞子，不曾保明，乞与特推异数。”

但岳飞因在绍兴五年二月，宋高宗已特授岳云为閤门宣赞舍人，岳雷为閤门祗侯，当时他上奏力辞而不准，故此次更是向都督行府竭力辞免。

杨么军被瓦解后，对如何处置包括家眷在内的约二十多万失败者，引起一场争论。牛皋向岳飞提议说：“杨么占据洞庭湖作乱，引起朝廷烦忧。虽有王燮数万大军征讨，仍是大败而回。如今，岳节使提大兵来，讨伐扫荡巢穴，贼众畏伏虎威，都来出降，唯独杨么抗拒，已被擒斩了。若不将其手下徒党少加剿杀，何以示我军威？希望岳节使下令诛杀一批贼寇，使后人有所惧怕。”

岳飞不认可牛皋的意见，他回答说：“杨么那些人，本是村民，先被钟相以妖怪蛊惑，再被程昌寓记恨鼎江劫掠之辱，不思存恤，一定要诛杀殆尽，以雪前耻，以致养得贼势张大。其实只是苟全性命，聚众逃生而已。现在，既然诸寨出降，况且匪首杨么已被斩杀，其余徒党都是国家子民，杀了他们岂不有伤恩德，有什么利益呢？况且不战屈人之兵，而全军为上，是兵家所追求的最高境界；如果屠戮斩杀过多，不是好事。只要湖湘匪寇平定，大事已了，我等就该秉承朝廷的好生之德，对上解圣君贤相之忧，对自己而言不负重托，对职事而言也问心无愧。”又连喊了几声“不得杀！不得杀！”牛皋没有说话，退出后，随岳飞抚定诸寨，妥善处置了降俘人员。

岳楚渔（中国社会科学院研究员、岳飞后裔联谊会常务副会长、学者）：战争必须杀人，但岳飞决不以多杀为快，这正符合佳兵不祥的古训。无论对虔州叛军，还是对杨么叛军，岳飞都是本着此种宗旨进行处置的，说明他用兵仍以仁义为本，是位贤明的将帅。岳飞的措置也得到宋高宗本人的肯定，他给岳飞手诏说：“非卿威名冠世，忠略济时，先声所临，人自信服，则何以平积年啸聚之党，于旬朝指顾之间。不烦诛夷，坐获嘉靖，使朕恩威兼畅，厥功茂焉！”

此份手诏是参知政事沈与求为皇帝草拟的。在南宋初年，战祸连绵，人口大量减耗，尽可能多地保存劳动力，以便为国家提供兵源和赋役，这也是宋高宗君臣赞成“不烦诛夷”的一个原因。

岳飞将数万老弱人员出给公据、粮米遣散，放归田里，让他们安家耕作；将数万名壮丁编入本军，使岳家军兵力大增，并首次建立了沿江最强大的水军。

岳飞将善后事宜大致处理完毕，便撤离湖湘，回鄂州等地防秋。临行之前，焚毁了三十余所叛军的寨栅。

幕僚黄纵引用诸葛亮七擒孟获的故事，对岳飞说："今日，兵不血刃而平定湖湘大寇杨么，但散匿在湖山间的小股盗匪还有很多。那些贼寇只见识了岳家军的德，而未见其军威，我很担心他们会再度作乱的，所以，岳节使应当耀兵示威，然后再振旅而归。"

岳飞认为此说有理，便在鼎州一带举行了一次大阅兵。

岳家军部伍严整，旗帜鲜明，观者无不感慨敬佩。岳飞以仁德治兵，不妄杀戮，积德行善，也得到鼎州一带百姓的感激和敬仰，鼎州后来升格为常德府，即使几十年后宋孝宗淳熙年间，当地人听到岳飞的官称，也一定以手加额，表达其敬意。

自岳飞兵临湖湘，为时仅两个半月，便顺利地解决了宋朝积年的心腹之患，赢得了朝野的一片欢呼，"以谓上流既定，则川、陕、荆、襄形势接连，势力增倍"，从此可以专力抗金，以成"中兴之功"。

宋廷为了安定荆湖一带的社会秩序，恢复生产，也作出了一些减免、倚阁赋税等规定。洞庭湖沿湖的人户，凡绍兴三年以前的欠税，可以倚阁三年。"潭、岳、鼎、澧、荆南归业之民，其田已为他人请佃者，以邻近闲田与之，仍免三年租税。即原无产业，愿受闲田者，亦予之"。

尽管如此，在绍兴五年的一年之内，荆湖路一带经历大兵、大火、大旱、大饥、大雪之余，赋役烦苛，贪官污吏横行等弊病依然存在。因岳飞一军入境，支费浩瀚，荆湖南路加重了人民的负担。

但是，在岳家军平定杨么叛军后，荆湖路一带再未出现类似规模的叛乱。经过一段时期，生产又有所恢复，社会矛盾也有所缓和，岳家军在此后的抗金战争中，终于有了一个安定的后方。

岳飞自湖湘回军鄂州后，宋廷命他兼任淮南西路蕲州和黄州制置使，并在两镇节度使以外，另加检校少保的虚衔，以为平杨么的赏功。绍兴五年十二月，宋廷又改命他为荆湖北路、襄阳府路招讨使。

周俊玲（作家、学者）：招讨使也是大战区的长官，南宋初年，将招讨使"定位在宣抚使之下，制置使之上，著为定制"。岳飞的差遣升高，但辖区却少了荆湖南路。因荆湖南路已无战事，宋廷便将对此路的军务的处置收归中央，不再令岳飞负责。但当时的抗战派宰相张浚还是真心实意地期望岳飞北上"招讨"。

岳飞在鄂州专心致志地从事军队的整编和操练工作，并按宋廷命令，在襄阳府、唐州、邓州、随州、郢州、信阳军、复州（治景陵，今湖北天门市）、汉阳军等地部署"民社"，安排"山城水寨"的防御。但他心中一直惦记沈与求为宋高宗起草手诏中的话："腹心之患既除，进取之图可议。"

岳家军由三万多人陡增至十万人以上，在往后的岁月里，也大体维持此数。与当时各支大军相比，岳家军不但兵力最多，而且素质最好，成为名副其实的抗金主力军。

绍兴五年岁末，宋廷下令更改五支屯驻大兵的军号，命名为行营护军。张俊军称行营中护军，韩世忠军称行营前护军，岳飞军称行营后护军，刘光世军称行营左护军，吴玠军称行营右护军。岳家军前后更改了神武右副军、神武副军、神武后军和行营后护军四个军号。

当时人们习惯"以姓为军号"，如有张家军、韩家军、岳家军之称，然而随着时光之流逝，不论是岳家军的四个正式军号，还是张家军等习惯称呼，都被人们所遗忘，唯有岳家军流传千古，独享盛名，这当然决非偶然，正是历史的公正选择和积淀，也是岳家军在人民心中永驻的丰碑。

杭州岳庙里面的岳飞铜像

张宝星（海军驻南昌大学选培办主任、学者）：岳飞在大举出师抗金前主要从事戡乱安内作战，先后平定了七次大的变乱，分别是：开封城外击破王善、张用等军；降服戚方；征讨李成；招降张用；讨伐曹成；吉、虔州平叛；荡平湖湘杨么。岳飞的戡乱安内作战，为稳固南宋朝廷夯实了基础，也立下了汗马功劳，可谓功勋卓著。我曾经在一次演讲中做过结论：没有岳飞七次大规模的戡乱安内作战，南宋朝廷早就为内患拖垮了，根本无从出师北伐抗金。后人有诗赞誉岳飞"乾坤半壁岳家祠"、"临安一木幸犹支"，也即是肯定了岳飞的戡乱安内战绩。

此外，在绍兴元年至三年，岳飞还分兵遣将，平定了建昌军石陂寨姚达和饶青兵变；讨平转移到筠州的马友残部郝通；消灭盘踞舒州太湖县司空山的盗匪李通；击破叛将李宗亮和张式的部众；俘获进犯袁州和萍乡县的刘忠余部高聚和张成；公元1141年(宋高宗绍兴十一年)，即岳飞遇害的前一年，他还命中军副统制郝晸镇压郴州宜章县骆科变乱。

岳飞平定各地变乱，固然是奉命征剿，但他本人的思想也是十分明确和积极的。攘外必先安内就是岳飞比较成熟的思想，这在他的《招曹成不服乞进兵札子》中首次明确提出，岳飞说："臣窃惟内寇不除，何以攘外；近效多垒，何以服远。比年群盗竞作，朝廷务广德意，多命招安；故盗亦玩威不畏，力强则肆暴，力屈则就招。苟不略加剿除，蜂起之众未可遽殄。"剿灭变乱的最终目标还是为了抗金和收复故疆，这在岳飞翠岩寺题诗中更表露无疑，其诗云："秋风江上驻王师，暂向云山蹑翠微。忠义必期清塞水，功名直欲镇边圻。山林啸聚何劳取，沙漠群凶定破机。行复三关迎二圣，金酋席卷尽擒归。"此外，还有他在江南西路临江军新淦县(今江西新丰县)萧寺壁上的题诗，也抒写了同样的情怀："雄气堂堂贯斗牛，誓将直节报君雠。斩除顽恶还车驾，不问登坛万户侯。"岳飞认为自己必须从事镇压"山林啸聚"的军事活动，但如何破"沙漠群凶"，则一直是他思虑的中心问题。

岳飞在平定曹成后，路过永州祁阳县(今湖南祁阳县)大营驿，写了一篇《题记》说："权湖南帅岳飞被旨讨贼曹成，自桂岭平荡巢穴，两广、湖湘悉皆安妥。痛念二圣远狩沙漠，天下靡宁，誓竭忠孝。赖社稷威灵，君相贤圣，他日扫清胡虏，复归故国，迎两宫还朝，宽天子宵旰之忧，此所志也。顾蜂蚁之群，岂足为功。过此，因留于壁。绍兴二年七月初七日。"

不稳定内部，使百姓有正常的生产和生活，源源不断地提供兵员和战争给养，就无法专注于对外作战，也即是不可能攘外。这就是岳飞"攘外必先安内"的军事思想。

在岳飞较大规模的七次平定变乱行动中，除了第一次"开封城外击破王善、张用等军"是在杜充驱迫下(岳飞曾坚决反对，并表示过拒绝出战)，进行本可避免的内战，其他六次无疑都是必要的，甚至是迫切需要进行的戡乱。此外，岳家军"部众十数万，本四方亡命、乐纵、嗜杀之徒"(《金佗稡编》卷9《遗事》)，其相当大部分即是收编的各种武装，将他们由牵制抗金的力量，转变为抗金的坚实力量,并在某种程度上恢复和保护了百姓的正常生活,这无疑是有功而无过的。至于在岳飞镇压行动后,百姓依然生活在暴敛苛政之下,这是由当时的历史条件决定的,而并非是岳飞本人之过。

岳飞不论是对金,对伪齐作战,还是平定内部变乱时,都努力维护本军仁义之师的形象。岳珂称其祖父岳飞"凡出兵,必以广上德为先,歼其渠魁,而释其余党,不妄戮一人。裨将寇成尝杀降,即劾其罪。是以信义著敌人不疑,恩结于人心,虽虏人、签军,皆有亲爱愿附之意"(《金佗稡编》卷9《遗事》)黄元振说岳飞"仁心爱物,虽古之名将有所不逮"。

岳飞强调的"好生之意",正是源于儒家思想《尚书大禹谟》"好生之德,洽于民心"。他对平定吉、虔州和杨么两次变乱后的处置,不妄杀、不滥杀、不多杀,乃是集中体现了中国古代"以仁为本"的军事思想,这正是中华民族的传统美德,与西方盛行的人道主义,可谓异曲同工,殊途同归。

岳飞通过几次大规模的戡乱安内行动,基本扫平了掣肘南宋朝廷的心腹之患,为抗金大业清除了障碍,可以雄心勃勃地实现收复故疆、洗雪国耻的宏伟北伐计划了,然而,一贯苟且偏安、畏敌如虎的宋高宗和南宋朝廷会允许岳飞大举北伐抗金吗?岳飞又是怎样同朝廷的投降派作斗争的呢?请继续阅读《正说岳飞》第十章《北伐中原》。

第十章 北伐中原

早在绍兴元年，岳飞就制订了“连结河朔之谋”，认为对金国发起大反攻，必须有前线的正规军与河朔等地的民众抗金武装协同作战，方能成功。然而，这些年岳飞转战于江湖，专力戡乱安内，未将这一战略计划深入付诸实施。

梁兴、赵云、李进等人在北宋末年就组织义军抗金，后在太行山建立根据地，组织“忠义保社”，游击作战。他们先后曾克复河北路的怀州和河东路的泽州、隆德府、平阳府（治临汾，今山西临汾市）等地，并引军东下，攻击磁州、相州一带的金军。河东、河北各路民众都亲切地称呼梁兴为“梁小哥”。

台北市林森公园里的岳飞像

金军杀害了梁兴的父母，还抓了赵云的父母，以平阳府路副总管的官封对赵云诱降。赵云不为所动，金军就杀害了他的父亲，将其母张氏囚禁在绛州垣曲县（今山西垣曲县东南）。公元 1134 年（宋高宗绍兴四年）十一月，赵云乘金和伪齐联军攻打两淮的机会，投奔了岳飞。岳飞派他带领人马北上，渡过黄河，攻破垣曲县，救出其母张氏。从此以后，岳飞同太行山寨开始建立了联系。

大约在绍兴五年，岳飞派遣边俊、李喜等人渡过黄河，以加强连结河朔的工作。

梁兴的队伍日益壮大，达到四千人。他们攻破平阳府神山县（今山西浮山县）后，金国平阳帅府派总管判官邓奭带兵三千，前往镇压。金军远远望见梁兴"忠义保社"的战旗，就不敢进逼。到了夜里，他们与抗金义军相距十多宋里，方敢扎营，而又多置火炬，大呼小叫，彻夜巡逻，不得安眠。梁兴尚未发动进攻，金军已在三天夜里，惊溃了两次。最后，耶律马五亲临战场，将邓奭训斥一通，率领精骑与梁兴的队伍鏖战。梁兴大败敌军，杀死耶律马五和万夫长耿光禄。

女真贵族连忙调遣大军，进行围剿。

当年冬天，梁兴率百余名骑兵，突过大河，取道襄阳府，抵达鄂州。

岳飞见到梁兴，分外高兴，当即呈报宋廷。宋高宗同意对梁兴授予官职，以劝募更多的义军投奔。由于梁兴留在岳家军中任职，连结河朔的工作更得以大力开展。北方人民的抗金斗争翻开了新的一页。

公元 1136 年（宋高宗绍兴六年），正当岳飞积极筹备北伐大计时，岳飞的眼病却严重发作了。

周俊玲（作家、学者）：岳飞是北方人，很不适应南方湿热的气候。自征讨曹成至荡平杨么，约有六年时间，都是在炎夏盛暑中用兵打仗，他的眼睛为炎瘴所侵（大概受了病毒感染），导致眼疾。绍兴五年六月，平定杨么叛军后，病势加重，"两目赤昏，饭食不进"，"四肢堕废"。他就上奏朝廷，恳请解除军务。

宋高宗正需要以战求和，以战求存之时，当然不肯让岳飞这个享有盛誉的良将辞职，因此坚决不准，在回绝申请的诏书和省札中说岳飞措置襄汉上流事务，责任繁重，正当奋发忠愤之志向，雪国家之积耻，成就更大的功勋，请不要再辞职了。

经过一番治疗，随着秋冬季的来临，气候凉爽起来，岳飞的目疾也有所好转了。

右相兼都督张浚是一个坚定的抗战派，他位尊权重，雄心勃勃，期望在新的一年里有所作为。

张浚负责南宋各支大军的战略指挥，但他显然没有指挥大兵团作战的本领，也不具备集中优势兵力和各支大军协同作战的军事指挥才干。

张浚画像

周文斌（南昌大学校长、学者、教授、博士生导师）：张浚是南宋初年一度“总中外之任”的显赫人物，官至右相兼都督，位尊权重。历史家对张浚一生功过的争议很大，有人说他志大才疏，刚愎自用，庸才误国；也有人说他一生主战，举荐贤才，的确有功于南宋王朝。

张浚（公元1097年—1164年），字德远，汉州绵竹（今属四川）人，其父张咸曾经考中进士。张浚四岁就成了孤儿，行为端正，后来考中了进士。北宋末年，张浚进入仕途，担任太常薄。他亲眼看见北宋末代二帝北行，皇族被捕系，百姓涂炭，发誓不与敌人共存，所以终身不主张和议。他做宰相时，所推荐、重用的吴玠、刘锜、虞允文、杨万里等都是名臣。

张浚在仕途上真正的崛起，还是他指挥平定了苗刘之变后得到了重用。公元1129年，金兵进犯南方，赵构逃往钱塘，留下张浚节制宋军，组织抵御。当时，宋军溃兵数万，所到之处即剽掠百姓，张浚将溃军招集起来，安定了局面。这时，正好苗傅、刘正彦作乱，张浚就秘密联络韩世忠、吕颐浩、刘光世、张俊等所部兵马集结形成了对乱军的合围，而后指挥韩世忠等部一举击败了乱军，平定了苗、刘之变。赵构任用张浚为知枢密院事，还打算起用张浚做宰相，张浚辞谢说自己资历尚浅，不敢当。

张浚认为南宋中兴应当从关陕开始，考虑到金兵可能先进入陕西攻取巴蜀，则东南不可保，于是，慷慨请行。赵构下诏任命张浚为川、陕宣抚处置使。

这时，间谍报告说金兵即将入侵东南，张浚命诸将整顿部队待敌。后来，金兵大举进攻江、淮，张浚即整顿军队入京保卫。当时，金兵元帅兀术还在淮西，张浚恐怕他又侵扰东南，就设计牵制他，调集五路军队收复永兴。金人恐惧，急忙调兀术等由京西入援，宋金大战于富平。宋将赵哲擅离部队，以至所部惊逃，诸军溃败。张浚诛杀了赵哲，退保兴州。

公元1131年，金将乌鲁进攻和尚原，宋将吴玠据险还击，击败了金兵。兀术又合兵来攻，吴玠及其弟再度阻击，大败金兵，兀术仅以身免，急忙剪掉胡须逃脱了。

张浚有一定的识人之明，比如他很早就看透了秦桧的阴险。当时，张浚引咎辞去了相位，赵构问谁可以代替他做宰相，并且问："秦桧怎么样?"张浚说："最近与他共事，才知道他的昏暗!"赵构说："那么用赵鼎。"秦桧从此就恨上了张浚。当时，秦桧被皇帝所宠信，位尊权固，他担心张浚发表公正意见损害自己，命令朝廷的那些台臣谏官只要有所弹劾，就一定要涉及张浚，声称张浚是国贼，必欲杀掉他而后快。秦桧任命张柄为知潭州，汪召锡出使湖南，让他们图谋害死张浚。张常先出使江西，审理张宗元案件，株连到张浚，捕捉赵鼎的儿子赵汾交付大理寺，命令他自诬与张浚图谋不轨，然而，人算不如天算，这个意图迫害张浚的阴谋最后恰遇秦桧死了才得以破产。

史书上说，张浚离开朝廷几乎二十年，天下士大夫不论贤与不肖者，无不倾心敬佩他。武夫健将，说到张浚必定嗟嗟叹息，甚至妇女儿童也知道有个张都督。金人害怕张浚，每次使者来，一定要问张浚在什么地方，惟恐他重新被起用。

张浚年老病危时，就手写书信交付两个儿子说："我曾任相国，不能恢复中原、雪祖宗之耻，死后，不要把我埋葬在祖宗墓旁，把我埋葬在衡山下就可以了。"讣告传来，孝宗悲悼，停止上朝，追赠他为太保，后加赠太师，谥号"忠献"。

岳飞孙子岳珂称赞张浚"出入将相，垂四十年，忠义勋名，为中兴第一"。

总的来说，批评张浚的史家多以富平之战、隆兴北伐的大败和郦琼淮西叛

敌来指责张浚的错失。富平之战其实是张浚策划的一个大战略,意在川陕一带开辟第二战场,吸引金军主力来进行战略大决战,以减轻金军对南宋朝廷的凌厉攻势和强大压力。这个大战略一旦成功,歼灭了金军主力,立即就会改写宋金战史了。但是,很遗憾,这个战役以宋军的失败而告终。张浚固然缺乏军事指挥才略,且有刚愎自用、急功近利之嫌,但富平之战将帅失和及赵哲率部逃跑也是战败的主因之一。隆兴北伐的失败则是张浚老朽、不明,缺乏军事领导及指挥才干,以至于对骄狂贪功的邵宏渊姑息,没有对战争大局把握好,也没有协调好主将李显忠和邵宏渊的关系,导致邵宏渊掣肘,李显忠孤军苦战不敌而溃败。郦琼淮西之变虽说是张浚刚愎自用、用人不当所致,还为此招致了岳飞的不满和愤怒辞职,但细究历史,张浚的所作所为似乎是在为宋高宗赵构婉转收回成命擦屁股而已,赖人让张浚做了,其实幕后的操控人应当还是宋高宗赵构。

公元1136年(宋高宗绍兴六年)正月,张浚就离开临安府,到前线视师。岳飞和韩世忠、刘光世、张俊都被召到设在镇江府的都督行府,商议军事。举行军事会议期间,张浚当众惟独称赏岳飞,认为他可以倚办大事。

张浚镇江府的都督行府军事会议决定:韩世忠军由承州、楚州出兵,进攻京东东路的淮阳军(治下邳,今江苏邳州市西南);刘光世军由太平州(治当涂,今安徽当涂县)进驻庐州屯驻,负责招降敌人;张俊军由建康府进驻泗州州治盱眙县(今江苏盱眙县)屯驻;杨沂中的殿前司军充当张俊军的后援。张浚特别命令岳飞军由鄂州进屯襄阳府,以进兵中原。张浚对岳飞说:“挺进中原,收复故疆,是你一向的主张,现在机会来了,你要很好地把握!”

韩世忠和岳飞两军采取攻势,而张俊和刘光世两军采取守势。张俊的部分军队还须留在建康府训练。

周俊玲(作家、学者):这个战略部署,一方面是张浚拙劣军事指挥的产品,另一方面也是迁就张俊和刘光世拥兵玩敌、怯争避战的结果。至于川、陕的吴玠军,就更不在张浚的军事计划之内,按兵不动。

二月九日,岳飞自镇江府途经常州、平江府到达“行在”临安府,朝见了宋高宗。他向宋高宗面奏:“襄阳、唐、邓、随、郢、金、房、均州、信阳军原本隶属京西南路,请求恢复旧制。”又奏:“襄阳自收复后,未置监司,州县无以按察。”宋高宗都予批准,并授权岳飞湖北、襄阳府路如有缺官,自知州、通判以下,可以自择精明强干并清廉的人员出任,同时要对地方官中那些蠹政害民、贪赃受贿、横行不法之徒调离或罢免。

十九日,岳飞辞别,宋高宗赏赐酒器和黄金二百两,部卒亦有犒赏。

张浚不断向宋高宗称赞韩世忠的忠勇,岳飞的沉鸷,认为两人可以倚办大事。

三月,宋廷任命韩世忠为京东、淮东路宣抚处置使,岳飞为荆湖北路、京西南路宣抚副使,并且移镇为武胜、定国军节度使,驻节襄阳。

周俊玲(作家、学者):武胜军为邓州的节镇名,定国军为同州(治冯翊,今陕西大荔县)的节镇名。按宋朝官制,“节度以移镇为恩宠”之典。宣抚使的职责与制置使、招讨使相同,而级别最高。由于岳飞官位尚低,故只能“以副使为名”。但与原招讨使相比,则仍属升迁之列,其上也不设宣抚使,岳飞是以副使的名义行正使的实职差遣,相当于今日官场上的副职主持工作。由于京东路和京西路尚属沦陷区,故朝廷的两项任命,就是正式宣告宋朝锐意于收复失地。宋高宗让岳飞在襄阳府设置宣抚使司,并特别叮嘱岳飞,若行文到沦陷区,可在宣抚职位中,增添“河东”及“节制河北路”。

岳飞匆忙赶回鄂州,却又遭逢老母姚氏病逝的丧事。

周俊玲(作家、学者):岳母姚氏在沦陷区饱受忧患、惊悸和折磨之后,到得南方,又不服水土。这个年过七旬的老人,成年卧病,最后在绍兴六年(公元1136年)三月二十六日与世长辞。岳飞对老母从来是极其孝顺和体贴的,尽管军务繁冗,只要不出兵,总是晨昏侍候,亲自调药换衣,无微不至。为照顾姚氏的休息和调养,连走路和咳嗽都不敢出声。两年前,岳飞在克复襄汉六郡后,就因姚氏病重,“别无兼侍,以奉汤药”,上奏恳请暂解军务,建议由王贵和张宪两人代统岳家军。一旦老母身故,岳飞更是悲痛万分,三天之中,连水浆也不喝一口,哭得双目红肿,导致眼疾旧病复发。

岳飞和岳云等人跣脚徒步，扶着姚氏的灵柩，前往江州的庐山安葬。

宋高宗为此特赐银一千两，绢一千匹。岳飞平日自奉俭薄，但此次却例外地大事铺张，"仪卫甚盛，观者填塞，山间如市"，极尽哀荣。

丧葬完毕，岳飞就在著名的古刹东林寺中，为母守孝。

岳喜高（岳飞思想研究会会长助理）：按照当时的礼法，父母去世，儿女必须丁忧，守孝三年，期满之后才可外出就职。

岳飞是朝廷正在倚重的大将，身当重任，如此一来，宋高宗和左相赵鼎、右相张浚等大臣们立刻就着急了，他们要岳飞放弃丁忧，立刻起复，到军中就职。何谓起复呢？古代凡丁忧守丧、致仕或责罚去职官员，因某种需要，朝廷特召复职者，称为起复。

当时，南宋朝廷枢密院降札子命岳飞起复，制文说："勘会岳飞丁母忧，已择日降制起复。缘目今人马无人主管，及见措置进兵渡江，不可等待。奉圣旨：'先次行下，岳飞特起复，仍日下主管军马，措置边事，不得辞免。'"岳飞坚持为母守孝，认为孝和忠都很重要，不孝何以谈忠义？就上了一份《乞终制札子》说："然臣重念为人之子，生不能致菽水之欢，死不能终衰绖之制，面颜有靦，天地弗容。且以孝移忠，事有本末，若内不克事亲之道，外岂复有爱主之忠？臣已班挈扶护前来，欲于江州或南康军界营葬。"

大臣李纲深知岳飞是个大孝子，势必会固执地坚持丁忧期满，方才赴任；而右相张浚和朝廷已经作出了夏季攻势的出击部署，因此，若是岳飞不能即刻到军中就职，那么，宋军的长江防线缺了统帅，而整个战略方案也势必就会受到影响。于是，李纲上奏朝廷，要求早些对岳飞采取强硬措施，命其立即返军，若是抗命，便予以处分。此外，李纲还亲自写信给岳飞，希望他不要因为个人的私人孝道节义而耽误了朝廷的大事。

但岳飞正沉浸在思念老母的悲痛之中，坚持丁忧，对于其他的一切都置若罔闻。

宋高宗君臣眼见岳飞十分固执，对于朝廷命他起复的命令置之不理，就命宦官邓琮持了高宗的亲笔手诏，前往庐州东林寺督促岳飞起复，然而，岳飞仍然拒不返军。

此后，宋高宗不灰心，又两次用亲笔手诏命令岳飞起复，却仍旧无济于事。

宋高宗和南宋朝廷下达了最严峻的命令，说若是岳飞再敢迁延或者拒绝返军就职，便追究其部属不体恤朝廷危难之罪，将岳飞的部将王贵、张宪、徐庆、董先、牛皋等人一并惩处，发配边远地区流放。

岳飞当然不忍心让岳家军全体僚属因自己固执丁忧而遭受朝廷的惩处，就同意起复了。

这时，伪齐将王威又乘机攻陷唐州，杀害团练判官扈从举、团练推官张汉之。

岳飞感到了局势严峻，便强抑丧母之痛，忍受着因母丧哭泣太过而加重的眼疾，重返鄂州，率兵出屯襄汉。

他还找来巧匠将母亲姚氏刻木为像，带在身边，朝晚祭奉，以寄托自己的哀思。

镇江府的都督行府军事会议刚结束，韩世忠急于收复失地，于二月中旬就发动攻势。

当时，岳飞正在"行在"临安府朝见宋高宗，根本无以配合。后来，岳飞因母丧和眼疾耽误了出师日期。

韩世忠率部在淮阳军宿迁县(今江苏宿迁市)打败敌军，进兵淮阳军城，猛攻六日不克，后因金和伪齐救兵赶到，韩世忠被迫退兵。

韩世忠攻势受挫后，深感兵力不足，要求抽调张俊的统制赵密所部，张俊不允。最后，左相赵鼎出面协调，将赵密调往临安府殿前司，而以杨沂中军支援韩世忠。杨沂中军在六月前后进屯泗州，却又不归韩世忠指挥。于是韩世忠再谋进击的计划便搁浅了。

韩世忠出师却无法成功，岳飞则因母丧和眼疾未能出兵，遂使张浚的军事计划搁浅了。

到得六月，张浚眼看盛夏将逝，便下令各路大军放弃进攻计划，转入防秋。

王彦所统八字军驻守荆南府，其正式军号为前护副军，王彦任都统制。王彦身患重病，左相赵鼎和右相张浚商议，万一王彦病故，其军便无人统率，不如将此军移屯襄阳府，由王彦出任知府兼京西南路安抚使，受岳飞"节制"。等岳飞移军襄阳府，作为其宣抚司驻地后，就将八字军并入岳家军。宋廷于绍兴六年二月发表了王彦此项新命。

此时，岳飞的威名战功以及官职都在王彦之上。王彦因十年前与岳飞的嫌隙，不能释怀，现在居然要受旧日部将的“节制”，自然不能接受。于是，王彦上奏朝廷，坚决辞免新命，而他的健康状况又有好转，宋廷为息事宁人，又下令将八字军调驻临安府。王彦率领本部一万人马，准备由荆南府乘船，顺江东下。

岳飞对八字军不能归自己统属，深感惋惜。他派人邀请王彦在鄂州稍事停留，以释嫌言欢，王彦表示同意。

七月初秋的一天，岳飞率领众多部将和幕僚，来到鄂州江边，恭候王彦。不料王彦却违约食言，指挥船队乘风扬帆，飞驶而去。岳飞受到如此无礼的对待，并不介意，仍然对部将和幕僚叙述王彦昔日的立身行事，表示叹服。

尽管都督张浚已经发布防秋的命令，王彦八字军的东调，又加重了岳家军的负担，岳飞决定仍按业已延搁数月的计划，由襄阳府和邓州北上出击。当然，岳家军也只能是孤军独进，得不到任何支援和协同，其处境和半年前的韩世忠军一模一样。

公元1136年(宋高宗绍兴六年)七、八月间，岳家军开始了第二次北伐。

周俊玲(作家、学者)：秋天本是宋军的防御季节，而金军骑兵最为活跃，弓劲马肥，往往于秋季发动侵略。岳飞现在选择秋季发动进攻，目的正在出奇制胜，攻其不意，使敌人措手不及。

伪齐虢州栾川县(今河南栾川县)知县、修武郎李通，在当年春季向岳飞投诚，带来部伍五百多人，为此次北伐提供了情报，并担任向导。

左军统制牛皋为先锋，进攻伪齐新设的镇汝军。伪齐守将薛亨，素称悍勇善战，牛皋向岳飞保证，一定要“生擒以献”。左军以雷霆万钧般的威力，很快就击破这个坚垒。当薛亨作为战俘押解到宣抚司时，连岳飞也颇感惊讶。牛皋继续挥兵东向，扫荡颍昌府，直至蔡州，焚烧伪齐军积聚的粮草、器械而凯旋。

岳飞采取声东击西的战术，以牛皋左军的佯攻，掩蔽大军的主攻方向。牛皋初战告捷后，岳飞的大部队往西北方向进击。

八月初，王贵、董先、郝晸等将攻占虢州州治卢氏县（今河南卢氏县），歼灭伪齐守军，缴获粮食十五万石。宋高宗得知后，对张浚等大臣们说及，张浚说："岳飞措画甚大，如今已经到了伊、洛，太行山一带的义军山寨一定可以相呼应，协同作战的。自从梁兴来投，岳飞结连河朔的战略意图更加坚定了。"

接着，岳家军又分兵夺取了虢略（今河南灵宝市）、朱阳（今河南灵宝市西南朱阳镇）和栾川三县。

王贵在虢州得手后，继续统军西向，又克复商州全境，包括上洛（今陕西商州市）、商洛（今陕西商州市东南商洛镇）、洛南（今陕西洛南县）、丰阳（今陕西山阳县）、上津（今湖北郧西县西北）五县。

商、虢两州都属陕西路，本非岳家军的战区。吴玠部将邵隆即是当年陕西解州神稷山抗金义军首领邵兴，因避宋高宗绍兴年号而改名。他曾上奏宋廷，认为商州乃是"要害之地"，只有力取商州，方能经营关中。于是宋廷任命他为商州知州，令他和金州（治西城，今陕西安康市）守将郭浩共同负责收复商州。岳飞攻克商州后，便催促邵隆尽快赴任，以减轻本部人马的戍守负担。

商州和虢州确是军事要冲，北可控扼黄河，与北方抗金义军直接联系，东可夺据西京河南府，西可进攻关中，几乎将伪齐的统治区一劈两爿。岳家军接连三战告捷，宋廷为此下诏嘉奖。

伪齐在惊慌失措之余，派兵骚扰岳家军的后方，攻击德安府应山县（今湖北广水市），劫掠邓州高安镇。

岳家军击破伪齐军的抵抗，向前突进，取道栾川县，进据原翟兴的基地西碧潭与太和镇，直取伪顺州州治伊阳县。顺州为伪齐割原属西京河南府的伊阳、长水（今河南洛宁县西南）、永宁（今河南洛宁县）和福昌（今河南洛宁县东北）四县而设。

王贵命令第四副将杨再兴统军由卢氏县向长水县进发。

八月十三日，伪齐顺州安抚司都统制孙某与后军统制满在，在长水县界的业阳率部迎战。杨再兴当即分布军马，将几千敌军打得落花流水，斩杀孙某等五百余人，生擒满在等一百多人。十四日，杨再兴抵达孙洪涧，伪齐顺州安抚使张某率二千多人隔涧列阵。两军隔水互相射箭，杨再兴指挥军队猛烈冲锋，又将敌军击溃。在十五日夜间二更时分，岳家军进而夺取县城，缴获粮食二万石。杨再兴当即下令，把粮食分配给军士和当地百姓食用。永宁和福昌两县也相继攻克。

岳家军收复福昌县后，距西京河南府城，已近在咫尺。岳家军在此次北伐中，还夺取一个伪齐马监，缴获了上万匹战马，大大充实了自己的骑兵部队。

岳鹏(岳飞思想研究会副会长)：岳飞长驱伊、洛，是南宋立国后初次堂堂正正的大规模反攻。李纲接到岳飞在前线的捷报，写信说："屡承移文，垂示捷音，十余年来所未曾有，良用欣快。"此种评价，确非过誉。骁勇的女真骑兵自灭辽、破宋以来，真正遭受严重惨败主要有三场战役：公元1131年的和尚原之战和缩头湖之战，公元1134年的仙人关之战。然而，吴玠打败金军的和尚原之战和仙人关之战，张荣打败金军的缩头湖之战，这三场战役都是宋军防御性的反击作战。公元1134年(宋高宗绍兴四年)岳飞克复襄汉六郡，是南宋第一次收复大片失地的战役，也是第一次大规模的主动进攻性战役。但此战也仅仅是将伪齐军一年前侵占的地区夺回，以弥补长江防线的巨大缺口。当时，胆怯懦弱的宋高宗和南宋朝廷强令不得超出宋将李横所守旧界。只有这次绍兴六年(公元1136年)的岳飞第二次北伐，才是宋金开战十二年以来，第一次堂堂正正的、大规模的进攻战。与数月前韩世忠军攻淮阳军不克的战绩相比，充分显示了岳家军强大的战斗力。

京西两路在宋金战争中破坏最为惨烈，人口锐减，民生凋敝。而且，战后，京西两路在伪齐政权的苛政暴敛之下，百姓生活更加艰难。当时从岳家军大本营的鄂州到襄阳府，还非常荒凉。

岳家军转战于荒凉、萧索的山区，道路崎岖，运输不便，军粮供应不足。岳飞固然设法夺取敌军的粮食，但粮食既要供给军人和马匹，又要赈济饥乏的百姓，颇有不足。这时，后方也传来消息，因供应匮乏，一些兵卒因饥饿而逃亡。于是，岳飞只得暂停进攻，率领主力班师，留下大将王贵在前沿戍守。

新收复地区严重缺粮，只能留下少量守军。鄂州距离这些州县路程遥远，支援不可能及时。襄阳府这个前沿基地也元气未复，不能屯扎重兵，况且襄阳府距离新收复州县也有相当长的路程。因此，一些地区终于得而复失。伪齐重新夺取这些地区后，残酷屠杀了那些对南宋忠义的军民。也有很多百姓宁肯背井离乡，随军南撤。岳飞抽调一万石军粮，接济他们，并且借给他们耕牛、种子，招募百姓耕种荒田，安置他们的生活。

伊、洛之役的战果不很理想，但并非毫无所获。商州的全境和虢州的部分地区仍为岳家军所控制。邵隆在当年年底赴商州就任知州，设立官府，招徕离散的民众，逐渐将商州建设为一个坚固的要塞。

岳飞纪念邮票系列

周俊玲(作家、学者)：岳飞的第二次北伐，是宋金双方实力对比继续变化的标志。岳家军的成就表明，光复故土，已非可望而不可及的事；而北伐的中途夭折，又证实宋廷的战略指导有彻底改变之必要。

张浚对军事形势相当乐观，他力主将宋高宗的“行在”由临安府迁往建康府，以便部署日后的恢复大计。他认为东南形势，莫如建康，人主居之，可以北望中原，常怀发愤和警惕之意。至于钱塘(临安)，偏处一隅，易于安逸，不足以号令北方。而朝廷上那些眼光短浅的文臣们却都反对。最后，作为反对者之一的左相赵鼎，提出一个折衷方案，将“行在”迁移到平江府，距离前沿稍近。

九月一日，宋高宗于“行在”搬迁之前，先去上天竺烧香，为内心深处其实不太想迎还的“二圣”祈福。路过中天竺，恰遇岳飞派遣的武翼郎李遇执黄旗报捷。宋高宗接到岳家军第二份克复虢州卢氏县的捷报，心中反而忐忑不安，忧心忡忡。他对张浚说：“兵家不担心胜，唯独担心失败。万一小有蹉跌，下一步又如何打算呢？”

张浚为了使皇帝安心，向他介绍了梁兴在敌后坚持斗争的情况，说岳飞

“措置甚大”，看来必与河阳、太行一带的山寨有联系。赵鼎补充说，河东山寨如韦寿佺等人，虽力屈就招，并没有下山，队伍器甲照旧，据险自保，耕种自如。如果官军一旦渡河，他们一定会出兵响应。

君臣抵达平江府后，韩世忠前来朝见。他说，得到情报，龙虎大王完颜突合速率大批金军，由李固渡渡黄河南下，准备支援刘豫。

十三日，岳飞第五份收复长水县的捷奏和班师奏同时递送到“行在”平江府。这两份晚到的奏报，在途中竟费时一月之久。

九月下旬，张浚决定前往镇江府，视察前沿。

刘豫自绍兴四年冬大败以后，用一年多时间重整军备，恢复元气，不料又遭岳家军的猛烈攻击，当然不肯善罢甘休。但因自己没有足够的军力，不得不向金国父皇帝求援。

周俊玲(作家、学者)：此时，金太宗已经病死，即位的是金熙宗。金熙宗是金太祖完颜阿骨打的嫡系子孙，也是金太宗的侄孙，他的名字叫做完颜合剌。

金熙宗年纪虽幼，却很有骨气和个性，不愿意听任权臣完颜粘罕的摆布，因此，他即位不久就采取明升暗降的办法免去了完颜粘罕的都元帅，削夺了他的军权。而左副元帅完颜讹里多也在这年夏天去世了。

于是，右副元帅完颜挞懒和元帅左监军完颜兀术掌握了金国的兵权。

完颜挞懒是最早扶植刘豫建立伪齐政权的金国权臣，权倾一时，然而，他对刘豫一贯竭力奉承金太宗和完颜粘罕十分憎恨，认为刘豫趋炎附势，忘恩负义，很鄙视他。

因此，这次刘豫求援便受到了掌握军事实权的完颜挞懒冷遇。

金国不再同意为刘豫出兵攻宋，只是派完颜兀术(宗弼)屯兵濬州黎阳县(今河南浚县西北)，观望形势。

刘豫求援碰壁后，决定铤而走险。

九月间，他强行签发乡兵二十万，派遣儿子刘麟、侄子刘猊以及将领许清臣等，以叛将李成、孔彦舟等合兵，号称七十万，分兵三路，进犯淮南西路。

东路军由侄儿刘猊统领，从紫荆山出涡口，攻打濠州定远县（今安徽定远县）。中路军由儿子刘麟率领，从寿春府（即寿州）攻打庐州。西路军由孔彦舟指挥，企图夺取光州（治定城，今河南潢川县），直指六安军（治六安，今安徽六安市）。

为了给自己壮胆并恫吓宋军，刘豫还专门派遣所部乡兵身穿金兵的衣甲，扮作金军，在京西各州县往来招摇，宣称金军大队人马已经到来，威胁宋廷君臣。

刘豫冒称金齐联军再次侵宋，这招狐假虎威、色厉内荏的攻势，居然吓坏了南宋朝廷的许多大臣，大家风声鹤唳，惊恐不安起来。

驻守淮西的张俊和刘光世虚报敌情，夸大敌军攻势，刘光世打算放弃庐州，张俊打算放弃盱眙，一同上奏南宋朝廷，请求召岳飞所部东下，让岳家军独自抵挡伪齐大军，而自己得以撤退，保存实力。一时间，朝廷上下一片震动。

岳定子（岳飞思想研究会副秘书长）：左相赵鼎是个依违于抗战和投降之间的人物。他加入后，曾做过两件好事：一是举荐岳飞收复襄汉六郡；二是在绍兴四年冬金和伪齐联军南侵时，力主抗击。如今他却完全信从张俊和刘光世的谎报，匆忙做出三项决定：第一，允许刘光世、张俊等军撤至大江以南；第二，火速调遣岳家军东援淮西；第三，宋高宗的"行在"撤回临安府。这些决定当然正中宋高宗的下怀。

张浚抵镇江府后，得到了并无金军配合南侵的确切情报，而伪齐刘麟的中路军不过六万人，认为是个不应错过的良机，就写信警告张俊说："逆贼刘豫的部队入侵，是以逆犯顺，若不剿除，何以立国？朝廷平日里养兵为的是什么？今日之事，只有向前攻击敌人，没有后退自保的道理。"他正准备部署反击，却接连得到赵鼎等人的七八封书信，最后又是赵鼎等人草拟，而由宋高宗亲笔书写的"条画项目"，方知宋高宗、赵鼎等人已经完全惊慌失措。于是，张浚连忙上奏说，淮南的驻军是为了屏蔽大江，如果张俊、刘光世等军渡江，淮南失守，则大江天险与敌人所共有。伪齐军占据淮西，因粮就便，江南又如何能防守？现在合兵掩击淮西敌寇，可保必胜。若一有退却之意，大势便无从挽回。张浚还坚决反对调岳家军东援，说："今岳飞之军控制上流，利害至大。倘使之全军而来，万一虏、叛出没此处，何以支吾？其为患害与淮西同。"

高宗看了张浚的奏章，得知并无金军南下的确讯，心中的惶恐之意略微淡化了一些，于是放弃了赵鼎的意见，转而同意了张浚的建议，授权他统一部署御敌之策，并亲笔写了份手诏给张浚说："诸将中有不用命的，尽可依军法从事！"

十月，张浚派人以严令制止刘光世退军江南，说道："张浚相国有令：行营左护军若有一兵一卒渡江南撤，立即诛杀你刘光世！"

已撤出庐州，退保采石的刘光世为之大惊失色，知道此次再不能按拥兵玩敌的旧例行事了。于是，他集结兵马，对着部属们大声叫道："你等都要并力向前破敌，来保住我这颗项上人头！"随即，刘光世命王德和郦琼的前锋部队进驻寿春府霍丘县（今安徽霍邱县）等地，打败了刘麟所部的伪齐中路军，遏制住了伪齐大军的攻势。

同时，在张浚的统一部署下，伪齐东路军刘猊也在定远县附近的藕塘被杨沂中、吴锡、张宗颜所部宋军击败。伪齐西路军孔彦舟围攻光州不下，也闻风而遁了。

伪齐的三路大军都被打败了，但宋军的追击和反攻却并不顺利。刘光世在霍丘县击败刘麟后，奋力追击，却遭到伏击，损兵折将，为他背交椅的都战死了，连他本人也险些被俘。张俊和杨沂中合兵攻打寿春府，却无法突破。

张浚成功遏制了伪齐的三路进犯，制止了南宋君臣的惊慌失措和大军南撤，建立了功勋。他回到平江府后，立即劝阻了宋高宗后撤临安府的计划。

在张浚接到宋高宗授权严令刘光世和张俊两军迎战伪齐和金军的进攻时，宋高宗还忧虑两军难以胜任，就再下诏命岳飞督率全军兵马火速前往江州、池州救援淮西。

九月下旬，岳飞回到鄂州后，因母丧哭泣太过，眼病加重，痛楚异常，以至白日的卧室窗户，也必须用重帘遮蔽光线。

岳飞接到诏书，不顾眼疾病痛，即日率军启行。宋高宗听说后，特派医官皇甫知常与和尚中印两人，乘驿马急驰入岳飞军中进行治疗。在他们的悉心治疗下，岳飞的目疾得以好转。

当岳飞率军抵达江州时，淮西战役已经结束了，白白空跑了一场。宋高宗为了掩饰自己当初调动岳飞驰援淮西的失误，只好以亲笔手诏褒奖了岳飞一番，说："闻卿目疾小愈，即提兵东下，委身殉国，竭节事君，于卿见之，良用嘉叹。今淮西贼遁，未有他警，已谕张浚从长措置，卿更不须进发。其或襄、邓、陈、蔡有机可乘，既依张浚已行事理，从长措置，亦卿平日之志也。"下令让他率部返回鄂州。

赵鼎从旁自我解嘲，对宋高宗说道："岳飞所部的行营后护军虽然没能参战，却是按时奉命前来。这些足以说明诸将知道尊奉朝廷，陛下凡有命令时，他们都不敢不从。"

高宗也颇为自得，欣然道："打败刘麟，朕觉得不足为喜；而岳飞等大将知道尊奉朝廷的命令，这才可喜。"

周俊玲(作家、学者)：伪齐在岳飞第二次北伐班师后，立即攻打淮南西路，这本是出奇之举。不料在新败之余，又马上发起新的攻势，分路侵犯江汉，企图攻岳家军之不备。刘豫此次终于请到了一部分金军，联合作战，声势并不比攻打淮西时小。然而在岳家军方面，由于襄阳府等地的前沿兵力被"勾抽"，不免增加了防守的困难。

实际上，伪齐刘豫在绍兴六年冬天发动的金、齐联军大举进攻岳家军防区，正是宋高宗在秋季惶急之际盲目调遣岳飞率全军增援淮西，岳飞当时抽调了襄阳前沿的兵力，直抵江州。结果岳飞赶到时，战事已经结束，宋廷又忙命岳飞回军。这次毫无必要的调遣岳家军，致使襄阳等地前沿兵力空虚，给了金、齐联军以可乘之隙。

刘豫在进攻淮西被张浚击退之后，心有不甘，气愤难平。遂派遣使者勾通金国，果然搬来了一部分金兵助战。

于是，刘豫即刻倾其全部，集结大军，联合金兵，兵分五路，对宋朝的商州、虢州、邓州、唐州发起了攻击。

在商州,十一月一日,刘猊率领金齐联军一万多人,进犯商州东部的商洛县。此时,商州知州邵隆尚未到任,岳飞所部的准备将贾彦率部抵抗。

在虢州,金将安琥率领金军一万五千多人,战马三百匹,与伪齐刘麟统领的二万兵马协同作战,攻击铁岭关。铁岭关守兵看到敌军势大,抵挡不住,急报统制寇成。寇成所部只有三千多人,知道无法力敌,遂移军横涧设伏,一阵击破一千多名敌骑,杀死一百多人,夺得战马二十多匹。次日,寇成再次挥军击破一千多敌军,而后将营寨迁移到了朱阳县五里川,向岳飞请求火速增援。

在邓州,伪齐大军猛攻镇汝军。

在唐州,刘豫之弟刘复率领金齐联军主力,进抵治安营驻扎,企图直犯襄阳府。

在信阳军,金齐联军发起了攻击,岳飞所部的统制崔邦弼派遣将官秦佑出战,在长台镇大破敌军,一直追击到了望明港大寨这才收兵。

岳飞率领大军返回鄂州后,立即就接到了各地的军情警报,来不及休整,更不顾自己的眼疾未愈,当即星夜发兵,渡过大江,前去部署退敌。

在虢州,寇成得到援兵后,击败敌人。但是,他违背岳飞的政策,将俘获的五百名敌军官兵全部杀掉,因而受到岳飞的责备和弹劾。

在伪齐西京留守司统制郭德、魏汝弼、施富、任安中等人指挥下,进犯邓州的敌军有好几万人。张宪率一万兵迎战。双方在内乡县(今河南西峡县)相持两天。张宪召郝晸、杨再兴等将商议说:"贼势甚锐,必欺敌。我以轻兵迎战,佯败退走。贼见,必来追我,我即伏兵取胜。"

大家都赞同此计。第三天会战,岳家军的饵兵退却后,伪齐军果然乘势追赶,遭到正兵和奇兵的前后夹攻。郭德、施富等一千人当了俘虏,岳家军夺得战马五百余匹。魏汝弼等收残兵逃回西京河南府。

牛皋率将官王刚等人,以步兵八千,在唐州方城县(今河南方城县)东北的昭福痛击敌军,一直追至和尚寨,斩伪齐将马汝翼,降敌军一千人,得马三百多匹。

十一月十日,即岳飞渡江前五天,王贵率军在离何家寨四十宋里的大标木,与依山布阵的五大王刘复主力军激战。刘复只会聚敛钱财,不懂用兵打仗之道，却凭借与刘豫的亲属关系，充当一军的主将，虽拥有多于王贵十倍的兵马，却根本不堪一击，被杀得尸横遍野，刘复本人匹马只身逃脱。

岳飞率援军到达前沿时，王贵的追兵已插入伪齐控制的蔡州地界。岳飞考虑到再次大举深入的准备还不充分，决定先进军蔡州，如能攻占州城，则相机夺取，布置完防务，再行班师。

岳飞领兵二万前往，其中战士一万四千人，辎重兵、火头军等非战斗人员六千人，共准备了十日口粮。王贵、牛皋、董先、傅选、李建等将，都参加了这次北伐。队伍从夜间二更部署，三更出发，进逼蔡州城。岳飞身先士卒，亲自侦察，只见城壁严整，城壕既深且宽，城上竖立黑旗，却无守军。当岳家军作出攻城的态势时，黑旗立即挥动，一队伪齐兵上城抵御；岳家军作出停止攻城的态势时，这队敌军也相机撤下城去。显然，这是一座守备坚固的要塞，一时不可能强攻急下。由于所带粮食无法维持旷日持久的战斗，岳飞当机立断，下令撤军。

岳树兵（岳飞思想研究会副会长、学者）：岳家军追奔至蔡州城下，又当即撤兵。其撤兵的原因，《鄂国金佗稡编》卷7《鄂王行实编年》上说是宋高宗担心伪齐有重兵相继增援，不许岳飞攻打蔡州，原文记述为："先臣即奏云，已至蔡境，欲遂图蔡，以规取中原。上恐伪齐有重兵继援，未可与战，不许。然贵等已至蔡城，闭拒未下，先臣使人返之。"

但是，《鄂国金佗续编》卷7《伪五大王至蔡州令审料敌情省札》上却说当时宋廷提出两种情况的处理意见，并非单纯地命令不许打蔡州，而回师。

其实，岳飞是在面对一座设防坚固的蔡州城，无法速胜，且岳家军只有十天口粮，也无法进行旷日持久的攻坚战。因此而决定撤军的。对此，岳飞的幕僚黄纵记述说："蔡州……濠水深阔"且防守严密，"势不可攻"、"粮尽而归"。

蔡州城也的确是伪齐对岳家军布置的陷阱。当时，伪齐将领李成、李序、商元、孔彦舟、王彦先、贾潭等十将已带兵在附近埋伏。他们准备在岳家军顿兵蔡州城挫锐之际，再进行围歼。刘豫给他们十人预赐华丽的豪宅各一所，宫女十名，以资鼓励。李成又给每名军士发一条绳索，规定凡捉住一名岳家军士兵，就用绳索穿其手心，捉住十人，就可连成一串。他们妄想在消灭这支进击蔡州的锐师后，"鼓行东下”,“直造鄂州”。其实,伪齐的陷阱也不过是一厢情愿的春梦罢了,真正与岳家军交战之时,他们的一败涂地,才得以领教了这支无敌雄师的威力!

岳家军撤至白塔,李成的军队追来,企图堵截岳家军的归路。

王贵当即指挥骑兵搏斗,打败伪齐军,追杀了五宋里有余。

李成仍不肯罢休,他增加兵力,穷追不舍。这回轮到董先殿后,他选择险要的地形,命令踏白军将士埋伏在树林里,自己单枪匹马,占据一座河桥待敌。李成率伪齐军赶到桥边,就举起绳索,大声吆喝:“你不要走,待我前来擒你!”

董先冷笑着说:“我定不走,只怕你要逃走!”

董先从容镇定的举止,不能不引起敌方的怀疑。李成每次派兵挑战,董先只用小旗一挥,小鼓一敲,树林中便冲出一二队战士。伪齐军稍一退却,他们又重返林中。这使李成更加疑惑不定,进退不得。双方僵持了一段时间,岳飞亲率大军前来接应,李成远远望见,惊恐不已,就抢先逃命,于是全军崩溃。

伪齐军逃奔几十宋里,到了一个叫牛蹄的地方,已是人困马乏,连忙进食。

突然之间,四面山冈上遍竖起岳家军的战旗,喊杀声震天,岳家军从四面八方冲来,杀得敌军尸横遍野。此战俘虏伪齐几十员将领,几千名兵士,还夺得战马三千匹。岳飞下令将伪齐武将押解到“行在”平江府献俘。而将俘获的伪齐那几千名兵卒则集中到一处空旷所在,岳飞亲自对他们训话说:“你等都是中原百姓,大宋朝的良民,不幸为刘豫驱而至此。那么,你等都是无辜的。我岳飞今天特别开恩,释放了你等,还要每人发给你一些银钱回家生活。日后,你等见到中原百姓,当广为宣布大宋朝廷的恩德,劝他们不要为伪齐刘豫卖命,回归大宋来,这里才是你等的乐土。等到我大宋兵马攻入伪齐,收复失地之时,你等要响应官军。”岳飞还托他们捎带一封信,给伪齐蔡州知州。

众俘虏领了银钱,欢呼而去。自此之后,这些人到处散布岳飞及大宋朝廷的恩德,在一定程度上起到了瓦解伪齐军心的作用。

周俊玲(作家、学者):岳家军的第三次北伐,按其规模和声势,都比前两次小。淮西战场有刘光世、张俊和杨沂中三部共同作战,而从商州到信阳军,地面更加辽阔，却只有岳家军单独作战。岳家军少数前沿部队承受金和伪齐大军的突然袭击后，很快由防守转入反攻，显示了这支雄师的威力。事后王贵和牛皋因“掩杀逆贼五大王刘复、李成等，累立奇功”，分别晋升为正任的棣州防御使、龙、神卫四厢都指挥使和建州观察使。宋廷嘉奖岳飞的制诏中，也说这次北伐“加兵宛、叶之间，夺险松柏之塞”，“至于牛蹄之役，尤嘉虎斗之强，积获齐山，俘累载道”，此类文学性的描述，仍反映了实际情形。

岳家军取得第三次北伐胜利后，返回鄂州大本营屯驻。

痛苦的眼病纠缠了岳飞一年有余，终于逐渐痊愈。

岳建民（岳飞思想研究会会长助理）：因秦桧父子当政期间，刻意销毁、隐匿、篡改、伪造历史资料，导致岳飞几次北伐的史实有不少空白和疑案。

岳家军在绍兴六年的战绩，是秦桧父子涂抹得最干净的。《三朝北盟汇编》、《建炎以来系年要录》等书几乎一无记述，而《鄂国金佗稡编》卷 7《鄂王行实编年》的叙事又有不少错谬，比如镇汝军之战，即为一例。

岳飞在绍兴六年秋、冬的两次北伐，显然并无直接关联。如果秋天的战争算第二次北伐，那么，冬天的战争就可算是第三次北伐。

第三次北伐的规模、声势和战绩，是岳飞四次北伐中最小的。但是，淮西刘光世、张俊和杨沂中三支大军共同作战，方才打败来犯的伪齐军；而岳飞率主力尚未赶到前，少数前沿部队就已经击败金、齐联军，由防御转入反攻。相形之下，仍然显示了岳家军的战斗力。可是在秦桧父子篡改历史后，淮西的战绩被大肆吹嘘，而岳家军的战绩却被一笔勾销了。

李纲给张浚的信中说：“近得岳帅报，以偏师屡败敌人，然置蔡不取，已遂敛兵，岂有深意耶？”这里所说的偏师即是指岳家军少数前沿部队。其实，岳飞“置蔡不取”，乃是岳飞考虑在面对一座设防坚固的蔡州城，无法速胜，且岳家军只有十天口粮，也无法进行旷日持久的攻坚战，因而做出的撤兵决定。

杜甫《闻官军收河南河北》一诗有“即从巴峡穿巫峡，便下襄阳向洛阳”的名句，可见自襄阳到洛阳这条道路，是古老的南北交通要道。岳飞第二次北伐进兵路线，正是沿着这条古道行进的，主战场也正在这条古道一带。在山岭重叠、人烟稀少的地区，不利于大兵团推进及作战，也不可能成为理想的战场。此后，岳飞吸取教训，着眼于选择京西路东部平坦的原野，作为第四次北伐的战场。岳飞第三次北伐兵临蔡州城下，仅是一次战略试探而已。

岳飞筹谋多年的"连结河朔"工作，这时已有了很大的进展，并取得了相当可观的成绩。

周俊玲（作家、学者）：公元1137年（宋高宗绍兴七年）初，岳飞和幕僚黄纵讨论今后的军事行动计划时，黄纵说："攻取汝州、颍州的计划不正确，应该改变策略。因为即使攻取了，也会因不可守而再度失去，只不过是徒劳罢了。"

岳飞说："若不积极进取，中原何时才能恢复？"

黄纵说："收复中原没有奇兵不行。"

岳飞说："什么是奇兵？"

黄纵说："岳宣抚的部队，众人都知道的和可以看见的，都是正兵。奇兵就是在河北的义军。"

黄纵还针对绍兴六年两次北伐进军，而无奇兵的配合，提出了批评。

清代画家吕焕成所绘《岳飞参花图》

岳飞听后，十分高兴，说："你刚才所说的河北义军正是我的奇兵！

正兵与奇兵配合作战，正是我的‘连结河朔’之谋。相州的义军，我都已联络好了。那里关口、渡口的车、船以及住宿、吃饭的店铺，都是我的部属，往来畅通、便利，食宿无忧。还有那些彩帛店铺，也是我的部卒，有朝一日起兵作战，那些彩帛立刻就做成旗帜了。现在，即将大举北伐，河北义军相应，一战就可以恢复中原了！”

岳家军十万大军，连同几十万军人家眷的后勤供应，依然是一个困扰岳飞用兵的大问题。

周俊玲（作家、学者）：随着岳家军兵力的扩充，钱粮供应的数字也愈来愈大。绍兴三年、四年间，岳家军兵力不足三万人，“月支钱一十二万三千余贯，米一万四千五百余石，数目浩大”。绍兴五年大扩军后，岳家军“月用钱五十六万缗，米七万余石”。

制造军器和战备用具，也同样是一笔很大的开销。

尽管岳飞十分注重以爱国正气维系士气，但他也同样认为，论功行赏、严明赏罚，方能激励将士奋勇作战。

岳家军的钱、粮、军需品等由荆湖南路、荆湖北路、江南西路等供应。为保证岳家军的钱粮等后勤供应，各州县在战乱年月财政税收薄弱的情况下，只能是加重百姓的负担，科敛疲民，时称“病民最甚”。

岳飞深知民间疾苦，每次调发军饷，他总是面带忧色，经常对将士们说：“东南民力耗弊极矣！国家恃民以立国，使尔曹徒耗之，大功未成，何以报国？”

为了减轻百姓负担，保证后勤供应，岳家军也从事一些营利性的经营。

经过多方面的筹措，北伐的准备更充分了，条件更成熟了。岳飞和岳家军全军将士“闻金鼓而乐奋”，“裹粮坐甲，惟敌是求”，万众一心地等待着统帅的进军令。

就在岳飞养精蓄锐、踌躇满志，准备北伐之际，由于宋高宗和南宋朝廷措置不当，引起了岳飞的不满和愤怒辞职，还直接诱发了一场淮西大军的叛逃，史称“淮西之变”，这究竟是怎么回事呢？岳飞会牵连到这场政治风波当中吗？请继续阅读《正说岳飞》第十一章《淮西之变》。

第十一章 淮西之变

公元1137年(宋高宗绍兴七年)正月,金国向南宋朝廷通报了宋徽宗去世的消息。

这时候,南宋朝廷右相张浚和左相赵鼎因长期意见分歧,发生了矛盾,无法共事。

周俊玲(作家、学者):张浚力主“行在”迁往建康府,保持对伪齐和金军的进攻态势,赵鼎却图谋撤回临安府,苟安一隅;张浚计划乘胜攻取河南地,擒刘豫父子,消灭伪齐政权,赵鼎则认为,刘豫虽然无能,但既有金国作后盾,强敌窥伺,不可迅速攻取,应当固守;张浚提议说刘光世骄惰不战,不可为大帅,应

大连金石滩中华武馆四大铜像之岳飞

当罢免其兵权，赵鼎则反对，认为若是无故罢免刘光世，会造成其军心不安。

张浚因绍兴六年冬成功击退伪齐的进犯，为南宋朝廷立了一功，自然是理直气壮。赵鼎措置慌乱，自愧弗如，便提出辞呈，于当年十二月外任绍兴府知府。

张浚逐走赵鼎，总揽朝政，权倾一时。

但他很快又犯了一个用人不当的政治错误，那就是提拔起用了老奸巨猾、包藏祸心的秦桧。

周俊玲(作家、学者)：秦桧闲废五年后，又复出担任枢密使，地位仅次于张浚。其实，秦桧这个人呢，骨子里都充斥着投降思想，他甚至在罢黜期间，依然明目张胆地宣扬投降主张。秦桧上奏说："言战者专欲交兵，而彼己之势未必便"，"自古两国相敌，力强者骄，不足深较"，"乞安慰狂虏"，"明言""不敢轻犯大国"。

张浚被秦桧在北宋末年的最初不屈表现所蒙蔽，又误认为他柔弱容易控制，以为可以拉拢他，当一个理想的后备接班人。秦桧也尽量克制自己暴戾恣睢的本能，明充"备员"，暗当奸细。

等到张浚认识到秦桧的昏暗时，自己的宰相职位不保，而秦桧已经站稳了脚跟，而且很得宋高宗的宠信了。

由于张浚独揽大权，刘光世的罢免就势不可免，问题在于由谁取代刘光世，接管这支屯驻淮西的行营左护军呢？无论才干、威望、资历，岳飞当然是最合适的人选。

公元1137年(宋高宗绍兴七年)春正月，岳飞奉召到达"行在"平江府，入见宋高宗。

君臣见面后，谈论了一番国势军情。宋高宗忽地话锋一转，问道："岳宣抚在军旅多年，可曾遇到过千里马么？"

岳飞道："臣曾经有两匹千里马，夭矫不群，很是不凡。这两匹马食量很大，每天要吃数斗草料，喝一斛泉水，并且，水不清洁，草料不精，它就拒绝进食，宁可饿死也不吃。当我为它披上鞍甲，跨马出征时，奔跑起来，起初并不太快，但等到跑了上百里之后，它才开始振鬣长嘶，奋蹄奔驰，从午

南宋中兴四将图之刘光世

时到酉时，还能跑上二百多里路。卸下鞍甲后，它既不喘息，也不出汗，就像没事一样。这种马接受的多，却不随便索取；气力充足，却不好表现，乃是致远之材，这才是真正的千里马啊！前年，臣率部收复襄汉六郡，后又剿灭杨么，这两匹千里马在征战中不幸相继死掉了，臣为此伤感不已。现在，臣所骑乘的战马却不是千里马了，它每天所食草料不过数升，而且从不挑剔草料的精劣，喝水也不选择泉水的水质好坏。用之出征，笼头马缰还没有上好，它就开始放开四蹄飞奔了。但是，它跑不了上百里的路，就精疲力竭，汗水淋漓了，气喘吁吁，就像快要累死了的一样。这种马要求的少，容易满足，很好逞强，却容易力衰，这就是驽钝之材啊！”岳飞将自己比作“致远之材”，足以胜任直捣黄龙府的伟业。他希望宋高宗高瞻远瞩，不要耿耿介怀于去年北伐的成效不理想，而能交付给自己更多的军队和权力，以承担再次大举的重任。

高宗听了岳飞这番论马高见，很是心折，称赏了许久，赞叹道：“你的议论极为精辟，很有哲理。”

岳飞这番言谈引起了皇帝的重视。宋高宗赞赏他“见〔识极〕进，论议皆可取”。趁论功行赏的机会，将岳飞由检校少保升至正二品的太尉，并将宣抚副使兼营田使晋升为宣抚使兼营田大使。

在平江府岳飞论马，令宋高宗称赏不已

岳宣义（岳飞后裔联谊会会长、学者）：按照宋制，宰相所辖三省和枢密使等所辖枢密院，号称二府。除宰相外，枢密使、参知政事等称执政，即“辅臣”。太尉“同二府之列”，“崇以辅臣之礼”。自宋朝“祖宗以来，所置使名莫重于宣抚，多以现任执政官充使”。“以宣抚之重名，实寄专征之大事”，惟有“廊庙近臣、勋伐高世者”可膺此重任。岳飞官拜太尉后，便“理合增重使名”，使虚衔和实职一致，都作为执政级高官的待遇。但是，检校少保、太尉等只是作为锦上添花的加衔，岳飞的两镇节度使虚衔仍旧保留而不变。此时，岳飞的实职差遣已超越吴玠，而与韩世忠、刘光世、张俊三大将平列。

当时，南宋统兵大将刘光世、张俊、韩世忠、岳飞、吴玠号称五大帅，在五大帅中，岳飞原先的资历最浅，年龄也最小，比张俊小十七岁，比刘光世、韩世忠小十四岁，比吴玠小十岁。当刘光世、韩世忠和张俊升任节度使时，他还是一个低品的偏裨武将。岳飞曾隶属于张俊，勤勉建功。绍兴初年，击破李成之役，张俊主要依靠了岳飞的战功而受赏升官，很佩服岳飞的忠勇和才略，也曾屡次向皇帝举荐。其后二三年间，岳飞平定湖、广、江西寇乱，收复襄阳六郡，战功和声望后来居上，使张俊感到不平并嫉妒。绍兴四年，金齐联军进犯淮西，那里本是张俊的守区，但他畏敌避战，不肯出兵。宰相赵鼎斥责张俊，并派遣他出征。张俊行军至平江府，又以坠马伤臂推辞。赵鼎恼怒，上奏宋高宗，请求诛杀张俊以警告那些不用命的将领，但宋高宗庇护张俊，不了了之。张俊大军也无功而返。岳飞奉命渡江，一战大捷，解了庐州之围。宋高宗为表彰岳飞功勋，封以镇宁、崇信两镇节度使，张俊更加嫉妒。到这时，岳飞进封正二品的太尉，同二府之列，天下称张俊、韩世忠、岳飞为三大帅。张俊更加嫉妒，有时见于辞色。岳飞从抗金的大局出发，先后给张俊写了很多封书信，殷勤致意，张俊都置之不理。平定杨么后，岳飞又向张俊和韩世忠奉送人员和装备齐全的大车船各一艘。韩世忠十分高兴，从此与岳飞释嫌言欢。张俊得到那艘长三十宋丈、高五宋丈的巨舰，反而认为岳飞炫耀战功，更增恼恨。到了绍兴七年，岳飞恢复故疆的大计很合宋高宗的意图，手诏面谕都以中兴之事委任岳飞，所赐的褒词有很多亲近和赞赏之语，诸如“非我忠臣，莫雪大耻”、“卿为一时智谋之将，非他人比”、“朕非卿到，终不安心”，甚者谓“听飞号令，如朕亲行”。张俊见到后，经常感叹岳飞夺了皇帝对自己的崇信，因而，心生嫉妒，有意打压、倾轧岳飞。

三月，在张浚的力主下，宋高宗将“行在”从平江府迁往建康府。正在平江府的岳飞，也奉命带领兵马禁卫从行。

九日，到达建康府后，宋高宗在“寝阁”单独召见岳飞，对他说：“中兴之事，朕一以委卿，除张俊、韩世忠不受节制外，其余并受卿节制。”

周俊玲(作家、学者):所谓“节制”,就是指挥。岳飞节制的范围,不仅包括刘光世的行营左护军五万二千余人,还应包括仍为宣抚副使的吴玠行营右护军六万八千四百余人,杨沂中殿前司军约三万人,侍卫马军司和侍卫步军司军一万二千六百人以上,总计约十六七万人;不归节制的韩世忠的行营前护军约三万人,张俊的行营中护军约七万余人,总计约十万人。

十四日,宋高宗决定以刘光世所统淮西行营左护军王德、郦琼等兵五万二千三百一十二人、马三千一十九匹拨归岳飞,并将亲笔手诏交付岳飞,以备他去淮西接管行营左护军时,面授王德、郦琼等统制。宋高宗在手诏中写道:“朕惟兵家之事,势合则雄。卿等久各宣劳,朕所眷倚。今委岳飞尽护卿等,盖将雪国家之耻,拯海内之穷。天意昭然,机不可失,所宜同心协力,勉赴功名,行赏答勋,当从优厚。听飞号令,如朕亲行,倘违斯言,邦有常宪。”

宋廷和都督府又发给岳飞三个省札和都督府札,命令岳飞招纳伪齐臣僚,规定岳飞“如行军入贼境”,“许便宜施行”、“军期事务”,而后奏报。其中的都督府札则是开列刘光世军的人马清单,包括行营左护军所属十个军的统制名单,共计有五万二千三百一十二人,马三千零十九匹。由于罢免刘光世的命令尚未宣布,故规定此札由岳飞“密切收掌”,不得下发宣抚司机构,以免泄漏朝廷机密。

周俊玲(作家、学者):南宋几支大军各自驻防,互不相服,习惯于各自为战,不能统一指挥,缺乏大兵团协同配合作战的战略运作,从战略上讲,不能开展大规模的集团战役,这是个积弊严重的战略弱点。宋高宗也知道,岳飞“素志殄虏,常苦诸军难合”。

现在,宋高宗将全国大约七分之五的兵力,慷慨地授予岳飞一人指挥和节制,这在宋朝尚无此先例,不能不使岳飞欣喜若狂。

此时此刻的岳飞,非常感激皇帝的恩遇,更渴望抗金成功,他多次入见宋高宗,谈论恢复中原的方略,认为伪齐刘豫是金人的藩篱,一定要先灭掉伪齐政权,然后才能恢复中原,就用工整的楷书写了一篇慷慨激昂的奏札,于十一日进呈皇帝,这就是著名的《乞出师札子》,在这份札子中,岳飞说:“臣伏自国家变故以来,起于白屋,实怀捐躯报国、雪复雠耻之心,幸凭社稷威灵,前后粗立薄效。而陛下录臣微劳，擢自布衣，曾未十年，官至太尉，品秩比三公，恩数视二府，又增重使名，宣抚诸路。臣一介贱微，宠荣超躐，有逾涯分；今者又蒙益臣军马，使济恢图。臣实何人，误辱神圣之知如此，敢不昼度夜思，以图报称。臣〔窃〕揣敌情，所以立刘豫于河南，而付之齐、秦之地，盖欲荼毒中原生灵，以中国而攻中国。粘罕因得休兵养马，观衅乘隙，包藏不浅。臣不及此时禀陛下睿算妙略，以伐其谋，使刘豫父子隔绝，五路叛将还归，两河故地渐复，则金贼诡计日生，它时浸益难图。然臣愚欲望陛下假臣日月，勿复拘臣淹速，使敌莫测臣〔之〕举措。万一得便可入，则提兵直趋京、洛，据河阳，陕府、潼关，以号召五路叛将，则刘豫必舍汴都，而走河北，京畿、陕右可以尽复。至于京东诸郡，陛下付之韩世忠、张俊亦可便下。臣然后分兵濬、滑，经略两河，刘豫父子断可成擒。如此则大辽有可立之形，金贼有破灭之理，四夷可以平定，为陛下社稷长久无穷之计，实在此举。假令汝、颍、陈、蔡坚壁清野，商於、虢略分屯要害，进或无粮可因，攻或难于馈运，臣须敛兵，还保上流。贼定追袭而南，臣俟其来，当率诸将或挫其锐，或待其疲。贼利速战，不得所欲，势必复还。臣当设伏，邀其归路，小入必小胜，大入则大胜，然后徐谋再举。设若贼见上流进兵，并力来侵淮上，或分兵攻犯四川，臣即长驱，捣其巢穴。贼困于奔命，势穷力殚，纵今年未尽平殄，来岁必得所欲。亦不过三二年间，可以尽复故地。陛下还归旧京，或进都襄阳、关中，唯陛下所择也。臣闻兴师十万，日费千金，邦内骚动七十万家，此岂细事。然古者命将出师，民不再役，粮不再籍，盖虑周而用足也。今臣部曲远在上流，去朝廷数千里，平时每有粮食不足之忧。是以去秋臣兵深入陕、洛，而在寨卒伍有饥饿闪走，故臣急还，不遂前功。致使贼地陷伪，忠义之人旋被屠杀，皆臣之罪。今日唯赖陛下戒敕有司，广为储备，俾臣得一意静虑，不为兵食乱其方寸，则谋定计审，仰遵陛下成算，必能济此大事也。异时迎还太上皇帝、宁德皇后梓宫，奉邀天眷归国，使宗庙再安，万姓同欢，陛下高枕无北顾忧，臣之志愿毕矣。然后乞身还田里，此臣夙昔所自许者。”

宋高宗披览岳飞的奏疏，以亲笔批复说：“览奏，事理明甚，有臣如此，顾复何忧。进止之机，朕不中制。惟敕诸将广布宽恩，无或轻杀，拂朕至意。”

又将岳飞召至寝阁，对他说：“中兴之事，朕一以委卿。”又赐亲笔札子曰：“前议已决”，“进止之机，委卿自专，先发制人，正在今日，不可失也”。岳飞再上奏疏，申述前志，宋高宗再赐札报说：“览卿近奏，毅然以恢复为请，岂天实启之，将以辅成朕志，行遂中兴耶！”又令节制光州。

根据内定的安排，岳飞实际上已不再是荆湖北路和京西南路的宣抚使，而是“宣抚诸路”。除京东东路和西路是韩世忠与张俊两军的作战区外，其余京西、陕西、河北、河东等各路辖地，都作为岳飞的作战区。他在奏札中提出全盘作战计划，准备用两三年时间，“尽复故地”。岳飞满怀决胜的豪情壮志，他惟一的忧虑就是军粮供应，故在此奏中特别强调，希望引起宋高宗的关注。

赵构行书《赐岳飞批劄卷》作于绍兴十一年(1141年)台北兰千山馆藏

周俊玲(作家、学者)：南宋初年，一度流行着迎还二圣的政治口号，二圣是指被俘的宋徽宗和宋钦宗。这个口号最初出自宋高宗的即位诏中有“同徯两宫之复”之语。由于宋徽宗已死，金人又不断放出风声，要以宋钦宗或宋钦宗之子组织傀儡政权，故岳飞在此奏中便不再沿用这个已经过时的政治口号，而只将宋钦宗包括在“天眷”之中。

岳飞在行朝已暂住了一月有余，他急于离开建康府。宋廷特别规定，绍兴六年立功将佐的升官官告，可“免进入”门下省审复，而由官告院直接发付岳飞带回鄂州。

宋高宗自绍兴元年以来，虽降金之心不死，但因伪齐堵绝了求和之路，有时不得不在表面上赞成抗金。金国女真贵族经历几次挫败后，灭宋的欲望已不很迫切；刘豫却不然，他认为若不灭宋，自己“子皇帝”的宝座就坐不稳当。他为此采取了一切可能的手段，包括搜罗宋高宗个人的秽行丑闻，出文榜“毁斥诟骂，无所不至”。

宋高宗身为九重之主，竟然遭受这个旧日臣仆的糟蹋，也不免气愤难平，意欲进行报复。近年来的一系列征战，使岳飞的军事声望后来居上，无论是刘光世和张俊，还是吴玠和韩世忠，都不能与他并驾齐驱。真正要在抗金方面有所作为，自然非岳飞莫属。宋高宗在一时的感情冲动之下，似乎是“寝阁之命，圣断已坚”，决定重用岳飞，然而他的决定，也仅仅是一时冲动而已。

岳飞的北伐用兵计划，很快遭到右相兼都督张浚的反对，以及枢密使秦桧的破坏。

张浚不满于当空名都督，企图将行营左护军作为都督府的直属部队；而岳飞“宣抚诸路”，其实已在相当程度上取代了都督的职权。张浚一向自视甚高，去冬淮西的胜利，更使他居功自傲，忘乎所以。在他眼里，统一节制全国军马，指挥北伐战争，只有自己才名实相符，岳飞是不够资格的。

秦桧身为奸细，破坏抗金自是他的本分。如今既有张浚出面反对岳飞并统各军，秦桧更乐于在煽风点火后，充当“备员”。

张浚和秦桧要说服宋高宗，是毫不困难的。宋太祖以武将身份发动政变，黄袍加身，故猜忌和防范武将，遂成赵宋世代相传的家规。尽管对国势卑弱的影响愈来愈大，变得有弊而无利，赵氏子孙仍恪守不违。张浚和秦桧无非是设法提醒宋高宗，不要忘记列祖列宗的家训，让岳飞掌太大的军权，一旦功盖天下，威略震主，就后悔莫及了。宋高宗被张浚和秦桧提醒后，当即翻悔。但自古君无戏言，如何对岳飞取消信誓旦旦的皇命，却颇费斟。宋高宗给岳飞连发三份手诏。第一份手诏说：“前议已决，不久令宰臣浚至淮西视师，因召卿议事。进止之机，委卿自专，先发制人，正在今日，不可失也。”

至于“议事”内容为何，似不便明说。第二份手诏说：“览卿近奏，毅然以恢复为请，岂天实启之，将以辅成朕志，行遂中兴邪！嘉叹不忘，至于数四。自余令相臣浚作书具道。惟卿精忠有素，朕所简知，谋议之间，要须委曲协济，庶定祸乱。”

估计到张浚出面“具道”后引起的不快，故宋高宗一方面对岳飞大加褒奖，另一方面又要求他“要须委曲协济”。第三份手诏说：“淮西合军，颇有曲折。前所降王德等亲笔，须得朝廷指挥，许卿节制淮西之兵，方可给付。仍具知禀奏来。”

过了十多天，张浚估计岳飞已经收到宋高宗的三份手诏了，便将岳飞召到都督行府。与岳飞相见之后，张浚心中反复思量，却无论如何也找不出什么冠冕堂皇的理由来替宋高宗收回成命，便装作根本没有发生过宋高宗在寝阁许诺让岳飞统带淮西军的事情，转弯抹角地问道：“王德在淮西军中颇有威望，我想将他任命为行营左护军都统制，而命吕祉以都督行府参谋的身份取代刘光世，统领这支大军，岳太尉以为如何？”

周俊玲（作家、学者）：岳飞本就聪颖异常，干练多谋，在他接到宋高宗的三道手诏之后，便已经察觉到了宋高宗想要变卦，收回在寝阁的成命了，但他想宋高宗赵构作为至高无上的皇帝，一言九鼎，若要收回成命，总须有个说得过去的理由，因此，耐住性子，静待张浚如何为宋高宗收回成命开脱。此刻，岳飞见张浚如此发问，哪里是什么咨询了，那言外之意显然就是在替宋高宗通知岳飞：淮西刘光世的行营左护军统帅已经有新的合适人选了。

岳飞听了，心中虽有预料，却仍是不自禁地微微一惊，但他为人本性率直质朴，而且十分执拗，便直言回答张浚道：“淮西一军多是叛亡贼盗的兵马归附朝廷而组建的官军，内部诸军，派系林立，互相牵扯，勾心斗角，由来已久，稍有处置不当，便会在军中产生变乱的。王德与郦琼都是刘光世的部将，各有自己的势力，并且地位相等，才略与威望也不相上下，相国一旦提拔其中一人来统御另一个，则他们之间肯定会发生争执的，那时恐怕会酿成兵变了。吕祉尚书在兵部多年，精通兵法与军政，但他终究只是个书生，既不习军旅，也没有实际统带兵马的经验，不足以镇服那支大军。以我岳飞看来，取代刘光世而统率淮西军的人选一定要选择一位朝廷大将才行，如若不然，这支队伍迟早会出现问题的。”

张浚道：“既如此，那就让张俊来统领他们怎样？”

岳飞道：“张宣抚是朝廷宿将，也是岳飞的旧日统帅。然而，张俊为人残暴而缺乏谋略，淮西军大将郦琼等人向来就不服他，我料张俊无法统带这支队伍的。”

张浚听他说得很在理，不由得暗暗赞许，又问道：“那么，用杨沂中怎样？”

岳飞面上微露不屑，说道：“杨沂中与王德差不多，岂能统御这支大军？”

卡通游戏里的岳飞造型

张浚一番相问，岳飞从北伐抗金的大局出发，直言不讳，一一作答，张浚却没有理解岳飞的忠直与率真，反而认为岳飞是在顽固不化，执拗对抗，企图兼并刘光世的部队，扩大自己的实力，而宋高宗已经明确要自己设法婉拒岳飞统领淮西军了，岳飞却不识好歹，不知明哲保身，一再直言不讳，毫不退让，心底里面执意坚持宋高宗的寝阁许诺，可谓不识时务，不禁恼怒起来，冷冷地道："照你这么说来，统御淮西军非你岳太尉不可了?!"

岳飞也不高兴了，愤愤地道："相国以公事相问，岳飞不敢有所隐瞒和愚弄，只能是直言相告，哪里是为自己争夺淮西军的统御权呢?"

张浚作为岳飞的顶头上司，眼见岳飞说话如此率直，毫不客气，而且丝毫不懂得婉转和知难而退，很是不高兴了，便没好气地说道："我就知道非岳太尉不可!"说罢，拂袖而去，两人不欢而散。

岳飞出了都督行府，仰天长叹了口气，心中郁闷难当，他对宋高宗的出尔反尔愤慨已极，当日即写了一封奏章给宋高宗，只说是与宰相张浚议论不合，请求解除兵权，去为母亲服丧，以张宪代理军务。岳飞恼怒之下，就不等宋高宗批准，在返回鄂州军营的途中，一面上奏，一面就径直徒步往江州庐山东林寺去，去那里给亡母持余服守孝。

张浚得知岳飞擅自离职，更加不高兴了，就上奏宋高宗说："岳飞处心积虑，只想兼并刘光世的淮西军，如今他上奏辞职，那是意在要挟陛下满足他的私欲罢了。"

然后，他通过宋高宗，委派其亲信兵部侍郎兼都督府参议军事张宗元任湖北、京西路宣抚判官，行使监军的职务，准备乘机剥夺岳飞军权。

周俊玲(作家、学者)：张浚是个雄心很大的人，当时身居高位，总揽朝政，又有新建淮西击退伪齐进犯的功劳，所以就有些躁进得张狂了，根据《三朝北盟汇编》卷199《秀水闲居录》，《中兴小纪》卷21注引《秀水闲居录》的记载，当时张浚正计划拿掉刘光世之后，逐步谋划收取诸大将的兵权，由自己做名副其实的抗金总统帅。但他的这一计划并不切合实际，当时金寇环伺、伪齐觊觎，尚不到天下初定、兔死狗烹的时机，他的轻举冒进，以致使天下有识之士为之"寒心"。

对于岳飞的愤而辞职，宋高宗也很不满意。他召见左司谏陈公辅时，隐瞒了自己在行营左护军归属问题上的出尔反尔，却指责岳飞骄横跋扈。

左司监陈公辅是抗战派，他很敬重岳飞，便奏道："岳飞本是行伍出身的粗鲁武人，处事难免莽撞，但其忠勇盖世，功勋卓著，天下尽知，似不应当如此蔑视法纪。"

婉转地请求宋高宗予以谅解。宋高宗尚比张浚清醒，他权衡利害得失，为了自己的帝座，尚不得不用岳飞掌军。他拒绝了张浚的收岳飞兵柄之谋，在手诏中"封还"岳飞的三份辞职奏札，不准岳飞"求闲自便"。随即，宋高宗发布严令，命湖北、京西路宣抚司提举一行事务王贵与参议官李若虚火急赶往庐山，持高宗手诏和封还的岳飞辞职奏札，立即敦请岳飞出山，返回鄂州军营就职。

王贵和李若虚带了诏旨即刻赶到了庐山东林寺，面见岳飞，具说宋高宗和朝廷的意见，让他即刻返回军营，岳飞正在气愤之余，执意不肯下山复职。王贵与李若虚苦苦相劝，岳飞一概置之不理。

拖到了第六天，李若虚迫不得已，便斗胆责备岳飞道："太尉如此固执，是想要抗旨造反吗？你若再坚持不从，非但皇上与相国怀疑太尉，举朝大臣，乃至天下百姓恐怕都要怀疑太尉了。况且，太尉原本就是河北的一个农夫罢了，如今受天子的委任，官居太尉，手握兵权，位尊权重，你以为现在就可以与朝廷抗衡了吗？太尉若是仍旧坚持不返军复职，我李若虚等不免要被朝廷处斩了。但我等多年来追随太尉，栉风沐雨，备历艰辛，从不言苦，何曾有负于太尉了？太尉你便真能忍心眼睁睁地看着我等无辜受刑吗？"

岳飞听了李若虚一番指责，顿时头脑冷静了下来，心中明白自己若是一味固执下去，对抗金大业毫无裨益，便起身接受了宋高宗的诏旨。

这时，宰相张浚也颇觉得自己和宋高宗如此对待岳飞，略有歉疚，便写了封信给岳飞，规劝岳飞及早出山复职，但在复职视事前，必须要前往行在建康府向宋高宗请罪。

于是，这年六月，岳飞赶到了建康府，向原本理亏的宋高宗请罪，说道："前些日子，臣一时头脑冲动，妄有奏陈辞职，触犯了朝廷法度，臣有罪，恳请皇上明正典刑，昭示天下，臣等候皇上降罪惩处。"

宋高宗对岳飞心怀愧疚，却恼怒他的擅自离职与固执不化，但想此刻南宋朝廷确实也不能失去岳飞这样的良将，便说道："卿日前奏陈轻率，动不动便以辞职要挟，擅离职守，藐视朝廷法度。但朕爱惜你的忠勇，所以并不怪罪你。

若是怪罪你时，肯定要有惩处的。本朝太祖爷所谓：‘犯吾法者，惟有剑耳！’断非虚言！朕所以封还你的辞呈，仍旧命你掌握大军，委任你要职，负责措置恢复故疆的大计，那正是说明朕没有怪罪你的意思！”然后命岳飞返回军中就职，并召回了张宗元。

几个月前，岳飞一度是宋高宗最赏识的大将，如今却成为皇帝最猜忌的武人。宋高宗的话中隐隐地透露出杀机。他一时尚不得不在表面上对岳飞做些应付和酬酢，骨子里却深怀戒备之心，毫无诚意。秦桧也表示愤愤不平，以取悦于宋高宗。

岳飞就职后，上奏说：“近来朝廷的命令，都说圣上已经决断，为什么至今尚未决定北伐？臣愿领兵进行讨伐，顺应天道，依乎人心，以出兵是否合乎正义来判断军队士气的高低，以战争是否顺应天道人心来判定军队的强弱，一定会收到万无一失的功效。钱塘（今浙江杭州市）偏在海边，不是兵家用武之地，希望陛下在长江上游建都，用汉光武帝的故事，亲自统帅大军，往来督战，可使将士知道圣上的意向，人人听命。”宋高宗对岳飞的这份上疏不予答复。

统率各军，大举北伐的幻想破灭后，岳飞只能立足于依靠本部人马。

周俊玲（作家、学者）：他返回鄂州，又向宋高宗上奏：“贼豫逋诛，尚穴中土，陵寝乏祀，皇图偏安，陛下六飞时巡，越在海际。天下之愚夫愚妇莫不疾首痛心，愿得伸锄奋梃，以致死于敌。而陛下审重此举，累年于兹，虽尝分命将臣，鼎峙江、汉，而皆仅令自守以待敌，不敢远攻而求胜。是以天下忠愤之气，日以沮丧；中原来苏之望，日以衰息。岁月益久，汙染渐深，趋向一背，不复可以转移。此其利害，诚为易见。……臣待罪阃外，不能宣国威灵，克殄小丑，致神州隔于王化，虏、伪穴于宫阙，死有余辜，敢逃司败之诛！陛下比者寝閤之命，圣断已坚；咸谓恢复之功，指日可冀。何至今日，尚未决策北向。臣愿因此时，上禀〔陛下〕成算，不烦济师，只以本军进讨，庶少塞瘝官之咎，以成陛下寤寐中兴之志。顺天之道，因民之情，以曲直为壮老，以逆顺为强弱，万全之效，兹焉可必。惟陛下力断而行之！”

在这道奏章中，岳飞率直地批判朝廷“仅令自守以待敌，不敢远攻而求胜”

的消极防御战略方针，并且提醒宋高宗，不要自食几个月前"寝阁"的"圣断"。

宋高宗读罢岳飞的奏札，心中也是波澜不断，深感自己出尔反尔，实在是耍弄了岳飞，多少有些难堪，于是，他便回手诏说："览卿来奏，备见忠诚，深用嘉叹。恢复之事，朕未尝一日敢忘于心，正赖卿等乘机料敌，以图大功。如卿一军士马精锐，纪律修明，鼓而用之，可保全胜，卿其勉之，副朕注意。"

正当岳飞厉兵秣马，准备出师北伐之时，淮西却由于宋高宗、张浚、秦桧等人的措置失误，果然不出岳飞所料，终于还是爆发了一场大规模的兵变，使得威震一方的刘光世行营左护军顷刻崩溃，南宋的四大军区之一的淮西军就这样土崩瓦解了。

周俊玲（作家、学者）：刘光世被撤职后，八月，南宋朝廷将王德升任行营左护军都统制。王德十分骄倨，不得人心。有一天，王德在教场阅兵，众将领执都来用军礼拜谒。郦琼与王德都是刘光世重用的大将，两人平素地位相等，不相上下，这时，王德荣升为都统制，郦琼有些畏忌王德，便卑词进言说："寻常伏事太尉不周，今日乞做一床锦被遮盖。"王德得志之后，便不把郦琼放在眼里了，竟不答一言，上马扬尘而去。众将看在眼里，都很为郦琼不平。王德既犯众怒，郦琼在寒心之余，便伙同众将，向都督府及御史台列状上告王德。王德也列状上诉。

宋廷为调解冲突，便任命郦琼为行营左护军副都统制。

张浚仍然按其原定计划，派兵部尚书兼都督府参谋军事吕祉前去庐州（今安徽合肥市）监军，节制他们，而将王德的八千人马调驻建康府。

吕祉本是文臣，不习军旅，也没有实际统带兵马的经验，根本无法胜任统率淮西军的职责。在他抵达庐州后，郦琼又告王德的状。吕祉便说："如果以你说的为是，那就令人有些迷惑了。然而张丞相喜欢大家上进，若是能够立功，即使有大的过失也可以忽略不计，更何况是小的嫌疑呢。我一定为诸公明察这些事情，不必忧虑。"郦琼等人都很感动。事情稍有安定，吕祉便向宋高宗密奏，请求罢免郦琼及统制靳赛的兵权。不料，起草密奏的官吏把内容透露给了郦琼。于是，郦琼派人拦截了吕祉所遣的信使，看到了密奏的全文。郦琼等人十分怨恨。正好这个时候朝廷任命张俊为淮西宣抚使，杨沂中为淮西制置使，刘锜为副使，召郦琼前往行在。郦琼大为恐惧，于是拉拢了大部分将领谋划叛变。

八月八日早上，诸将参见吕祉。

郦琼从袖中拿出吕祉给朝廷的密奏，对中军统制张璟说："各位将官有什么罪，张统制便用这些事来上报朝廷！"吕祉大惊，企图逃开却已来不及了，被郦琼所擒。随即，郦琼发动兵变，中军统制张璟及兵马钤辖乔仲福、统制刘永衡都被杀死。郦琼于是率领淮西军全军四万人，押解吕祉北去，打算渡过淮河，前往伪齐投降刘豫。当他们来到距离淮河三十里的地方时，吕祉下马而立，对郦琼说："刘豫是一个叛贼，我怎能见他！"众人逼迫吕祉上马，吕祉骂道："死便死在此地！"又大声鼓动众人说："刘豫是一个叛臣而已，淮西军中难道没有英雄，你等都要随从郦琼前去吗？"一些人很受感动，有千余人环立周围而不前行。郦琼恐怕吕祉继续动摇军心，急忙杀掉吕祉，策马抢先渡过淮河，引领大军投降了伪齐。

淮西兵变，朝野震惊，宋廷更是乱成一团。

宋高宗闻报，大惊失色，慌忙火急给岳飞递发手诏，说："朕听说郦琼与岳太尉是同乡，又素来敬服你的威望，因此，望卿立即写信给郦琼，争取他归宋。只要郦琼率众归来，不但前罪一概不问，还要升他的官职，奖赏优厚。"

岳飞看了高宗手诏，喟然叹道："早知今日，何必当初？张浚、秦桧等人以一己之私，祸害了国家啊！"强忍愤怒，还是提笔给郦琼写了一封招降书。

但此时的郦琼已然投顺了伪齐刘豫，对于宋高宗的"皇恩"与岳飞的书信，一概置之不理。

周俊玲（作家、学者）：淮西之变使岳飞的先见之明完全得到了应验，但这种应验带给宋高宗和张浚以及南宋朝廷的，却是惨痛的后果，追悔莫及。

南宋前沿四大军区之一的行营左护军在并没有遭遇外敌攻击的情况下，仅仅是朝廷决策者们的措置不当，便瞬间崩溃，而且是叛乱投敌。这对南宋朝廷上下的打击都是极其沉重的。

岳飞在惊悉淮西兵变之后，立即驰奏行在建康府，对宋高宗奏报说："惊闻淮西郦琼反叛，淮甸迫近行在，因此，臣愿意立即督率全军进驻淮西，以策万全，万一郦琼叛军与伪齐或金兵勾结，一起进犯建康府，惊扰皇上，臣当竭力奋击，消灭叛军。”

宋高宗虽然深知淮西之变的严重后果，也知道其所带来的国防危机，但他既然与岳飞产生了隔阂，当然不肯让岳飞率军移驻淮南西路了，便降诏奖谕岳飞，不但如此，他还乘机将岳飞既定的北伐计划一笔勾销了，命岳飞督率马军前去襄汉防秋按边。不久，岳飞又接到宋高宗手诏，令他遣发水军，前往蕲州蕲春县蕲阳镇和江州，部署江防。

薛弼听罢，大吃一惊，颤声道：“太尉不可上此密奏！”

岳飞便亲率舟师，屯驻江州，“为淮、浙声援”。

接着，岳飞再次接到宋高宗的诏旨，命他和参谋官薛弼前往行在建康府朝见议事。于是，岳飞便与薛弼一同乘舟前往建康府去了。

船行途中，薛弼看到岳飞在舟中一直在练习小楷，颇感蹊跷，就问道：“太尉的书法以草书见长，兼通苏体，已然自成一家，怎么这些天来一直在反复琢磨小楷呢？”

岳飞淡然一笑，说道：“楷书乃是诸般字体的基本，我少年之际习练不多，此刻利用余暇温习，这有什么奇怪吗？”

薛弼笑道：“我看不这么简单吧！小楷字体主要用于奏札，太尉此番入见皇上，这些天来是否在亲拟奏札呢？”

岳飞见瞒他不过，就笑道：“不错，我这几日来正在赶写一份密奏。皇上当国已久，如今年过三旬了，幼子早年夭亡，迄无无嗣，虽将太祖七世孙赵瑗养育宫中，却始终未能建储，这可是关乎大宋日后国运的大事，延误不得，因此，我想要恳请皇上早立皇储。我那年入朝之时，去过赵瑗读书的资善堂，这个十余岁的孩子聪慧可爱，夭矫不群，将来必然有所作为，当时我就慨叹说：'大宋中兴的基本，将来要寄托在这个孩子身上了！'立储一事关联甚大，我连宣抚司书写机宜文字的云儿也未告知，既然薛公察知，还请保密。"

薛弼听罢，大吃了一惊，颤声道："太尉不可上此密奏！"

岳飞一愣，问道："怎么？"

薛弼道："太尉熟读史书，晓畅历代宫廷权术，岂不闻大将在外统兵不当参与立皇储的大计么？"

岳飞淡然一笑，说道："薛公的话不对了。文官和武将都是朝廷的大臣，国家兴亡，匹夫有责，都当忧心国事才对，但有利国兴邦的建议，都可以提出来给皇上酌定，不应当将文武臣僚区别开来。前些天，我得到谍报，金国想要废黜刘豫，而改立钦宗的儿子为傀儡皇帝，图谋制造两个宋廷，南北对峙。而今上不能生育的宫闱传言早已天下尽知，因此，我觉得皇上应当及早确定赵瑗的皇储地位，颁示四海，以破灭敌国的阴谋。"

薛弼叹道："太尉太过忠勇，不恤自身，一心只为朝廷社稷着想，却不知如此一来，皇上和那些权臣们就要疑忌太尉了。"

岳飞慨然道："但能有利于朝廷社稷大业，我自己的身家安危又算得了什么呢？！"

薛弼很替岳飞担心，却无法劝动他改变初衷，便默然退了下去。

周俊玲（作家、学者）：当时，宋高宗只有三十一岁，正当盛年。建炎三年二月，金军兵锋直逼扬州，而黄潜善、汪伯彦只报平安，不报敌情，宋高宗不了解实情，也认为平安无事。那天，宋高宗正在宫中淫乐时，张浚派遣来使者，报告敌情紧急，宋高宗突遭惊吓，就此得了阳痿症，使他丧失了生育能力。

宋高宗原本体格强健，喜欢骑射，能挽弓至一石五斗。在他做皇帝前，他是康王，康王府已有五个女儿了，另有两个女人也怀了孕。他的正妻邢秉懿当靖康之变时，也有身孕，被金兵驱掳北上，坠马流产，导致了胎儿夭亡。赵构另一个妻子潘氏，后来立为贤妃，生子赵旉，是他唯一的儿子，年仅三岁。赵旉作为皇太子，在苗刘之变中被扶立为帝，后赵构复辟，赵旉也即被废去帝号，七月间病故了。自此以后，宋高宗赵构本人便断子绝孙了。当皇帝的，没有子嗣来做皇储，是不行的。因此，宋高宗不得不接受隆祐皇太后和一些臣僚的建议，选宋太祖赵匡胤七世孙赵伯琮养育宫中，改名赵瑗，作为皇储的后备人选，他就是后来的宋孝宗。南宋朝廷内宫虽有这样的安排，但宋高宗觉得自己方当而立之年，不甘心于自己不能生子，于是他千方百计地求医问药，祈祷神灵，渴望得到一个自己的亲生儿子，以继承皇位。正是基于这些原因，宋高宗就多年推托，不肯及早确立赵瑗的皇储地位。

十月，岳飞和薛弼抵达南宋朝廷的行在建康府，便独自一人入内，面见宋高宗，读了那份建议立储奏札。

高宗听了，非常不悦，便冷言冷语地道："你虽然忠诚，但你是太尉，手握重兵于外，立皇储一事乃是内臣的事情，这件事情不是你应当参与的！"

岳飞察觉了宋高宗的不悦与反感，见他如此回应，顿时也不高兴了，脸色灰白，心情沉重地退出了殿堂。

薛弼继岳飞之后进对，宋高宗向他详细追问。薛弼早有准备，将自己在船上的见闻叙述一遍，既为岳飞圆场，也为自己开脱。宋高宗转念自己正在用人之际，呵斥岳飞之余，也须适当抚慰，便对薛弼说："飞意似不悦，卿自以意开谕之。"

宋高宗正求子心切，对岳飞此奏十分嫌恶。

第二天，新上任的左相赵鼎入内奏事，高宗提起岳飞昨日密奏早立皇储一事，赵鼎道："这岳飞不循本分操守，竟至于如此了！但他是武人，如此干预朝廷大事，必是出于他的那些幕僚们唆使，臣一定要训诫薛弼等人。"

高宗道："昨日，朕已经斥责了岳飞几句，他似乎也很不开心地退了出去。如今，敌寇环伺，正在用人之际，岳飞独当襄汉一带，位尊权重，须要好言开导，不可惹恼了他。待得朕的江山社稷稳固了，再处置他不迟。"

赵鼎道："皇上放心，臣自会设法开导岳飞的。"

退朝之后，赵鼎召见薛弼，说道："大将手握重兵在外，岂可干预朝廷大事？这是官场大忌，怎么竟不避嫌呢?！岳飞乃是行伍出身的一介武夫，不知道这其中的权谋利害，定是你等幕僚秀才们教唆他如此的吧！你回到军中之后，替我传话给他们，若再摇唇鼓舌，鼓动岳飞出现类似事情，定当严惩不贷！”

张文台（全国人大环资委副主任委员、解放军总后勤部原政委、学者）：平心而论，赵鼎这番话，其实是他自己凭主观武断，冤枉了岳飞宣抚司的幕僚们，因为岳飞建言立储这件事，首先是他自己的主张，而且做得很机密，确实不关他幕僚们的事。

岳飞对宋高宗密奏建储，其实是他表现了对南宋朝廷以及抗金大业的耿耿忠心，然而，他的这番苦心与忠心，恰恰是不会得到宋高宗君臣们的理解的，因为宋高宗与那些大臣们所秉承的是宋朝的传统国策，那就是对武将疑忌，以文治武。而岳飞的这次不恤自身的忠言进谏，却也只能是加深了他与宋高宗之间的裂隙而已。

岳飞请立皇储之事，在张戒《默记》中，有薛弼所叙的一段史料：绍兴五年（公元 1135 年）正月，岳飞入朝觐见高宗时，面奏乞正资宗之名，受到高宗呵斥，吓得面如死灰而退。围绕这一记载，后人产生了许多歧异之说。

其一，是岳飞究竟有没有“面奏”？一说认为，张戒《默记》虽已失传，但熊克《中兴小纪》、李心传《建炎以来系年要录》均加以引用，说明宋人也以为这一记载是可靠的。一说引岳珂所编《鄂王行实编年》指出，建储之议是岳飞在鄂州军营写成后密奏，并无面奏之事。既无面奏，高宗当面训诫之语，也是张戒、薛弼捏造的。于是，持前说者又引证秦桧政敌赵鼎的《辨诬笔录》，指出赵鼎与岳飞并无宿怨，但也在书中记载了这件事，而岳珂的书中没有记，只不过是为尊者讳而已。持后说者也引南宋史官章颖之语，说明所谓面奏被斥之事，是秦桧密探嫁罪于人的秋蝉脱壳之计。

其二，是岳飞的提议究竟是目无君王，还是体贴圣意？一说高宗乃太宗后裔，但岳飞一心想对付金人阴谋，大胆建议高宗不承认自己父兄的后人（即金国欲送回的赵谌），而改立太祖之后，实为犯忌。说明岳飞心中只知有国而不知有家，只知民族利益而不考虑帝王尊严。另一种意见认为，岳飞是高宗一手提拔的，对高宗感恩戴德。高宗无子，而金人要立钦宗之子，是对高宗的威胁。如抬出太祖的孙子与之对抗，当可挫败金人的阴谋，不仅对国家有利，也可使高宗稳坐帝位。因此，岳飞此举不仅以国事为重，也是善于体贴高宗的表现。

其三，是乞立资宗之事，是否导致岳飞的被害？一部分学者认为，岳飞请立太祖的后人，犯了大忌，加之他一再提出迎回二圣（徽、钦二帝），也触及高宗心病，促使高宗日后诛杀岳飞。另一种意见认为，岳飞从未主张高宗应将皇位交还钦亲或钦宗后人，请立资宗主要是对抗金人之谋，因此根本不会特别触怒高宗。高宗的训诫只是因为他越职言事，否则不会在事后派人去安慰他，又将他连升三官。岳飞的杀身之祸，还是因为他坚持抗金、反对议和而招致的。

其实，岳飞一共有过两次上奏建言设立皇储，第一次是绍兴七年；第二次是在绍兴十年出师北伐前上奏请求设立皇储，宋高宗还优诏嘉奖了岳飞。

淮西之变后，右相兼都督张浚因为负有措置不力的责任，成为了众矢之的，罢相已经是势不可免了。其实，身为枢密使而主兵的秦桧也难辞其咎，但秦桧狡诈、阴险，做事隐蔽，更经常取悦于宋高宗，因此并没有被弹劾，反而觊觎着行将空缺的相位，为此大动脑筋。

张浚罢相时，宋高宗问道："用秦桧为相怎样？"

张浚叹了口气，黯然道："我张浚原来错看他了，近来与他共事，才知道他的昏暗。"

他对秦桧算是有所觉察，却为时已晚。不久，张浚被宋高宗罢免了右相和都督的职务。

赵鼎重新出任左相。他将张浚的措置失当，归结为"不量力之过"，说国家"元气"不足，"唯有安靖不生事"。

宋高宗要赵鼎决定执政们的"去留"，回答是"秦桧不可令去"。

随即，在赵鼎和秦桧的共同策划下，宋高宗又将行在后撤到临安府去了。

李纲对朝廷的所作所为，十分关切。他不断上奏谏劝，希望宋高宗"临大难而不惧"，不要"望风怯敌，遽自退屈"，"弃前功，蹈后患，以自趋于祸败"。在满朝文官中，具备远见卓识，足以主持抗金大局者，惟李纲一人而已。然而宋高宗从无命李纲再相之意，因忠言逆耳，又免除他江西安抚制置大使的差遣，改任闲官。烈士暮年，壮心不已，李纲又受了一次打击。

在这个时候，金国的政局也发生了变化，权臣完颜粘罕逐渐失势，不久就去世了。

完颜粘罕去世之后，与他对立的主和派的完颜挞懒和完颜蒲鲁虎等女真贵族逐渐把持了朝政，而且当政的完颜挞懒等人对完颜粘罕拥立的刘豫伪齐政权很不感兴趣，认为刘豫是政敌完颜粘罕的残余势力，想要伺机铲除他了。

淮西兵变后，郦琼率领四万多宋军投降了伪齐，但金国权臣完颜挞懒等人却急令刘豫解散郦琼带来的四万大军，理由是防止他们诈降。

十一月，金国两个最高统兵官左副元帅完颜挞懒和右副元帅完颜兀术，假称协助刘豫攻取宋朝，率领大军进驻到了开封府。

这时，岳飞巧用敌方间谍实施反间计，促使金军统帅完颜挞懒和完颜兀术废黜了伪齐的刘豫政权。

岳圣朋(岳飞思想研究会副会长、学者)：驻军江州的岳飞所部将士抓获了一名完颜兀术的间谍。

岳飞知道伪齐刘豫是完颜粘罕所扶植起来的傀儡，而完颜兀术一向与完颜粘罕不和，可以采取离间计来动摇刘豫和完颜兀术的关系，激化他们之间的矛盾，使敌人产生内斗。于是，岳飞便假装责备那名间谍说："你不是我军中的张斌吗？我曾派你到刘豫那里，相约引诱金国四太子完颜兀术到这里来，可是，你一去就不复返了。无奈之下，我只好另派别人前去联络刘豫，还好，刘豫已经答应我，今年冬天以联合进攻长江一带的宋军为名，将四太子引至清河。我辛苦培养你做间谍多年，怎么命你所带的书信竟然送不到刘豫手中，为什么要违背我呢？"

那间谍见岳飞说得很是真切，只想苟活性命，便假装自己就是张斌，磕头认罪。

岳飞立即写了一封书信，内容详细谈了如何与刘豫同谋诛灭完颜兀术的计划，制作成蜡书，珍而重之地交给了那名间谍，说道："我现在饶了你，这次必须立即秘密送到刘豫的手中，询问他发兵的日期，立即回复我知道。"说罢，就命人取出尖刀，上前割开了那名间谍的腿肚子，装上蜡书，再次告诫他千万不可泄露。

那名间谍回到金营，把蜡书拿给了完颜兀术看。

完颜兀术看了岳飞写给刘豫合谋诛灭自己的书信，大吃一惊，立即飞马报告给了金国的皇帝与完颜挞懒，得到金国皇帝的同意之后，完颜兀术和完颜挞懒立即废掉了刘豫这个傀儡，瓦解了伪齐政权，将刘豫迁居到了临潢。

刘豫伪齐政权被金兵废黜的消息传来，岳飞大喜过望，立即上奏宋高宗与南宋朝廷，恳请由自己率兵，趁伪齐废立之际，奇兵突袭，攻其不备，长驱直入，攻取中原。

宋高宗君臣对此根本不予理睬。

而此时的宋高宗正派遣使者王伦与金国权臣完颜挞懒进行着和谈，他对金国传话说："只要归还梓宫（宋徽宗的棺材）以及皇太后（高宗生母）和渊圣皇帝（宋钦宗），其余一切都好说。"其实，他的这些要求早已被金国主和派的权臣完颜挞懒所接受了，两人一拍即合，于是，宋金和谈便悄悄地萌生了。

公元1138年（宋高宗绍兴八年）二月，岳飞得不到朝廷批准出兵的命令，只好自江州还军鄂州。

岳飞为了积极进取和加强战备，向朝廷提出了增兵的请求。这更加引起了高宗的不满和疑忌，因此，立即拒绝了岳飞的请求。

三月，岳飞忽然接到了枢密院的札子，要他详细陈奏北伐的计划措置。

岳飞闻讯高兴得彻夜难眠，立即派人驰奏行在临安府，详尽地陈述了自己的北伐计划。然而不久，岳飞的使者返回鄂州，告诉岳飞，他的北伐计划未获朝廷批准。

岳飞一腔忠愤竟换来了昏君权臣的阻挠，也只得颓然放弃了。

随着伪齐政权的垮台，许多金国和伪齐的官兵也纷纷倒戈投降了宋朝。

岳飞坚持正确的俘虏政策，做了很多分化瓦解工作，收到相当成效。

周俊玲（作家、学者）：早在绍兴七年三月前，伪齐武将李清率众归降，投奔岳飞。十一月，伪齐临汝军知军崔虎又向岳飞投诚。绍兴八年正月，经过宣抚司幕僚张节夫的招谕工作，伪齐蔡州知州刘永寿、提辖白安时在全城军民支持下，带兵杀死了金将兀鲁孛堇，带领大批军民南下归顺南宋，岳飞接到消息，十分高兴，当即命同提举一行事务、前军统制张宪率兵接应。八、九月间，金国镇汝军知军、马军统制胡清率一千一百零八人起义归宋，岳飞予以热情接待，并任命他为选锋军副统制。此外，敌方统制王镇、统领崔庆、将官李觐，以及华旺、孟皋等人，也先后带领部伍投归岳飞。前伪齐河南府尹孟邦杰，也起兵反金，逮捕永安军的知军，将他处死，然后南下归降岳飞。

一批又一批的“归正人”，络绎不绝，既有投岳家军的，也有投其他屯驻大兵的。此外，应天府还爆发了二万伪齐军的起义。

伪齐垮台，是个很好的北伐机会，但是，宋高宗君臣却把岳家军禁锢在防区之内，不准向北跨越一步。

眼睁睁坐待时机的消逝，使岳飞坐卧不宁，度日如年。

四月，新任枢密副使王庶到江、淮前沿视师。王庶不久前任荆南知府、荆湖北路经略安抚使，同岳飞已有交往。

岳飞与故人相见，言谈很是投机，便对王庶详尽阐述了当前趁机北伐的有利条件和深远意义，并态度果决地说道：“今年若是不举兵北伐，岳飞就向朝廷缴还两镇节度使的旌节，辞职清闲！”

王庶劝慰他道：“岳太尉决意北伐，壮怀激烈，矢志收复中原，洗雪国耻，可嘉可贺。并且，你宁肯辞职，也绝不愿意尸位素餐，消靡岁月，坐失战机，令我王庶也感慨不已。但我可以实话告诉你，目前朝廷上下颇有一些与金和谈的浊流在涌动着，势力不小。他们决不允许你出兵北伐，而甘心情愿地做金国的奴才，我对此早已深恶而痛绝之了！待我回朝之后，一定在皇上面前不计成败利钝，奋力一争！”

岳飞见他意气风发，决意不顾个人前程，拼力抗争，也是十分感动，便道：“机不可失，时不再来！若果丧失了今日的战机，将来劳师费财，也很难成功的！”

王庶点头道：“太尉放心，我知道该当怎么做的。”而后便回临安府复命去了。

自绍兴八年开始的四年之间，南宋抗战派和投降派的斗争空前激烈。

周俊玲（作家、学者）：当时，南宋朝廷上掌权的宰执共有四人，分别是左相赵鼎、右相秦桧、参知政事刘大中和枢密副使王庶。王庶地位最低，却是唯一一个大义凛然，敢于直言，据理力争的大臣。秦桧乃是金国放归的奸细，自然要破坏抗战，推行和谈的。而赵鼎和刘大中则首鼠两端，摇摆于抗战与和谈之间，但最终还是倾向于降金的。

赵鼎的政治倾向大致是出自害怕战争，希图苟安的心理。

宋高宗的降金乞和活动开场后，朝野上下，一片哗然，群臣们纷纷上奏，认为金人不可深信，议和不可行。

但宋高宗倾向议和，态度十分坚决，对大臣们阻抑和谈的意见严词拒绝，甚至为此震怒。

左相赵鼎觉得这样下去不妥，总须给群臣一个解释才行，于是，他便为宋高宗出谋划策说："让陛下屈尊请求和谈，的确算不上好事情。然而，陛下不惧众怨而努力去做，无非是为了梓宫和母亲、兄长罢了。因此，我朝只要得到梓宫及母、兄，今日迎请回来，明日就毁掉盟约，我们也得到很多了。群臣若是知道陛下孝诚如此，必能谅解。"

宋高宗听了，正中下怀，遂不厌其烦地对朝廷上下做出声泪俱下的表演，经常哭诉说："朕身为万乘之主，九五至尊，而甘心情愿受旷古未有之耻，忍旷古未有之辱，就是为了迎还梓宫、太后及渊圣皇帝罢了。朕每想及他们远在北国严寒酷暑之地，备受折磨，眼泪都流干了，肝肠都哭断了，所以这才频频派遣使者委曲求全，折节屈辱，还给他们许诺岁币……唉，朕的苦心又有谁能够体谅呢?!"

赵鼎虽支持议和，但他要求顾全皇帝的一点体面，议和后的礼数不要太屈辱，还主张以黄河故道为界，而得到黄河改道前的数州之地。

急于求成的宋高宗却深怕和谈因此告吹，对赵鼎愈来愈不能容忍，秦桧则对宋高宗投其所好，很得其欢心。

南宋宰相赵鼎画像及其手迹

王庶听到金使南来的消息，就奉命提前在六月赶回行朝。

王庶回朝之后，立即上奏宋高宗，列举岳飞、韩世忠等将厉兵秣马、枕戈待旦，踊跃求战的事实，并说："臣目睹了岳太尉的雄壮兵威，将士齐心，人情思奋，呐喊震天，无不为之动容。将士们皆愿为陛下拼死一战，光复中原，洗雪前耻，臣诚望陛下英明早断，鼎力中兴！”他还坚决表示，绝不“签书和议文字”，“愿陛下惟责臣以修戎兵，不以讲和之事命臣”。

王庶在宰执中地位最低，又是一人对三人，却大义凛然，据理力争。

但宋高宗完全缺乏尊重少数人正确意见的气度与理智，因而置之不理。

在宋高宗一意孤行的坚持下，又有秦桧的迎奉附和，虽然朝廷和百姓当中颇多激愤抗争，要求不与金人和谈，然而宋金之间的和谈还是有条不紊地进行了下去。

不久，金国使者兀林答赞谟来到临安府，与南宋朝廷的宰臣执政们会面。

左相赵鼎问道：“两国以黄河故道为界，则黄河改道之前的数州便当归还我大宋了，咱们商议一下国界如何？”

兀林答赞谟不屑一顾地耻笑道：“那数州可不是你想要得到就能得到的，你们没有资格索要的，只有等大金说给你们哪些州城了，你们才能要！”

王庶目睹金国使者兀林答赞谟那趾高气扬的骄横神态，更见宰相秦桧等人的卑躬屈膝，不禁心中恼怒，气愤难当，本想一走了之，但碍于皇命在身，不能擅自离开，便背转了身子，对金国使者不看一眼，不说一句话，以示抗议。

到了冬天，宋金和谈仍然未能取得结果，宋高宗为了压制不同政见，尽快达成和谈，便断然罢免了左相赵鼎、参知政事刘大中、枢密副使王庶三人，专门委任秦桧主持和谈。

秦桧很是狡黠多智，他对当年宋高宗曾经罢免自己的宰相职位记忆犹新，犹有余悸，因此很惧怕高宗反复无常，又想为金国主子卖力，促成降金和谈，便盘算了一个计策，单独入见宋高宗，说道：“如果陛下真的下定决心要和金国和谈了，那么，恳请陛下英明决断，单独只和臣一个人商议和谈的大事，不许群臣干预，这样，这件事就可办成了。若不这样，和谈根本办不成的。”

宋高宗本性懦弱，毫无胆色，十分惧怕金人，只想当个太平风流天子，早就想和谈降金了，当即点头道：“可以，就按你说的办吧！”

秦桧又道：“与金国和谈事关重大，而且朝廷内外颇多反对意见，因此，臣请陛下再详细地考虑三天。”

高宗笑道：“秦相国也太多顾虑了吧?！朕是一国之君，一言九鼎，言出如

山，在大宋朝的天下，朕一个人说了算！群臣反对，百姓激愤又算得了什么呢？只不过是一阵无关轻重的毛毛雨罢了。相国尽可放心吧，朕渴盼和谈已经很多年了，你若能促成，当是首功！朕一定不会亏待你的。”

秦桧满心欢喜，按捺不住内心的狂喜，志得意满，面上露出了笑吟吟的表情，说道：“三天之后，臣再来恭聆皇上的指示。”

三日之后，秦桧入见高宗。高宗迫不及待地道：“朕意已决，非和谈无以立国，就请相国主持与金和谈大计吧！”

秦桧诡秘地一笑，说道：“和谈大计，关乎国运，臣斗胆再请皇上更思虑三日，然后可定。”

高宗有些不耐烦了，说道：“朕贵为天子，一言九鼎，从无戏言，既然确定和谈为根本大计，怎会动摇？相国速速主持和谈吧！”

秦桧坚持道：“三天之后，臣一定为陛下分忧。”说罢，退了下去。

又过了三天之后，秦桧入见高宗奏事，此时此刻，秦桧知道宋高宗是坚定决心与金国和谈了，便取出了一份与金国的和议方案，说道：“臣斗胆恳请皇上授以全权主持和谈，方可成功。”

高宗接过秦桧的和谈方案来看了，欣然说道：“就这么办吧！朕全靠你了。”

秦桧又奏道：“如此大事，臣一个人办起来颇为棘手，因此，臣保举孙近担任参知政事，协助臣一起主持与金议和。”

高宗当即批准，于是，秦桧的党羽孙近一跃便做了参知政事，成为秦桧的得力帮凶。

从此，秦桧便全权开始了与金国的和谈计划，并独揽了南宋朝廷的朝政大权。

虽然宋高宗和秦桧及其党羽热衷于对金国和谈，但朝廷内外，绝大多数的正义之士还是激烈反对和议的，而且声浪日渐高涨。

面对朝野上下一片反对与金国议和的强烈呼声，秦桧一时颇感束手无策。

这时，中书舍人勾龙如渊对秦桧献计说道：“相国主持和谈乃是为天下万民消除兵祸，这是万世流芳的伟业。可是，如今朝野上下尽是一些愚昧无知的家伙当道，特别是那些御史台谏们，掌握着朝廷的言论舆情，他们眼光低浅，不明是非，妄加评论，以致那些愚民们也跟着起哄，邪说横起，实在不利于相国啊！何不选拔一个自己的心腹前去主持台谏，统领那些御史，对反对相国的人进行弹劾、攻击，这样一来，形势可就即刻扭转了，则相国所主持的大计也就成功了。”

秦桧大为赞赏，便奏报宋高宗，任命勾龙如渊为御史中丞。宋朝的御史台官和谏官控制言路，权力极大，可以纠劾百官，评论时政得失。因此，自从秦桧让勾龙如渊做了御史台长官之后，台、谏官逐渐成为了秦桧钳制舆论、排除异己的工具，南宋朝廷的天空愈发昏暗了。

这年秋天，宋高宗召岳飞赴行在。

岳飞入见，宋高宗对岳飞说起金人遣使议和，将归还宋朝河南地。岳飞说：“金人不可相信，和好不可依赖，相臣为国家谋划不善，恐怕会被后世所讥笑！”宋高宗默然，宰相秦桧听说，心中恼怒，更加嫉恨岳飞。

十一月，金国诏谕江南使张通古携带金熙宗诏书，偕同宋使王伦南下。

金使不称宋国，而称“江南”，不称通问，而称“诏谕”，这已使秦桧也感到难于对文官武将作出交待。更有甚者，按金方规定的礼节，宋高宗必须面北跪拜于张通古的脚下，接受诏书，“奉表称臣”。昔日刘豫不过是当“子皇帝”，现在宋高宗自愿称臣，自然更卑辱十倍。但宋高宗实际上仍盘算着采取包羞忍耻的态度。

面对如此的奇耻大辱，很多稍有血性的官员，无不怒火满腔。一时群情激奋，抗议的风潮一浪高于一浪。退闲的李纲，贬谪的张浚，也以极大的愤慨，上疏反对和议。连宋高宗亲信的主管殿前司公事杨沂中，也同主管侍卫马军司公事解潜、主管侍卫步军司公事韩世良到都堂面见秦桧，说道：“我等听说皇上接受敌国的诏书，必须要行屈己之理，跪拜金使，如此一来，我大宋皇朝的颜面何存？万一临安城内军民激愤发生事端，人心汹汹，即使我等挥军前去镇压，也恐怕难以遏制局面。”

他们还强调，如让皇帝对金使行跪拜礼，将来他们必然要受岳飞、韩世忠等的责备。

秘书省校书郎范如圭除与别人联名上奏外，还单独写信指斥秦桧。

周俊玲（作家、学者）：范如圭说：“惊闻相国冒天下之大不韪，一味屈膝与敌国和谈，以致万民斥责，百官唾弃，我实在不忍心看到相国如此执迷，在与其他臣僚联名上奏皇上进谏之后，特意致书给相国敲个警钟，以期收到悬崖勒马之效。相国曾经自我标榜，声称只要对国家大局有利的，即使送掉性命也在所不惜，更加不会规避怨愤与诽谤的。但是，我近些时日来所看到的却是相国的极度不明智，你怎么可以怂恿皇上与敌国和谈呢？更不该答应我皇以万金之躯跪拜金使啊！所有这些忘记与金国的仇恨与耻辱的行径，怎么会发生在相国身上呢？我等实在是不敢想象，若非愚蠢无知到了极点，而且又自暴自弃，自甘堕落，或者被上天夺去了魂魄，失心疯癫狂的，谁肯做出这些荒唐的举动呢？肯定是会遗臭万年的！……"

枢密院编修官胡铨的奏章，更引起了朝野的轰动。

周俊玲（作家、学者）：胡铨的言辞非常激烈，而且不留情面，直指宋高宗本人："陛下尚不觉悟，耗竭百姓的血汗和钱财也不知道体恤，对于国仇、国耻不思洗雪，一味含垢忍辱，丧失江山社稷却自以为是，感觉良好！"他坚决主张斩秦桧、孙近和王伦，以谢天下，声称"臣备员枢属，义不与桧等共戴天"！胡铨这篇文字，慷慨陈词，切中要害，令人振奋，令人义愤填膺，因此很快被民间刊印了出来，广为流传。金国权贵也听到了这份奏章，遂出重金买到副本，读后也大为震惊。

古籍里面的胡铨画像

顿时，临安城全城沸腾起来，不但朝廷内外臣僚们反对，军民们更是愤愤不平，临安城的大街上甚至出现了醒目的榜帖："秦相公是细作！"

有的爱国军官甚至扬言要发动兵变，杀死秦桧。

在一边倒的万众唾骂声中，秦桧再也不能安之若素了，这家伙整日吓得心惊肉跳，寝食不安，最后，他不得不与孙近一同上表待罪，原先宣称"宁避怨谤"的那种嚣张气焰早已不见了踪影。

宋高宗的骨子里有一种对内凶残，对外懦弱的本性，因此，他执着而近似疯狂地推行着对金国的和谈计划。在满城鼎沸，抵制与敌国议和的声浪之中，宋高宗立即撕下了能博听众意的假面孔，大耍专制淫威，亲自跳出来支撑和谈的危局，扶持秦桧，力倡议和。他气急败坏地下令，说秦桧无罪可待，将胡铨发送昭州编管，永不叙用，以打击胡铨来惩戒朝廷百官，命令他们不准再用浮言来动摇朝廷求和的大计。

宋高宗虽然采用高压手段力主和谈，并鼎力扶持秦桧，彼此勾结卖国，但他鉴于国内群情激奋，抗议声浪此起彼伏，终究是有所胆怯了，不敢冒天下之大不韪给金使行跪拜礼了。于是，他以正在给已经去世的宋徽宗守丧为借口，命秦桧等人代替他向金使行了跪拜礼。金使张通古原本气焰嚣张之极，扬言必须要宋高宗亲自来向自己行跪拜礼，不得亏了半点礼节，但此时眼见临安百姓的愤激声浪，也是颇为惧怕起来，只好迫于形势，同意降低礼节规格。于是，宋金双方草草拍板成交，演完了南宋向金国称臣议和的闹剧。

岳飞闻知宋高宗、秦桧等人对金国卑躬屈膝地求和，气愤难当，不时地发些牢骚和不满。宋高宗对于这些也是心知肚明，便下手诏给岳飞、韩世忠等大将进行安抚。

岳飞接到手诏，只见上面写道："卿等努力训练精兵，固守一方，我朝国威稍振，因此，敌人才肯和谈。你等促成和议的功劳甚大，朕从来都不曾忘记过！"

岳飞看罢，更加气愤，对薛弼、黄纵、张节夫等幕僚们说道："我等将士死战破敌，疆场立功，难道竟是为了促成卖国称臣的和谈吗?！我深以为耻！"

黄纵道："保家卫国，力抗贼寇，太尉对国家和百姓都有大功，天下有识之士都知道你的苦心和忠勇，但朝政国运操控在皇上和权臣们的手中，我等只有无奈！"

张节夫道："在我看来，金贼亡我大宋之心不死，其志在烧杀抢掠，决不会真心与我朝和谈修好的。"

岳飞感叹道："豺狼与绵羊之间怎么会有盟约的诚信呢?！"

岳家军与金军精锐的正面交锋在所难免。金军统帅完颜兀术兵行险招，以最精锐的大军突袭郾城，企图实施斩首计划，一举摧毁岳家军总司令部。岳飞面对强敌，以少击众，究竟鹿死谁手呢？请继续阅读《正说岳飞》第十二章《决战郾城》。

第十二章　决战郾城

公元1139年(宋高宗绍兴九年)正月,宋高宗因与金国乞和成功,立即宣布举国大赦,并对所有的武将一律加官晋爵,借此粉饰太平,平息军愤,稳定军心。

十二日,南宋朝廷的赦书送到了鄂州军营,岳飞看了,深以为耻,就上了一封谢表说道:"臣粗读历史,知道当初娄敬献言给汉高祖,魏绛进计于晋公,都力主和谈,想要和敌人建立盟约以图苟安,可是,盟约的墨迹未干,敌人的兵马就又进犯而来了。就是因为敌国夷寇狼子野心不死,欲壑难填,而且,犬羊之间根本不会有可信的盟约!与贼寇和谈,缓解一时的困顿尚可考虑,要想以和谈达到长治久安,那是根本不可能的事情。臣幸遇明时,获观盛事。身居将帅的位置,战功不能对国家安定产生影响;口中宣读皇上的诏书嘉奖将士,内心

傅伯星、王重义绘制的郾城大捷图

里却只有惭愧与不安。臣不敢苟同与敌和谈之策，愿意率领全军将士一举破敌，收复两河失地，攻略云燕十六州故土，最终复仇报国，誓将敌寇打败，让他们俯首称臣。”

二十四日，岳飞又接到了朝廷将他由正二品太尉晋升为从一品开府仪同三司的制词。

岳飞深感自己无功，不能接受朝廷的升赏，并以和谈成功的升赏为耻辱，就不断地上奏辞谢。但宋高宗不批准岳飞的辞谢，强令他接受官封。

宋金和谈成功之后，金国将陕西和黄河以南的土地归还给了宋朝。

宋高宗深怕岳飞、韩世忠、吴玠等大将惹是生非，命令岳飞、韩世忠、张俊、吴玠等四支大军原地驻防，另外派出了一些官员和兵马，前往接受河南之地。

秦桧更打算乘机“撤武备，尽夺诸将兵权”。参知政事李光第一个站了出来坚决反对秦桧的主张，说道：“金寇狼子野心，他们的话根本不可信，这次和谈靠不住的，武备决不可撤！”于是，秦桧尽收诸将兵权的阴谋活动被制止了。

西京河南府是宋高宗的祖宗陵寝所在地。金国归还河南之地后，经范如圭提醒，宋高宗才派宗室、同判大宗正事赵士褭和兵部侍郎张焘北上，前往祭扫西京河南府的八陵。

赵士褭和张焘从临安府出发，取道鄂州、信阳军、蔡州、颍昌府，前去西京河南府。

朝廷规定，二使祭扫陵寝的费用，护卫军马及修葺陵寝的工匠，由岳飞支拨。

岳飞上奏说：“北虏自靖康以来，以和款我者十余年矣，不悟其奸，受祸至此。今复无事请和，此殆必有肘腋之虞，未能攻犯边境。又刘豫初废，藩篱空虚，故诡为此耳。名以地归我，然实寄之也。臣请量带轻骑，随二使祇谒陵寝，因以往观敌衅。”

宋高宗和秦桧接到此奏，十分惊慌，急忙连发诏札到鄂州，令岳飞不必亲往，只让他选差一两员将官，部押壕寨人匠、军马，共一千人，随同赵士褭和张焘二使前去。

赵士褭和张焘抵达鄂州后，岳飞盛情招待，同他们促膝恳谈。岳飞提醒说，敌人其实无意于敛兵讲和，此行有关国体，沿途必须小心。为了保障赵士褒和张焘一行的安全，岳飞仍不顾朝廷的限制，特命同提举一行事务、前军统制张宪率兵护送。短暂的接触，使赵士褒对岳飞的赤诚报国、精明干练，印象深刻。

五月，赵士褒和张焘到达西京河南府，当地百姓夹道欢迎，大家都说："真想不到今天还能再做大宋的子民，即使今晚死了也无遗憾了！"有些人甚至激动得哭了起来。

按古代迷信风俗，挖掘祖坟，破坏风水，也可成为政治斗争的手段。北宋八陵被金军盗掘破坏十分严重。赵士褒和张焘祭扫宋朝列祖列宗的八陵之后，留下护卫军马及修葺陵寝的工匠，便于六月间返回了"行在"临安府。

张焘报告宋高宗说："金人之祸，上及山陵，虽殄灭之，未足以雪此耻，复此仇也。"

宋高宗还要追问："诸陵寝如何？"

张焘不愿再作正面回答，只说一句："万世不可忘此贼！"

宋高宗再无言对答，只能报以难堪的沉默。

岳飞对于继续执掌重兵，有着一种深重的负疚之感，特别是在宋高宗强迫他接受开府仪同三司的高官以后。他又上奏请求"解罢兵务，退处林泉"，"就营医药"。他在奏中沉痛地说，"臣叨冒已逾十载，而所施设，未效寸长，不惟旷职之可羞，况乃微躯之负病"，"今讲好已定"，"臣之所请，无避事之谤"。

解除岳飞的军权，这本是宋高宗近年来梦寐以求的宿愿，但迫于当时的政治和军事形势，他仍不敢同意秦桧的建议，冒此风险。

对此，岳飞也只能无奈，在军中操练将士，静待出师的良机。

公元 1139 年（宋高宗绍兴九年）岁末，宋高宗御笔书写历史上曹操、诸葛亮和羊祜屯田足食的故事，颁赐岳飞。他将屯田列为保守半壁残山剩水的重要措施。岳飞在绍兴十年（公元 1140 年）的正月初一日，写跋文回答皇帝，他指责曹操"酷虐变诈"，认为诸葛亮和羊祜"德过于操远矣"。岳飞在跋文的末尾说："用屯田以足兵食，诚不为难。臣不揆，愿迟之岁月，敢以奉诏。要使忠信以进德，不为君子之弃，则臣将勉其所不逮焉。若夫鞭挞四夷，尊强中国，扶宗社于再安，辅明天子，以享万世无疆之休，臣窃有区区之志，不知得伸欤否也?”

岳飞批评曹操，隐含指责秦桧之意。他拥护加强屯田，但不赞成以此作为对金求和的资本。岳飞利用巧妙发问的方式，再次表明了自己的原则立场，并对宋高宗进行了恳切的谏劝。

周俊玲(作家、学者)：完颜挞懒等所以在议和的条款中归还宋朝河南之地，其实是有所图谋的，对此，岳飞当时就以高瞻远瞩的战略家目光看得很清楚，他在一份奏疏中明确阐述说，金国自从侵宋十余年来，一直以议和欺诈宋朝，使宋朝蒙受了惨重的损失。现在无事请和，乃是其内部高层存在矛盾，不能合力举兵侵宋。再加上伪齐刘豫垮台，金国的藩篱空虚了，因此才出此诡计。所谓名义上归还宋朝河南土地，不过是寄地而已。

事实上，金军入寇，屡次受挫于长江天堑，因此，金军统率完颜挞懒这才使出这条归还河南土地的诡计，他意在将宋朝以步兵为主的大军引诱到河南平原地带，那里地势广阔，以便金军重装骑兵聚歼，彻底消灭宋朝兵马的有生力量。参看当时金国的一系列措置，则他们企图卷土重来的图谋便可一目了然的：首先，金军将黄河一带的船只尽数搜罗聚集到了北岸，那是准备等待时机突然大规模出动军队渡河作战的。其次，金军有意识地保存了黄河桥，可以往来自由。而黄河桥是连结陕西同州与金军所占据的河中府之间的重要通道，战略意义重大。其三，金军明确规定，他们在河南之地所设置的官吏，宋朝不得随意更换。那是为将来再度入侵埋下了卧底。

对此，《藏一话腴》内编卷下说金方《南迁录》载此密谋，今存《南迁录》亦载。按《南迁录》系伪作，而《金史》不载此事。完颜挞懒等后在金国派系斗争中被杀，《金史》所载，实是按完颜兀术等胜利者的政治需要，将归还南之地列为完颜挞懒等的罪状，其实是混淆视听罢了。

宋高宗当然看不懂金人的图谋，他最害怕的是统兵在外的将帅惹是生非，得罪金人，故又对岳飞作出新的约束。宋高宗的手诏说，“过界招纳，得少失多”，命令岳飞不得再接纳河北、河东、燕云等地的豪杰。凡是北来者，必须送还金国。岳飞所派遣的"渡河之士",也务必全部撤回。

岳飞事实上并未被这些禁令束缚住手脚,他认为自己决不能出卖北方同胞,也一定要坚持连结河朔之谋。

杭州岳庙壁画之岳飞结连河朔义军

女真贵族进入中原已十多年,残酷压榨和掠夺和役使中原百姓,很不得民心,激起了民众的强烈反抗。

周俊玲(作家、学者):天眷元年(即宋高宗绍兴八年)夏,金元帅府下令,凡积欠公私债务而无力偿还者,即以本人和妻子儿女的人身抵偿。由于女真贵族"回易贷缗,遍于诸路",贯彻此令,就可得到成千上万的债务奴隶。于是,一切不愿做奴隶的人们便纷起反抗,或者逃亡他乡,或者杀死债主,"啸聚山谷"。

完颜挞懒为强制推行奴隶制,又于天眷二年(即宋高宗绍兴九年)夏另颁新令,规定凡藏匿逃亡者之家,家长处死,产业由官府和告发者均分,人口一半当官府奴婢,一半当告发者私人奴婢,连犯罪者的四邻也须缴纳"赏钱"三百贯。他还出动大批金军,到处搜捕。搜捕队凡遇着村民,即行拷掠,或迫使自诬,或威逼诬人。"生民无辜,立成星散,被害之甚,不啻兵火。"或有持棍棒反抗,则被捕被杀,"积尸狼藉,州县囹圄为之一盈。"在苛政、暴刑、重赋、饥荒等交相煎逼之下,大批大批的人们宰耕牛,焚庐舍,上山寨,加入抗金义军的行列。

北方民间抗金武装的活动,至绍兴初年趋向低落,自岳飞大力开展连结河朔的工作后,又出现新的高潮。

与岳飞有直接联系的太行义士最为活跃,河东路的很多通道被他们截断。

高岫和魏浩率领人马攻占怀州河内县的万善镇。另一支步佛山“忠义人”王忠植的队伍，也转战和攻取河东路的一些州军，并与陕西的宋军取得联系。

在京东路，岳飞派遣的李宝，开辟了新的抗金游击战场。李宝是兴仁府乘氏县(今山东菏泽市)人，绰号“泼李三”。他惯舞双刀，勇鸷绝伦，早先聚众三千多人，企图杀死金国的濮州(治甄城，今山东甄城县北)知州，没有成功，脱身南归，来到“行在”临安府。宋廷正忙于求和活动，根本不理睬他。绍兴九年九、十月间，岳飞到行朝奏事，李宝乘机找到这位慕名已久的统帅。岳飞收留了他，将他带回鄂州当马军。李宝见朝廷不准出师，怏怏不乐，暗中结识四十余名军士，准备私渡大江，北上抗金。此事被发觉后，李宝挺身而出，说“乃宝之罪，众皆不预”。岳飞更为赏识他，授以“统领忠义军马”的头衔，发遣北上回乡。李宝回到京东后，与孙彦、曹洋等组织抗金武装，到处攻袭金军。

除了李宝外，一些和岳飞没有联系的北方起义者，也使用岳家军的旗号，对金作战。绍兴九年夏，一支“岳家军”进袭东平府。金东平府尹完颜奔睹带兵出击，双方相持数日，这支队伍才泛舟而去。淮阳军(金国称邳州)也出现一支“岳家军”，围攻城垒。由于金国援军的到达，方撤出战斗。

此外，张青还指挥一支抗金义军，渡海直抵辽东。他使用宋军旗号，攻破苏州(治来苏，今辽宁金州)，当地百姓也纷纷起义响应。

面对风起云涌的反抗斗争，金国统治者也惊慌失措，有的人甚至丧失信心。

周俊玲(作家、学者)：兀林答赞谟(乌陵思谋)使宋后，出任怀州知州，他听到万善镇被抗金义军攻破的消息，对当地百姓说：“尔等各抚谕子弟，无得扇摇，南朝军来，吾开门纳王师。”

他每天夜里辗转反侧，有时披衣起坐，唉声叹气说：“我未知其死所矣!”

完颜兀术的心腹、悍将韩常夜饮时，也对人坦白说：“今之南军，其勇锐乃昔之我军；今之我军，其怯懦乃昔之南军。”总之，大河以北出现前所未有的抗金义军活跃的局面，迎候着宋金大会战，迎候着岳家军的第四次北伐。

公元1139年(宋高宗绍兴九年，即金天眷二年)七、八月间，金国主战派右副元帅完颜兀术、领三省事完颜斡本等发动政变先后杀领三省事完颜蒲鲁虎、领三省事完颜讹鲁观、由左副元帅降任行台尚书左丞相的完颜挞懒等主和派。完颜兀术升任都元帅、领行台尚书省事兼掌军政大权。完颜兀术在给侄儿金熙宗的密奏中，将“诛挞懒”和“复旧疆”联成一体。他决心在“盟墨未干”，“口血犹在”的情况下，大驱“南牧之马”。

完颜兀术先以“大阅”为名，将各部兵力调集祁州（治蒲阴，今河北安国市）的元帅府。他改变秋冬季发动攻势的常规，而在盛夏用兵。

公元 1140 年（宋高宗绍兴十年）夏五月，金国悍然撕毁宋金和议，分兵四路侵宋：元帅右监军完颜撒离喝攻打陕西，李成夺取西京河南府，完颜兀术亲率主力，突入东京开封府，聂黎孛堇出兵京东路。

金国骑兵势如疾风骤雨，很快占领不设防的河南各州县。宋朝的官员们或望风而遁，或迎风而降，只有少数人进行认真抵抗。

等到金军再度入侵，宋高宗才感到岳飞当初指斥和议的话乃是忠义之言，便在五月下诏，命岳飞竭忠尽力，图谋抗金大计，并写御札说：“金人过河，侵犯东京，复来占据已割旧疆。卿素蕴忠义，想深愤激。凡对境事宜，可以乘机取胜。结约招纳等事，可悉从便措置。若事体稍重，合禀议者，即具奏来。”

周俊玲（作家、学者）：金国的变卦，不仅没有出乎岳飞等众多抗战派的预料，而宋高宗和秦桧也早就得到了可靠情报。

公元 1139 年（宋高宗绍兴九年）三月，南宋王朝的使臣王伦到达东京开封府，与金军统率完颜兀术办理交割河南地界的手续。这时，完颜兀术的一名属下秘密来见王伦，他曾经在王伦手下做官，也是汉人，对王伦透露了一个异常绝密的消息，说是金国皇帝金熙宗的叔父完颜兀术意图秘密发动政变，要杀掉主和派领袖完颜挞懒等人，然后，集结大批金军进犯，灭亡南宋政权。王伦得知这个消息，非常震惊，当即写了一封密奏给宋高宗，请求南宋朝廷速调张俊镇守东京开封府，以韩世忠守卫南京应天府，岳飞固守西京河南府，吴玠守御京兆府，并且起用张浚重开都督府，节制诸大将，以策万全。

王伦这道密奏上去之后，宋高宗和秦桧置之不理，命王伦不必过虑，照旧出使金国。

六月，王伦渡过黄河，刚到达中山府就被金国扣押了起来。随即，金国命南宋朝廷的副使节蓝公佐返回宋廷，除了按照盟约索取岁贡之外，还提出宋朝必须用金国的年号等无理要求，进行挑衅。

形势逐步发展到剑拔弩张的地步，可是宋高宗仍然不肯令岳飞等大部队进驻河南，而派刘锜为东京副留守，率军前往，而启程和行军又相当迟缓。这当然是政治性的调防。在宋高宗和秦桧看来，刘锜官位较低，不至于违抗朝廷，滋生事端。

当金国发生政变时，韩世忠发现金国连淮阳军的戍兵和屯田兵都已撤回，就上奏南宋朝廷，主张先发制人，乘虚掩击。

宋高宗根本没有主动出击金国的胆量和才略，当然不同意，还反说韩世忠是武夫粗人，不识大体，并大谈对金人应坚守信义。宋高宗阴狠狡诈，善耍权谋手腕，对臣僚并无信义可言，相反，他对有着杀父囚兄的仇敌却要讲求信义，宁愿坐待金人毁约南侵，也不敢越雷池一步。

金军败盟，擅自撕毁和约，在南宋而言，处境最狼狈的，就是曾力主议和的宋高宗和自许“以诚待敌”的右相秦桧。

周俊玲(作家、学者)：按照惯例，完颜兀术南侵之日，也只能是秦桧引咎辞职之时。既然屈膝求和的政策已经破产，肯定会招致大批猛烈的、尖利的弹劾奏章。然而在两年时间内，抗战派官员多被贬黜，秦桧的党羽已密布朝廷，台、谏官更成其掌心之玩物，自下而上的弹劾，秦桧已无需担心了。关键是宋高宗本人的态度，皇帝喜怒莫测，可能因此对秦桧反目。第二次罢相的阴影笼罩在秦桧头上，使他不寒而栗。经过一番密谋策划，御史中丞王次翁自愿充当说客，他向宋高宗进言：“前日国是，初无主议。事有小变，则更用他相，盖后来者未必贤于前人，而排黜异党，收召亲故，纷纷非累月不能定，于国事初无补也。愿陛下以为至戒，无使小人异议乘间而入。”

宋高宗深表赞许。秦桧仍不放心，又派给事中冯檝进行试探，向宋高宗建议起用张浚。宋高宗怒冲冲地回答：“宁至覆国，不用此人！”

于是秦桧方得以安心。

实际上，宋高宗也不可能罢免秦桧，因为降金方针的契合，两人即使异梦，也须长久同床。

在金军大举进犯的形势下，秦桧这个老奸巨猾的变色龙，突然摇身一变，又以坚决的抗战派面目出现了，他大言不惭地表示，自己“愿先至江上，谕诸路帅同力招讨”，还要宋高宗效法汉高祖，运筹帷幄，指挥将士“以马上治天下”。

宋廷发布声讨诏文，以节度使的官衔，银五万两，绢五万匹，田一百顷，宅第一区，悬赏擒杀完颜兀术，又发表韩世忠、张俊和岳飞兼河南、北诸路招讨使，似乎要决心收复失地。

此次宋军抗击金兵，事实上划分成三个战场。

西部战场有行营右护军等部队，当时四川宣抚使吴玠已经病逝，文臣川、陕宣抚副使胡世将主持军务，统辖行营右护军都统制吴璘，川、陕宣抚司都统制杨政和枢密院都统制郭浩三军。吴璘是吴玠之弟，他和杨政原是吴玠的左右手，骁勇敢战。吴璘等三部与金国元帅右监军完颜撒离喝军相持于关中，互有胜负，彼此都未能给对手以重大打击。

东部战场的宋军主将是京东、淮东路宣抚处置使韩世忠。他命统制王胜等攻取海州（治朐山，今江苏连云港市西）。自己率部在淮阳军附近的泇口镇、潭城、千秋湖等地击败敌人，然而却又屯兵淮阳军城下，久攻不克。

无论是东部和西部，都不是主战场，对此次宋金战争全局不起决定作用。关键是在中部战场，一方是都元帅完颜兀术指挥的金军主力，另一方则是岳飞、张俊和刘锜三军。

新任东京副留守刘锜，带领近二万人马，连同大批将士眷属，前去开封府。

这是宋廷为应付突发事变，而调遣北上的惟一一支较大的兵力。宋廷宁肯舍近求远，不准岳家军就近北上驻防，又命刘锜军拖带家属，扶老携幼，其措置之乖谬，实源于主和的方针。

公元1140年（宋高宗绍兴十年）五月，刘锜军途经京西路的顺昌府（治汝阴，今安徽阜阳市）时，得到金军败盟南犯的急报。接着，金军又源源不断地涌向顺昌府。

五、六月间，因进攻屡遭挫败，完颜兀术亲率十多万大军前来，双方众寡悬殊。

秦桧为宋高宗起草手诏，令刘锜“择利班师”。

周俊玲（作家、学者）：秦桧令刘锜择利班师的策略非常愚蠢，也可以看出秦桧、宋高宗等在用兵上面纯属弱智，幸亏刘锜没有照办，若是他遵命撤军而走，完颜兀术所部的女真骑兵就会在广阔的原野上追歼这支步兵，那时刘锜势必完败，而且是一败涂地。

刘锜军的基干是十多年前威震太行的八字军，王彦病死后，此军归刘锜指挥，他们拥有丰富的战斗经验，士气高昂。刘锜身处险境，深知只能犯死求生，可战而不可却。他以斩钉截铁般的语言，激励士伍，誓与顺昌共存亡。完颜兀术骄横不可一世，他看到如此单薄残缺的城垣，狂妄地说："顺昌城壁如此，可以靴尖踢倒！"

刘锜军充分利用暑热天气不利金军作战，采用夜间袭扰，河中投毒等多种战术对敌，以逸待劳，以少击众，最终一战大败金国精锐的骑兵部队。

此战，金军死亡五千多人，一万多人受伤，三千多匹战马死亡，可谓伤亡惨重，完颜兀术狼狈逃回了开封府。

岳占州（岳飞思想研究会副会长）：顺昌之战是继和尚原与仙人关两次战役后，宋朝的第三次大捷。英勇的八字军首创在平原地区大破金军的奇迹。金军"自言入中原十五年，尝一败于吴玠，以失地利而败；今败于刘锜，真以战而败"，"十五年间，无如此战"。

完颜兀术的攻势已被击破，而宋军则开始转入反攻。在北方被扣押多年的宋使洪皓，也写密奏报告宋廷，说顺昌战后，金人"震惧丧魄"，将燕山府的珍宝席卷而北，准备放弃燕、云以南的土地。另外，洪皓《鄱阳集》拾遗《使金上母书》记载洪皓信中原文："顺昌之败，岳帅之来，此间震恐。"足见岳飞的第四次北伐已令女真贵族对战争前途，开始丧失信心了。

岳飞闻知金军毁约进攻的消息，十分愤慨，就赶紧以公文通知各大军区，准备大举反击。

岳家军在鄂州整整被羁束了三年，枕戈待旦。岳飞以无战之年，为有战之时，十分注重对部队实施最严格的实战训练。他自己擅长左右开弓，也教战士左右开弓，精习射技。全军将士都身披重铠，苦练冲陡坡，跳壕堑等战斗动作，手脚矫捷，堪称"无一不当十"。

由于薛弼的调离，宋廷向岳飞的宣抚司委派了一位新的参谋官，名叫朱芾。

周俊玲(作家、学者):朱芾是京东路青州益都县人,原任广南西路转运副使。绍兴八年,交趾国王身死,他充任吊祭使。大概在他归国以后,即往鄂州赴新任。宋高宗和秦桧的本意,是要朱芾充当朝廷耳目,监视岳飞,在军中贯彻朝廷的意图。然而朱芾却和岳飞配合得非常好,他积极参与军事谋划,“虑无遗策”,成为岳飞的得力助手。

此外,从前不愿隶属岳飞的赵秉渊,也调任岳家军的胜捷军统制。

周俊玲(作家、学者):绍兴四年冬,当金、伪齐联军南犯之时,赵秉渊从和州(治历阳,今安徽和县)逃跑,部兵纵火大掠,他受到降官贬秩的处分。赵秉渊一旦调遣到岳飞麾下,未免惶恐不安。岳飞因当年的酒失,也颇为内疚,他勉励赵秉渊以战功洗刷过去的耻辱,而不予歧视。

正当岳飞积极部署出师之际,有个名叫冯时行的士人向他上书献策。

周俊玲(作家、学者):冯时行在上书中称誉岳飞“忠勇壮烈,柱石本朝,德望威名,夷夏充满”。“区区愤激之心,日夜之所冀望以尊主庇民者,如相公之贤,独一二数耳”。冯时行建议,“以相公之威望,虏人素所畏服,若能以数万之众,径趋商、虢,使必闻声股栗,望风破胆,岂徒保卫川蜀,必能据有关陕”。此信其实也反映了士大夫辈对岳飞所寄予的众望,认为欲光复故土,已非岳飞莫属。

但岳飞并未采纳他的建议,将关陕作为本军的主攻目标。

此次岳飞的反攻计划,把十万大军分成奇兵、正兵和守兵三个部分,协同作战。

奇兵是深入敌后的游击军。京东路一支由李宝和孙彦指挥。岳飞又另派两支部队渡河北上,一支由梁兴、赵云和李进统领,另一支由董荣、牛显和张峪统领。

正兵是挺进前方的正规军。在西方,武赳率郝义等将,带领轻兵,击破虢州,与陕州“忠义军兵”首领吴琦、商州知州邵隆诸军唇齿相依,联成一体。他们切断完颜兀术和完颜撒离喝两支金军的直接联系,护卫岳飞主力军的后背。在东部,岳飞亲自统率重兵,向辽阔的京西路平原地区疾进。最早出动的,是惯打头阵的同提举一行事务、前军统制张宪，还有游奕军统制姚政所部。他们奉命紧急驰援刘锜。

后方守兵自然包括全体水军。岳家军甚至还接管了直到江南西路江州和江南东路池州的江防，拱卫着湖北、江西以至江东三路的安全。

岳家军将士都充满了必胜的信念和一往无前的锐气。

岳飞再次亲笔上奏，请求宋高宗及时设立皇储。

于青梅(岳飞思想研究会副秘书长、开封朱仙镇岳飞庙旅游文化开发有限公司董事长、学者)：岳飞认为在举行军事攻击的同时.更须预防金国利用宋钦宗，进行政治讹诈，因此再度亲笔上奏，请求高宗及时设立皇储。宋高宗正在用人之际，当然不能再给岳飞以难堪，于是在手诏中，对他的“忱诚忠说”“嘉叹”一番。

六月，南宋朝廷任命岳飞担任少保兼河南府路、陕西、河东、河北路招讨使。制词有曰：“气吞强虏，壮自比于票姚。志清中原，誓有同于祖逖。”不久，又改任河南、北诸路招讨使。按照宋高宗的新命，岳飞自从一品的开府仪同三司晋升正一品的少保。

周俊玲(作家、学者)：当时太师、太傅和太保称“三公”，少师、少傅和少保称“三孤”或“三少”。岳飞的官位至此已跻入三孤的最低一阶。但岳飞仍恳辞新命，他上奏说，“臣闻忠臣之事君，计功而受赏，量力而受官，不为苟得，以贪爵禄。况师旅方兴，事功未著，臣方同士卒之甘苦，明将佐以恩威，冀成尺寸之功，仰报君父之德”。“候将来功绩有成，臣将拜手稽首，祗承休命矣”。

岳飞对此次北伐胜利是抱有很大的希望的，可以说是满怀信心，因而在出征前，他甚至在为自己建功立业之后到庐山归隐做了打算，这在他当时写给庐山东林寺慧海和尚的一首诗中很明确地表达了这一思想。

周俊玲(作家、学者)：岳飞是一位出身行伍的儒将，深受中国古代儒家思想的影响，对以仁义之师抗战、拯救国家危亡是积极的，而对功名利禄、荣华富贵则是过眼云烟。虽在戎马倥偬之中，绍兴六年、七年间，他两次上庐山，与江

州庐山东林寺的慧海和尚结下了友谊。岳飞给慧海寄诗一首，表达了自己渴望驱逐金寇、建功立业之后归隐山林的理想："湓浦庐山几度秋，长江万折向东流。男儿立志扶王室，圣主专师灭虏酋。功业要刊燕石上，归休终伴赤松游。丁宁寄语东林老，莲社从今着力修。"

岳飞手书《前出师表》碑刻

顺昌大战开始时，宋高宗确实惊慌异常。他深怕刘锜一军被歼，故频催岳飞，"多差精锐人马，火急前去救援"，"不得顷刻住滞"。但是，宋高宗又不愿让岳飞乘机北伐，故命令他"重兵持守，轻兵择利"，"候到光、蔡，措置有绪，轻骑前来奏事"。宋高宗规定光州和蔡州为岳飞进军的极限，不但黄河以北，就是黄河以南的土地，包括东京开封府、西京河南府和南京应天府，都准备一概放弃。"穷边指淮淝，异域视京洛"，夺取一个蔡州，即可为两年前的屈膝求和遮羞，这是宋高宗和秦桧的基本战略方针。

六月下旬，宋廷特遣往岳飞军中"计事"的司农少卿李若虚来到鄂州，当时岳飞已率大军北上，李若虚赶到德安府(治安陆，今湖北安陆市)，方与岳飞会晤。

岳飞见到前任参议官，这本是高兴的事，然而李若虚传达宋高宗的旨意，却是"兵不可轻动，宜且班师"！岳飞断然不从，据理力争，他说，北伐的计划已经延搁三年，机不可失，岂容一误再误。李若虚本来就是违心地执行皇命，此刻为岳飞尽忠报国的思想所感召，他激于大义，毅然主动承担了"矫诏之罪"，在关键时刻支持了岳飞。

完颜兀术败于顺昌府后，他本人与龙虎大王完颜突合速退回开封府，命大将韩常守颍昌府，翟将军守淮宁府，三路都统完颜阿鲁补守应天府。金军企图以颍昌、淮宁、应天三府做开封府的前卫，开封府做这三府的后盾，负隅顽抗。

根据敌情，岳飞主力军的第一步战略目标，是扫荡开封府的外围。

六月初，张宪和姚政率前军与游奕军直抵光州，往东北的顺昌府方向疾进。由于顺昌府于十二日解围，张宪便挥兵折向西北，击破敌军，袭取蔡州，为岳家军此次大举北伐，举行了一个奠基礼。岳飞当即委派马羽镇守蔡州。

牛皋的左军也接着出战。十三日，在京西路打败金军，兵锋直指汝州。牛皋率左军攻克他的故乡鲁山等县，又挥师东向，同大军会合。

二十三日，统领孙显在蔡州和淮宁府之间，大破金国裴满千夫长的部伍，实际上是对淮宁府做了一次试探性的军事侦察。

闰六月，岳家军经过集结和准备后，又发起新的更猛烈的攻势。

首先出击的，仍然是张宪。十九日，同提举一行事务、前军统制张宪指挥傅选等将，在离颍昌府四十宋里的地方，同金国的韩常军对阵。韩常军被杀得落花流水，溃不成军。张宪麾军追奔逐北，在二十日夺取颍昌府城。

张宪留董先的踏白军和姚政的游奕军守颍昌府城，自己又会同牛皋、徐庆等军，东进淮宁府。二十四日中午，在淮宁府城外十五宋里，同敌骑三千多人发生遭遇战。岳家军击破金军，分兵数路，进行追击。金方翟将军率领本城兵马，另加自开封府发来的援军，在城外几宋里的地方列阵迎战。张宪率领全军，分进合击，突入敌阵，粉碎金军的顽抗，乘胜占据淮宁府城。金将王太保等人被俘，岳家军还虏获一批战马。

二十五日上午，踏白军统制董先得悉金军自本府长葛县（今河南长葛市）来犯，即同游奕军统制姚政出城迎敌。在城北的七里店，金酋镇国大王、韩常和邪也孛堇率六千余骑，已经摆开军阵。显然，由于得到开封府金军的增援，韩常企图夺回颍昌府城。董先和姚政率部分头直捣敌阵，双方激战一个时辰，金兵终于败退。岳家军追杀三十多宋里路，方才收兵。

金军拱护开封府的三个战略要点，顷刻之间，被岳家军拔除了两个。剩下一个南京应天府，原属京东西路，当时新设应天府路，应是张俊军的作战区。尽管开封府的门户业已打开，岳飞继续执行扫除外围的计划，他期待张俊和刘锜两军北上，以便共同与完颜兀术大军举行战略决战。

张宪麾军收复开封以南地区，战果辉煌；另一支岳家军，则在提举一行事

务、中军统制王贵的指挥下,又接着向开封府以西的地区进军。

十五日,王贵派遣的将官杨成等率兵前往郑州。金军万夫长漫独化带五千余骑出城迎战,岳家军掩杀敌人,一鼓作气,攻克郑州。二十九日,准备将刘政又率兵突入开封府中牟县(今河南中牟县),夜袭漫独化的营寨。岳家军杀死很多敌人,夺得三百五十多匹战马,一百多头骡、驴,还有大量衣物器甲,漫独化本人失踪。

中军副统制郝晸统领兵马,直指西京,打败金国河南知府李成所部数千人,一直追杀到西京河南府城下。李成惊惶失措,不敢再战,遂连夜弃城逃走。第二天,岳家军收复了西京河南府。

翟兴部将李兴早先在商州等地抗金。绍兴三年(公元1133年),翟琮军南撤,伪齐军占领襄汉一带后,李兴被迫投降伪齐。金国归还黄河以南地域,他重新担任宋朝西京河南府兵马钤辖。此次金军大举南下,宋朝西京留守李利用和副总管孙晖都弃城逃跑。承信郎李靓率兵英勇抵抗,俘虏了翟将军。然而在敌人优势兵力的攻击下,李靓战败牺牲。李兴只带七名骑兵,从天津桥转战到定鼎门,额颅受伤,昏仆于地。他在半夜苏醒后,跑到伊阳、福昌、永宁三县,招集民众,组织抗金武装。岳飞特命中军统领苏坚前往联络,双方密切协作,并肩作战。李兴和苏坚率部队攻占西京河南府另外五个县,又在河清县(今河南孟津县东北)打败金军,并收复汝州城。他们与郝晸所部会合后,岳飞特命李兴和苏坚共守西京河南府。

在不足半个月的时间内,岳家军凯歌猛进,席卷京西,兵临大河,胜利地完成了扫清开封府外围的作战计划。

李若虚还朝后,对南宋朝廷奏报说:“敌军很快就会被打败了,我所忧虑的是诸大将不能协同作战!”

周俊玲(作家、学者):李若虚没有完成阻止岳飞出兵的使命,宋高宗和秦桧对他自然非常憎恨,但一时又难于处分其矫诏之罪,因为在李若虚的背后,是个掌重兵的统帅,稍有措置失当,后果不堪设想,淮西之变的阴影依然萦绕在宋高宗君臣的心头,犹似一场梦魇。

宋军诸大将各自为战,向来没有协同作战的传统,更没有会合几路大军与金军展开大规模会战的战略思维。东部战场的韩世忠军，西部战场的吴璘、杨政和郭浩军是努力作战的，但他们与敌军处于胶着状态，不可能直接配合岳家军作战；而中部战场的张俊和刘锜两部，却又没有与岳家军协同作战。

张俊手下的首席统制，原是认张俊为“阿爹”的庸将田师中。田师中娶张俊亡子之妻，对张俊奉承谄媚，因此得到张俊的宠信。淮西兵变后，王德的八千人马驻扎建康府，无所归属。张俊用重金予以收买，将王德招致麾下。张俊的部伍扩充到八万人，装备也很精良。然而他却将行营中护军视若私产，抱着一种悭吝的守财奴心理，人马愈多，装备愈好，就愈不敢打冒风险的大仗，受损失的硬仗。

顺昌大战时，张俊受命解围，一直迁延不行。完颜兀术退兵后的第十一天，即六月二十三日，王德领数千骑兵姗姗来迟，抵达顺昌府，算是尽了策应之责，旋即还军。闰六月，张俊发兵北上，金国宿州（治符离，今安徽宿州市）知州马秦兵败投降，亳州（治谯县，今安徽亳州市）知州郦琼率众逃遁，近乎兵不血刃，便占领两州。当地百姓激于爱国热忱，“列香花迎军”。不料张俊军“掳掠良人妻妾，夺取财物，其酷无异金贼”，并在数日后班师，“民皆失望”。

两次不足道的小捷，邀赏却是漫天讨价。第一，张俊请求宋廷将王德和田师中升至仅次于节度使的正任承宣使；第二，张俊上报说，行营中护军竟有四万多人立“功”，须论“功”行赏。他的所作所为，连给秦桧出谋划策的张嵲也愤愤不平，说张俊“不俟命而擅退师，使岳飞军孤”，“何应罚而反赏”。

其实，擅自退兵的指责，也冤枉了张俊。依宋高宗和秦桧的军事部署，只“令张俊措置亳州”，如今多取一个宿州，已属锦上添花，焉有不赏之理。宋高宗既已偏心于张俊，自然须慷慨地满足他的请求。

刘锜的部队编成前、右、中、左、后、游奕和选锋七军。顺昌府解围后，刘锜派左军和右军护送家属、伤员及辎重等先行，按宋廷接二连三的命令，撤往镇江府。刘锜本人率领剩下的一万几千人马，留驻顺昌府，既不违诏北进，也未遵命南撤。刘锜自顺昌一战成名，身价百倍，颇为踌躇满志，事实上已无意于另立新功。

张俊如此，刘锜如彼，则中部战场岳飞的孤军深入，已成定局。

随着光复地区的日益扩大，岳家军的兵力也日益分散。宋高宗和秦桧以顺昌府原属京西路为借口，令岳飞“分拨兵将，严为守备”，以接替刘锜全军南撤后的防务。岳飞上疏反对，说自己的部队分布在陕州、虢州、西京河南府、郑州、汝州、颍昌府、淮宁府、蔡州等广大地域，还有军队派遣到河东、河北等路，恳请将刘锜一军留在顺昌府，“庶几缓急可以照应”。岳飞还上奏要求将驻虢州的武赳一军撤回，把原属陕西路的陕、虢两州交付川、陕宣抚司管辖。由李兴任河南府知府兼新设的河南府路安抚使，独立负责本路防务。此外，蕲、黄、光三州的防务，也请拨还张俊的淮西宣抚司照管。

由于岳飞面临孤军深入，而又兵力分散的不利态势，开封府的金军主力又近在咫尺，因此急于缩小防区，集中兵力。事实上，在收复西京河南府后，岳家军已停止正面的推进，开始逐步向开封府附近集结兵力。集结地点有两个，一是岳飞亲驻的郾城县（今河南郾城县），二是王贵增戍的颍昌府。

完颜兀术看到有机可乘，不待岳家军集结完毕，抢先发动了大规模的反攻。

七月初，金国都元帅完颜兀术指挥的主力部队，经过一个半月的休整，并增添了由盖天大王完颜赛里等所率领的生力援军后，倾巢而出，直扑郾城。在此之前，完颜兀术（宗弼）还发付金军家属渡河北上，预做撤退的准备。总之，完颜兀术在屡战失利后，虽心虚胆怯，却仍不甘心失败，他利用闰六月后的“弓劲马肥”有利时节，企图做孤注一掷。

八日，有探事人报告岳飞，完颜兀术督龙虎大王完颜突合速、盖天大王完颜赛里、昭武大将军韩常等将，统领精锐马军一万五千多骑，披挂着鲜明的衣甲，自北方赶来，距郾城县只有二十多宋里路。显然，这一万五千人既是十几万大军的前锋，又是其精华，金军中充当步兵的汉人签军，是没有多少战斗力的。当时岳飞麾下只有背嵬军和一部分游奕军，游奕军的另一部分则随统制姚政驻守颍昌府。

完颜兀术应是得到郾城兵少的情报，故亲率主力进行突击，实施斩首行动，企图一举摧毁岳家军的司令部。

岳飞深知将会有一场前所未遇的恶战，以寡敌众的硬仗，却镇定如恒，胸有成竹，因为他坚信自己的将士能够承受严酷的考验。

此战，岳飞也做了周密部署，他首先命令岳云率领背嵬和游奕马军，出城迎击。岳飞神色严毅，对儿子说：“必须得胜而回！若不拼命死战，我就先斩下你的人头!”

当天下午,岳云挥军直贯敌阵。双方的骑兵开始激烈的鏖战。

周俊玲(作家、学者):金军最精锐的部队就是骑兵,十分骁勇善战,战斗力极其顽强,灭辽破宋以来,几乎是所向披靡,可以说是当时亚洲最强大的骑兵部队。当时的宋将吴璘就总结过金军的战斗力,他说金军有四长,即:骑兵、坚忍、重甲、弓矢。这四长的第一是骑兵。《三朝北盟汇编》卷244《金虏图经》记载:“虏人用兵专尚骑,间有步者,乃签差汉儿,悉非真虏人。取胜全不责于步,惟运薪水,掘壕堑,张虚势,搬粮草而已。”第二是坚忍。女真骑兵有很大的坚忍性,吴璘说,宋军以往和西夏军交锋,每次战斗不过一个回合的进退,就分出了胜负。金兵则完全不同,一旦交锋,金军更进迭退,坚耐持久,而且其军令严酷,往往死战不退,每次战斗,非几天大战不能分出胜负,他们胜了不轻易追击,败了不乱阵脚,这是宋军前所未遇的强敌。当女真骑兵交锋一个回合失败后,他们就会利用骑兵机动性大的优点,退出战斗,重整队形,连续冲锋,这就是所谓的更进迭退。《金虏图经》还记载说:“虏流有言曰:不能打一百余个回合,何以谓马军!”第三是重甲。金军骑兵惯披重甲作战,头盔也极其坚固,《三朝北盟汇编》卷30记载:“(金军骑兵)兜鍪极坚,止露两目,枪箭所不能入”。第四是弓矢。金军的主要武器是弓箭,《金虏图经》和《云麓漫钞》记载:“(金军)弓力止七斗,箭极长,刀剑亦不取其快利”,“箭镞至六、七寸,形如凿,入不可出,人携不过百枚”,“非在五十步内不射”,“弓矢亦不妄发”。

郾城大战之所以不同于宋军前此的和尚原、仙人关、顺昌城三大战役,首先在于岳家军是在金军突袭时,在金军最精锐的骑兵部队面前,也即是金军最擅长的大规模骑兵会战中,岳家军以更强悍、更精锐的背嵬军骑兵部队与之展开了硬碰硬的较量,不但丝毫不落下风,而且以少胜多,取得大捷,充分展现了岳家军超强的战斗力。郾城一战,岳家军不但打败了金军最精锐的骑兵部队,更摧毁了金军的顽强斗志,使之从作战精神上被岳家军所征服。

岳家军主要依靠缴获的战马,装备了相当规模的骑兵。其骑兵的数量和质量都胜过其他各支宋军,能够与金国引以为骄傲的骑兵单独周旋。在平原旷野上驰突,正是女真骑兵的长技。岳家军不可能依托山险,也没有凭借城垣,却是在最有利于女真骑兵发挥威力的地形,进行骑兵会战,这在宋金战争中尚属首次。也正是在这次郾城大战中,让金军最精锐的骑兵部队领教了更强的骑兵部队——岳家军背嵬军。

金方的后续部队源源不绝地涌来。岳云的马军经过一个回合的战斗,打败敌骑的一次冲锋后,又招致更多的敌骑进行第二次冲锋,进行两军第二回合的战斗。金军精锐骑兵果然十分悍勇,一个编队的进攻失利后,另一个骑兵编队替换再战。而退下来的骑兵又重新集结,再次编队整合,然后再次向前发动攻击,这就是更进迭退。

宋金两军鏖战多时,岳家军越战越勇,而金军的后续部队也源源不断地投入战场。战斗形势逐步发展到岳家军岳云统领的背嵬、游奕马军与完颜兀术全军接战的地步,金方十余万大军先后开进战场。

激战中,岳家军将官杨再兴雄锐无比,要活捉金军统帅完颜兀术,遂单骑突入敌阵,阵斩金军将士近百名,而他自己也身中数十处创伤。

在战斗最激烈的时刻,黄尘蔽天,杀声动地,岳飞亲自率领四十名亲将突出阵前,便要催马挺枪杀入敌阵。岳家军都训练霍坚急忙上前挽住了岳飞的战马,进言道:"少保官居一品,乃是朝廷重臣,国家安危之所系,不可冒险!"

岳飞见他阻拦,不禁大怒,马鞭挥出,"啪"地一声,抽在了霍坚的手上,喝道:"大敌当前,破贼要紧!我的身家性命又算得了什么?这些不是你应当考虑的!"

霍坚无奈,只得松手,岳飞当即跃马驰突于敌阵当中,左右开弓,箭无虚发,连续射死了十余名金将。

杨再兴、梁吉、王刚等将领眼见主帅岳飞亲自杀敌,所向披靡,神威凛凛,便都勇气倍增,猛烈攻击。

两军的激烈战斗进行了多半个时辰,完颜兀术所部的金军虽然众多,但也难敌岳家军的神勇无敌,被重创后终于全军崩溃,向北败退。

完颜兀术也是久经战阵的大将,当即指挥诸将收聚兵马,向后退却了一段距离,稳住了阵脚,然后以左右翼骑兵对岳家军展开了迂回侧击。

岳善进(岳飞思想研究会副会长):左右翼骑兵称为"拐子马",是金军赖以克敌制胜的精锐,对此,已故历史学家邓广铭先生在《岳飞传》中专门有一篇文章《"拐子马"就是左右翼骑兵》,辨析甚详。在战斗中,女真骑兵最擅长的就是弓箭,可谓杀手锏。然而,宋朝发达的经济技术条件与科技的先进,使岳家军配备的弓矢射程更远,穿透力更强,因此,在弓箭上面的较量,金军并不占优势。至于白刃近战，更是女真骑兵之所短，因为，岳家军整体素质最高，人人武艺精强，可以以一当十。女真骑兵还有一个杀手锏，就是能够坚忍不拔地进行韧性战斗，更进迭退，反复交战数十回合，然而，岳家军的战斗力则更强，持续交锋几十个回合也毫无倦色和馁意，而且，岳家军在岳飞"尽忠报国"思想的感召下，士气旺盛，斗志昂扬，这些都是岳家军具备超强战斗力的基础，而且，都非金军所能匹敌的。

即使在战术上，岳飞所部的岳家军也超越了金军。金军惯用左、右翼骑兵，进行迂回侧击。按宋时行阵术语，左、右翼骑兵称"拐子马"。岳飞也指挥军队，运用巧妙的战术，对付敌之两翼拐子马，"或角其前，或掎其侧，用能使敌人之强，不得逞志于我"。总之，岳家军背嵬军等骑兵部队是一支比金军精锐部队更厉害的劲旅，完全超越了金军应当说是当时亚洲战斗力最强的骑兵队伍。

岳家军在岳飞的亲自指挥下，不但无不以一当十，拼力死战，而且战术灵活多变，或集军于金军正面交战，直撄其锋；或分兵攻击金军侧翼，牵制金军正面的兵锋，使其无法全力向前……几个回合下来，金军的左右翼拐子马大军便被岳家军彻底击溃，死伤累累，横尸遍地，难以再战了。

岳飞亲自上阵杀敌

完颜兀术眼见骑兵会战一败涂地，焦躁万分，便拿出了自己的杀手锏来，妄图挽回败局，他命所部四千重铠全装的铁浮图军团投入了战斗。

完颜兀术的铁浮图军团又称铁塔兵，那些重甲骑士装束得如同铁塔一般，都是千挑万选的精锐亲兵。铁浮图军每三匹马用皮索相连，齐头并进，就像整堵墙向前移动一样，进行正面冲击，十分厉害。

岳飞料敌机先，早有准备，当即命岳家军步兵迎战金军铁

浮图军团，他们都用麻扎刀、大斧等利器专砍马足。铁浮图军每三匹马一个编组，一匹马足被砍掉，三匹马便跟着一起扯拽翻倒。岳飞知己知彼，早已研究出了破敌良策，岳家军将士武艺均为岳飞亲授，因此，身手矫捷，个个武艺精强。以武艺精强的步兵专砍敌军马足，此举正是金军铁浮图的克星。于是，号称完颜兀术杀手锏的铁浮图在岳家军面前，根本无从发挥其威力，顷刻之间便被杀得一败涂地，无力再战了。

完颜兀术眼见自己最为精锐的铁浮图军团就这么被岳家军歼灭了，不禁悲从中来，放声痛哭，叹道："自瀚海起兵以来，都是以此精锐军团取胜，现在全完了！"

岳飞见步兵取胜，当即引领岳云、杨再兴等部骑兵乘势猛攻敌军，直杀得金兵血流成河，伏尸如山。此战，完颜兀术彻底落败，狼狈溃逃，岳家军获得了全胜。

郾城一战，从下午打到傍晚，岳飞率部顽强血战，以少胜多，大破完颜兀术十余万大军，并且在平原旷野地带以骑兵会战打败了金军的拐子马，使得完颜兀术心胆俱裂。

周俊玲（作家、学者）：在此次大战中，不仅梁吉等一大批武将立功升赏，还有宣抚司干办公事韩之美、准备差遣杨光凝、吴师中等幕僚也都立有战功。

郾城之战是空前的大捷，宋廷不得不在奖谕诏中，作出了极高的评价："自羯胡入寇，今十五年，我师临阵，何啻百战。曾未闻远以孤军，当兹巨壁，抗犬羊并集之众，于平原旷野之中，如今日之用命者也。盖卿忠义贯于神明，威惠孚于士卒，暨尔在行之旅，咸怀克敌之心，陷阵摧坚，计不反顾，鏖斗屡合，丑类败奔。"

宋高宗也以亲笔手诏嘉奖岳飞说："览卿奏，八日之战，虏以精骑冲坚，自谓奇计。卿遣背嵬、游奕迎破贼锋，戕其酋领，实为隽功。然大敌在近，卿以一军，独与决战，忠义所备，神明助之，再三嘉叹，不忘于怀。比已遣杨沂中全军自宿、泗前去，韩世忠亦出兵东向。卿料敌素无遗策，进退缓急之间，可随机审处，仍与刘锜相约同之。屡已喻卿，不从中御，军前凡有所需，一一奏来。七月廿二日。”

三省、枢密院还奉宋高宗旨意，对岳家军郾城大捷赏赐钱二十万贯，其制文说：“枢密院奏：‘勘会岳飞一军于郾城县，独与番寇全军接战，大获胜捷。’右三省、枢密院同奉圣旨，令户部支降现钱关子贰拾万贯，付岳飞等第犒赏。今札送湖北、京西路宣抚使兼河南北诸路招讨使岳少保照会施行。绍兴十年七月二十三日。”

郾城一战，金军惨败。但是，完颜兀术并不甘心此次的失败，仍旧图谋反扑。

七月十日下午，岳家军哨马探知金军骑兵一千多人进抵郾城县北的五里店一带，而在这支金军的后面，征尘滚滚，不知道还有多少金军人马。

岳飞毫无惧色，引军出城迎敌。

他先命部将王刚带领背嵬军使臣五十人，组成了一支精悍的军官骑兵队，前往侦察，探敌虚实。

王刚等到达五里店时，只见那队一千多人的金军已摆布成了一字阵，准备迎战。

王刚发现，在金军的阵中有个敌将，身穿紫袍，当是头领无疑。于是，王刚大喝道：“擒贼先擒王！诸位随我杀敌立功。”一马当先，便率领那五十名背嵬军使臣们直取那名穿紫袍的金军首领。

这五十名背嵬军使臣都是武艺高强的将官，大家挥舞兵刃，一拥而上，突入敌阵，以雷轰电闪的速度，首先把那名金将砍死了。

一千多名敌骑见岳家军如此神勇，顷刻之间主将便被他们所杀，顿时都惊慌失措起来，不敢恋战，四散溃逃，作鸟兽散了。

岳家军在敌尸和马鬃上，分别摘到两个红漆牌，上面写有“阿李朵孛堇”字样，证明刚才所杀死的敌将是金军的一个悍将。

王刚以五十多骑杀退金军一千多骑后，还乘胜追赶了二十多里，这才凯旋而归。

完颜兀术惨败之余，收聚部队，又纠合了十余万大军，虽不敢再进犯岳飞驻屯的郾城，却也不甘心就此认输，企图避开岳飞，伺机歼灭一支岳家军泄愤，于是，他便以所部大军进驻郾城和颍昌府之间的临颍县，妄图切断郾城的岳飞与驻扎颍昌府的王贵之间的联系，寻机破敌。

岳飞探知完颜兀术大军集结在临颍县，察知金军有进犯颍昌府的迹象，苦于自己在郾城的兵力不多，无法立即进攻临颍县，便下令让张宪统率大军自淮宁府来郾城会师，然后与金军主力决战。部署完毕，岳飞又召来岳云，说道："完颜兀术的贼兵屡次失败，但其兵马仍有十余万众，我一向了解此人，他的斗志极其顽强，贼心不死，总能屡败屡战，妄想败中取胜，奋力一击。因此，他定会避开我军主力，攻击兵力相对薄弱的颍昌府，以此泄愤，稍微挽回一些颜面。王贵在颍昌的驻军不多，你可率领八百名背嵬军绕道疾驰，增援颍昌府。"岳云遵命，当即点齐八百背嵬军绕道驰援颍昌去了。

与此同时，岳飞还致书驻军顺昌府的刘锜，请求他的部队北上，与自己一起会战金军主力，歼灭顽敌。

十三日，张宪奉命率领大军赶到了郾城与岳飞会师，然后率领前军、背嵬军、游奕军等雄厚兵力向临颍县挺进，决意和完颜兀术所部的金军主力展开决战。

傅伯星、王重义绘制的杨再兴血战小商河

张宪大军进发途中，命猛将杨再兴率领将官王兰、高林、罗彦、李德等三百名精锐骑兵为前哨，向临颍县一带侦察，搜索敌军。

杨再兴等人行进到临颍县南的小商桥时，与完颜兀术统率的金军大队人马突然遭遇。

杨再兴墓位于临颍县南12公里小商桥东300米，世称“忠墓”，当地俗称“杨爷墓”。墓地20余亩，呈长方形，松柏苍翠，有祭庙1座，清代建筑。

金军进行包抄围掩。尽管众寡悬殊，杨再兴也毫无惧色，率三百骑士奋不顾身地进行殊死战。最后，杨再兴和三百将士全部牺牲。此战，金军也支付了更惨重的代价，光被杀的即有二千余人，其中包括万夫长（忒母孛堇）撒八、千夫长（猛安孛堇）、百夫长（谋克孛堇）、五十夫长（蒲辇孛堇）等百余人。当时恰值大雨滂沱，溪涧里都注满了血水。

完颜兀术再无勇气同张宪的大军较量，他留下八千金兵守临颍县，自己带领主力军转攻颍昌府。

十四日天明，张宪指挥的大部队直逼临颍县，以摧枯拉朽之势，扫荡金军，一直追过县城三十多宋里。敌人或往颍昌府方向，或往开封府尉氏县（今河南尉氏县）方向逃跑。岳家军获得杨再兴的战尸，焚化以后，竟得箭镞两升，足见当日战事之惨烈，捐躯之英勇。岳飞和将士们都痛悼不已，对三百猛士深致敬意。岳飞特地上奏，要求宋廷对杨再兴、高林、王兰等将追赠七官或六官。

在张宪军轻易取胜的当天上午，颍昌府也展开了大会战。完颜兀术、镇国大王和韩常，另有四个万夫长，以骑兵三万多骑，在城西列阵。接着，十万名步兵也陆续到达战场，大约由龙虎大王完颜突合速、盖天大王完颜赛里等率领。金军在舞阳桥以南摆开阵势，横亘十多宋里，金鼓震天。

戍守颍昌府的共有五个军，然而除踏白军外，中军统领苏坚在西京河南府，选锋军统制李道在外地，背嵬军和游奕军的一部分又在郾城县和临颍县，都不是全军。王贵令统制董先率踏白军，副统制胡清率选锋军守城，自己和姚政、岳云等率中军、游奕军、背嵬军出城决战。显然，这又是一场以少击众的硬仗与恶战。

二十二岁的岳云率领八百名背嵬骑士，首先驰击金军。随后，岳家军步兵也展开严整的队列继进，翼蔽马军，与敌军左、右拐子马搏战。金军依仗兵多势大，更进迭退，不断地投入生力军整合再战；岳家军则凭借将士勇锐，士气高昂，而且个个武艺精强，以一当十，所向披靡，因此，两军愈斗愈烈，苦战了整整几十个回合，依然难分高低胜负。此战，岳云最为勇猛、剽悍，前后十多次出入敌阵，身受百余处创伤，仍然殊死决战。岳家军一往无前、锐不可当的英雄气概展露无疑，很多步兵和骑兵也杀得"人为血人，马为血马"。在决战最紧要的关头，连宿将王贵也不免有些气馁怯战了，岳云当即以自己的坚定、果敢制止了王贵的动摇，终于使全军拼死血战，"无一人肯回顾者"。颍昌一战，十分酷烈，直杀得鬼神皆惊，天地变色。

这时，颍昌城头的岳家军统制董先与胡清两人眼见两军鏖战多时，胜负难分，当即打开城门，各引一支大军出城增援。

董先与胡清两支生力军加入战团，与王贵、岳云、姚政所部的兵马遥相呼应，内外夹击，终于一举击溃了完颜兀术所部的大军，取得了颍昌之战的胜利。

周俊玲(作家、学者):此战,岳家军杀敌五千多人,俘敌二千多人,缴获战马三千匹,金鼓、旗甲、刀枪器械之类的更是不计其数。完颜兀术的女婿、统军使、金吾卫上将军夏姓万夫长当阵被杀。副统军粘汗孛堇身受重伤,抬到开封府后死去。岳家军还杀死金军千夫长五人,活捉渤海、汉儿都提点、千夫长王松寿,女真、汉儿都提点、千夫长张来孙,千夫长阿黎不,左班祗候承制田瓘等七十八名敌将,夺得敌军战马三千匹,金印七枚。

流行民间的岳家军年画

素以好战、悍勇闻名的完颜兀术自绍兴元年后,亲自经历了和尚原、仙人关、顺昌、郾城和颍昌五次大败,而最后两战又是在金军完全得天时地利条件下的大败,输得胆战心惊、心服口服,从此,他对岳家军这支所向披靡的劲旅充满了畏惧。完颜兀术率残兵败将奔回开封府,丧失了还手之力。金军中从此流传了一句著名的评语:"撼山易,撼岳家军难!"

刘锜的援军出发了,可惜并非全军,只是由雷仲和柳倪指挥的约几千步兵的偏师。他们按刘锜指令,没有奔赴战场,而是直奔开封府南部的太康县。由于岳家军已经击溃了敌军,他们到达太康县后,不见金军的踪影,即行撤回。

在岳家军正兵连战皆捷的同时,插入敌后的奇兵,也与当地民众密切配合,袭击金军,切断道路,克复了很多州县。

于青梅(岳飞思想研究会副秘书长、开封朱仙镇岳飞庙旅游文化开发有限

公司董事长、学者）：京东路的李宝和孙彦所部，是绍兴十年同金军交锋的第一支岳家军奇兵。五月间，完颜兀术大军刚南侵时，李宝等乘船夜袭金军都元帅越国王前军四千户完颜鹘旋所部，杀死完颜鹘旋等四名千夫长及数百名金兵，缴获战马一千匹。

六月二日，金国一名叫“金牌郎君”的万夫长，督军前来企图报复，李宝和孙彦率部迎头痛击，再次打败金军，追杀二十多宋里。李宝一军吸引了一部分金军兵力，有力地支援了当时的颍昌之战。

忠义军马统制孟邦杰奉命扫荡京西路大河以南的残敌，一举攻克北宋皇陵所在的永安军，杀敌三千余人。

梁兴、赵云、李进和董荣、牛显、张峪率领的两支队伍打败绛州垣曲县、东阳敌寨等敌军，又挺进至济源县（今河南济源市）西的曲阳，两次击败金将高太尉人马前来，歼灭敌人步军的十分之八，活捉一百多人。

由于民众的配合和支援，梁兴等部的声势愈益壮大。在河东路，他们攻占了绛州翼城县（今山西翼城县）等地，泽州沁水县（今山西沁水县）等地，杀金国千夫长阿波那孛堇。在河北路，梁兴等军又深入怀州和卫州地界。

河北路卫州的岳家军忠义统制赵俊出兵北上，会合另一忠义统制乔握坚的队伍，收复庆源府。

王忠植领导的河东路人民抗金武装，克复了岚州、石州、保德军（今山西保德县）等十一州军，活跃于河东路的北部。

陕州忠义统制吴琦也派统领侯信渡河，攻劫金军在中条山柏梯谷的营寨，杀敌和俘敌各二百多人，夺马二十多匹。接着，侯信又转战到解州境内，破金军七千多人，俘敌五百多人，夺马五十多匹，器甲七百多件，斩金将千夫长乞可。

梁兴的报告递发到岳飞的宣抚司，说：“河北忠义四十余万，皆以岳字号旗帜，愿公早渡河。”

父老百姓们也都争先恐后地牵牛挽车，“以馈义军”。金国自燕山以南，

“号令不复行”。

岳家军和北方民众抗金义军相互配合，协同作战，这在中国古代军事史上蔚为奇观。只有在女真贵族强制对广大汉人剃头辫发，推行奴隶制等特殊历史条件下，才会出现如此波澜壮阔的爱国壮举。

金朝女真贵族在以岳家军为中坚的宋军，以及北方抗金义军的痛击下，锐气丧尽，军心涣散。都元帅完颜兀术仍企图在北方强征签军，却已难以再抓到兵夫，他哀叹说：“我自北方起兵以来，从来没有遇到过如此落魄的境地！”

龙虎大王完颜突合速的亲信、姓纥石烈千夫长，还有张仔、杨进等金将，都秘密联络岳飞，主动率部投诚。纥石烈千夫长更改用汉姓汉名高勇。以勇悍著称的昭武大将军韩常，在顺昌战败后，曾被完颜兀术以柳条鞭挞九十下。此次颍昌之战，完颜兀术的女婿、统军使夏金吾被杀，使他不敢回军开封府了。韩常屯军在颍昌府北的长葛县，派密使向岳飞请降。岳飞派贾兴回报，表示允许。

岳飞为大河南北频传的捷报所鼓舞，他对部属说：“今次杀金人，直到黄龙府，当与诸君痛饮！”

岳飞曾经忧虑各支大军不能协同，影响战局；如今则胜券在握，必欲光复旧物，犁庭扫穴，以大快人心。

经过三日休整，岳家军开始向开封府进兵。七月十八日，驻临颍县的同提举一行事务张宪同徐庆、李山、傅选、寇成等诸统制，率领几个军的兵力，往东北方向进发。路上遭遇金人骑兵六千，张宪命众统制以马军冲锋，很快就击溃敌军，追杀十五宋里，“横尸满野”，缴获战马一百多匹。王贵也自颍昌府发兵，五十四岁的牛皋率领左军，在进军路上打败敌军，战功卓著。

完颜兀术以十万大军，驻扎于开封府城西南四十五宋里的朱仙镇，希图再次负隅顽抗。不料岳家军前哨的五百背嵬铁骑抵达后，双方一次交锋，敌人即全军崩溃。女真骑兵的士气全靠进攻维系，在迭受挫败之余，终于落到不堪一击的地步。

王曾瑜(中国社会科学院研究员、中国宋史研究会前会长)：关于朱仙镇之战，或认为是岳珂捏造此次战役，或认为此战应发生在六七月全军大举反扑后，即无可能。这里先引《鄂国金佗稡编》卷8《鄂王行实编年》的记事："先臣独以其军进至朱仙镇，距京师才四十五里。兀术复聚兵，且悉京师兵十万来敌，对垒而陈。先臣按兵不动，遣骁将以背嵬骑五百奋击，大破之。兀术奔还京师。"

照抄这段记述的有章颖的《岳飞传》和刘光祖的《襄阳石刻事迹》。《襄阳石刻事迹》固然辑于《鄂国金佗稡编》正式刊印之前，但其内容和文字，无疑是抄录早已问世的《鄂王行实编年》。记载朱仙镇一战的还有《皇宋十朝纲要》卷23，《续宋中兴编年资治通鉴》卷5，《中兴大事记》，《大金国志》卷11，《文献通考》卷315等，且以《中兴大事记》为例："岳飞捷于郾城，乘胜逐北，兵至朱仙镇，距东京四十五里。其战兀术也，于颍昌则以背嵬八百，于朱仙镇则以背嵬五百，皆破其众十余万。"

吕中此书写于"南渡百年"时，已属南宋晚期，显然也是抄录《鄂王行实编年》无疑。这些晚出的史籍采用岳珂朱仙镇之战的记事，当然不能成为确有此战的证据。现存比《鄂王行实编年》早出或大致同时的史书、文集、笔记之类，都无朱仙镇一战的记述。

人们否定朱仙镇一战的理由是一无捷奏传世，二无其他史书过硬的旁证，这是有道理的。然而我们也须考虑宋高宗和秦桧大兴文字狱，篡改历史造成的严重后果。岳飞绍兴十年传世的捷奏既已残缺不全，而号称良史的《三朝北盟会编》和《建炎以来系年要录》，对岳飞主要事迹的记载又是如此残缺错讹。

可见这两条理由并不能成为很充分的理由。

岳珂《鄂王行实编年》的原稿，是其父岳霖委托国子博士顾杞所撰，编写时还“考于闻见，访于遗卒”。此外，岳珂还参据过《野史》的记述。现在顾杞原稿和《野史》既已失传，我们就不能断言，在《鄂王行实编年》问世前，这两部书也没有朱仙镇之战的记载。《鄂国金佗续编》卷14岳霖、岳震、岳霭、岳甫上《赐谥谢表》说：“鼓行将入于京都。”似可表明，在顾杞原稿中已有朱仙镇之战的记录。

岳珂写朱仙镇之战实有含糊和离奇之处，例如连“骁将”的姓名也不交待。然而在秦桧深文罗织之余，似不足深责。前面叙述二次北伐时引赵鼎日记：“遣偏将收复商州。”单凭这句话，又岂知“偏将”是何许人也。《鄂王行实编年》载朱仙镇一战，可能即是“考于闻见，访于遗卒”的产物，因年深月久，而战况又不能得其详。

宋高宗和金朝订立屈辱和约，并划分地界时，郑刚中与金使争论，有如下一段谈话：“尚书（按：指金使兀林答赞谟）却是论行兵，不是论疆界也。兵锋到处，岂有便是自家州县。且如往时，岳飞兵至郾州（城），韩世忠兵入山东，不成许多州县皆是朝廷退还上国也。”

韩世忠军在绍兴十年只攻下一个海州，而岳家军且不算游击军在黄河以北的攻城占地，即以现存捷奏而论，而在郾城之北尚有颍昌，颍昌以远尚有郑州和洛阳。由此可见，郑刚中的谈话只是举例，他不提朱仙镇，似不能作为无朱仙镇一战的根据。

以下谈谈七月十四日颍昌大捷后，岳飞乘胜进军有无可能。现存绍兴十年最后一份捷奏，是《鄂国金佗稡编》卷16《临颍捷奏》，今摘录于下：“前军统制、同提举一行事务张宪申：‘今月十八日，到临颍县东北，逢金贼马军约五千骑。分遣统制徐庆、李山、寇成、傅选等马军一布向前，入阵与贼战斗，其贼败走，追赶十五余里。杀死贼兵横尸满野，夺到器甲等无数，轻骑牵到马一百余匹,委是大获胜捷。'"

这是在临颍东北,即往开封大道的遭遇战,而不是探得敌人来犯,临时出城应战。除前军外,其他四统制代表了二至四个军。这么一支相当雄厚的兵力,可能正是向开封进军的。又据《宋史》卷368《牛皋传》:"金人渝盟,飞命皋出师,战汴、许间,以功最,除捧日、天武四厢都指挥使、成德军承宣使。""汴、许间",即开封和颍昌之间,也应理解为自颍昌向开封挺进时,牛皋的左军战功最大。因为据颍昌捷奏,直到七月十四日为止,牛皋的左军尚未赶到颍昌,参加大战。

《朱子语类》卷136说:"绍兴初,岳军已向汴都,秦相从中制之。"七月十四日后,岳家军大概从临颍和颍昌两地,分别"向汴都"进军的。故杀到朱仙镇,击破金军,仍有相当的可能性。

《鄂国金佗稡编》卷8《鄂王行实编年》说,朱仙镇战胜后,金军曾一度撤出开封。据《金史》卷77《宗弼传》,"宋岳飞、韩世忠分据河南州郡要害"后,"宗弼遣孔彦舟下汴、郑两州"。完颜兀术初占开封,是在岳飞北伐前的五月十三日,这有宋方两件原始公文为证。"孔彦舟下汴",既在岳飞北伐之后,当然应是金军撤出后的重占。《金史》叙事往往扬胜讳败,然而《宗弼传》却又为岳珂此说提供了旁证。

完颜兀术最后只剩下一条路,那就是放弃开封府,准备渡河向北逃窜了。

这时,开封府一个书生拦住了完颜兀术的马头,说道:"四太子不要走,岳飞就要退兵了。"

完颜兀术道:"朱仙镇一战,岳飞以五百骑破了我的十万大军。如今,开封城内的百姓日夜盼望岳飞的大军到来,开封城肯定守不住的。"

那书生道:"自古以来,未有权臣在朝内而大将能在外边立功的。岳飞自身尚且难保,定难成功!"完颜兀术听了,顿时醒悟过来,便驻军在开封城内,放弃了撤军北归的打算。

岳飞第一、二、三次北伐都取得了一定的战绩，但这与他驱逐金寇，收复故疆的目标尚有距离。那么，岳飞第四次北伐又会是什么样的结果呢？能够实现他“直捣黄龙府”的夙志吗？请继续阅读《正说岳飞》第十三章《废于一旦》。

第十三章　废于一旦

这时，岳飞事先派往黄河以北的奇兵梁兴等军已与河东、河北两河一带的义军建立了联系，其中兵力较大的韦铨、孙谋固守山寨，专等岳飞大军北上，即可配合宋军作战，收复失地了。此外，义军首领李通、胡清、李宝、李兴、张恩、孙琪等也率众过河投奔宋军。得到这些义军的效力，岳飞对河朔一带金兵的部署及山川地势了如指掌。河北地区的磁州、相州等州县，山西地区的泽潞、晋、绛、汾、隰等州的义军也派人与岳飞约定日期，准备与官兵会合，还约定都用“岳”字旗号。中原百姓则自发地挽车牵牛，运送军粮，头顶香盆迎接岳飞的

朱仙镇广场的岳飞像

大军。从此，燕京以南，金人的号令已经无人奉行了。完颜兀术想要从民间征兵与岳飞作战，竟无一人应征。自郾城、颖昌大败以来，金军士气低落，局势日渐败坏，完颜兀术已是进退维谷，一筹莫展了，私下叹息道："数十年来，从未遇到过岳飞这样厉害的对手，看起来，只要岳飞不死，我等万难抵挡，打到最后，金国非给他灭了不可！"另一个金兵元帅乌陵思谋向以机智多谋著称，而此时此刻也垂头丧气，没了主意，以至于连部下将士都约束不住了，颓然对部将们道："不要轻举妄动，等岳家军来时，大家一起投降吧。"一些担任金军统制、统领的汉人将官，以至龙虎大王、千户等金军将领，都或明或暗地争相与岳飞的大军联系，希望投顺过去。就连金军的昭武大将军韩常也开始秘密与岳飞商谈，打算率领五万金军投降。对于这些越来越有利的局势，岳飞看在眼里，喜在心上，他似乎已经看到了北伐胜利的曙光了，心情兴奋不已。

七月初，宋、金两军在东部和西部战场处于相持状态，而中部战场的张俊已经撤军了，惟独岳飞所部的岳家军长驱猛进，攻势凌厉，连破金军，捷报频传，大军进逼开封府。

秦桧心怀鬼胎，竭力想要阻止岳飞的北伐战略，便唆使殿中侍御史罗汝楫上奏宋高宗道："我朝偏安，兵微将少，民困国乏，岳飞若是提军深入敌境，那是很危险的！假若一败涂地，丧师辱国，到了那个时候，皇上拿什么来维持战争的局面呢？眼下，只有岳飞全军班师，保持兵威，我朝才有资本与金朝和谈啊！因此，臣希望陛下降诏给岳飞，命他立即班师。"

宋高宗本就是个懦弱畏战，猜忌武将的家伙，听了罗汝楫的话，不禁大是心动，便问宰相秦桧道："相国以为如何？"

秦桧奏道："臣的意见也是如此，岳飞孤军不可逗留，请皇上速命岳飞班师。"

高宗道："相国所言，正合朕意。"于是，高宗亲自下诏命岳飞班师。

秦桧力阻岳飞进兵

岳飞正要进兵朱仙镇，部署攻略开封府，收复旧京，忽见高宗降诏命自己所部兵马班师而回，大惊之余，更是气愤不已，便上奏道："金兵多次被我击败，士气已经沮丧。根据谍报探知，金军统帅完颜兀术正准备放弃军用辎重，渡河北归了。目前，完颜兀术所部兵马盘踞在开封府一带，那是临时逗留而已，斗志全无。而且，我军声威远震，两河地区的豪杰们闻风仰慕，将士用命，正是进兵破敌、收复河山的大好时机，机不可失，时不再来，请不要轻易丧失战机，这是陛下中兴圣朝的机会，也是金贼必然灭亡的日子。臣这些时日来已经考虑周详了，请求陛下降旨，收回班师的成命，令臣早日成功。"

然而，岳飞的苦心孤诣全然不被宋高宗和宰臣秦桧等人所理解，战和的绝对决定权在南宋朝廷。

七月二十日，岳飞大军的前锋已经进抵到了朱仙镇，便在这一天之内，岳飞接连收到了十二道用金字牌递发的班师诏书。这十二道诏旨全是措辞严峻、不容改变的急令："飞孤军不可久留，令班师赴阙奏事！"

周俊玲(作家、学者)：宋代最快速的马递是金字牌，用一宋尺多长的朱漆木牌，上写金字："御前文字，不得入铺。"用驿马接力传送，不得入递铺稍事停留。凡皇帝发下急件，用金字牌传递，日行五百宋里。臣僚发给朝廷急件，另用"急递"，日行四百宋里。

这十二道诏旨宛似晴空霹雳，更是乌云压顶！岳飞原本壮怀激烈、奋发昂扬的雄心壮志一下子死寂了下来，他想到了三年之前，自己向高宗皇帝面陈北伐大计，得到了高宗的高度赞同和信任，并许诺将天下七分之五的兵马交给自己指挥，寝阁之内，高宗以手诏委以重任，谆谆叮嘱，眼看自己就要大展宏图了，可是，权臣秦桧等人的一番谗言竟改变了高宗的既定部署，不但委婉地命张浚收回了让自己兼并刘光世淮西军的成命，更让自己的北伐事业化为了一场春梦。

三年之后，岳飞再次遭受了又一次政治打击，而这次打击的分量要沉重得多。

岳飞这个敢于藐视刀光剑影的大丈夫，这个胸怀家国的无敌大帅，这个在战场上视死如归的赳赳武夫，这个有泪不轻弹的男子汉，此时此刻，不禁悲愤地啜泣起来，他面向东方，朝着行在临安府的方向再拜，喟然叹道："臣十年之力，废于一旦！非臣不称职，权臣秦桧实误陛下也！"

此时此刻的岳飞终于领悟到了一条真理，那就是：只要宋高宗和秦桧当政，朝廷是决不允许他抗金成功的。万般无奈之下，岳飞只能作出一生中最痛心的决定：下令班师。

撤军命令自然严重地影响了岳家军的军心和士气。受命出征之日，岳家军的将士们与家属相约：不破金军誓不团圆！如今眼看金军无力对抗，逃亡在即，兵临开封，收复旧京，已经是指日可待了，然而，就在这个关键时刻，高宗皇帝却严令自己不得破敌，班师而回！功亏一篑，功败垂成，中途折回，自己又有何颜面去面对天下百姓?!

岳家军是一支战无不胜的雄师，更是一支军纪严明的抗金劲旅。在岳飞含泪下达撤军命令之后，大家虽然有太多的愤懑与不解，但还是遵命班师了。

岳飞立马一处高坡之上，眼看着自己这支在强敌面前死战不屈、从无退却的雄师，现在居然变得士气低落，行伍不整，旗靡辙乱了，不禁心如刀割，痛心疾首，半天不说一句话，最后，他长叹一声："难道这竟是天意?!"

到了晚上，岳飞夜宿荒村野寺，与部将们相对而坐，久久沉默不语，他突然问道："天下事竟如何?"

众人都不愿再说什么，惟独张宪回答道："全在相公决定！"

然而张宪的劝勉未能使岳飞产生回师的勇气，因为他知道皇帝的诏旨是最高命令，而一日之间，自己收到高宗十二块金字牌递发的诏旨，那是绝对不可违抗的命令。

岳飞的退师，使京西的百姓大失所望，很多人闻讯拦阻在岳飞的马前，边哭边诉说道："我等顶香盆，运粮草，以迎官军，这些金人都知道的。今日，少保率军离开，金兵马上就会重新杀来了，我等哪里还有命在?!"

岳飞含泪取出诏书，以示众人，说道："朝廷有诏，我不得擅留！"

大军撤至蔡州时，又有成百上千的人拥到衙门内外，其中有百姓，有僧道，也有书生。一名进士率众人向岳飞叩头，说道："我等沦陷在金贼铁骑之下已经十二年了。闻听少保率军北来，志在歼灭金贼，光复河山，我等欢欣鼓舞，夜不成寐，旦夕盼望着看到官军的兵马，度日如年。如今，总算将少保大军盼来了，兵锋所向，金贼望风而逃，故疆渐复，万民欢庆，以为从此可以脱离苦难了。却不料，突然听说少保大军要班师而回了，这可真让我等不可理解了，少保纵然不以中原赤子为念，难道竟忍心放弃垂成之功吗?"

岳飞又以皇帝的班师诏书出示众人，大家看了，都无奈地失声痛哭起来。

最后，岳飞决定留军五日，以掩护当地百姓迁移襄汉。

然后，岳飞大军从蔡州南下，回到鄂州。

七月二十七日，岳飞率骑兵二千，取道顺昌府，渡过淮河，奉命前往行在临安府奏事。

同时，他上奏说，自己"恭依累降御笔处分，前赴行在奏事"。

却说完颜兀术惨败之余，认为此次侵宋战争败局已定，却突然闻听到了岳飞撤军班师的消息，顿时喜出望外，立即整顿兵马，卷土重来。

于是，完颜兀术以孔彦舟为先锋，重新回军开封府，并以此为基地，分兵袭取各地。

岳飞大军撤退后，在前沿尚留有少量的部队，以掩护河南百姓南迁，并接应大河以北梁兴等军撤退。他们在兵力单薄，士气受挫的情势下，难以抵挡金军大队人马的进攻，纷纷败退。于是，河南一带很快就被金兵重新占领了。

岳飞大军的班师后撤，使整个宋金战局发生了逆转。

八月，韩世忠因久攻淮阳军不克，也在宋廷的命令下撤军了。

八月中旬，杨沂中率军到达宿州，以五千骑兵夜袭临涣县柳子镇，却不见金兵的踪影。当他探知金军以重兵埋伏在归路，准备聚歼自己时，大惊之下，不敢原路返回，绕道溃退了。金军乘胜攻取宿州，恼怒当地百姓欢迎过宋军，便开始了报复杀戮。

绍兴十年的宋金大战，从顺昌之战开始，至宿州失陷告终。宋高宗和秦桧的战略指挥，帮助了金军重占河南之地，使宋军屡次大捷的辉煌战果毁于一旦。

岳飞在前往行在临安府的途中，闻知金兵重又侵占了河南之地，悲愤不已，叹道："北伐将士用鲜血和生命所攻取的诸郡，竟在一天之内全都放弃了！社稷江山，难以中兴！乾坤世界，无由再复！"言罢，泪下如雨。至此，岳飞本拟以单独完成北伐的希望至此彻底破灭了。

八月，岳飞抵达临安府，入见高宗，郁愤之余，便开门见山，率直请辞，说道："臣已遵旨班师而回，特此，恳请陛下解除臣的一切军职，一并辞掉少保的官衔，就此解甲归田，做个普通百姓，清闲度日。"

高宗一愣，没想到岳飞会径直如此请辞，嗫嚅道："朕正在倚重少保，为什么突然请辞呢？朕万万不准的！"

岳飞痛切地道："金贼擅自撕毁盟约，入寇我朝，践踏河南之地，残酷抢掠，肆意杀戮，荼毒百姓，人神共愤。如今，金贼再次卷土重来，寇扰中原，岳飞身统大军，却不能效死疆场，歼灭敌寇，区区之志，没能完成一二。就是因为臣凡事顾念自身，贪于爵禄所致！臣每念及此，痛彻心肺，万念俱灰，虽万死不足以赎罪！因此，臣恳请辞职，赋闲家居，以释天下百姓之怒！"

高宗听了，心知岳飞如此陈说自己有罪，其意在指责朝廷强令他班师的不当而已，很是尴尬，便勉强露出一丝笑意，温言道："当初命你班师，出自朕的旨意，不关你的事！"说到这里，突然话锋一转，说道："据枢密院奏报，颍昌大捷，少保爱子岳云功居第一，你怎么没有具实上报呢？"

岳飞道："臣子岳云身为朝廷将官，食受朝廷的俸禄，理当效死疆场，区区微末功劳，不值一提。"

高宗道："朕知道你清廉律己，严明治军，更谦逊避功，可是，功勋卓著者得不到封赏，怎么能彰显朝廷的公正呢?！现在朕已命枢密院查实：岳云身为大帅之子，却从不骄狂，而且勇冠三军，每次临阵冲锋，都身先士卒，斩将搴旗，厥功最多！因此，朕特将岳云升为左武大夫、忠州防御使。"

岳飞力辞，说道："陛下宠爱臣子岳云，臣不胜感激，但他尚且年轻，奖赏过优，会宠坏他的，恳望陛下收回成命，不要封赏岳云了。"

高宗道："朕赏罚分明，功过必究。你不要多说了，朕意已决。"

岳飞道："然则，臣恳望陛下允准，让臣解职还乡去吧！"

高宗心中明白，此刻金兵仍在进犯中原一带，还必须要有岳飞来统率大军，稳定局势，便温言道："你是朕最为倚重的大将，如今，外寇燃起的战火尚未熄灭，国家正在用人之际，你怎么可以有告老还乡的请求呢？朕知道你有意归隐山林，不问俗事，但是，你作为朕的臣子，还须以朝廷大局为重啊！你的辞请，朕断然不准！"

岳飞见高宗坚决不准自己辞职，态度果决，不容置辩，知道自己再说也是无益，无奈之下，只得辞别下殿，返回鄂州军营去了。

宋朝的正规军撤退了，而北方的爱国军民却依然在敌后苦斗。

岳月滨（岳飞思想研究会副秘书长）：金将徐文在开德府一带击败李宝所部义军，李宝被迫向南方转移，到达徐州（治彭城，今江苏徐州市）时，李宝袭击了一支前往增戍的金军，杀敌甚众，活捉七十余名俘虏。李宝军途经金国前沿要塞淮阳军时，有贾姓知军率数十骑追来，问为何人，李宝说："我曹州泼李三也，欲归朝廷耳！"他一箭射死了贾知军。李宝率部兵到达楚州后，将七十多名俘虏交付韩世忠。韩世忠盛情挽留，李宝却表示一定要归岳家军，还截发大哭。韩世忠只好写信征询岳飞的意见。岳飞回复说："是皆为国家报虏，何分彼此。"于是，李宝留在了韩世忠军中任职。

在京东，袭庆府奉符县（金改为泰安州，今山东泰安市）"卒徒"张贵领导的抗金义军，被金将王伯龙所镇压。

镇守西京河南府的李兴军，屡次挫败金将李成的反扑，后因寡不敌众，放弃河南府城，转移到永宁县白马山寨。李成在冬季围攻山寨，李兴连战克捷，多次打败李成。绍兴十一年（公元 1141 年）六月，李兴组织几万军民南撤，在大章谷打退金国几千骑兵的邀击，历尽艰辛，直抵鄂州。宋廷命李兴担任左军同统制，成为牛皋的副手。

梁兴、赵云等人闻知大军班师后，不肯渡河南撤，仍在大河以北与金军作战。他们转战各地，在大名府、开德府一带，截取了金国山东路的金、帛纲，河北路的马纲。梁兴、赵云等人出生入死，多次打败强敌，历经磨难，在绍兴十一年或绍兴十二年（公元 1142 年）初，杀回了鄂州。

河北抗金义军控制下的冀州和北京大名府，也相继被金军攻破。

王忠植所率抗金义军，奉川、陕宣抚司之命，转移至陕西，解救被围的庆阳府(治安化，今甘肃庆阳县)。他率部途经延安府(治肤施，今陕西延安市)时，不幸被叛将赵惟清所俘，后慷慨就义。

北方很多爱国军民临危不惧，以“勿负朝廷”互相勉励。然而宋高宗和秦桧控制下的宋廷，却置故土遗民于不顾。北方广大的抗金义军，因缺乏正规军的支援，与金国军力对比悬殊，终于陷于失败。

金国都元帅完颜兀术在绍兴十年的侵宋战争中两次败于岳飞大军，伤亡惨重，损失巨大，然而却在战争末期，岳飞大军班师之后，卷土重来，又多次击破小股宋军，打败了两河一带的多支抗金义军，重新占领了河南一带许多土地，得到便宜，便又趾高气扬起来。

公元1141年(宋高宗绍兴十一年)春，完颜兀术亲率近十万大军突入淮南西路，进犯南宋。

南宋朝廷在淮南西路有三支大军：淮西宣抚使张俊有兵八万人，淮北宣抚副使杨沂中有兵三万人，淮北宣抚判官刘锜有兵约二万人，总兵力约有十三万人，足以抵挡完颜兀术的近十万金兵。然而，宋高宗每逢感到军情紧急的时候，最急需的破敌将帅还是岳飞。于是，宋高宗即刻用金字牌递发的手诏下令给岳飞：“岳少保忠智冠世，用兵如神，所向无敌。朕向来就以社稷之计倚重于你，如今，金兵入寇，破敌成功，非你不可！便请岳少保统率大军进抵淮西，击破金兵，捍卫江山。”

岳飞接到高宗手诏一阵惊喜，在他沉寂多日的心灵深处，似乎又一次点燃了收复故土的希望。

二月四日，岳飞上奏说道：“金贼以举国之兵前来入寇，其巢穴必定空虚，臣请求率领大军长驱京、洛，直捣敌巢，定能克建奇功，一举破灭敌寇。”

这道奏疏送出去之后，岳飞预料宋高宗决不会接受自己这个战略计划的，于是，他在当日又写了一份奏章，请求皇帝批准自己统率大军改由蕲州和黄州一带渡江，出敌不意，实施奇袭，以收对敌腹背夹击之效。

果然不出岳飞所料，宋高宗回绝了岳飞长驱京、洛的上策，同意岳飞由蕲州、黄州渡江奇袭敌军。

于是，岳飞于二月十一日出兵，前往蕲州、黄州、舒州，驰援淮西。

此时的岳飞正在患病，但还是毅然决然地亲自统率八千多背嵬铁骑做前驱，踏上了攻击金兵的征程。

十八日，行进途中的岳飞得到讯息，淮西的宋、金两军在柘皋镇进行了一场大规模的会战。宋军在杨沂中、刘锜与张俊部将王德的指挥下，与金将完颜阿鲁不、韩常所部展开了激战。双方接战后，兵力占据优势的宋军以步兵长柄大斧迎击金军的左、右翼拐子马，打败了金军。

柘皋战胜后，金军退出庐州。张俊根据不确实的情报，以为敌人已经退兵，命令刘锜军渡江回太平州，自己准备和旧部属杨沂中“耀兵淮上”，再行班师，其实是企图排挤刘锜，独吞战功。岳飞兵临庐州，也接到张俊的咨目，说敌军已退，“前途粮乏，不可行师”，实际上是给这支客军下逐客令。岳飞明白张俊的居心，就退兵舒州，上奏宋廷，请宋高宗决定进止。

不料完颜兀术为了报复，用郦琼之计，以孔彦舟作先锋，在三月四日，即张俊令刘锜班师的前一日，已急攻濠州。濠州的流星马前来告急求援，方惊破了张俊的美梦，他立即召回业已南撤的刘锜军，共同进兵北上。三月九日，张俊、杨沂中和刘锜约十三万大军赶至黄连埠，距濠州尚六十余里，便接到了前一日州城陷落的消息。金兵破城后，大肆烧杀剽掠，驱掳居民而去。张俊得到探报，说濠州已无金兵，又希图去空城耀武扬威一番，以掩饰赴援不及的窘态，他命王德和杨沂中率两军所选精锐六万人及二千余骑前往。不料，这支大军遭到了金军伏击，杨沂中和王德只身逃回，部众大部被歼，沿途遗弃兵器和甲胄无数。在黄连埠的张俊和刘锜闻讯后，大惊失色，也拔寨南撤。

韩世忠奉命自楚州率军赶到濠州时，败局已无可挽回。金军企图阻遏他的归路，韩世忠军且战且退，全师而还。

尚在舒州待命的岳飞，得知战局变化的消息，又接到宋高宗一份三月一日发出的手诏，令他“尽行平荡”，“以除后患”，就统兵倍道兼程北上。

行军途中，岳飞先后接到张俊和韩世忠两军的不利消息，悲愤的心情再也难以克制，一句近乎责骂皇帝的话便脱口而出：“国家的局面如此不堪，皇上糊涂，居然任用这些饭桶来破敌，简直是胡闹！”实际上，这正是他郁结半年有余的心声。

岳飞发泄了对皇帝的不满，又怒气冲冲地说道："像张俊、韩世忠这些烂部队，平日里只知道耀武扬威，趾高气扬，哪里有摧锋破敌的真本领了?!"说着话，岳飞用马鞭指着张宪说道："像张俊那些烂部队，号称精兵八万，其实不堪一击，张太尉只用一万人马过去便能踏平了!"

岳飞又用马鞭指着董先说道："像韩世忠那些烂部队，号称精兵数万，草包一堆罢了，董太尉用不了一万人马便可踏平了!"

诸将见岳飞震怒，一个个默不作声，不敢说话了。

十二日，岳飞大军抵达濠州以南的定远县，金军闻知大惊，不敢接战，慌忙渡过淮河，向北逃跑了。

岳　永(岳飞思想研究会副秘书长)：淮西之战，宋军先胜后败，作为总指挥的张俊负有不可推卸的责任。但他一向喜欢揽功归己，委过于人，所以在回朝后，张俊却反诬刘锜作战不力，岳飞逗留不进。宋高宗和秦桧当然是偏袒张俊，而不维护岳飞、刘锜。秦桧的党羽更是一哄而起，以张俊的诬陷之词大做文章，顿时，朝野上下飞短流长，对岳飞竭尽毁谤、中伤之能事。

宋朝自太祖赵匡胤开国以来，为防止重蹈覆辙，形成了一个不成文的基本国策：那就是对武将猜忌、防范，以文制武。

宋高宗和宰臣们在利用武将抵御金军的侵略之时，同时更害怕诸大将久握重兵，跋扈难制，进而危及皇权帝位。正是基于赵宋王朝以文制武的传统国策，张浚和赵鼎任相时，"屡欲有所更张，而终不得其柄"。王庶任枢密副使，曾令韩世忠和张俊的部将分兵移屯，为张俊所觉察，托人向王庶传话，表示反对。秦桧独相后，向宋高宗"乘间密奏"，说各行营护军目前号称张家军、韩家军等，表明"诸军但知有将军，不知有天子，跋扈有盟，不可不虑"。宋高宗为此更"决意和戎"。罢大将兵权之事，虽酝酿多年，真欲付诸实施，其关键又在于"有息戈之期"。

淮西战事虽暂时休止，陕西的争夺正难分难解，吴璘军直到当年九月，又赢得著名的剡湾之捷，其他地区的小仗也接连不断。在表面上，似并"未有息戈之期"的征象。然而宋高宗和秦桧通过各种渠道，已洞悉金方愿和的底蕴，对偏安东南有了足够的把握。七八个月前，岳飞主动辞免兵柄，宋高宗尚无允准的胆量;如今他却和秦桧接受范同之建议,准备主动地采取断然措施。

三月二十一日及稍后,宋廷省出省札,"令岳飞先次遣发军马回归"鄂州,本人由舒州往"行在"临安府"奏事"。四月下旬,岳飞到行朝时,韩世忠和张俊已早到六七日。宋高宗、秦桧及其心腹王次翁等十分焦急不安,只是成天用美酒和佳肴招待韩世忠和张俊,拖延时日。岳飞来到后,宋廷一面继续在西湖为之举办盛筵,一面却连夜起草制词,发表韩世忠和张俊任枢密使,岳飞任枢密副使,留朝任职,明升暗降,削除兵权。宋朝历史上第二次"杯酒释兵权"终于实现了。岳飞保留少保的官阶,其两镇节度使的虚衔和宣抚使、招讨使、营田大使的实职同时撤销。

张俊率先表示拥护,带头交出所统行营中护军,直属皇帝调遣。

周俊玲(作家、学者):实际上,张俊与秦桧早有默契的预谋,他们约定罢免岳飞、韩世忠、刘锜等诸大将的兵权之后,由张俊独掌兵权。张俊这个人呢,才干平庸,野心却不小。张俊得了秦桧等的许诺,满心欢喜,从此更与秦桧沆瀣一气,共同主张议和。

岳飞雄图不展,壮志难酬,继续执掌大兵,对他无异于大耻大辱,故早已提出辞呈。他虽未料想到朝廷此番精心设计和突然措置,对兵柄也毫不留恋。他请求朝廷将自己带来的亲兵,只留少量随从,其余发遣回鄂州,充实到部伍中去,增强部队的战斗力。宋高宗立即予以批准。

韩世忠的京东、淮东宣抚处置司,张俊的淮西宣抚司和岳飞的湖北、京西宣抚司紧接着撤销了,三宣抚司原辖行营前护军、行营中护军和行营后护军的军号也予以取消,各统制官所部都冠以"御前"两字,以示直属皇帝,今后各军调动、征发都奉圣旨施行。此外,宋廷还提高各军总领的职权,规定总领除管理钱粮外,还要"节制"诸军,负责报发朝廷和各军之间的往返文件,预闻军政,实际上起着监军的作用。

王贵接替岳飞,担任鄂州驻扎御前诸军都统制,张宪担任副都统制,负责指挥原岳家军。宋廷对他们很不放心,特命秦桧党羽林大声出任湖、广总领,进行监视。宋高宗和秦桧对岳飞的幕僚也十分猜忌,在宣布岳飞为枢密副使的前两天，就发表随同岳飞赴“行在”的参谋官朱芾外任镇江知府，前参议官李若虚外任宣州知州，旨在不让他们与岳飞朝夕相处，出谋划策。

岳飞本不愿被人视为武夫和粗人，自罢兵权后，便不着戎装，整日穿宽袍大袖的儒装，显出雍容悠闲的风度，不想，这居然也引起了秦桧的忌恨。

当时，解除兵权的还有刘锜，宋廷发表他出任荆南知府，并规定倘若遇到紧急情况，可以调动旁郡的兵马，旨在对王贵和张宪起钳制作用。

岳飞从抗金大局出发，爱惜刘锜的才勇，奏请留他掌兵，却被宋高宗和秦桧断然拒绝。

宋高宗在给岳飞制诏中说，“朕以虏寇未平，中原未复，更定大计，登用枢臣”。“近资发纵指示之奇，远辑摧陷廓清之绩”。“所愿训武厉兵，一洒仇耻”。他又亲自对韩世忠、张俊和岳飞三大将说：“朕昔付卿等以一路宣抚之权尚小，今付卿等以枢府本兵之权甚大。卿等宜共为一心，勿分彼此，则兵力全而莫之能御，顾如兀术，何足扫除乎！”

在此类冠冕堂皇、慷慨激昂的言词背后，真正加速的正是向仇敌求降的步伐。尽管宋代轻视武人的积习甚深，不少士大夫仍然看透了宋廷罢三大将兵柄的真意。明州知州梁汝嘉上奏认为，这表明朝廷“无复进取之计”。曾任荆湖北路安抚使的刘洪道听说岳飞罢宣抚使，为之“顿足抵掌”而“流涕”。

周文斌(南昌大学校长、学者、教授、博士生导师)：因为宋朝的开国皇帝赵匡胤是以武将功高、权重而夺了后周的江山，然后黄袍加身，登基称帝，做了宋朝的太祖皇帝，所以，对武将的猜忌和防范，就一直是赵宋王朝恪守不渝的国策。在这个国策的影响下，宋朝的政治制度就呈现了一大特点，那就是实行重文轻武、以文制武的策略，使武将受制于文官。宋朝的历代君主，几乎都有一个潜在的意识在传承，那就是：只要出现武将兵多、权重、功大、官高的情况，就会被宋朝统治者视为对皇权的巨大潜在威胁。然而，金国灭亡北宋以及持续的侵略南宋，迫使南宋朝廷不得不倚重武将，这与宋朝对武将的猜忌与防范的传统国策相抵触。

南宋在偏安一隅，连年抵御金军入侵、内寇滋扰等战乱不断的特定历史条件下，又使武将事权增重、地位和威望提高，这就与宋朝以文制武的传统国策背道而驰了。这个矛盾随着抗金形势的变化而有所改变。南宋初期，金国强大而南宋朝廷弱小，所以金国一心想灭掉南宋，宋高宗乞和而不可得，只有抵抗，在战

争形势的迫使下，南宋朝廷就必须倚重武将来对抗金军的肆虐。这期间呢，南宋君臣并非不想收诸大将的兵权，而是根本不能收，还必须破格提拔、重用抗金将帅，来维持战争中不被灭国的局面，在这种情况下，自保要紧，更遑论推行以文制武的国策了。但宋金对峙的局面也在不断变化着。到了绍兴十年(公元 1140 年)宋金再次开战之后，由于北方人民的反抗斗争以及金国女真统治集团的内讧，加上连年侵宋，金国耗费了大量的人力物力财力，金军将士厌战，士气低落。而在侵宋战争中，金军又接连被宋军击败，再加上来自北方蒙古的威胁，金国已经无力继续打下去了。在这个大前提下，于是便出现了宋金和谈。

其实，从南宋立国到宋金和谈形成对峙局面，这一段历史时期，南宋君臣一直图谋收诸大将的兵权，恢复以文制武的传统国策。

南宋君臣谋划削夺诸大将兵权有史可考的共有四次，即是从绍兴六年开始，到绍兴十一年，每年都在谋划这个事情，第四次由宋高宗亲自操持，终于成功解除了三大将的兵权。

第一次收兵权预谋发生在公元 1136 年到 1137 年间(宋高宗绍兴六年到七年)，策划人是右相兼都督张浚。根据《三朝北盟汇编》卷 199《秀水闲居录》,《中兴小纪》卷 21 注引《秀水闲居录》的记载，当时张浚正计划拿掉刘光世之后，逐步谋划收取诸大将的兵权，由自己做名副其实的抗金总统帅。但他的这一计划并不切合实际，当时金寇环伺、伪齐觊觎，尚不到天下初定、兔死狗烹的时机，他的轻举冒进，以致使天下有识之士为之"寒心"。其结果是拿掉刘光世之后措置失当，导致了郦琼等淮西兵变，使南宋朝廷国防力量遭受了重大损失。右相兼都督张浚也不得不为此引咎辞职。

第二次收兵权预谋发生在公元 1138 年(宋高宗绍兴八年)，策划人是宰相赵鼎，提出具体措置办法的是宋高宗和监察御史张戒。绍兴八年，赵鼎再任宰相之后，依然想把收夺大将兵权的预谋付诸实施。为此，赵鼎和枢密副使王庶、监察御史张戒共同谋划此事。绍兴八年四月，监察御史张戒曾和宋高宗探讨过如何削弱各大将兵权的问题。当时，张戒对宋高宗说：诸将权太重，应当稍加节制。宋高宗说："若说诸大将跋扈则谈不上。虽然他们手里握有重兵，但是兵将聚集起来就强大，分散开来就弱小，即使打算分兵势，现在还不是时候。"张戒说："是这么个道理，但是对付诸大将要讲求策略，以免他们手握重兵，跋扈难制，尾大不掉了。"宋高宗说："我现在已经有办法了，那就是起用并拉拢那些偏裨将官，以分诸大将的权势。"张戒说："陛下果然已经有办法了，笼络住偏裨将官的心，则诸大将的权势就分化了！"宋高宗说："这个措置需要一两年后就可以实施了。”他们是想把各大将部下的偏裨将佐加以升擢,使每个人都能独立成军,这样就把各大将的权势分化削弱了。赵鼎、张戒、王庶等人的收兵权预谋所选定的是张俊,因为,几年来张俊养威避事的作风十分严重,朝廷上认为很有必要采取一些措施了。所以,王庶视师江淮,就把张俊的部将张宗颜的部队移驻庐州。张俊对此大不高兴,他自恃有宋高宗撑腰,对王庶、赵鼎等人的收兵权预谋并不当回事,并很快做出了反应。当时王庶属下有一个钱粮官名叫刘时,是张俊的老乡,张俊宴请刘时,酒酣之后,对他说:“老乡能为我捎句话给王枢密吗?调走偏裨将官,使之独立统兵,以此削弱大将权势,似乎太仓促了些。王枢密还是先坐稳自己的官位再考虑别的事情才好。不知道王枢密在朝廷上能当多久的官,真的坐稳了自己的位置了吗?”刘时果然把这番话转告给了王庶,王庶听了,也不客气,又托他转告张俊说:“替我传句话给张俊,不论我在朝廷为官安稳与否,但只要我在枢密副使的职位上一天就管一天的事!我的既定策略不会改变的!”尽管王庶的话说得十分坚决,但削夺兵权的事却终又因此而搁置了起来。其后不久,赵鼎、王庶和张戒都相继罢官,继之就是秦桧一人独居相位的局面。

第三次收兵权预谋发生在公元1139年(宋高宗绍兴九年),策划人是宰相秦桧。当时,宋金和谈达成了协议,金国将陕西和黄河以南的土地归还给了宋朝。宋高宗深怕岳飞、韩世忠、吴玠等大将惹是生非,命令岳飞、韩世忠、张俊、吴玠等四支大军原地驻防,另外派出了一些官员和兵马,前往接受河南之地。秦桧更打算乘机“撤武备,尽夺诸将兵权”。参知政事李光第一个站了出来坚决反对秦桧的主张,说道:“金寇狼子野心,他们的话根本不可信,这次和谈靠不住的,武备决不可撤!”于是,秦桧尽收

岳飞铜像

诸将兵权的阴谋活动被制止了。

第四次收兵权预谋发生在公元1141年(宋高宗绍兴十一年),策划人是范同,实施人是宋高宗和秦桧。这年三月间,南宋朝廷发表韩世忠和张俊任枢密使,岳飞任枢密副使,留朝任职,明升暗降,削除兵权。宋朝历史上第二次"杯酒释兵权"终于实现了。

岳飞在绍兴十年已承受了第二次政治打击,但他却万万未曾料到,自罢宣抚使之日始,惨重的大难行将临头。

金国都元帅完颜兀术经历绍兴十年和绍兴十一年几次大战的挫败,不得不承认"南宋近年军势雄锐,有心争战",而决意讲和。绍兴十年秋,完颜兀术曾正式写信给秦桧说:"尔朝夕以和请,而岳飞方为河北图,且杀吾婿,不可以不报。必杀岳飞,而后和可成也。"

周俊玲(作家、学者):金军侵略宋朝导致了十二世纪中叶的宋金战争,尽管南宋朝廷在军事上给了金军一定的打击,而且,金国兵锋渐趋末势,而宋军军势渐趋雄锐,但由于南宋君臣的懦弱和偏安思想主导下,推行投降和卖国策略,渴望和谈,结束战事,因而,战和的主动权始终控制在金国权贵手中,特别是后来掌权的金国都元帅完颜兀术完全操控着战和的局势,尽管此人是个好战分子。

完颜兀术在历经绍兴十年和绍兴十一年几次大战的挫败后,不得不转变策略,改用诱和的办法使南宋朝廷就范。

公元1141年的夏历八月初,完颜兀术将原本扣押在军营中的南宋使臣莫将、韩恕二人放回,并让他们给南宋朝廷带去了一封书信,扬言要再度侵宋,其中说:"今兹荐将天威,问罪江表,已会诸道大军水陆并进,师行之期,近在朝夕。义当先事以告,因遣莫将等回。惟阁下熟虑而善图之。"

宋高宗赵构和宰相秦桧接到来信,惶恐不已,慌忙派遣使者送上一封告饶的卑辞信件,其中说:"今闻兴师问罪之师,先事以告,仰见爱念至厚,未忍弃绝。下国君臣，既畏且感……望太保、左丞相、侍中、都元帅、领省国公特为敷奏，曲加宽宥，许遣使人，请命厥下。”

完颜兀术接到此信，于十月十日再度致书宋高宗赵构，指责赵构的回信措辞不当，而且所遣使臣级别太低，应改派高级别官员和有名望的大臣来谈判。

十月中旬，宋高宗和秦桧改派官位较高的魏良臣、王公亮带了宋高宗赵构的书信出使金营，在这封信中，宋高宗表示愿意接受完颜兀术的一切条件，恳请罢兵乞和。完颜兀术和魏良臣进行了口头谈判，鉴于魏良臣等再三叩头，苦苦哀求，完颜兀术勉强应允。

十一月初七日，完颜兀术第三次致书宋高宗赵构，并派遣萧毅、邢具瞻出使南宋，谈判和议条款。信中说：“本拟上自襄江，下至于海以为界，重念江南凋敝日久，如不得淮南相为表里之资，恐不能国。兼来使再三叩头，哀求甚切，于情可怜，遂以淮水为界。西有唐、邓二州，以地势观之亦是淮北，不在所割之数。来使云岁贡银绢二十五万匹两，既能尽以小事大之礼，货利又何足道，止以所乞为定。淮北、京西、陕西、河东、河北自来流寓在南者，愿归则听之。”又说：“今遣昭武大将军、行台尚书户部兼工部侍郎、兼左司郎中、上轻车都尉、兰陵县开国伯、食邑七百户萧毅、中宪大夫、充翰林侍制同知制诰、兼右谏议大夫、河间县开国子、食邑五百户邢具瞻等奉使江南，审定可否。其间有不可尽言者，一一口授，惟阁下详之。”

宋高宗和秦桧接到完颜兀术的信件，兴奋不已，便立刻将完颜兀术所提条件全盘接受，写了一篇表示投降的《誓表》，派遣何铸和曹勋作为使者奉送《誓表》，并携带赵构一封答书，再去拜见完颜兀术，表示宋金和议达成。

在完颜兀术的上件来书中，有“其间有不可尽言者，一一口授，惟阁下详之”这几句话，究竟口授给使者的是些什么话语呢？这从赵构的这次复信和誓表中找不到答案，但是，完颜兀术既然不用文字表达，而选择口授，显然是一些不可告人的隐秘之事。

后世一些学者推测说完颜兀术那些口授隐秘就是以南宋朝廷杀岳飞为和谈条件。其依据是岳珂在《鄂王行实编年》记载：“查籥尝谓人曰：虏自叛河南

盟，岳飞深入不已，桧私于金人，劝上班师。金人谓桧曰‘尔朝夕以和请，而岳飞方为河北图，且杀吾婿，不可以不报。必杀岳飞，而后和可成也。’桧于是杀先臣以为信。”据《鄂国金佗稡编》卷20《吁天辨诬通叙》，“金人谓桧”即是“兀术遗桧书”。

王曾瑜先生对此做了严谨而深刻的考证，他认为岳珂《鄂王行实编年》中所记载的所谓“金人谓桧”就是“兀术遗桧书”，但此信不应视为完颜兀术给奸细秦桧的私人密信，而是金国都元帅致南宋宰相的正式书函，宋高宗是知情的。因为，若是私人密信，则查籥无从得知。查籥在宋高宗晚期出仕，而在宋孝宗乾道或淳熙初死去。他比较倾向抗金，同陆游、王十朋等人颇有交往。岳飞三子岳霖曾托国子博士顾杞，起草一个岳飞传记，在岳霖临终前，交付儿子岳珂。岳珂大约在查籥死后十年出生。前引查籥的这段揭发，只见于《鄂王行实编年》的记载，别无旁证，查籥又在岳珂出生前去世，应是国子博士顾杞撰写岳飞传记草稿中的记事，因而被岳珂载入《鄂王行实编年》的。岳家军在绍兴十年（公元1140年）七月颍昌大战时，杀死完颜兀术女婿、夏姓的统军使、金吾卫上将军。完颜兀术的信件应是在颍昌战后不久发出的。查籥如何得知此信，已无从查考。但是，这封信对于岳飞的被杀害，无疑起了重要作用。

王曾瑜先生指出，《鄂国金佗稡编》是传世的一部最重要的有关岳飞的资料，其中有岳珂为祖父岳飞所撰写的传记《鄂王行实编年》，其中的确有一些错讹、疏略、歪曲和虚饰的成分，无疑应当认真审核，仔细辨析。然而不能对于其中缺乏旁证的记事一概否定。

由于秦桧父子篡改历史，使《鄂国金佗稡编》之外的有关岳飞的记载，也都残缺不全，错讹百出。《三朝北盟汇编》和《建炎以来系年要录》号称良史，两书的作者也都肯定岳飞，然而对岳飞事迹的记述，其错讹和疏略的程度更为严重，远不及《鄂王行实编年》精到、准确。岳飞的主要事迹，包括几次北伐，绍兴七年的辞职和复职，绍兴八年和九年的反对议和，绍兴十一年的援淮西和遇难，这两部史书都没有写全和写对。例如绍兴六年秋的北伐，共有五次战役，两书都有疏漏，而当年冬的北伐，几乎无只言片语涉及。对绍兴七年辞职的原因，两书写得荒诞离奇，面目全非，倒还是《鄂王行实编年》披露了真相。绍兴十一年，岳飞援淮西，两书都承袭张俊、秦桧之流的诬陷，说岳飞有意逗留，不肯进兵。

按宋金双方记载，正式和谈始于绍兴十一年九月，在此之前，双方一直处于交战状态。当年秋天，完颜兀术大举进攻淮南。即使在和谈期间，陕西战争依然很激烈，吴璘的剡家湾之捷即是九月间事。按《王次翁叙记》，杀岳飞的决定最晚在三月作出。四月，宋廷削除岳飞、韩世忠等人的兵权。五月，张俊奉命出使江北楚州，肢解韩世忠军，将精锐的背嵬军调驻临安府，其余各军后撤江南镇江府，放弃海州，使这支军队的战斗力受到严重损伤。八月，岳飞正式罢官赋闲。九月，在双方正式和谈前，又开始制造岳飞冤案。面对金军秋季攻势，主持军务的张俊不发兵抵抗，听任金军蹂躏淮南，占领原韩家军大本营楚州等地。如果不是早有默契，处于交战状态的一方，竟然敢于采取一系列步骤，自坏长城，是违背常理的。绍兴十年秋，岳飞因北伐不能进行，提出辞呈，宋高宗不允，诏曰："方资长算，助予远图，未有息戈之期，而有告老之情。"绍兴十年时，宋军比绍兴十一年打得出色，宋高宗尚不敢贸然解除岳飞的兵柄，事隔半年，却作了一百八十度的大转变，这些史实，用双方军事力量对比之说，是难以解释的。

其实，"兀术遗桧书"的记载，倒是提供了一条重要线索，证明在绍兴十一年九月之前，宋金双方不是只打不谈，而是密使往还，边打边谈，宋高宗通过各种途径，已洞悉了金国的底蕴。那么在九月之前，宋高宗从不准岳飞辞职，转变到主动剥夺他的兵权，采取一系列自坏长城的步骤，就易于理解了。

《建炎以来系年要录》卷 142 关于宋金和议的记载非常简略，共有四条。即双方以淮水为界，宋朝纳岁币银和帛各二十五万两、匹，宋方割唐、邓二州，金方放还宋高宗生母韦氏。这四条当然不是协议的全部内容。例如宋高宗向大金皇帝称"臣构"，是《建炎以来系年要录》所避讳的。金国规定宋高宗"不许以无罪去首相"，保证秦桧当终身宰相，也为《建炎以来系年要录》所不载。可见不能以《建炎以来系年要录》的记载，作为必无杀岳飞的协议的依据。

从时间上看，开始制造岳飞冤狱，是在宋金正式和谈之前。十月，岳飞下狱，他的被害只不过是时间问题了。这当然是宋高宗为促使和议成功而采取的重大步骤。十一月，宋金达成和议，而岳飞被害于十二月。如果要以这一月之差，用作否定“兀术遗桧书”的存在，只怕过于刻板了。要知道，十一月不过是在原则上达成协议，尔后还有很多交涉，真正全部履行《建炎以来系年要录》所载的四条，大约又花了一年时间。杀害岳飞，是宋高宗和秦桧对金国表示诚意的重要行动。

完颜兀术提出以杀岳飞作为和议的条件，秦桧自然是惟命是从，而关键在于宋高宗本人对此书信与讲和条件持何种态度。

岳飞是战功赫赫的将帅，又是身为执政的高官。按宋太祖秘密誓约的规定：“不杀大臣及言事官，违者不祥。”十五年前，宋高宗杀害上书言事的陈东和欧阳澈，结果只是极大地提高了牺牲者的声誉，而使自己背负难以洗刷的恶名。以后宋高宗一直引以为训，不敢轻易开杀戒。秦桧对胡铨恨之入骨，在自己的一德格天阁中写上胡铨等人的姓名，“必欲杀之而后已”。然而在宋太祖秘密誓约的约束下，只要宋高宗未予首肯，他始终无法杀害官卑职小，而又贬黜流放的胡铨。

秦桧与心腹密谋

尽管岳飞的生命也受宋太祖誓约的保护，但宋高宗为了对金媾和的成功，加之对岳飞的忌恨，故在秦桧的怂恿下，决定杀害岳飞。在淮西会战时，宋高宗一面褒奖岳飞，“见苦寒嗽，乃能勉为朕行，国尔忘身，谁如卿者”；另一方面，却已与秦桧进行罪恶的谋划。罢岳飞兵权，仅是完成了第一个步骤。

秦桧和岳飞在和战问题上，自然是势不两立。

岳方顺（岳飞思想研究会高级顾问、学者）：岳飞看到绍兴十年秦桧奏中所引“德无常师，主善为师”之语，认为此言欺骗蒙蔽皇帝，气愤地说：“君臣之间的大伦，根本于人的天性，大臣主持国政，竟忍心当面欺骗君主！”秦桧闻知后，愈加记恨岳飞，两人的仇隙更深。但是，秦桧对韩世忠的憎恶，也不亚于岳飞。绍兴八九年间，韩世忠曾命部属假扮红巾军，企图袭杀金使张通古，破坏和议，后因部将告密，而未成功，却使秦桧切齿痛恨。按秦桧的盘算，是一不做，二不休，先害韩世忠，后杀岳飞，这两人正是他的主要政敌。

五月上旬，三大帅任枢密使和副使不足半个月，宋廷即命张俊和岳飞前往淮南东路的楚州大军中措置战守。

周俊玲（作家、学者）：当时的南宋朝廷始终处在金寇环伺之下，虽有和议进行，但谁也不能担保宋金之间从此消弭了战祸，更何况金兵撕毁和议，悍然侵袭又不是一两次了。因此，对宋高宗赵构和南宋朝廷而言，国无防不立，保有几支强大的军队仍是维护国家的根本，因此，他们解除张俊、韩世忠、岳飞三大帅的兵权，却还要维持他们的大军。

对统兵大帅们解除兵权是一件很不寻常的变局，因为他们统兵多年，军中亲信众多，关系错综复杂。朝廷一旦措置不当，难保不会出现第二次大军叛乱的“淮西之变”。而且，军中大帅一旦去职，军中将士难免揣测纷纷，甚或出现一些动乱情况。因此，宋高宗赵构和秦桧设定了计谋，即利用三大帅之间的嫌隙，制造矛盾，使其互相诬陷和残害，进而肢解其部队，坐收渔翁之利。他们权衡利害，周密谋划之后，选中开刀的是驻屯楚州的原韩世忠部队。我推测赵构和秦桧这个选择，一定是出于在三大军中，单以军队数量及规模而言，韩世忠的韩家军最弱，只有约三万人马；而岳飞的岳家军最强，约有十万人马；张俊的张家军略次，约有八万人马。赵构和秦桧的如意算盘是先让张俊和岳飞肢解了韩世忠的人马，激化张、韩、岳之间的矛盾，寻隙扳倒韩世忠，然后再逐步收拾张俊和岳飞。因此，才有这次南宋朝廷命张俊和岳飞前往淮南东路的楚州大军中措置战守。

在名义上，张俊和岳飞的任务是"措置战守"，事实上，他们的任务一是罗织韩世忠的罪状，二是肢解原韩家军，将其大本营由淮东前沿的楚州，撤往江南的镇江府。

此次出使楚州，张俊的头衔是"按阅御前军马，专一措置战守"，岳飞的头衔是"同按阅御前军马，专一同措置战守"，岳飞的头衔里加两个"同"字，是作为副职的意思。南宋朝廷规定，张俊和岳飞对前沿军务可以"随宜措置，专一任责"。

另一枢密使韩世忠则留在"行在"临安府，挂名赋闲。

对于张俊和岳飞此次出使楚州行动，秦桧是早有周密谋划的。原来，秦桧早已物色到一条得力走狗，这就是淮东总领胡纺。胡纺这个人呢，品质很差，很会阿谀逢迎。他原先因奉承韩世忠，巴结韩世忠的亲将耿著等人，才得以步步高升的，后来胡纺又投靠了秦桧。绍兴八年、九年韩世忠袭击金使的计划，便是由他出面告密的，可以说是秦桧安插在韩世忠身边的卧底。三大帅罢兵权后，胡纺按照秦桧的指示，出面控告昔日巴结的对象，说耿著自"行在"临安府回楚州后，散布流言蜚语，宣称"二枢密来楚州，必分世忠之军"，"吕祉之戒，不可不虑"，"鼓惑众听"，并且"图叛逆"，"谋还世忠掌兵柄"。于是，秦桧下令逮捕耿著，以酷刑逼供，企图由此牵连韩世忠，形成大狱，除掉韩世忠。

当张俊和岳飞离开临安府前，秦桧曾在政事堂布置使命，示意岳飞"以罗织之说，伪托以上意"，并且假惺惺地说："且备反侧！"

耿直的岳飞察知秦桧的险恶用心后，十分憎恶，当即严词回绝，说"世忠归朝，则楚州之军，即朝廷之军也"。"公相命飞以自卫，果何为者？若使飞捃摭同列之私，尤非所望于公相者。”秦桧受到岳飞责备后，气得脸上变色，更加嫉恨岳飞了。

岳飞出使楚州后，得知了耿著的冤狱，十分愤慨，说：“我和韩世忠一同为朝廷做事，份属同僚，却使他以无辜之身蒙受罪责，那样，就是我对不住韩世忠啊！”

岳飞当即写了一封信，派人连夜飞马送给韩世忠。岳飞在信中将自己与张俊出使楚州之时秦桧的措置，以及秦桧唆使胡纺诬告并亲自派人逮捕耿著的事情告诉了韩世忠，建议他即刻去找宋高宗揭破秦桧的阴谋，以求自保。

韩世忠接到岳飞的来信，大吃一惊，立即入见宋高宗，伏地磕头不已，痛哭流涕，哭诉道：“我韩世忠自问对皇上忠勇，这许多年来统兵破敌，于朝廷多有功勋！如今将要被奸人迫害，性命难保了，特来向皇上作别！”

高宗见他如此，大吃一惊，佯装不知道内情，愕然道：“朕知道你十分忠勇，功勋卓著，到底是怎么了？”

韩世忠仍旧大哭不止，泣道：“臣知道皇上英明，但朝堂下面的一些奸人嫉

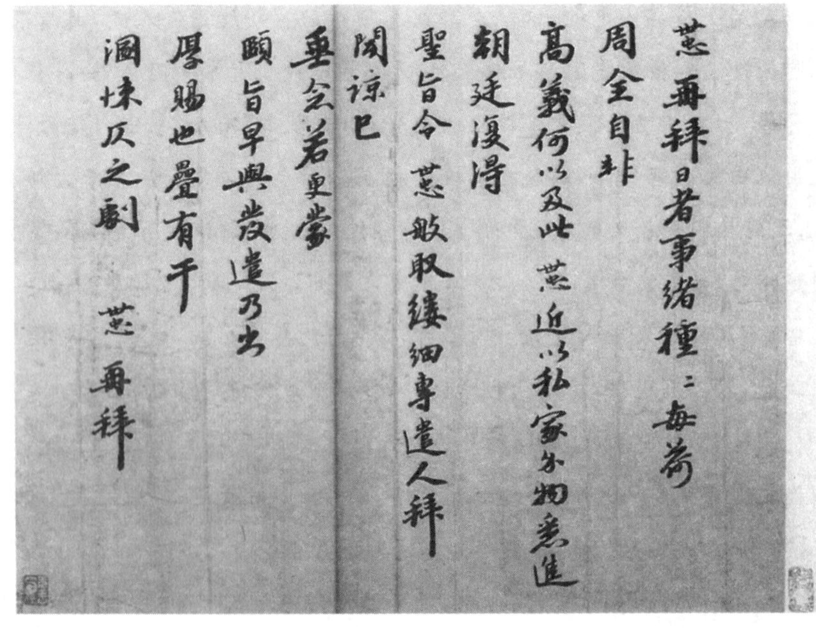

世忠再拜日者事绪種種每荷
周全自非
高義何以及此 世忠近以私家少物恭進
朝廷復得
聖旨令 世忠敢取縷細專遣人拜
聞諒已
垂念若更蒙
頤旨早與發遣乃出
厚賜也疊有干
瀆悚仄之劇 世忠再拜

韩世忠书法手迹《高义帖》

妒臣的功勋,嫉妒皇上对臣的宠信,在下面恣意妄为,勾连奸党,制造冤狱,意图陷害韩世忠,使我冤死于九泉之下了,因此,臣不敢不来告知陛下,请求皇上为臣主持公道!”说着话从怀里取出了一面旗帜,在高宗面前展开来,只见上面写有“忠勇”两个字,高宗一见,感慨道:“这是朕九年之前亲笔书写的‘忠勇’字旗,特赐给你的啊!”

韩世忠眼含着泪水,将这面旗帜送还给了高宗,泣道:“这正是当年臣平定苗、刘之乱后,皇上赐给臣的‘忠勇’旗帜! 现在臣用不着了,特来交还给皇上。”

高宗道:“朕当年赐旗给你,就是为了嘉奖你平定苗刘叛贼的功勋。”

韩世忠道:“不错,臣也清清楚楚地记得:九年之前,苗傅、刘正彦举兵叛乱,相国张浚在平江调集兵马准备平叛,可是,诸将畏缩不前。惟有臣一旦得知皇上有难,不顾妻子梁氏与儿子韩亮被苗傅逆贼扣留作为人质的危险,星夜统率兵马前往,攻击叛军。当时,叛军兵势锋锐,各军都退却了。正是臣身先士卒,跳下战马,挺戈上前冒死与敌搏战,对将士们下令说:‘大家随我韩世忠解救皇上! 今天应当以死报国,面部不着几箭的一律杀掉!’臣第一个突入敌阵,杀败了叛军。随后,臣率兵进入城内救驾。臣清清楚楚地记得那天的情形,皇上步行到宫门前拉住臣的手,痛哭着说:‘中军官吴湛协助苗傅叛乱最积极,现在还留在我身边,能先杀了他吗?’臣立即去见吴湛,握着手跟他说话,折断了他的中指,并拔剑诛杀了他。随后,臣率兵从信州追击苗傅叛军到渔梁驿,还是臣当先挥戈冲入了叛军阵中,叛军惊恐,喊道:‘这是韩将军啊! 天下无敌,大家快逃吧!’臣击破敌军,擒获了苗傅……”

高宗听他讲述往事,不觉泪下,说道:“韩枢密不要再说了,九年的往事,朕历历在目,都清楚地记得呢! 你的救驾大功,朕从来没有忘却的! 朕绝不容许任何人迫害你的,到底是谁要害你呢? 朕来为你主持公道!”

韩世忠道:“宰臣秦桧误信淮东总领胡纺的鬼话,诬陷臣的旧部耿著谋逆,妄图勾连冤狱,迫害我韩世忠。”

高宗大怒,说道:“你且回去休息,朕自有主持!”

于是，这天傍晚，高宗单独召来秦桧，屏退旁人，说道："韩世忠到朕面前哭诉，说你唆使胡纺诬陷他的部将耿著，意在勾连迫害于他。相国做事怎地这么不小心啊？耿著的案子还未形成，怎么韩世忠就得到讯息了？"

秦桧咬牙切齿地道："定是岳飞这家伙给韩世忠通风报的信！那日，岳飞与张俊出使楚州之时，臣曾开导他两个罗织韩世忠的罪状，张俊默然不语，就是那个岳飞，骄纵抗辩，袒护韩世忠，还口出不逊，居然顶撞于我，十分可恨！况且，金国都元帅完颜兀术来信说'尔朝夕以和请，而岳飞方为河北图，且杀吾婿，不可以不报。必杀岳飞，而后和可成也！'"

高宗道："岳飞可杀，但一定要罗织罪名，以搪塞天下百姓的悠悠之口，断然不可大意，一切都要小心行事。至于韩世忠么？他是苗刘之乱救驾的大功臣，当年若没有他统兵平叛，朕还真的要被叛军所害了。就放过他吧，不要株连他了。回头给他个闲职，让他退隐去吧。"

秦桧原本的计划是先杀韩世忠，再杀岳飞，毕竟岳飞在天下人心目中威名最盛，抗金业绩最大，也最能打仗，所部都是精兵，一旦处置不利，恐怕就会引发兵变的。但如今，高宗命令自己不得株连韩世忠了，心中颇有不甘，便想要再说服高宗，正待开口时，高宗早已发觉了他的意图，出言阻止他道："相国不要再说了，放过韩世忠吧！"

秦桧只得遵命而行，于是，这件原本意在株连韩世忠、策划精密的冤狱，不得不半途而废，秦桧与宋高宗咬牙切齿痛恨岳飞之余，便也只得将耿著脊杖一百军棍，刺配边远地区了结了。

六月十六日，岳飞和张俊来到楚州。这里是南宋淮东战区的大本营，控扼运河的重镇。

岳飞与张俊在楚州军营点检原属韩世忠的兵马，发现此军其实才三万多人，岳飞感叹道："想不到雄踞淮南西路多年的韩世忠大军仅有三万余兵马，他却能自守有余，还西援淮西，北上京东，令敌寇闻风丧胆，看起来，韩世忠的确是一位奇特之士啊！"

张俊提议拆散原韩家军，将其大本营后撤到镇江府。岳飞坚决反对，说："不可以这样做。因为，当前我们国家内真能统兵作战的大将，只有咱们三、四人而已，若图恢复中原大计，也只有依靠咱们几个。万一再要用兵作战，皇上再让韩枢密出来统率军队，我等将有何面目与之相见呢？"

张俊无言以对，默不作声，但心中很不高兴。

翟启运（岳飞思想研究会高级顾问、学者）：张俊和韩世忠一直是级别相近的同僚，平时的私交也不错，两家还结成了儿女亲家。但张俊此时受赵构和秦桧的蛊惑，正暗暗做着铲除韩世忠和岳飞之后，由自己独掌天下之兵的美梦，因此，对岳飞的话虽无言反驳，却根本听不进去了。

张俊和岳飞登上楚州城巡视一番，见到城墙有残破之处，张俊就建议修缮楚州的城墙，以便守御。岳飞不愿意置答。张俊便再三追问，岳飞只好以直言相告，说："我等蒙受国家厚恩，便当戮力同心，恢复中原；现在若是只想修筑楚州城池，专为防守退保之计，将如何去激励将士？"

张俊听了这话，更加不高兴了，随即迁怒两名卫兵，强加给他们一些罪名，要将两人处斩。岳飞恳切劝阻数次，张俊置之不理，最终还是处斩了那两名卫兵。岳飞看到两名无辜者的屈死，更感愤愤不平。

张俊秉承宋高宗和秦桧的旨意，怀着肢解原韩家军的鬼胎，处处疑神疑鬼。岳飞住在楚州城里，他不敢住在城内，便到城外夜宿，以备若有风吹草动，便于逃命。

中军统制王胜参见张俊和岳飞之前，有人捕风捉影地报告张俊："王胜有杀害你的意思。"

王胜在教场整列队伍，将士们顶盔贯甲，接受张俊检阅。张俊心虚，不免胆怯和心慌，便问："将士们为什么要全副武装呢？"

王胜答道："枢密使是来检阅兵马的，所以我等不敢不以军人装束相见！"

张俊忙令他们卸甲，王胜等将士当即照办，但张俊心头的疑虑和恐惧却一直萦绕，久久不去。

然后，张俊下令拆毁位于淮北的海州城，尽管有岳飞的反对，又不得军心，但张俊自持正职身份，仍然一意孤行。其实，张俊所以如此，全是秉承了宋高宗和秦桧等人的卖国投降政策，准备将此地割让金国，尔后强迫当地百姓迁往镇江府，当时，“人不乐迁，莫不垂涕”。淮东大军也按宋廷的原计划，自楚州后撤到了镇江府；原韩世忠部最精锐的背嵬亲军，则抽调往临安府屯驻。

楚州之行，令岳飞既失望更愤怒，失望的是朝廷措置乖张，愤怒的是张俊的处置荒唐，自己却不能制止，深感无法与此人共事。

七月初，岳飞回到“行在”临安府，便愤慨地提出辞呈，请求宋高宗罢免自己的枢密副使，“别选异能，同张俊措置战守”。

对于岳飞的辞职，宋高宗不予批准，理由也很冠冕堂皇，但那只是表象而已，更深层次的邪恶的迫害计划正悄悄地施行着。

岳克进(岳飞思想研究会常务理事)：宋高宗和秦桧为对付三大帅，事实上采用了先削除兵权，再制造矛盾，利用嫌隙，使之互相攻讦，在三败俱伤之后，全部搞掉，也就是所谓“执柯伐柯，坐收渔利”的阴谋。但在具体的实施过程中，首先解决韩世忠的阴谋因岳飞的干预而导致计划流产。但韩世忠的问题搁浅之后，宋高宗和秦桧“执柯伐柯，坐收渔利”的阴谋仍要进行，而且，对于岳飞的横生枝节十分不满，紧接着就将毒网罩向了岳飞，准备对岳飞下毒手了。更何况，岳飞出使楚州时的所作所为，完全拂逆了朝廷的旨意。

宋高宗这个人呢，治国方略谈不上精通，却是个耍弄帝王权术的高手。他在不允岳飞辞职的诏书中说，“朕以二、三大帅各当一隅，不足以展其才，故命登于枢机之府，以极吾委任之意”。“今卿授任甫及旬浃，乃求去位，行府之命，措置之责，乃辞不能。举措如此，朕所未喻。夫有其时，有其位，有其权，而谓不可以有为，人固弗之信也”。仅从诏书的词意上来看，宋高宗似乎是真心实意希望岳飞施展才能，抗金破敌的，尽管岳飞不识抬举，而皇恩仍是曲加优容。

其实，这不过是一纸说起来冠冕堂皇的文字游戏罢了。从此之后，宋高宗再也没有强令岳飞去行使“措置之责”，前沿的军务全由张俊设在镇江府的枢密行府包揽，岳飞和韩世忠一样，留在朝廷，挂个虚名，而没有实际的职责和权位。

这时候，岳飞得知金国已再次向宋朝明确表示了愿媾和的意向，倔强、忠直的个性再度使岳飞感到了愤慨和责任，他不具备明哲保身的那种圆滑，他是国尔忘身的骨鲠之臣，因此，他明知皇帝的既定主张毫无挽回的余地，却依然上奏，犯颜直谏。他说，“金寇无缘无故地重提和议，一定是探听我朝的虚实。”“现在，金军统帅完颜兀术见我军班师回撤，已经没有任何惧怕了，凭什么会来相约何谈呢？这不是伪装欺诈吗！依臣所见，与金寇约谈是有害，不约谈则是有利！”对此，宋高宗不予理睬。

树欲静而风不止，宋高宗和秦桧罗织的那张毒网一步步向岳飞进袭而来。

欲加之罪，何患无辞！在秦桧的唆使下，右谏议大夫万俟卨和御史中丞何铸、殿中侍御史罗汝楫三名台、谏官对岳飞的弹劾奏章也纷纷出笼。

周俊玲(作家、学者)：像岳飞那样五德俱全的抗金名将，行事高风亮节，光明磊落，平素以身许国，严于律己，洁身自好，确实没有什么把柄可以弹劾的。

即使在秦桧唆使下，谏官们罗织的那些肆意诬蔑的奏章中，也不得不承认岳飞“蚤称敢毅，亟蒙奖拔”，“慨然似有功名之志，人亦以此称之”。弹劾岳飞的罪责，主要有四项：第一，“不避嫌疑，而妄贪非常之功；不量彼己，而几败国之大事”。这条罪状言语含混，不便明言，其实是指岳飞建议立皇储和反对与金议和两事。第二，“自登枢管，郁郁不乐，日谋引去，以就安闲，每对士大夫但言山林之适”，“不思报称”，“亦忧国爱君者所不忍为也”。此条是说岳飞到朝廷任职后很郁闷，不积极进取，精神消极，只想归隐赋闲。第三，淮西之役，“坚拒明诏，不肯出师”，“略至龙舒(舒州别名)而不进”，“以玩合肥之寇”。此条系以张俊的诬陷来指责岳飞援淮西之役，抗旨不肯出师，逗留不前，玩寇养敌。

第四，“衔命出使，则妄执偏见，欲弃山阳（楚州别名）而守江”，“以楚为不可守”，“沮丧士气，动摇民心”。此条更是借用张俊颠倒黑白的诬陷之词，实属血口喷人。

由于张俊对岳飞援淮西的问题，不断地散布流言飞语，有人曾劝岳飞与张俊进行“廷辩”，岳飞却说：“吾所无愧者，此心耳，何必辩。”

岳飞胸襟坦荡，认为不辩自明，然而在事实上，援淮西之谤，从张俊诬陷开始，却渐至歪曲事实、颠倒黑白的地步了。

宋高宗也不失时机地参与了对岳飞的构陷，他也利用张俊的诬陷之词，亲自出面配合说：“山阳（楚州）要地，屏蔽淮东。无山阳则通、泰不能固，贼来径趋苏、常，岂不摇动！其事甚明。比遣张俊、岳飞往彼措置战守，二人登城行视，飞于众中倡言：‘楚不可守，城安用修。’盖将士戍山阳厌久，欲弃而之他，飞意在附下以要誉，故其言如此，朕何赖焉！”

秦桧见机赶忙落井下石，说：“岳飞怎么对人竟说出这样的话来？朝廷内外大概都还不知道呢！”

按照惯例，台、谏官上章弹劾之日，即是宰执引咎辞官之时，更何况是岳飞。

岳飞既明白宋高宗和朝廷的用心，更以素餐尸位为耻，在惊悉秦桧党羽的无端污蔑和弹劾后，他的心情异常沉痛，也不愿意与那帮小人争辩，上奏请辞，希望解除官职后归隐山林。

岳飞在辞呈里说，“臣性识疏暗，昧于事机，立功无毫发之微，论罪有丘山之积”。“岂惟旷职之可虞，抑亦妨贤之是惧，冀保全于终始，宜远引于山林”。

张文台（全国人大环资委副主任委员、解放军总后勤部原政委、学者）：岳飞并非不懂政治，其政治意识也是很敏锐的。他明知宋高宗和秦桧等决意与金议和，却仍然再而三地上奏反对；他明知自己身为武将在外手握重兵不当干预朝廷内务，却毅然建言立储；他明知张俊楚州措置乃是宋高宗和秦桧等的授意，仍坚决反对；他明知秦桧等构陷韩世忠部将耿著，意在株连韩世忠，却果断地写信知会韩世忠,救他于危难之中,不惜开罪秦桧等……这些,并非岳飞不谙政治,而是他忠直、高尚人格的体现,也是他国尔忘身、尽忠报国精神的彰显,正是其知其不可而为之的大义,方才昭示了岳飞的伟大之处。然而,这些正直的作为和言行,带给他自己的却是惹祸上身,更增邪恶势力的嫉恨。

曾经有人对我说,岳飞不懂政治,连个秦桧也斗不过！其实这话很无知,也很荒唐。要知道,岳飞是中国历史上不世出的军事家、战略家、思想家、文学家,战争是一门综合性的立体决战,是政治的延伸,不仅仅是两军对垒的战场厮杀,更有间谍战、外交战、后勤补给战等综合博弈。岳飞曾以间谍战促使金军统帅完颜兀术和完颜挞懒废黜了刘豫伪齐政权。秦桧不比割据一方的刘豫更强大,然而,岳飞之所以被秦桧等所害,没有干掉秦桧,并不意味着秦桧比岳飞本领大,而是岳飞从来没有将秦桧等作为敌人展开打击,而秦桧等人却一开始就将岳飞作为了死敌进行了阴谋迫害！因此,秦桧害岳飞其实是政治阴谋兼偷袭,而岳飞始终认为与秦桧、张俊等邪恶势力之间是人民内部矛盾,并没有展开敌我间的自卫还击。假若岳飞认定与秦桧、张俊间的斗争是敌我矛盾,那么,他手握南宋最强的大军,实施"清君侧",则秦桧、张俊绝对不堪一击。

楚州之行,岳飞即敏锐地通过耿著的冤狱事件,深刻体察到了秦桧等邪恶势力的阴谋和心狠手辣,也明白秦桧的背后是宋高宗在主使。他深知自己的退闲,决不意味着秦桧等邪恶势力就能善罢甘休。因此,岳飞摆脱宋代辞职奏章的常规俗套,特别强调"保全于终始"的问题,亦是一种自保。

八月八日,宋高宗下诏解除了岳飞枢密副使的职务,为岳飞保留了少保的阶官,又"特授"他原来的武胜、定国军两镇节度使,充万寿观使的闲职。

周俊玲(作家、学者):在罢官制词中,宋高宗说岳飞的错失很令他失望,但他仍然宽大为怀,想到岳飞的功勋,遮掩他的过失,"所以保功臣之终"。

与岳飞同时解职的还有岳云,他也保留左武大夫、忠州防御使的遥郡官阶,改任提举醴泉观,与父亲一同退闲。

岳飞的幕僚沈作喆为他作谢表说："功状蔑闻，敢遂良田之请；谤书狎至，犹存息壤之盟。"

在这份谢表里，岳飞对"谤书"表达了无奈和愤怒以及蔑视，但对宋高宗"保功臣之终"的承诺，却仍以臣子之礼表示了感戴之情。

宋高宗和秦桧等对岳飞的幕僚非常忌恨。岳飞任枢密副使后，尚有于鹏、党尚友、孔戍、孙革、张节夫等十一人与他过从甚密，仍始终不渝地追随岳飞，这些人都经岳飞奏请朝廷挂名一些闲散职务而留在杭州。岳飞出使楚州时，他们都被岳飞奏辟，充任枢密行府的属官。

到岳飞被弹劾罢官，解除枢密副使的职务后，这些人也都被派遣到江、湖、闽、广的州郡当中，去充当编外人员，领取俸禄而不承担公务。宋廷发派他们为地方官，而且勒令立即前去，强行遣散，以防他们再与岳飞交往，为之出谋划策。

岳飞的亲信幕僚高颖也被宋廷排斥远调。

周俊玲(作家、学者)：高颖本是北宋进士，在沦陷区待了十年，始终坚守节操，不做汉奸。绍兴十年九月，高颖方出任岳飞湖北、京西宣抚司参议官。当时，高颖主动请求，愿"裨赞岳飞十年连结河朔之谋"。岳飞被解除兵权后，高颖曾任朝廷司农少卿，不久就被以才能一般为由而丢官，无差遣实职回到鄂州大军中效力。但宋廷又害怕他与王贵、张宪等有交往，就在岳飞罢官的前一日，又任命高颖添差福建路安抚大使司参议官，调离鄂州，并且限令三日到任，还命令湖、广总领林大声"优与津发"。

岳飞罢官赋闲后，一无兵，二无权，对宋高宗的皇帝宝座已毫无威胁，而且对宋廷的降金乞和活动也无力干预了，宋高宗和秦桧等人为什么还要制造千古奇冤，杀害岳飞呢？这里面究竟有什么惊天的秘密呢？请继续阅读《正说岳飞》第十四章《千古奇冤》。

第十四章　千古奇冤

周俊玲(作家、学者):宋高宗、秦桧和张俊构陷韩世忠的阴谋有个模式:那就是先唆使人诬陷其部将谋逆,而后制造大狱,诬攀、株连韩世忠,进而制造冤狱,将其搞掉。遗憾的是,计划不够周密,由于岳飞的忠直强项,致使迫害韩世忠的计划宣告流产。对此,宋高宗、秦桧、张俊等人对岳飞恨之入骨,必欲除之而后快。于是乎,同样的构陷阴谋便被翻版复制到了岳飞的头上,岳飞便成了这个邪恶势力团伙的构陷对象了。

这个构陷阴谋的第一步当然还是要找寻岳家军中的一个诬告人,让此人诬陷岳飞的一员重要部将谋逆,而后诬攀岳飞。

但岳家军不但规模最大、实力最强,而且将士素质也是最高的,正如张宗元监军时所见到的"将和士锐,人怀忠孝,皆飞训养所致"。要找寻几个败类出

岳飞、岳云墓

来参与阴谋，的确有些不容易。然而，秦桧对此也早有预谋，此前，他已让朝廷委任自己的亲信党羽林大声到鄂州就任湖、广总领，肩负了特殊的使命，那就是要在岳家军二百多名将官中收买、拉拢。此前，宋廷在撤销张俊、韩世忠、岳飞三个宣抚司、收三大帅兵权之时，还特别提高了各军总领的职权，规定总领除管理钱粮外，还要“节制”诸军，负责报发朝廷和各军之间的往返文件，预闻军政，实际上起着监军的作用。终于，经过几个月的努力，林大声物色到了鄂州前军副统制王俊，还串通了姚政、傅选和庞荣三个统制协谋，总算是笼络到了四个败类。

前军副统制王俊为济南府人（一说东平府人），绰号称“王雕儿”，就是靠告发他人谋反而发迹的。他最初充东平府雄威禁兵，因告发军兵呼千谋反，补本营副都头。靖康元年（公元 1126 年），王俊随从范琼在开封与金军作战，中箭折落两齿，授成忠郎。绍兴五年（公元 1135 年），王俊参加剿灭杨么军，后并入岳家军。王俊任前军副统制，为前军统制张宪之副手，没有战功，很多年得不到升迁，因此怀恨在心。

有了诬告人，还需要一个岳家军的主要部将配合构陷，最合适的人选莫过都统制王贵了。

张俊亲自出面，利用诸统制官“各以职次高下，轮替入见”的规定，命鄂州驻扎御前诸军都统制王贵第一个来镇江府的枢密行府参见，趁机进行威胁和利诱，拉拢到了王贵。

岳　湛（著名制片人，四川省电视剧制作中心董事长）：王贵（？—公元 1153 年）为相州汤阴县人，是岳飞的同乡，也是最受岳飞信任和器重的大将，他和张宪犹如岳飞的左膀右臂。王贵在颍昌大战中一度怯战，岳飞曾准备施行军法，将他斩首，因众将恳请求情，方将他赦免。此外，有一次民居失火，王贵中军的部卒乘机窃取民家的芦筏，岳飞偶然发现后，立即处斩，并且责打王贵一百军棍。秦桧和张俊以为有这些往事，王贵一定怨恨岳飞，可以拉拢利诱的，不想，王贵毕竟是岳飞重用的爱将，对这些竟是毫无芥蒂，他说：“岳相公为大将，军中纪律森严，受赏、受罚很是常见，怎可因此与故帅结怨呢?!”最后，张俊等人又以王贵家的隐私，进行胁持，王贵为了保全自己的身家性命，被迫屈从。

八月末，王贵自镇江府返回鄂州。

九月一日，鄂州驻扎御前诸军副都统制张宪启程前往镇江府的枢密行府，参见枢密使张俊。

九月八日，王俊便正式向王贵投呈《告首状》诬告，说张宪得知岳飞罢官赋闲后，召见王俊，图谋裹胁鄂州大军前去襄阳府，以威逼朝廷将军权交还岳飞。

周俊玲(作家、学者)：王俊的《告首状》尽管荒唐，却十分关键，因为它直接导致了岳飞的冤狱，可以它说是诬攀岳飞入狱的一个抓手，造成了一个千古奇冤。那么，《告首状》究竟有些什么内容呢？其实，王俊的《告首状》就是胡编了一些捕风捉影的对话而已。其状词说八月二十二日夜里二更，鄂州驻扎御前诸军副都统制张宪让人召王俊到自己的府衙。王俊进入张宪内宅，看见张宪与和尚泽一在烛下对面坐着说话，泽一见王俊来了，就不打招呼，自己退下了。然后，张宪对王俊说岳飞将要被放黜到衢、婺州，只怕以后还有祸事，而自己很早就追随岳飞，朝廷一定会疑忌自己，这次，朝廷命各将官轮流到镇江枢密行府参见枢密使张俊，自己一去就肯定回不来了。而且，岳飞处有人来传话，让自己救他。张宪还说打算伪造一纸朝廷公文，将鄂州兵马移动到襄阳府屯驻，那时，朝廷知道后，一定会派岳飞来弹压抚谕；若是朝廷不肯让岳飞来时，张宪就举兵占据襄阳府。此外，张宪还让王俊探察军中将领，哪些人不服，对不服从的就剿杀。并且，张宪宣称，若王俊统军来攻，就写封信让全军相助自己。王俊还说自己与游奕军统制姚政沟通了，姚政愿整军相助张宪弹压各军。王俊还说，自己被张宪结连起事，不敢有负于国家，本打算到镇江枢密行府参见时当面报告给枢密使张俊，又担心都统制王贵另有举动，到时候张宪起事背叛，自己临时力所不及，会陷于不义的。王俊已于初七日当面报告给了都统制王贵，初八日上交《告首状》。若一事一件有丝毫不实，自己愿受军法处置。

实际上，王俊的状词尽管绘声绘色详述诸人对话，而且还以自己的性命担保其真实性，但其破绽百出，多处述有悖常理，根本经不起推敲，显系满纸编造的谎言，意在诬告无疑。例如，《告首状》说张宪既与王俊密议，居然在王俊多处推诿、“反复不从”的情况下，将自己谋反叛逆的全部计划“吐露无隐”。再如，《告首状》说张宪既已向王俊说明："朝廷叫更番相见，我去则必不来也"，何以到九月初一日，张宪又前往镇江的枢密行府去见张俊呢？显然自相矛盾，漏洞百出。

在这道《告首状》之后，王俊还附有一个《小帖子》，补充说："契勘：张太尉说，岳相公处来人教救他，俊即不曾见有人来，亦不曾见张太尉使人去相公处。张太尉发此言，故要激怒众人。背叛朝廷。"这个《小帖子》其实是王俊做贼心虚，又自己否认了事实。

王俊最初将状纸投送荆湖北路转运判官荣薿，荣薿当然知道这份状纸会掀起恶浪的，因此，拒不接受。

王俊无奈，就持《告首状》向王贵告发，王贵明知王俊诬告张宪，意在诬攀自己昔日的大帅岳飞，却迫于张俊在镇江枢密行府的胁迫，竟而违心地将状纸转交"专一报发御前军马文字"的总领林大声。林大声接到王俊的《告首状》，当即又以急递发往镇江府的张俊枢密行府。

周俊玲(作家、学者)：王俊的《告首状》系精心编造的，而诬告的时间显然也是经过精心策划的。张宪虽然早七天启程赴镇江，但沿途须昼行夜宿，按常规赶路，而林大声的急递《告首状》却是昼夜兼程，正好抵消了时间差，反而得以早到。也就是说，在张宪抵达镇江府枢密行府之前，九月八日，张俊拿到了王俊的《告首状》，立即布设陷阱，等待张宪的落网。

我们不妨反思这个事件：如果岳飞没有被解除兵权，仍是鄂州大军的统帅，那么，便有十个王俊也不敢诬攀；王贵、傅选等败类也决无胆量协谋诬告；以岳飞的知人之明，竟然还是错看了自己最信任、最器重的大将王贵，以至于王贵为虎作伥，致使岳飞遭到小人诬攀，终至陷身冤狱。若是当初岳飞任用张宪那样的铁骨汉子做鄂州大军的都统制，或许秦桧、张俊等邪恶势力制造岳飞的冤狱就不会这么简单而顺利了。

张宪到达镇江府，恰好是自投罗网，张俊立即逮捕了前来参谒的张宪。

张俊随即指派枢密行府的两名属吏推勘此案。这两名枢密院的属吏是小吏职级严师孟和令史刘兴仁，他们拒绝推勘此案，并对枢密使张俊申明：按照宋代的法律规定，枢密院无权开设刑堂，倘若推勘，恐坏乱祖宗之制。

遇上两个严明法纪的属吏，张俊制造冤狱的阴谋暂时受阻。

但此时此刻，逼供心切的张俊就不顾宋朝列祖列宗这些规矩，转而命自己的亲信王应求推勘此案，而且又亲自出马，“亲行鞫炼”，将张宪拷打得体无完肤，死去活来。

然而，张宪也是一条铁骨铮铮的汉子，面对张俊等的酷刑，竟是毫不屈服，始终不肯招承。

张俊无奈，便命人编造了枢密行府审理推勘张宪一案的卷宗，内中不但判定王俊《告首状》所述一切属实，而且还胡说张宪招认，他这次之所以“欲劫诸军为乱”乃是由于岳云先写了一封信给张宪，唆使他这样做的。既然是诬构的案款，当然不可能有实物为证，于是张俊又宣告说，岳云写给张宪的书信，早已被张宪烧掉了。

张俊将编造的卷宗上报秦桧，并上奏说：“张宪供认，收到岳飞处文字后谋乱，枢密行府已有供到文状。”

秦桧闻报，当即奏请宋高宗，要将张宪和岳云押送大理寺狱“根勘”，并召岳飞至大理寺，一并审讯。宋高宗立即予以批准。

此时的岳飞正在庐山江州私邸居住，而不在行在临安。

周俊玲（作家、学者）：岳飞的罢官制中规定他“仍奉朝请”，即每月逢一、逢五日，须上朝立班。岳飞不愿继续留在“行在”临安府，他上奏申请“一在外宫观差遣”，宋高宗不予批准。岳飞只好告假，回到江州私邸暂住。

岳飞有一个温暖和睦、儿孙满堂的家庭，不乏天伦之乐。

周俊玲（作家、学者）：长子岳云和巩氏成婚后，已有三个孩子，长孙岳甫四岁，长孙女岳大娘三岁，次孙岳申一岁。十六岁的岳雷也和温氏结婚，温氏生下次孙女岳二娘，已有两岁，她可能又怀有身孕。三子岳霖十二岁，四子岳震七岁，五子岳霭三岁，还有女儿岳安娘。三十九岁的岳飞正当盛年，却已成为抱儿弄孙的祖父。

闲居江州的岳飞一定感慨很多，他这时有时间来回思自己的成长、奋斗历程了，一幕幕往事，一次次战斗，结果还是一步步走向无奈，便如是一场迷梦。在一个秋夜里，不绝的蟋蟀声，惊破了他千里转战的梦境，岳飞的心情倍觉凄凉，就披衣去庭院踱步，望月长叹。那密密重重的松竹，阻挡了岳飞重返故土的归程。天亮之后，岳飞写了一阕《小重山》词："昨夜寒蛩不住鸣，惊回千里梦，已三更。起来独自绕阶行，人悄悄，帘外月胧明。白首为功名，旧山松竹老，阻归程。欲将心事付瑶琴，知音少，弦断有谁听。"

此词虽不及《满江红》的慷慨激昂，却也别具凄凉，一样地动人心魄，感人肺腑，同样是意境悠远的好词。

这时，岳飞的部将蒋世雄突然从鄂州飞马赶到了江州，来见岳飞。

周俊玲（作家、学者）：蒋世雄是从八品从义郎，这时改授福州专管巡捉私盐官职，他趁着改任赴职前往福建的机会，自鄂州飞马顺道急驰到了江州，好心来给岳飞通报消息。

蒋世雄见到岳飞，说了自己从鄂州大军进奏官王处仁处得知王俊上告张宪"背叛"的消息，请岳飞早做提防小人王俊的诬攀。

岳飞何等聪明，立时就想到了前些时候，自己亲身经历、亲眼目睹了秦桧、张俊图谋迫害韩世忠的一幕，当即就明白了：秦桧、张俊等人陷害韩世忠的故伎又重演了！几个月前是胡纺告讦耿著，企图牵连韩世忠，如今是王俊诬陷张宪，阴谋加害于自己，简直如出一辙。

岳飞在江州居留的时间没多久，就接到了宋廷命令，召他回"行在"临安府。

岳飞既已洞察了秦桧、张俊等邪恶势力的阴谋，当然深知此行凶多吉少，但他还是将洗刷冤枉的希望寄托在了朝廷的公道和宋高宗的明决上面。

周俊玲（作家、学者）：岳飞对秦桧等人的奸险与恶毒早已领教过了，然而他心中还是低估了这帮邪恶势力的凶残与暴虐，此时的岳飞心中对握有最高权力的宋高宗赵构还是有一丝幻想的，他毕竟是皇帝赵构一手提拔起来的大将，曾经官居一品，功业显赫，天下尽知，而且在自己的罢官制词中，宋高宗声言要“全终始之宜”,“尽君臣之契”,况且,宋高宗并非昏庸而缺乏明辨是非的能力。因此,岳飞觉得,就算是秦桧、张俊等制造冤狱,迫害自己,赵构对于真假是非,应能分辨清楚的,当不致袖手放任秦桧、张俊去冤杀一位曾经的重臣!而且,此类事情已有先例,前此,韩世忠险遭诬攀,见到皇帝面陈原委,不是也已经逢凶化吉了吗?

岳飞即刻上路,岳云、岳雷等随同前往临安府。

一天夜里,他们在某县驿舍投宿。当时,已经有一位赴任的巡检官借住于此,但驿舍管事听说大名鼎鼎的岳少保到来时,就急忙让那位巡检官搬了出来。正搬动行李时,岳飞等人到了,问驿舍管事说:“这是什么官员啊?附近并无旅店,就让他在门房暂宿吧。”巡检官搬到了门房住宿。到了夜里,堂上点着蜡烛,岳飞和岳云、岳雷等及随行亲将环坐。那巡检官从墙壁缝隙中望见:岳云、岳雷和一些亲从都觉得岳飞此去凶多吉少,他们上前禀事,细声密语,力劝岳飞中止此行。但岳飞表情严肃地说:“只有前去!”众人再三劝阻,岳飞正气浩然,态度果决,毅然说道:“只有前去!”巡检官见此情此景,颇感困惑不解。事后,他才知道岳飞此去临安府乃是以身赴难,却始终保持着一种恬淡生死的堂堂正气。

周俊玲(作家、学者):岳飞夜宿驿舍事迹出自《金陀稡编》卷二十八《百氏昭忠录十三》录《鄂武穆王岳公真赞序》载:“余尝闻永嘉陈止斋云:往见石天民,言其父尝赴上江巡检官,夕投宿县驿。忽呵导:‘岳少保来!’急急般〔搬〕叠出,而少保已至,问:‘此何官?是间无旅馆,可只就门房驻。’巡检如言。迨夜,堂上张烛,诸将合坐。巡检从壁隙窥之,诸将起禀事,密语。公正色而言,曰:‘只得前迈!’诸将退而起禀者三,而公三答之如初言。呜呼!公岂不知此行之必死哉!其鼎鼎数千里而东者,非赴嘉召也,直趋死如归耳。”

对此事迹的叙述,邓广铭先生在《岳飞传》中说岳飞与杨沂中一同前往临安府,岳飞投宿在一家村舍中,是一员江上巡检官的宅院,巡检官得知来客就是久闻大名的岳少保,便要把一间最好的房屋腾挪出来,让岳少保在那里过夜。岳飞坚持借住在他的门洞里了。巡检官再三邀请岳飞到他的住房中去,岳飞却坚持不肯。想不到英名盖世的岳少保,竟是这般地淳朴而又这般地固执。最后还是只有依他了。为此，我认真比对了原文，感觉邓广铭先生的叙述虽赞誉了岳飞的简朴和高尚，却显然与原载略有出入，而王曾瑜先生的叙述则严谨一些。

岳飞到达临安府后，鄂州大军的进奏官王处仁又冒着风险，再次向岳飞报告了王俊诬告的事，并指出此事是个阴谋，意在诬攀岳飞。他还恳切地劝岳飞上奏自辩，洗脱冤枉，岳飞感慨地说："倘若老天有眼，一定不会让忠臣无辜蒙冤的；万一不幸的事情来临了，也没有什么可躲避的！"

得悉岳飞已到临安府，秦桧立即按宋高宗的批准要拘捕岳飞到大理寺审讯。

十月十三日，杨沂中应召来到宰相厅堂见秦桧，秦桧并不出来面见他，只是派三省的值班官转交一份"堂牒"给杨沂中，并且转达了秦桧的一句话："要活的岳飞来。"

周俊玲(作家、学者)：杨沂中这个人呢，是地位仅次于张俊、韩世忠、刘光世、岳飞、吴玠五大帅的南宋统兵大将之一，与后来顺昌一战声名鹊起的刘锜官位约略相当。杨沂中最初是张俊的旧部，随张俊、岳飞讨伐李成时立有战功，此后统领神武中军，后领殿前司军，是宋高宗和张俊的亲信爱将。此人领兵作战的本领一般，曾在柘皋之战胜利后受张俊所命与王德率精兵六万前往濠州耀兵，却被金军伏击，遭遇惨败，杨沂中与王德只身狼狈逃回，所部兵马大部被歼。作为南宋初期的统兵大将，被敌军打得只身逃命的除了杨沂中，还有刘光世，也是遭遇金军伏击，输得很狼狈。当然，吴玠也曾将完颜兀术打得只身逃命。杨沂中打仗不行，官运却很亨通，即使濠州惨败，几乎全军覆没，也无损于他的官运，因为此人在宋高宗和张俊面前都很吃香，尽管是败军之将，还是被宋高宗授予了少保、开府仪同三司的正一品官衔。后来，杨沂中做主管殿前司公事，还受宋高宗之命监斩岳云、张宪。杨沂中比岳飞大一岁，后来改名杨存中，《宋史》卷 367 有《杨存中传》。当时的人大都知道杨沂中(杨存中)是张俊的心腹爱将，而且始终掌管京城的兵马。据史料记载，秦桧杀害岳飞后，曾唆使殿中侍御史江邈出面弹劾，说张俊图谋不轨，"大男杨存中握兵于行在，小男田师中拥兵于上流。他日变生，祸不可测”。

杨沂中当即来到岳飞府邸。当时朝廷诸大将结为兄弟，杨沂中排行第十，比岳飞大一岁。

岳飞闻说杨沂中前来，当即出来迎接他，笑呵呵地说：“十哥，你来我这里有什么事情吗？”

杨沂中忙说：“没什么大不了的事，只是来看看哥哥。”说着递上那份“堂牒”。

岳飞接了，不必展看，心头掠过了一丝不祥的预感，仿佛感觉到了秦桧、张俊等邪恶势力团伙的进逼攻势，说：“我看你今天过来，情况一定很不好吧。”岳飞说罢，就转身回内屋去了。

杨沂中在客厅等候，只见一个小侍婢端出一杯酒来，送到杨沂中面前，说：“且请吃这杯酒。”

杨沂中不见岳飞出来，觉得有些蹊跷，心中狐疑不断：岳飞看了堂牒，是否会在内屋自杀呢？为什么让侍婢给自己一杯酒呢？难道岳飞要和自己同归于尽吗？他踌躇片刻，观察动静，最后明白自己不过是胡乱猜测，于是把酒一饮而尽。

岳飞随后出来，说：“这杯酒没有毒药，我今天方看出你是真兄弟，好吧，我跟你去。”

杨沂中说：“没什么大不了的事情，只是还请哥哥到朝廷去对证一下。”

岳飞胸怀磊落，心底无私，凛凛无惧，慨然感叹道：“皇天后土，可以明鉴我岳飞的一片忠心！”

随后，岳飞乘轿跟着杨沂中来到了一处庭院里，杨沂中告退回避。

岳飞下轿后，偌大一所庭院里竟无一人，但见四面垂帘，不禁心内犯疑：这里是什么所在呢？

不多时，便有几名狱吏出来，说道：“这里不是相公坐处，后面有中丞，请相公略来照对数事。”

岳飞猛地醒悟，自己竟被带到大理寺来了，这里是审讯犯人的地方啊！顿时愤慨不已，大声叫道：“我为国家出生入死，累建功勋，今天怎么把我带到这里来了？这是为什么?!”

狱吏们领着岳飞来到了另一处厅堂里面。

岳飞一脚踏进厅堂，抬眼只见张宪与岳云都已披枷戴锁，卸脱了衣冠，赤脚露体，浑身血染，伤痕累累，显然是遭受了大理寺的酷刑摧残了。

目睹此情，岳飞再也克制不住自己满腔怒火了，对着那些狱吏们大声喝道："你等诬陷忠良，迫害无辜，还有没有国法了?！让你们的中丞来见我！"

那些狱吏素知岳飞武功盖世，勇冠三军，此刻见他震怒，也是惊惧惶恐，情不自禁地后退了几步，以防止他暴起伤人，却不接他的话。

岳飞愤怒了，他满腔的悲愤，简直要气炸了五脏六腑，他全身的鲜血，都已沸腾了！但他强自抑制，倒要看看他们要搞什么阴谋诡计。

接着，又有一名胥吏带纸墨笔砚前来，威胁道："你看看现如今的大臣们犯法入狱可有活着出去的吗？赶快认罪伏法吧，我可以替你写供状！"

岳飞对他怒目而视，不答一语。

这时，只听厅堂后面一个狱吏朗声叫道："奉圣上诏旨，特设诏狱审讯岳飞，专设制勘院，正主审官御史中丞何铸、副主审官大理寺卿周三畏就大理寺置司根勘。"

随即，御史中丞何铸与大理寺卿周三畏在一众官佐、狱吏的簇拥下升堂审讯岳飞一案。

岳林才(岳飞思想研究会副秘书长)：按宋高宗的诏旨，特设诏狱审讯岳飞。宋时诏狱，是"承诏置推"的罕见的大狱，专设制勘院。宋廷还特别将岳飞"逮系诏狱"的事，公开"榜示"朝野。

岳珂《金佗稡编》卷8《鄂王行实编年》记载："(十月)十三日，桧奏，乞召先臣父子证张宪事，上曰：'刑所以止乱，若妄有追证，动摇人心。'不许。桧不复请，十三日矫诏召先臣入，臣云亦逮至。"卷23《山阳辨》说："先臣下吏，上初不许，桧实矫诏。"岳珂这些记载说明制造岳飞冤狱，全是秦桧假传圣旨所为。其实，这是岳珂为讳避宋高宗之罪责，而故作曲笔而已！因为考诸《建炎以来系年要录》卷143绍兴十一年十二月癸巳注，《建炎以来朝野杂记》乙集卷12《岳少保诬证断案》等史料，均记载明确："奉圣旨，就大理寺置司根勘"。此外，南剑州布衣范澄之上书宋高宗营救岳飞说："昨睹榜示，遽以枢密行府见勘张宪，

其谋有累于岳飞，遂逮系诏狱，连及妻、子。”既然“奉圣旨”，设“诏狱”，并公开“榜示”，就谈不上秦桧矫诏了。况且，没有宋高宗的批准，秦桧是没有权力将岳飞这个曾经的抗金名将、三大帅之一、一品重臣私自关进大理寺监狱的。还有，御史中丞何铸和大理卿周三畏正是奉了宋高宗的诏旨而被特命为正、副主审官的。

岳飞听到刚才狱吏说道自己被拿捕审讯竟是诏狱，显然，这是当今皇上宋高宗钦定的冤狱了。他深深地知道，宋时的诏狱，乃是“承诏置推”的罕见大狱，往往是皇帝亲自下诏审讯祸国谋逆的巨奸、乱党。岳飞当然清楚地知道自己是被秦桧、张俊等蓄谋诬陷牵连的，但他怎么也没有想到，最后拍板审讯自己的主谋竟是当今皇帝宋高宗。岳飞猛地里身心俱震，刹那间，一阵寒意袭遍了全身，他再也不能克制自己的悲愤了，指天画地，愤怒地叫道：“苍天在上，岳飞一身清白！你等休想制造冤狱迫害我，我要面见当今圣上辨析冤枉！”

御史中丞何铸冷笑道：“岳飞，你想见皇上么？别做梦了！就在刚才，皇上降旨，已经将你逮系诏狱的事情公开榜示朝野了！此时此刻，皇上正在内廷与群臣们等着本中丞对你的审讯结果呢！”

岳飞大怒，叫道：“我为国家效死疆场十多年，功勋累累，天下尽知；何况我一身清白，并无丝毫罪愆，皇上的诏狱从何谈起？你等凭什么审讯我？……”

突然间，大堂两旁的狱卒们厉声呼喝道：“岳飞！大理寺厅堂上面由不得你放肆！叉手正立！”

狱卒们这一声呼喝，岳飞才恍然大悟，不禁爽然若失，此时此刻，他明白了：自己已经不再是统率十万雄师的将帅了，而只是被拘禁进大理寺里面的一个阶下囚而已！于是，岳飞压抑住满腔激愤的怒火，叉手站立了。

何铸见岳飞冷静了下来，便说道：“岳飞，前军副统制王俊揭发你在鄂州军中许多忤逆，罪恶昭彰，现在，你的同谋张宪、岳云都已招承了，还不快些招供，免得本中丞对你动刑！”

岳飞已经冷静了下来，沉着应对，说道：“王俊小人，最为奸猾，向来就以诬陷他人为能事，自绍兴五年编入行营后护军，寸功未立，反而多次因其贪贿滑头而被张宪惩处，因此，怀恨在心，意在构陷报复，所言很不足信！倘有真凭实据证实岳飞有罪，大人尽可核实，按律惩办，岳飞毫无怨言！”

何铸道：“本中丞再来问你：绍兴十一年正月底到三月间初的淮西之战，金寇进袭，国家危急，你坐拥重兵，于两军未解之间，十五次被受御笔，并遣中使督兵，逗留不进，作何解释？”

岳飞道：“我所部兵马悉受皇上亲自调遣，御笔手札一一保存，何中丞可细细披阅，内情便知。所谓‘十五次被受御笔，并遣中使督兵，逗留不进’纯系诬陷。整个淮西战役期间，皇上给岳飞的十五道诏书全部保留在案，真正催促岳飞出兵的只有三月十一日的诏书，而这次诏书之所以要求岳飞进兵，亦是因为之前企图独享战功的张俊要求岳飞退兵，岳飞出于谨慎，上奏请皇上定夺，而得到的御札。并且，实际上，在这封诏书发出的当天就发生了濠州之败，在诏书到达岳飞处之前，金军已经退兵了。”

何铸与周三畏听了，同时“哦”了一声，似有所悟。

岳飞续道：“淮西之战期间，圣上的诏书我记得很清楚，多是嘉奖手谕：二月十九日的嘉奖手谕写道：‘得卿九日奏，已择定十一日起发往蕲、黄、舒州界。闻卿见苦寒嗽，乃能勉为朕行，国尔忘身，谁如卿者。览奏再三，嘉叹无斁……三月十二日嘉奖手谕更说：‘得卿奏，知卿属官自张俊处归报，虏已渡淮，卿只在舒州听候朝廷指挥，此以见卿小心恭慎，不敢专辄进退，深为得体，朕所嘉叹。’还有一封嘉奖手谕写着：‘得卿奏。卿闻命即往庐州，遵陆勤劳，转饷艰阻，卿不复顾问，必揣其行，非一意许国，谁肯如此！’直到整个淮西战役结束后，皇上仍有手谕说：‘累得卿奏。往来庐、舒间，想极劳勚。一行将士，日夜暴露之苦，道路登涉之勤。朕心念之不忘。’”

“如果我岳飞真的逗留不进，为什么战时不见宋高宗切责的手诏？恰恰相反，宋高宗却给岳飞发了十多封嘉奖诏！事实上，整个淮西之役期间，岳飞部之所以无作为，皇上自己的诏书中已经说得很清楚了：‘卿只在舒州听候朝廷指挥，此以见卿小心恭慎，不敢专辄进退，深为得体’……”

岳飞义愤填膺，凛然慨谈，对自己的指控，逐一辩解，不但正气凛然，而且条理分明，有理有据，将那些诬陷之词一一驳倒了。

何铸、周三畏等人被岳飞反驳得无言以对，大堂上一片静寂。

岳飞又道："岳飞出身农家，早年许身军旅，誓死报效朝廷，母亲曾在我的后背刺下'尽忠报国'四字，正因这'尽忠报国'四字深入肌肤，岳飞时刻铭记在心，时时勉励，这十多年来，我谨小慎微，廉洁治军，自问清白，对国家、对朝廷微有功勋，大人请近前来看！"说罢，岳飞两手攥住脖领衣服，微一运力，"哧"地一声大响，后背的衣服已然爆裂开来，露出了脊背，侧转身子，以示何铸等人。

何铸与周三畏起身来到岳飞背后仔细观看，果见岳飞脊背上刺有"尽忠报国"四个大字，深嵌于肌肤之内。

何铸看了，肃然起敬，不自禁地感叹道："'尽忠报国'铭刻在背，牢记于心，绝非做作，看来，岳飞一案尚有隐情啊！我等朝廷大臣推勘岳飞诏狱，不可不慎。"说罢，何铸转身对周三畏道："且容改日再审如何？"

周三畏为人懦弱，唯唯诺诺，向无主见，便道："就以中丞大人之见吧！"

于是，何铸回身对狱吏们说道："且将岳飞收监羁押，来日会审。"狱吏们答应一声，上前将岳飞戴了枷锁，投入狱中。

岳飞裂开背上衣服，露出"尽忠报国"四字，深入肌理

何铸曾在三个月前受秦桧蛊惑和唆使，与秦桧、罗汝楫等人一起弹劾岳飞，但他担任岳飞诏狱的主审官后，详细地披阅了王俊等人诬攀张宪、牵连构陷岳飞的卷宗材料，立时便发现了此案许多错漏疏失，显系凭空诬陷、挟怨报复，今天更亲自勘问岳飞，见他

正气凛然，力辩自己的冤屈，言之有理，持之有据，更亲眼见到了岳母刺在岳飞后背的“尽忠报国”四字，被他的忠义所感召，顿时天良发现，幡然悔悟了。于是，何铸不忍心再与秦桧等同流合污，干此伤天害理的诬陷忠良勾当了。何铸想到这里，打定了主意，便即刻起身，入见秦桧。

秦桧正为何铸、周三畏初审岳飞之事而踯躅不安，突见何铸来了，便热情接入内室，迫不及待地问道：“岳飞那厮招承了么？这家伙是个硬骨头，必须要用最严酷的刑具伺候他！皇上命你主审这个案子，本相很是放心的。你一定要把岳飞的诏狱办成铁案！”

何铸叹了口气，面上显出不忍的神色，说道：“何铸有负皇上与相国的重托！”

秦桧一怔，颇感诧异，问道：“何中丞何出此言呢？”

何铸语气坚定地道：“下官详细披阅了卷宗，今天更初审了岳飞，真相已经初露端倪了：岳飞是无辜的！为人处世总要凭个良心，下官不能昧心诬陷忠良，无法将岳飞的诏狱办成铁案！”

秦桧大吃一惊，万不料想自己引为同党的御史中丞何铸竟会一改昔日的屈从，为岳飞的无辜努力争辩，顿时难以置答，沉吟一阵儿，便压低声音对何铸道：“将岳飞的诏狱定成死罪，办成铁案，那是皇上的意思！你必须照办！”

何铸道：“岳飞一案显系诬攀，根本办不成铁案的，皇上那里还望相国再加解释。”

秦桧不高兴了，脸上变色道：“皇上的意思谁敢违抗？本相也只有遵旨照办，哪敢解释?！你身为御史中丞，又是此案的主审官，责无旁贷，须得让皇上满意才好，你没得选择。”

何铸仍不退让，再为岳飞力辩，慨然说道：“何铸并非是为区区一个岳飞，而是顾念方今国家正在多事之秋，疆场未靖，强寇未灭，朝廷无故杀戮一位名动天下的大将，必将使将士寒心，这绝不是使社稷长治久安之计。”

秦桧见何铸态度果决，断然不肯构成岳飞的冤狱，便入见宋高宗，奏道：“御史中丞何铸在审理岳飞一案中，经不起岳飞蛊惑，执意不肯将岳飞论罪，因此，臣请求陛下将何铸的御史中丞免掉，改命万俟卨为御史中丞，担任制勘院的主审官。”

宋高宗即刻下旨，改命万俟卨为御史中丞，担任了制勘院的主审官。

此后，何铸被南宋朝廷派遣出使金国。

周俊玲(作家、学者)：万俟卨是个趋炎附势而且十分阴毒的小人，人品很差，他过去担任荆湖北路转运判官和提点刑狱时，岳飞知道他的为人，予以鄙视，对此，万俟卨一直耿耿于怀，记恨在心。后来，他趁入觐的机会，施展溜须拍马的本领，投靠秦桧，在宋高宗面前对岳飞大肆诋毁、中伤，从此就留在朝廷，与秦桧狼狈为奸，沆瀣一气，因而官运亨通，结成了一个邪恶势力团伙。这次，他秉承宋高宗和秦桧的授意，接办岳飞狱案，正好乘机假公济私，以泄私愤。

万俟卨既秉承高宗与秦桧的意思，又意图乘机挟私怨报复，便决意制造冤狱，杀害岳飞。

他上任伊始，立即便会同大理寺卿周三畏，开始了审讯岳飞。

万俟卨将王俊的诬告状等摆在岳飞的面前，厉声喝问道："朝廷对你岳飞恩深义重，委任之专，赏赐之厚，说得上旷古罕有，位列执政，官拜少保，足以光宗耀祖了！可是，你竟恃宠跋扈，骄横不法！本官问你：国家对你等有何亏负，你与张宪、岳云却要谋叛?!"

岳飞一见主审官何铸被换作了万俟卨，而此人一向对自己嫉恨最深，心中暗暗叫苦，现在更见他张口便是诬陷，血口喷人，顿时气恼上来，怒目圆睁，大声叫道："对天盟誓，岳飞从来无负于国家。你等既然执掌朝廷法纪，便当秉公审讯，辨析冤情，厘正曲直，怎么可以信口诬陷，迫害忠良呢?！即使我到了阴间地府，也要与你等不辨是非的赃官对面质证！"

万俟卨一阵冷笑，喝道："休拿阴曹地府来吓唬我！本官自来不信鬼神，不怕因果报应的！我来问你：你既然口口声声标榜自己铁血丹心，尽忠报国，绝对不曾谋反，那么，你为何要在游览庐山东林寺之时，在墙壁上面写下'寒门何载富贵'呢？这不是蓄谋反叛，又作何解释呢?!"狱吏们随声附和说："既出此题，岂不是要造反吗?!"

岳飞见他恣意诬陷，横加罗织罪状，根本无可理诉，不由得长叹一声，悲愤不已地道："我现在才知道既然落入秦桧国贼之手，使我尽忠报国的一片忠心，一旦都化成为泡影了!"于是，岳飞闭上了双眼，一言不发了。

万俟卨见他沉默不语，恼怒起来，喝令狱卒对岳飞百般拷掠，用尽了所有的酷刑，然而，此时此刻的岳飞咬紧了牙关，强忍剧痛，连一声呻吟都没有发出来。

万俟卨要强迫岳飞自诬有谋反之罪，因此在随后的两个半月之中，利用人世间最残酷的各种刑罚，妄图迫使岳飞招承。可是，岳飞的意志最为顽强，也最为坚韧，对那些神鬼色变的酷刑，竟是坦然受之，毫不屈服，始终坚拒自诬。

到了后来，岳飞已是体无完肤，心力交瘁了。于是，坚强无比的他无力抗争，选择了拒绝饮食，只想求得速死。

秦桧和万俟卨这下惊慌了起来，两个半月的非人折磨也无法使岳飞屈服，反而促使他走上了绝食抗争的道路。他们在一起密议了几次，都深深地知道，没有岳飞的招承而让岳飞饿死在了狱中，那就无法对天下百姓交代了！

于是，他们将与此案毫无牵连的岳飞次子岳雷投入了监牢，和岳飞关在一个狱舍。

岳飞死志既萌，绝食已达三日，忽见儿子岳雷也监进了自己牢中，不禁泪下，叹息着道："孩儿，你不曾从军，此案与你丝毫无涉，怎地也被监押？"

岳雷伏地磕头道："万俟卨等奸贼将我拿住，以入侍看觑为名，将我带到了这里。苍天有眼，使孩儿得见父亲，虽死无憾。"说到这里哽咽起来。

有个名叫隗顺的狱卒，颇有正义感，他知道岳飞的冤枉，非常同情岳飞的遭遇，平日里总是尽己所能，宽待岳飞。

还有一个狱卒，颇通君主专制的哲理。有一天，他忽然说："我平生以你岳飞为忠臣，因此一直对你好生服侍，从来不敢慢待。但现在看来，你岳飞确实是个逆臣啊！"

岳飞一愕，问道："何出此言？"

那狱卒说："君臣不可相疑，相疑就会为乱，因此，君疑臣就会杀掉那名臣子，而臣疑君就会反叛。若果臣疑于君，却不反叛，那么再次被君怀疑，就必然会被诛杀了；若果君疑于臣而不被诛杀，那么再次被君怀疑，就必然会反叛了。现在，正是因为当今皇上疑忌你，因此才送到大理寺审讯，那是皇上要办你的罪啊，你岂有复出之理？！你的被杀结局是肯定的。岳少保，你若不死，出了大狱，就还会被皇上疑忌，那时，你怎么可能不反呢？！这样看来，你的谋反只是时间早晚的问题，已经很明确了。这就是我为什么认为你是逆臣的原因了。"

岳飞入狱后，当然不可能再对宋高宗有何幻想，但那狱卒的高论说得如此透彻，也使他悲慨万端。

岳飞仰望苍天，长久不发一言。随后，在一次酷刑讯问中，岳飞悲愤的心情再也难以抑制，提笔在狱案上写了八个大字："天日昭昭！天日昭昭！"

岳飞入狱的消息传开后，朝野震惊。一些端人正士不顾宋高宗和秦桧的专制淫威，纷纷设法营救岳飞。

周俊玲（作家、学者）：齐安郡王赵士褭曾因朝拜八陵，对岳飞尽忠国事，印象极深。他身为宋高宗的"皇叔"，是宋朝宗室中德高望重的一位。赵士褭对宋高宗说："中原未靖，祸及忠义，是忘二圣，不欲复中原也。臣以百口保飞无他。"

文士智浃、布衣刘允升、南剑州（治剑浦，今福建南平市）布衣范澄之等，也分别上书言事。范澄之在上书中尖锐指出，"宰辅之臣媚虏急和"，"胡虏未灭，飞之力尚能戡定"，"是岂可令将帅相屠，自为逆贼报仇哉"！他还引用南北朝时宋文帝杀名将檀道济，自毁长城的鉴戒，恳切希望宋高宗回心转意。他强调说："臣之与飞，素无半面之雅，亦未尝漫刺其门，而受一饭之德，独为陛下重惜朝廷之体耳。"

参加审讯或诏狱结案的大理寺左断刑少卿薛仁辅，与大理寺丞何彦猷、李若樸（李若虚弟），也力排众议，企图保全岳飞的性命。

南宋中兴四将图之韩世忠

从岳飞被罢免了枢密副使，直到他被逮捕，关进大理寺狱中这一期间，秦桧的党羽们也还不断对韩世忠进行弹劾。赵构虽然也察觉到诸人所论有不尽属实之处，因而"留章不出"，但韩世忠在看到近年来接连不断地发生的一些事件之后，对于秦桧的阴毒险恶也已看得十分清楚。他不愿意落入秦桧的陷阱中去，因而自己坚决请辞枢密使职务。到岳飞被送入大理寺狱半月之后，韩世忠也被罢免了枢密使之职，以太傅的头衔而做醴泉观使，退休闲居了。从此以后，他"杜门谢客"，不但绝口不再谈论用兵作战的事，对亲戚朋友也不通书信。他只是经常"跨驴携酒，从一二童奴，游西湖以自乐"，以躲避秦桧的迫害。但是，为了岳飞的深冤，他想到了当初岳飞甘冒风险驰书救自己于危难之中，便鼓起勇气，前去质问秦桧。秦桧冷冰冰地回答："飞子云与张宪书虽不明，其事体莫须有。"

"莫须有"的意思是"难道肯定没有"，韩世

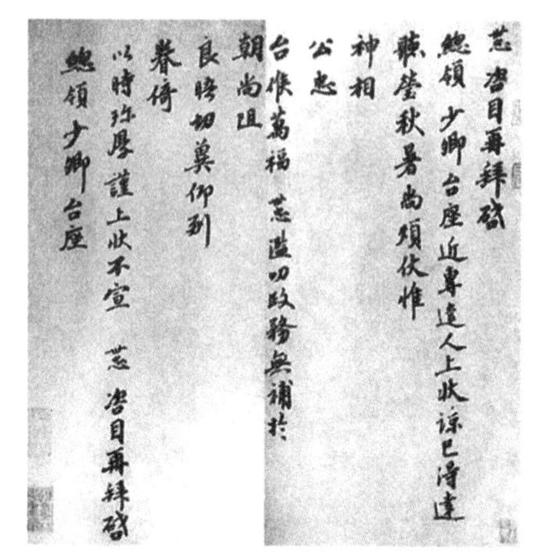

韩世忠手迹《致总领少卿尺牍》
台北故宫博物院藏

忠见他以此搪塞，便很不高兴地变了脸色，愤愤不平地说：“‘莫须有’三字，何以服天下！”

万俟卨竭尽全力，对岳飞深文周纳，罗织罪名；周三畏则畏首畏尾，对万俟卨唯唯诺诺，不敢坚持正义。

王曾瑜（中国社会科学院研究员、中国宋史研究会前会长）：周三畏是个并不重要的历史人物，有关此人生平事迹的记载，也仅存简单的片段文字，甚至还难以勾画出一个完整的简历。然而因他与著名的民族英雄岳飞的冤狱有关，又成为一些戏曲小说中不可缺少的正面人物，大家对周三畏的名字并不陌生。在《说岳全传》中，“勘冤狱周三畏挂冠”一回书，描写了周三畏不肯“屈勘岳飞”，宁愿“弃了这官职，隐迹埋名，全身远害”。这尚是一个洁身自好的形象。在新中国成立后新编历史剧《满江红》中，周三畏的正面形象又大为提高。他作为一个“抛却乌纱，不顾性命”的刚正法官，与万俟卨、罗汝楫面折廷争，“为岳元帅挂冠入狱”。在牛皋扯旨一场戏中，又是劝说牛皋等人“为国忘私”的钦差大臣。依我之见，周三畏作为戏曲小说中正面人物的艺术形象，是与真实的历史形象大相径庭的。

宋廷为岳飞举办所谓诏狱，自绍兴十一年（公元1141年）十月十三日至十二月二十九日，为时两个半月。据李心传撰写的《建炎以来系年要录》卷142记载，当岳飞入狱之始，宋廷即“命御史中丞何铸、大理卿周三畏鞫之”。用现代语说来，御史台的长官特任主审官，大理寺的长官特任副主审官。然而到十一月二十一日，即大兴冤狱一个多月后，宋廷又发布“御史中丞何铸充端明殿学士、签书枢密院事，充大金报谢使，右谏议大夫万俟卨试御史中丞”。这项重要的人事更动，事实上就意味着诏狱主审官的易人。故在两个半月的诏狱中，主审官前后有何铸和万俟卨两人，而副主审官周三畏却始终不予更换。

何铸、万俟卨和罗汝楫三人都曾是秦桧的党羽，但在岳飞冤狱中的作用和表现却各不相同。罗汝楫甘当秦桧鹰犬，承受风旨，参与弹劾岳飞，又弹劾岳飞幕僚朱芾、李若虚等人，弹劾反对这次冤狱的大理寺丞李若朴（李若虚弟）、何彦献等人，却并未参与诏狱的审讯和议刑。在一些小说戏曲中，罗汝楫也成了审讯官，这是与史实有所出入的。何铸也曾参与弹劾岳飞，但他在审讯中，看到岳飞背刺“尽忠报国”四字，甚为感动，转而力辩岳飞之无辜，敢于同秦桧当面抗争。十一月二十一日，宋廷发布他为执政大臣的新命，其实是明升暗降，将何铸调离诏狱主审官这个关键性职位，以免碍手碍脚。万俟卨接任御史中丞以后，完全按主子的旨意，了结这次冤狱，他所起的恶劣作用，就无须赘述了。

宋朝大理寺是一个审核复查刑狱的机构，在大理寺卿之下，尚有大理寺少卿、大理寺正、大理寺丞等官员，各有分工。从现存记载看来，参与这次诏狱工作的，尚有大理寺左断刑少卿薛仁辅、大理寺丞李若朴、何彦猷等一批官员。说周三畏在岳飞冤狱有好的表现，并非是全无根据，南宋有一部野史，名叫《中兴遗史》的记载说：“大理寺丞李若朴、何彦猷谓飞罪当徒二年，白于大理卿周三畏。三畏是日遂白于中丞万俟卨，卨不应，三畏曰：‘当依法，三畏岂惜大理卿耶！’”然而这段记载的可信程度，却是大成问题的。

当岳飞遇害后，身为执政大臣的何铸即遭受弹劾，其罪状之一，是“岳飞反状败露，铸首董其狱，亦无一言叙陈”，“日延过客，密议朝政，以欲缓岳飞之死”，被罢官贬斥。薛仁辅被说成是“持心不平，用法反复”，也受罢官处分。罗汝楫弹劾李若朴和何彦猷说：“朝政召寺（大理寺）官聚断，咸以飞之罪死有余责。独二人喧然，力以众议为非，务于从轻。”亦遭放黜。与此同时，绍兴十二年（公元 1142 年）正月十四日，“御史中丞万俟卨、大理卿周三畏同班入对，以鞫岳飞狱毕故也”。万俟卨不久升迁参知政事（副相），周三畏升迁刑部侍郎，又升刑部尚书。两种人的荣辱奖惩，造成鲜明对照。依据周三畏在岳飞死后的升官记录，南宋史学家李心传已对所谓“岂惜大理卿”之语提出怀疑，说：“此语未必有也，更须详考。”

像《中兴野史》之类野史，其记述有若干不可信、不准确的成分，是不足为怪的。秦桧为人阴鸷狠毒，恣睢暴戾，善于翻脸不认人，即使是十分亲密的相好和党羽，一旦发生哪怕半点小小龃龉，便立即予以排斥打击，毫不留情。何铸固然因反对冤狱而备受迫害，就是为虎作伥的万俟卨，后来因与秦桧稍有不和，也难逃贬斥的厄运。如果周三畏真为岳飞开脱，却能被秦桧容忍，并进而升官迁职，是不能设想的。事实上，前引罗汝楫的弹劾奏疏中已经说明了大理寺讨论岳飞刑罚的真相。真正挺身而出，力排众议，主持正义者，仅有李若朴、何彦猷两人。薛仁辅同情岳飞，但迫于淫威，只能隐晦曲折地为之开脱，这也是难能可贵的。至于身为大理寺长官的周三畏，显然是在“咸以飞之罪死有余责”的众人之列。

绍兴二十年(公元1150年)三月，任平江知府的周三畏因其他事情，也遭受弹劾，侍御史曹筠罗列其罪状，说：“三畏顷为大理卿，鞫勘岳飞公事，犹豫半年不决。”当周三畏处于倒楣的时刻，自然也是奸险小人乘机落井下石，以求升官发财的机会。所谓“犹豫半年不决”之语，其实是欲加之罪，何患无辞，经不起认真的推敲。第一，岳飞的冤狱前后计两个半月，不足半年。第二，这次冤狱所以迁延两个半月，主要是罗织莫须有的罪名，极其费力，何铸的反对态度，更延长了结案的时间。退一步说，作为副主审官的周三畏，即使出面反对冤狱，也不可能对结案的推迟发生多大影响。当千方百计搜剔周三畏罪名之际，却只能使用“犹豫半年不决”这类虚浮之词，并未揭发出什么“岂惜大理卿”之语，反而足以证实周三畏在这次冤狱中扮演了什么角色。

总的看来，周三畏虽非秦桧心腹，却是个畏首畏尾，丧失骨气，附会冤狱的人，无足称道。他当然不应与万俟卨相提并论，却更不足以与薛仁辅、李若朴、何彦猷、何铸等人平列。岳飞孙子岳珂为祖父写传记，在传记中表彰了李若朴、何彦猷、薛仁辅、何铸等人，也谴责了万俟卨，却无片言只语提及周三畏，实际上正是反映了周三畏在岳飞冤狱中的地位、作用与表现。

过去，人们已经提出过历史形象与艺术形象一致的问题。在现代人有关岳飞的文艺作品中，对周三畏这个人物应如何处理，只怕是一个值得讨论的问题。

最后，万俟卨命大理评事元龟年所定的岳飞罪名，主要有三条。第一，岳飞和岳云分别写“谘目”给王贵和张宪，策动他们谋反，其中岳飞的“谘目”由幕僚于鹏和孙革执笔。第二，淮西之役，“拥重兵”而“逗留不进”，“坐观胜负”。第三，岳飞得知张俊和韩世忠等军战败后，曾说“官家又不修德”。又岳飞曾说：“我三十二岁上建节，自古少有。”此语被引申和篡改为“自言与太祖俱以三十岁为节度使”。这两句话被定为“指斥乘舆”的弥天大罪。

周俊玲(作家、学者)：赵构、秦桧、张俊、万俟卨等人对于岳飞冤狱罗织之词无所不用其极，可谓令人发指！然而，事不辩不明，理不论不清！我们不妨来细细地看看万俟卨等事后炮制的判决书原文：

“及勘证得前少保、武胜定国军节度使、充万寿观使岳飞所犯；内：岳飞

——为因探报得金人侵犯淮南，前后一十五次受亲札指挥，令策应措置战事，而坐观胜负，逗留不进。及因董先、张宪问张俊兵马怎生的？言道：'都败了回去也。'便指斥乘舆，及向张宪、董先道：'张家、韩家人马，你只将一万人蹉踏了！'及因罢兵权后，又令孙革写书与张宪，令'措置别作擘画'，又令'看讫焚之'，及令张宪虚申'探得四太子大兵前来侵犯上流'。自是之后，张宪商议，待反背而据守襄阳，及把截江岸两头，尽掳官私舟船。又累次令孙革奏报不实，及制勘虚妄等罪。除罪轻外，法寺称：'《律》：临军征讨，稽期三日者，斩。及指斥乘舆，情理相切要害者，斩。系重罪。其岳飞，合依斩刑私罪上定断：合决重杖处死。'看详：岳飞坐拥重兵，于两军未解之间，十五次被受御笔，并遣中使督兵，逗留不进；及于此时辄 对张宪、董先指斥乘舆，情理切害；又说与张宪、董先，要蹉踏张俊、韩世忠人马；及移书张宪，令'措置别作擘画'，致张宪意待谋反，据守襄阳等处作过。委是情理深重。——《敕》：'罪人情重法轻，奏裁。'"

下面我们对这份判决书逐条辨析：

在岳飞的审判书中认定的罪名共有三条：

第一条罪名：坐拥重兵，于两军未解之间，十五次被受御笔，并遣中使督兵，逗留不进。

这一条罪状，指责岳飞在绍兴十一年正月底到三月间初的淮西之战中，坐拥重兵，逗留不进。和战时的嘉奖手谕形成了鲜明的对比：

二月十九日的嘉奖手谕："得卿九日奏，已择定十一日起发往蕲、黄、舒州界。闻卿见苦寒嗽，乃能勉为朕行，国尔忘身，谁如卿者。览奏再三，嘉叹无斁……"

三月十二日嘉奖手谕："得卿奏，知卿属官自张俊处归报，虏已渡淮，卿只在舒州听候朝廷指挥，此以见卿小心恭慎，不敢专辄进退，深为得体，朕所嘉叹。"

再下一封嘉奖手谕："得卿奏。卿闻命即往庐州，遵陆勤劳，转饷艰阻，卿不复顾问，必揣其行，非一意许国，谁肯如此！"

直到整个战役结束后，高宗仍有手谕："累得卿奏。往来庐、舒间，想极劳勩。一行将士，日夜暴露之苦，道路登涉之勤。朕心念之不忘。"

如果岳飞真的逗留不进，为什么战时不指出？反而发这么多嘉奖诏？事实上，整个淮西之役期间，岳飞部之所以无作为，高宗自己说得很清楚了："卿只在舒州听候朝廷指挥，此以见卿小心恭慎，不敢专辄进退，深为得体"，恰恰是因为岳飞这次很听高宗的话。整个战役期间，高宗给岳飞的 15 道诏书全部保留下来了，真正催促岳飞出兵的只有三月十一日的诏书，而这次诏书之所以要求岳飞进兵，亦是因为之前企图独享战功的张俊要求岳飞退兵，岳飞请高宗定夺，而且实际上，这封诏书发出的当天就发生了濠州之败，在诏书到达岳飞处之前，金军已经退兵了。总之，这条罪状是在岳飞辩驳“甚明”，行师“往来月日”可考，“竟不能紊”的情况下，强行诬陷定案。

第二条罪名：及于此时辄对张宪、董先指斥乘舆，情理切害；又说与张宪、董先，要蹉踏张俊、韩世忠人马。

这条罪状本是口说无凭，而董先被迫赴大理寺作旁证，又说岳飞无“比并”太祖的“语言”。

第三条罪名：及移书张宪，令“措置别作擘画”，致张宪意待谋反，据守襄阳等处作过。

这条罪状的物证全属子虚乌有，被说成是王贵和张宪“当时焚烧了当”。并且用秦桧自己的原话来说：“飞子云与张宪书虽不明，其事体莫须有。”也就是说，所谓的“移书张宪”云云，秦桧自己都承认乃是莫须有之事。

这份判决书可以说十分荒唐，极尽罗织诬陷之能事，但全然不能坐实。南宋史学家李心传就在《建炎以来朝野杂记》乙集（卷十二）的《岳少保诬证断案》条明确地说：“余尝得当时行遣省札，考其狱词所坐，皆一时锻炼文致之词，然犹不过如此，则飞之冤可见矣！”王明清在《挥麈录·余话》中说，在他看到这次“诏狱”的“全案”之后，认为判词中所坐罪行，与王俊的原首状“了无干涉”，更一针见血地指出：“锻炼虽极而不见实情，的见诬罔！孰所为据？而遽皆处极典，览之拂膺！”王明清和李心传对这篇判词所作的评语，虽都极简单概括，却全都是切中其要害的。

万俟卨等人千方百计搜剔而得的岳飞罪名，竟如此可怜，而且毫无说服力，这在宋高宗和秦桧、张俊等人的内心是十分清楚的。按宋之“国朝著令，劾轻罪，因得重罪，原之，盖不欲求情于事外也”。万俟卨等却是在罪名“无验”的情况下，不断横生枝节，辗转推求，罗织新的罪名。由于岳飞非杀不可，什么太祖誓约，什么“国朝著令”，什么罪状“无验”，全可弃之不顾。

自张宪被捕之日始，岳飞的冤狱拖延了约三余月，万俟卨最后也忧心忡忡，担心没有确凿的罪名来了结岳飞的冤狱。

数日之后，万俟卨、周三畏再度提审岳飞，尽管用尽了酷刑折磨，岳飞始终沉默，不发一言，最后，提起笔来在供状上面写下了："天日昭昭，天日昭昭！"八字，掷笔于地，纵声长笑起来。在岳飞的大笑声中，万俟卨、周三畏做贼心虚，吓得瑟瑟发抖起来。

眼看已到岁末，岳飞的冤狱拖延了近三个月，万俟卨自知构陷岳飞的冤狱缺乏有力的证据，为此整日忧心忡忡，寝食不安。

宋高宗和秦桧为了欢度新春，向金朝献媚，必欲立即致岳飞于死地，再也等不及了，便不断地催促万俟卨结案处斩岳飞。

公元 1142 年 1 月 28 日(宋高宗绍兴十一年十二月二十九日)，万俟卨与秦桧匆匆上报一个奏状，提出将岳飞处斩刑，张宪处绞刑，岳云处徒刑，请求高宗下旨裁断。

宋高宗看了秦桧与万俟卨申报上来的奏状，凶相毕露，恶狠狠地叫道："你岳飞是当世战神便怎样？你是一柄屠龙斩虎的利剑又怎样？朕现在不需要你了！你必须去死！只有你死了，朕才能与金国和议成功，也才能做得成太平天子！朕不要为二圣复仇雪耻，朕也不要光复中原，朕只想过几年太平舒适的日子！"

秦桧也附和道："岳飞真是个不识时务的草包，死有余辜！"

万俟卨也道："岳飞早就该死了！若非我亲自出马，那个何铸还真解决不了这件事。"

高宗志得意满，面上现出了一丝遮掩阴狠毒辣的笑意，对着秦桧和万俟卨说道："似你等才是朕需要的人才！"顿了一顿，又道："为人不可心慈，更不能留下后患！你等奏报将岳云判处徒刑，那是绝对不可以的。朕见过这个岳云的，别看他年纪轻轻，也忒厉害！武功绝世，勇冠三军，每战均立首功，在军中有'赢官人'之称。去年郾城大战，王贵一度怯战，就是这个岳云义责王贵，这才获得大捷。留下此人，后患无穷！因此，必须将岳云一并处斩！"

于是，高宗当即下旨："岳飞赐死。张宪、岳云并依军法施行，令杨沂中监斩，仍多差兵将防护。"

岳朝军(岳飞思想研究会会长、岳飞第二十八代嫡孙)：原本万俟卨的奏状上判定岳飞重杖处死；张宪绞刑处死；岳云处三年徒刑。这在秦桧、万俟卨等事后炮制的判决书中写得很清楚："及勘证得前少保、武胜定国军节度使、充万寿观使岳飞所犯；内”：

岳飞 ——“为因探报得金人侵犯淮南，前后一十五次受亲札指挥，令策应措置战事，而坐观胜负，逗留不进。及因董先、张宪问张俊兵马怎生的？言道：‘都败了回去也。’便指斥乘舆，及向张宪、董先道：‘张家、韩家人马，你只将一万人蹉踏了！’及因罢兵权后，又令孙革写书与张宪，令‘措置别作擘画’，又令‘看讫焚之’，及令张宪虚申‘探得四太子大兵前来侵犯上流’。自是之后，张宪商议，待反背而据守襄阳，及把截江岸两头，尽掳官私舟船。又累次令孙革奏报不实，及制勘虚妄等罪。除罪轻外，法寺称：《律》：临军征讨，稽期三日者，斩。及指斥乘舆，情理相切要害者，斩。系重罪。其岳飞，合依斩刑私罪上定断：合决重杖处死。”

“看详：岳飞坐拥重兵，于两军未解之间，十五次被受御笔，并遣中使督兵，逗留不进；及于此时辄 对张宪、董先指斥乘舆，情理切害；又说与张宪，董先，要蹉踏张俊、韩世忠人马；及移书张宪，令‘措置别作擘画’，致张宪意待谋反，据守襄阳等处作过。委是情理深重。——《敕》：‘罪人情重法轻，奏裁。”

张宪 ——“为收岳飞书，令宪‘别作擘画’，因此，张宪谋反，要提兵僭据襄阳，投拜金人，因王俊不允顺，方有‘无意作过’之言；并知岳飞指斥切害，不敢陈首；并依随岳飞虚申‘无粮，进兵不得’；及依于鹏书申岳飞之意，令妄申探报，不实；及制勘虚妄。除罪轻外，法寺称：《律》谋叛绞。其张宪，合于绞刑罪上定断：合决重杖处死；仍合依例追毁 出身以来告敕文字，除名。本人犯私罪，绞。举官见行取会，候到，别具施行。”

岳云 ——“为写《谘目》与张宪称：‘可与得心腹兵官商议擘画’，因此，致张宪谋叛。除罪轻及等外，法寺称：《敕》：传报朝廷机密事，流二千五百里，配千里，不以荫论。《敕》：刺配比徒三年，本罪徒以上通比，满六年比加役流。’《律》：‘官五品，犯流以下，减一等。’其岳云，合比加役流私罪断：官减外，徒三年，追一官，罚铜二十斤入官，勒停。”

“看详：岳云因父罢兵权，辄敢交通主兵官张宪，节次催令‘与得心腹兵官擘画’，致张宪因此要提兵谋叛；及传报朝廷机密。惑乱军心，情重奏裁。岳云犯私罪徒。举官见行取会，候到，别具施行。”

相传为岳飞遇难之地的“风波亭”

我们可以很清楚地看到宋高宗赵构的无法无天，残暴虐杀的狰狞面目！他将原判岳云的三年徒刑擅自改成死刑，其诏旨上写得分明“岳云并依军法施行，令杨沂中监斩，”这是他目无法纪，残暴虐杀国家良将的铁证！赵构的擅改毫无法律依据，也毫无道理可言，其一代暴君的丑恶嘴脸可谓凶相毕露！从这件事情上，我们也可以看到宋高宗赵构对坚决抗金的岳飞父子极端的畏惧与仇恨。

当日，岳飞在临安府大理寺狱中遇害，一代抗金名将含冤去世，年仅三十九岁。

岳飞的尸体本当草草地埋葬在大理寺的墙角下了事，但好心的狱卒隗顺含悲忍痛，冒险背负岳飞的尸身，就近走出临安城西北的钱塘门，偷偷埋葬于九曲丛祠附近北山山麓的平地上，坟前种了两棵橘树，以作标记，诡称“贾宜人坟”。

天下百姓与仁人义士都知道岳飞的冤枉，闻听噩耗，无不落泪。

杭州岳庙

周俊玲(作家、学者):关于岳飞之死,历来的史家多有分歧,莫衷一是。

一种意见认为秦桧是杀害岳飞的元凶。近世学者持此说的以邓广铭为代表,其依据主要是《宋史·岳飞传》所载的:"岁暮,狱不成,桧手书小纸付狱,即报飞死,时年三十九。"岳珂《金佗稡编》记载:绍兴十一年十二月二十九日,秦桧命一老兵给大理寺送了一张纸条,万俟卨即将岳飞杀害。其实,《宋史·岳

汤阴岳庙

朱仙镇岳庙

飞传》的主要蓝本就是岳珂的《金佗稡编》，二书同源。我个人觉得，鉴于当时的客观历史环境所局限，岳珂当然不敢直书宋高宗赵构的罪恶，再加上为尊者讳的堕落史家陋习，因此，他将杀害岳飞的主谋嫁祸给了秦桧。

另一种意见认为赵构是杀害岳飞的元凶。王曾瑜先生便坚持这种意见，其主要依据是南宋李心传《建炎以来朝野杂记》记载赵构本人亲自下旨杀害了岳飞。李心传应当是亲眼看到了这份诏旨，所以原文记录："岳飞特赐死。张宪、岳云并依军法施行，令杨沂中监斩，仍多差兵将防护。"至于岳珂《金佗稡编》卷24《张宪辨》，卷24《张宪辨》引《野史》，还有晚出的《朝野遗记》，说秦桧以"片纸入狱"，杀害岳飞，都属荒诞不经，应以岳飞刑案原件为准。岳珂于《金佗稡编》单取《野史》之说，是为强调"初未有旨也"，因为他必须讳避宋高宗杀害祖父之罪责。

至于岳飞之死，王曾瑜先生做了深入的考证。他认为，《朝野遗记》和罗濬《宝庆四明志》卷9《史浩传》，以及《周益国文忠公集·杂著述》卷2《龙飞录》等书关于岳飞之死与葬，其说各异，如《三朝北盟会编》卷207记载："飞死于狱中，枭其首。市人闻之，凄怆有堕泪者。"按岳飞既为"赐死"，应是全尸，此说系误。《建炎以来系年要录》卷143绍兴十一年十二月癸巳注引《中兴遗史》，又《三朝北盟会编》卷207《岳侯传》说，当年十二月二十七日，“侯中毒而死，葬于临安菜园内”，其日期与葬地系误。后世传说岳飞死于风波亭，宋代无此记载，故并不可信。

最后，王曾瑜先生给出结论：岳飞在大理寺内沐浴后，被拉肋而死。

同一天里，张宪和岳云则被杨沂中率兵绑赴临安城的闹市处斩了。岳飞和张宪的家属则被流放到了岭南和福建。

岳飞被南宋朝廷冤杀后，其许多部将、幕僚都受到宋高宗、秦桧等邪恶势力的株连和迫害，一些曾为岳飞鸣不平的官员也受到迫害。

周俊玲（作家、学者）：岳飞最器重的部将王贵虽接替岳飞统率兵马，但他违心附和秦桧、张俊等构陷张宪，牵连岳飞，枉作小人，最后仍是被迫称病请辞。王贵请辞，宋廷立即批准，授予了他侍卫步军副都指挥的虚衔，添差福建路马、步军副都总管的闲职。

接替王贵统率原岳家军兵马的是张俊的宠将田师中，此人庸碌乖张，心怀邪恶，排挤、诛杀良将，贪腐横行，以致军力日渐削弱，已非昔日的抗金雄师了。

岳飞的爱将牛皋反对朝廷降金，经常发些牢骚，被田师中毒死了。徐庆此后默默无闻，抑郁而终。

直接卷入冤案的于鹏和孙革，还有给岳飞通风报信的进奏官王处仁和武将蒋世雄，分别受到革职，流放岭南和“编管”的惩处。此外，朱芾、李若虚、高颖、王良存、夏珙、党尚友、张节夫等十三名幕僚，都被贬逐流放。李若虚和高颖都饮恨死于贬所。惟有岳飞的前参谋官，圆滑世故的薛弼，因与秦桧、万俟卨曾有交往，未受株连。然而他的内心深处，仍是同情故帅的，故对岳飞和同僚并无落井下石的行为。

岳飞的“亲校”王敏求、胜捷军副将杨浩、部将邢舜举等也都受到迫害。

齐安郡王赵士褭受御史中丞万俟卨等人的弹劾，说他“身为近属”，“交结将帅”，被革职并逐出临安府，“令建州居住”，施行软禁。

薛仁辅、何铸、刘洪道、张戒、范澡等都因此先后罢官或流放。

布衣刘允升上书申述岳飞的冤枉，被关进大理寺狱而死。另一个范澄之

则在流放地含悲辞世。

更有甚者，因为憎恨一个“岳”字，居然接受姚岳(原为岳飞幕僚)的荒谬而无耻的建议，宋廷下令，将岳州改名纯州，其节镇名岳阳军改称华容军。

岳飞遇害后，宋高宗和秦桧企图以高压政治钳制天下共论，妄想从史册上删除“岳家军”，黄州知州曾惇向秦桧献诗，有句为“沔鄂蕲黄一千里，更无人说岳家军”，秦桧大喜，上报宋高宗，给曾惇嘉奖升官。然而，事与愿违，岳飞身后五十多年，大诗人陆游就写诗说：“剧盗曾从宗父命，遗民犹望岳家军。”还自作诗注：“岳家军，盖绍兴初语。”(《剑南诗稿》卷27《书愤》)

在秦桧第二次任相当权的十八年间，制造了很多的冤狱，而岳飞冤狱的诛戮之惨，株连之广，却是绝无仅有的。秦桧嗜杀成性，却仍受到宋高宗的约束。宋高宗在不少冤狱中，愿意遵守宋太祖的誓约，乐意于扮演一个宽宏大量的角色。比如，秦桧对正八品小官胡铨恨之入骨，必欲置之死地而后快，但他没有得到宋高宗的许可，也未能随便处死胡铨。宋高宗惟独在岳飞的冤狱中，凶相毕露，暴露了他险恶、阴毒、卑劣的嘴脸。

公元1162年(宋高宗绍兴三十二年)，也就是岳飞被冤杀二十一年后，宋高宗赵构退位，因为他没有子嗣，只好传位于宗室贵胄——北宋开国皇帝赵匡胤的七代孙赵昚，赵昚原名赵瑗，这就是历史上的宋孝宗。

宋孝宗倾向抗金，他即位伊始，立即宣布给岳飞平反昭雪，追复原官，以礼改葬于西湖岸边的栖霞岭下。

特赦令下达时，岳雷因饱经忧患，已去世，岳霖、岳震、岳霭(后由宋孝宗改名岳霆)、岳甫、岳申等幸存的岳飞子孙，还有岳安娘的丈夫高祚，都补官授职。李娃在流离颠沛之余，又活了十多年，到淳熙二年(公元1175年)病逝，享寿七十五岁，葬于江州。

宋孝宗后来召见岳霖时，感伤不已，动情地说道：“卿家纪律、用兵之法，张、韩远不及。卿家冤枉，朕悉知之，天下共知其冤。”公开承认了岳飞的冤狱。

公元1165年(宋孝宗乾道元年)，南宋朝廷为张宪平反，追复原官。

公元1170年(宋孝宗乾道六年)，宋孝宗和南宋朝廷以州人所请，下诏于鄂州建岳飞庙，赐庙号为“忠烈”。此时，岳飞已去世二十九年了。

公元1178年(宋孝宗淳熙五年)，宋孝宗赐岳飞谥号为武穆。此时，岳飞已去世三十七年了。

公元1204年(宋宁宗嘉泰四年),南宋朝廷追封岳飞为鄂王,七年后追封岳云为继忠侯。

公元1221年(宋宁宗嘉定十四年),南宋朝廷在岳飞墓旁建立了忠烈庙,祭祀岳飞父子,这就是杭州岳庙。

公元1225年(宋理宗宝庆元年),宋理宗下诏赐故太师、鄂王岳飞谥号忠武。此时,岳飞已去世八十四年了。

明朝年间,人们在岳飞墓前铸了秦桧、王氏、张俊、万俟卨四个奸人的铁像,赤背反剪两臂跪在那里,接受世人的指责和唾骂,后人更在岳墓刻了一副对联:“青山有幸埋忠骨,白铁无辜铸佞臣!”

周俊玲(作家、学者):在世界各地的所有庙祠内,公开昭示忠奸的唯有岳王庙。

人们在瞻仰岳王庙时,总会对庙内岳飞墓前铁铸长跪的秦桧、张俊、万俟卨、王氏四奸像鞭笞咒骂。其实,杭州岳王庙建于公元1221年(宋宁宗嘉定十四年),系南宋朝廷为祭祀岳飞父子而在岳飞墓旁所建,最初称为忠烈庙。宋元时期,岳飞墓前还没有秦桧等四奸像。

公元1515年(明朝正德八年),浙江都指挥使李隆命工匠铸造了秦桧及其妻王氏和万俟卨三个铜像,全部赤身露体、反剪双手跪在岳坟前面。由于瞻仰岳王庙的人们都崇尚正义、爱戴忠良、痛恨奸党,愤激之情难以遏制,秦桧等三奸铜像经常遭受人们的敲击和打砸,仅仅数十年后就有所损毁了。

公元1594年(明万历二十二年),浙江按察副使范涞看到秦桧等三奸铜像已经损毁不堪了,就命人重新铸造,还特别增添了张俊的奸像,这样,就凑成了迫害岳飞的四奸像。墓阙后面还刻有一副有名的对联:“青山有幸埋忠骨,白铁无辜铸佞臣。”

后来,范涞调离浙江。浙江巡抚王汝训命人将张俊、王氏两奸像沉于西湖中,使其永不见天日,还把秦桧、万俟卨两奸像移跪于岳王庙前,供人们唾骂、鞭笞。

公元1602年(明万历三十年),范涞再次来浙江担任提刑按察使,他发现8年前他令人铸造的岳坟前面的四奸像没有了,就又重新铸造。这样,秦桧、王氏、万俟卨、张俊四奸像再度跪在了岳飞墓前。

朱仙镇岳庙五奸跪像

约在明末清初的时候，岳飞墓前曾经一度出现了五个铁奸像，新增加的就是参与谋害岳飞的另一要犯罗汝楫。其实，据史料记载，罗汝楫的确是秦桧的走狗，他参与了弹劾岳飞，又弹劾岳飞幕僚朱芾、李若虚等人，还弹劾反对这次冤狱的大理寺丞李若樸、何彦猷等人，却并未参与诏狱的审讯和议刑。

到了清朝雍正年间，五奸铁像又破损，王氏的铁头已被打落在地。浙江总督李卫就命人重铸了四奸像。

清朝乾隆年间四奸像又遭损毁，浙江巡抚熊学鹏命人再铸。现在我们在杭州岳王庙所看到的四奸像，就是乾隆年间熊学鹏铸的。

汤阴岳飞庙内的秦桧等五奸跪像

其实，平心而论，现在的岳王庙内四奸像实际上缺乏迫害岳飞的主犯——宋高宗赵构，而且把秦桧妻子王氏作为制造岳飞冤狱的主犯也欠史料支撑。秦桧妻子王氏迫害岳飞并不见于正史记载，只有野史《朝野遗记》记载说：“秦桧妻子王氏素阴险，出其夫上。”绍兴十一年岁末，秦桧等人欲制造岳飞冤狱而苦于没有真凭实据，因此而烦恼，彷徨无策，就在小阁内“食柑玩皮”，这时，秦桧的妻子王氏窥见，就笑着从旁提醒他说：“老汉何一无决耶？捉虎易，放虎难！”于是，秦桧以“片纸入狱”，杀害了岳飞。因此，即使《朝野遗记》所载秦桧妻子王氏的那句话不是空穴来风，她也只是促使了秦桧下定决心杀害岳飞，充其量只是背后的教唆，而并非主犯。当然，根据史书记载，王氏其人的确阴险跋扈，绝非善类，连秦桧也很忌惮。我不否认王氏在岳飞被害中扮演了不光彩的角色，但是，在目前史料尚不确实、充分的情况下，我们似乎不易遽下结论，也似乎不宜盲从跟风。

此外，最初诬告张宪牵连岳飞的要犯是王俊，这家伙在赵构、秦桧等人制造岳飞冤狱当中起到了重大作用，亦不应逃避谴责。

因此，我个人觉得：岳王庙内应铸赵构、秦桧、张俊、万俟卨、王俊五奸像为宜，这五人才是杀害我们的民族英雄岳飞的主犯。

宋高宗和秦桧一面杀害岳飞，一面正式对金议和，两件事都自九月开始，同时进行。

金国都元帅完颜兀术则一面遣使，一面出兵蹂践淮南，连破泗州、楚州等地，"淮南大震"，进行讹诈和示威。枢密使张俊以"恐妨和议"为由，不发兵渡江迎战。

十一月，宋金和谈正式达成协议。重要条款如下：第一，宋朝向金国奉表称臣；第二，宋每年向金进贡银二十五万两，绢二十五万匹；第三，双方东以淮水，西以大散关（今陕西宝鸡市西南）为界。

周俊玲（作家、学者）：宋金和谈正式达成协议，对于陷身牢狱的岳飞，这事实上又是下了一道催命符。金国获得了在战场上得不到的大片土地，岳家军当年攻克的商、虢、唐、邓等州，吴磷等部收复的陕西州县，以至吴玠当年坚守的和尚原要塞，都割让给金国。值得一提的是，邵隆坚决反对割让商州，被秦桧贬官后毒死。

金国女真贵族成全了宋高宗的"孝心"，允许将宋徽宗梓宫、宋高宗生母韦氏等送还。至于宋钦宗，则仍须扣押在北方，以作政治讹诈的资本。宋高宗以"臣构"的名义敬献誓表，"既蒙恩造，许备藩方，世世子孙，谨守臣节"，"有渝此盟，明神是殛"。金国依据誓表，"册康王为宋帝"。办完当臣仆的手续后，宋高宗方才称心如意，高枕无忧了。

张俊这个人军事才能平庸，暴而无谋，贪腐无度，而且是很有点政治野心，他自以为吞并韩世忠和岳飞两军，独掌天下之兵的计谋已经成功，而志得意满。不料，秦桧立即唆使殿中侍御史江邈出面弹奏，说他图谋不轨，"大男杨存中握兵于行在，小男田师中拥兵于上流。他日变生，祸不可测"。秦桧此举，实际上还是将诬害韩世忠和岳飞的故伎，再一次实施在张俊身上罢了。宋高宗当然袒护张俊，就力保他“无谋反之事”，却又大耍权谋，乘机批准张俊退闲。可怜张俊枉作恶人，替宋高宗、秦桧等为虎作伥，害岳飞、构陷韩世忠，到头来，他所期待的总领天下兵马的春梦也不过是一枕黄粱而已。

金国女真贵族最畏服岳飞，平日往往不直呼其名，而称为“岳爷爷”。他们得知岳飞死讯后，欢天喜地，酌酒相贺。金国权贵及诸将领当然希望除掉岳飞这个可怕的对手，但从金国官员的内心深处依然折射出了人性的光辉，他们其实也对南宋君臣制造岳飞的冤狱愤愤不平。

岳增敏（岳飞思想研究会秘书长、博士研究生）：当时，被扣押在北方的南宋使臣洪皓，目睹了金人闻知岳飞死讯后的兴奋和狂欢，当即以蜡书驰奏南宋朝廷说：“金人所畏服者惟飞，至以父呼之，诸酋闻其死，酌酒相贺。”

公元1142年（宋高宗绍兴十二年），金使盖天大王完颜赛里、刘祹等送韦氏和宋徽宗梓宫南归，宋高宗为了在南宋臣民面前表现自己的孝道，大事张罗了一出“皇太后回銮”的闹剧。

不料，金使刘祹竟对赵构的圣孝表演毫无兴趣，他反而向宋朝官员发问：“岳飞以何罪而死？”

负责接待金使的南宋官员无言以对，只好含含糊糊地搪塞说：“意欲谋叛，为部将所告，以此抵诛。”

刘祹冷笑一声，说：“江南忠臣善用兵者，止有岳飞，所至纪律甚严，秋毫无所犯。所谓‘项羽有一范增而不能用，所以为我擒。’如飞者，无亦江南之范增乎？！”足见当时岳飞的冤狱不但南宋举国尽知，就连敌国大臣们也都知道岳飞是无辜被冤杀的，因此而愤愤不平。

岳飞去世二十年之后，金国海陵王大举南侵时，金军中还流传着一句话：“岳飞不死，大金灭矣！”

岳飞身后六十多年，金国在招诱吴曦叛变的诏书中也承认，岳飞的“威名战功，暴于南北”。金人对岳飞这个最可畏的敌手，在近百年后仍心存余悸，足见岳飞的威名和战力影响之大。

宋金议和后，秦桧稳当终身宰相，独揽大权。

周俊玲（作家、学者）：宋金议和后，秦桧依仗金人“不许以无罪去首相”的规定，稳当终身宰相，独揽大权。宋高宗被金人剥夺了罢免秦桧之权，对秦桧虽亦忧心兼以寒心，却无可奈何。秦桧安排其子秦嬉主编宋高宗生前的编年史——日历，恣意篡改官史，又严禁私史，自以为可在历史上永葆美誉，不留骂名。绍兴二十五年(公元1155年)，秦桧病死，宋高宗方得以收回对宰相的任免权，却又令秦桧党羽万俟卨、汤思退等人继续执政。对于受迫害的官员，大多予以宽贷或平反，惟独岳飞例外。

在整整二十年内，很少有人敢在公开场合为岳飞主持正义。相反，有的无耻之士却舞文弄墨，阿谀宋高宗和秦桧，诋毁岳飞。曾惇献诗说，“和戎诏下破群疑”，“吾君见事若通神”，“裴度只今真圣相”，“沔鄂蕲黄一千里，更无人说岳家军”，便得到了升官奖赏。更有拍马屁的孙觌说，“主上英武，所以驾驭诸将”，“而干戈铁钺，亦未尝有所私贷，故岳飞、范琼辈皆以跋扈赐死”。这家伙居然将岳飞和范琼比并，并说岳飞因跋扈而致死，显然是胡说八道的污蔑之词。

回顾岳飞冤狱的昭雪历程，真可谓应验了两句格言：乌云是遮不住太阳的！公道自在人心！

周俊玲(作家、学者)：秦桧死后，张孝祥上奏说：“岳飞忠勇，天下共闻，一朝被谤，不旬日而亡，则敌国庆幸，而将士解体，非国家之福也。”

他请求宋高宗给予平反，皇帝对这个状元算是特别“优容”，不予治罪。绍兴三十一年(公元1161年)，金海陵王大举南侵，南宋抗金情绪重新高涨。官员杜莘老上奏说，“岳飞，良将也，以决意用兵”，“文致极法，家属尽徙岭表。至今人言其冤，往往为之出涕”。他请求“昭雪岳飞，录其子孙，以激天下忠臣义士之气”。太学生程宏图和宋芑也分别上书，说岳飞被“诬致大逆”，“则三军将士忠愤之气沮矣”，要求“复岳飞之爵邑，而录用其子孙，以谢三军之士，以激忠义之气”。倪朴草拟上书，说岳飞“勋烈炳天地，精忠贯日月”，“志清宇宙”，“而反受大

宋孝宗画像

戮”，要求予以平反。

宋高宗正当用人抗金之际，却仍无意于为岳飞平反，迫于朝廷大臣们及民众的舆论，宋高宗只好下诏，将“蔡京、童贯、岳飞、张宪子孙家属令见拘管州军并放令逐便”，给岳飞和张宪家属解除拘禁，以开“生还”之路。

绍兴三十二年（公元1162年），宋高宗退位，传位于宋孝宗赵昚，赵昚乃赵瑗之更名。宋孝宗倾向抗金，他即位伊始，立即宣布给岳飞平反昭雪，追复原官，以礼改葬栖霞岭下。

周俊玲（作家、学者）：但在追复诏中，宋孝宗仍给太上皇赵构保留体面，说此举乃“仰承”赵构的“圣意”，而追复制词则特别强调岳飞“事上以忠，至无嫌于辰告”。此处“辰告”一词，是指岳飞“尝上疏请建储”。宋孝宗仅在孩童时代见过岳飞一面，但对这位故将之忠于自己，仍有感激图报之意。

尽管如此，他给岳飞的昭雪是有限度的。他在位后期，方按当时礼制，给岳飞定谥。最初议为“忠愍”，宋孝宗认为，“使民悲伤”曰“愍”，则对太上皇有“失政”之讥，便改用“武穆”。宋高宗死后，吏部侍郎章森建议用岳飞“配享”庙庭，宋孝宗立即拒绝，而宁愿用庸将张俊为“配享”。

南宋朝廷褒扬岳飞，却又不能将宋高宗置于元凶和主犯的地位，其实很不公平。一直到南宋灭亡以后，史家、学者方才突破禁区，撇开为尊者讳的陋习陈规，客观公正地厘清了岳飞的冤狱，并一致认可：宋高宗赵构是制造冤狱并杀害岳飞的元凶。

与宋孝宗等人的追复、定谥等政治活动都是过眼云烟而已，唯有民众的哀悼和怀念，才是真挚的、也最具历史意义。

岳朝军（岳飞思想研究会会长、岳飞第二十八代嫡孙）：当岳飞等人遇害的消息传开后，临安百姓都悲痛哀悼，男女老幼都唾骂秦桧。宋高宗和南宋朝廷企图一手遮天，颠倒黑白，蓄谋将岳飞等无辜冤死的义士说成是罪有应得的罪犯，特意将岳飞的狱案，“令刑部镂板，遍牒诸路”。这种倒行逆施的伎俩反而更激发了各地人民的痛悼之情，“天下闻者无不垂涕”。

《老学庵笔记》卷1说：“张德远（浚）诛范琼于建康狱中，都人皆鼓舞；秦桧之杀岳飞于临安狱中，都人皆涕泣。是非之公如此。”

《三朝北盟会编》卷207载：“飞死于狱中，枭其首。市人闻之，凄怆有堕泪者。”

《岳侯传》载："侯（岳飞）中毒而死，葬于临安菜园内。天下闻者无不垂涕，下至三尺之童，皆怨秦桧云。"

岳飞死后一年，鄂州军中很多将领前往武昌县（今湖北鄂州市）走马游乐，有一个军士为"忠义所激"，吟诗一首说："自古忠臣帝主疑，全忠全义不全尸。武昌门外千株柳，不见杨花扑面飞。"在宋廷的黑暗统治下，这首诗做得比较隐晦，却是指责"帝主"杀害岳飞无疑。将士们听后，都"为之悲泣"而"罢游"。

岳飞去世二十年后的绍兴三十一年（公元1151年），为激励将士抵御金海陵王的南犯，御史中丞汪澈到岳飞旧部鄂州大军中巡视，鄂州将士联名上状，要求为故帅岳飞昭雪冤狱，"哭声如雷"，众人甚至大呼："为我岳公争气，效一死！"汪澈劝慰多时，答应禀报朝廷，人们仍啜泣不止。

直到岳飞身后好几十年，江、湖之地的百姓依然家家户户张挂岳飞的遗像，奉祀不衰，还流传了很多歌颂他的民间故事。鄂州城内的旌忠坊，特别为岳飞设立忠烈庙。岳霖途径赣州（原名虔州），即有"父老帅其子弟来迎"，个个泪流满面，说："不图今日复见相公之子。"他到荆湖北路任官，鄂州军民闻讯后，"设香案，具酒牢，哭而迎"，以表示他们对岳飞的缅怀。其中有一个老媪，她的丈夫和儿子、女婿都因"不善为人"，被岳飞按军纪所斩。但她仍对这位正直严明的故帅深致悼念。

与岳飞同在朝廷为官的枢密院编修官胡铨作诗悼念岳飞，他认为岳飞最为忠勇，在国家危亡之际，挺身捍难，正是他的浴血奋战才保住了南宋朝廷的半壁江山，却像韩信一样立功后被冤杀，其诗《吊岳飞诗》云："匹马乌江谁著鞭，惟公攘臂独争先。张皇貔貅三千士，指柱乾坤十六年。堪悯临淄功未就，不知钟室事何缘。石头城下听舆论，万姓颦眉亦可怜！"

南宋词人刘过在《六州歌头·题岳鄂王庙》中写道："中兴诸将，谁是万人英。身草莽，人虽死，气填膺。尚如生。年少起河朔，弓两石，剑三尺，定襄阳，开虢洛，洗洞庭。北望帝京。狡兔依然在，良犬先烹。过旧时营垒，荆鄂有遗民，忆故将军，泪如倾。说当年事，知恨苦，不奉诏，伪耶真。臣有罪，陛下圣，可鉴临。一片心。万古分茅土，终不到，旧奸臣。人世夜，白日照，忽开明。衮佩冕圭百拜，九泉下，荣感君恩。看年年三月，满地野花春。卤簿迎神。"刘过在这首词中回顾了岳飞战功赫赫的一生，对岳飞的沉冤寄托了无限的同情。其词中的名句"过旧时营垒，荆鄂有遗民，忆故将军，泪如倾。"即是反映了民众对岳飞的爱戴和怀念，传诵至今。

袁甫也写诗说："儿时曾住练江头，长老频频说岳侯；手握天戈能决胜，心轻人爵祇寻幽。"

明代大臣于谦《岳忠武王祠》诗云："匹马南来渡浙河，汴城宫阙远嵯峨。

中兴诸将谁降虏？负国奸臣主议和。黄叶古祠寒雨积，青山荒冢白云多。如何一别朱仙镇，不见将军奏凯歌！”

明代文徵明的一首《满江红》词作非常精彩，将杀害岳飞的元凶直指宋高宗赵构，写得酣畅淋漓，其词曰：“拂拭残碑，敕飞字依稀堪读。慨当初，倚飞何重，后来何酷！果是功成身合死，可怜事去言难赎。最无辜，堪恨更堪悲，风波狱。岂不念，中原蹙；岂不恤，徽钦辱？但徽钦既返，此身何属？千古休谈南渡错，当时自怕中原复。笑区区一桧亦何能，逢其欲！”

岳飞是中国历史上不世出的军事家、战略家、文学家、思想家。他不但治军有方，军纪严明，锤炼了一支百战百胜的岳家军，挥仁义之师、擎正义之剑，消弭战祸、抵御外侮，剿匪破寇、保境安民，北伐中原、解民倒悬，以赫赫战功为柱石支撑起了南宋的蓝天白云。而他伟大的爱国主义情操，高尚无私的品德，高瞻远瞩的韬略，正大光明的言行，磊落博爱的胸怀，一尘不染的清廉，流传百世的雄文，国尔忘身的风采，百战百胜的风华，尽忠报国的精神……也都垂范后世，照耀千古！总之，岳飞以自己卓尔不群的言行、振聋发聩的强音、传奇跌宕的一生，完美阐释了尽忠报国的伟大思想，历千年而不朽，至今仍然闪耀着璀璨的光芒，照亮了中华民族的奋斗历程！

清浙江巡抚阮元命名为“精忠柏”的亭子

周俊玲（作家、学者）：岳飞至孝，曾先后十八次派人去河北沦陷区将母亲姚氏接到了南方；母亲有病，岳飞亲自侍奉药饵；母亲去世，岳飞悲伤恸哭，三天水米不进。

岳飞用情专一，与妻子李娃恩爱不渝，家中没有侍妾。一天，镇守关陕一带的宋军大将吴玠专程派人赶来，对岳飞荣升清远军节度使表示祝贺，岳飞很高兴地请吴玠派来的属官吃饭。那属官见岳飞很是热情，但所招待自己的饭菜却很简单，而且席间根本没有姬妾、舞女之类的作陪和劝酒，缺乏当时官场流行的声色娱乐，颇感惊讶。他回去之后报告吴玠，说岳飞生活俭朴，连个姬妾也没有。吴玠感叹道："当世五大将之中，刘光世姬妾满堂，锦衣玉食，最会享乐。张俊则喜欢贪污受贿，韩世忠奸污部将呼延通的妻子，迫使呼延通自杀……唉，我等与岳节使同列，都有姬妾数人，纵情享乐，惟独他不近女色，也未免太过清苦了。"于是，吴玠花费了两千贯钱，买到了一个仕宦之家出身的女子，并置办了许多金玉珠宝作为妆奁，不远千里送到了岳飞所在的鄂州军中。

面对同僚吴玠的一番盛情，岳飞不便推却，便将这个女子安置在一间空屋，两人隔着屏风交谈。岳飞对那女子说道："我十分感激吴节使的殷勤盛情，也知道你出身书香门第，知书达理，明艳绝伦。但是，我必须提前告诉你，我家上下人等都只穿粗布衣服，吃的也是一些粗茶淡饭。女娘子若能如此同甘苦，才可以将你收留下来，不然，我不会收留你的。"岳飞说罢，只听见屏风那边传出了一阵不以为然的笑声，显然是那女子在嘲笑岳飞身为朝廷大将却清苦度日。岳飞心下了然，当即便命人将这位并未见面的美女给吴玠退了回去。

岳飞的幕僚们听说此事，纷纷来劝岳飞，大家说道："岳节使向以击破金贼，恢复中原为念，正要利用关陕之兵抗击金军，吴节使赠送美女乃是同僚示好，岳节使何不留下这名女子，以此结好吴玠呢?!"岳飞道："吴节使赠送美女、珠宝，岳飞深感厚德。但是，现在国耻未雪，圣上夙夜忧虑，宵旰不宁，这时候可不是大将们享乐的时候啊!"于是执意将那名美女退了回去。吴玠从此更加敬佩岳飞的品行高洁了。

宋高宗为岳飞营造府第，岳飞辞谢说："敌未灭，何以家为?!"

有人问天下何时太平，岳飞回答说："文臣不爱钱，武臣不惜死，天下太平矣!"这两句话后来被清代乾隆皇帝高度赞誉，专门写了一句诗赞叹说："两言臣则师千古，百战兵威震一时。"

岳飞善于以少击众，百战不殆。将要有所军事行动，尽召诸将谋划，谋定而后战，所以每战必胜。他所统率的部伍，即使突然遭遇强敌，也不会惊慌，因而，敌军感叹说："撼山易，撼岳家军难!"

部队每次驻屯，岳飞都亲自率领将士苦练杀敌本领，经常以身作则，率先垂范，也披着重铠练习骑马跳壕沟、下陡坡。他自己擅长左右开弓的射箭技艺，以此教授将士，使之都能左右射，箭艺高超，往往以此破敌。有一次，岳云练习骑马下陡坡时，马失前蹄，翻身摔倒，岳飞认为他训练不认真，大怒而鞭笞

了他。在岳飞严明的军纪制约下，岳家军对百姓秋毫无犯。有一兵卒擅自拿了百姓一缕麻，就被斩首示众了。将士行军，夜宿百姓门口，有百姓开门接纳，将士没有敢进入的。岳家军号称“冻死不拆屋，饿死不掳掠！”兵士生病了，岳飞亲自为之调药；将士出征到远方作战去了，岳飞让自己的妻子去慰问安抚其家属；有战死的将士，岳飞祭奠他们，并养育他们的孩子，有的就让自己的儿子娶其女儿。朝廷每有犒赏，岳飞一定全部公平分给将士们，不取分毫。

那么，岳飞是怎样成为中国的武圣的呢？

岳朝军（岳飞思想研究会会长、岳飞第二十八代嫡孙）：中华民族自古以来就有文武并重的优良传统，大家都知道，中国古代的庙宇有文庙和武庙，文圣就是孔子，这个毫无争议；那么，武圣究竟是谁呢？要回答这个问题，就必须对中国历史上的武庙崇拜进行回顾、考证。

最初的武圣是姜子牙。

唐玄宗开元十九年，官方始立武庙。遴选历代名将中的名将十人配享，以张良为首并称“十哲”，这十位是：（左列）白起、韩信、诸葛亮、李靖、李勣，（右列）张良、田穰苴、孙武、吴起、乐毅。关羽是十哲以外的历代名将壁画，六十四贤中的一个。

明武宗正德年间设关庙，以岳飞和文天祥为副。

明神宗万历四十二年（公元 1613 年），封关羽为三界伏魔大帝神威远震天尊关圣帝君，任陆秀夫，张世杰为关公左右丞相，岳飞为元帅。

到明神宗万历四十三年（公元 1614 年），岳飞被封为“三界靖魔大帝忠孝妙法天尊岳圣帝君”，从关羽的从祀变成了和关羽基本平等的地位，这才有了关岳并祭的关岳庙。

关羽成神的记载最早见于宋朝张商英《重建关帝庙记》，说的是隋朝时，天台宗的创始人智顗大师路过玉泉山，那里有大力鬼王作怪，后被大师收服，没想到他竟然就是关羽，后来他就成了佛教护法伽蓝。在这里，这位关帝竟然是一个兴风作浪的“鬼王”，这个故事其实是为了突出智顗大师的神通。当然这之前，民间就有人祭祀关羽了。

佛教刚传入中国不久，当然要争取一些民间神祇扩大影响。可是后来，道教为了与佛教抗衡，开始与佛教争夺神仙，于是有道书称：“关羽自玉泉山显圣之后，遇铁钵真人，立法为地支上将。宋时，应三十代天师虚靖真人之召，现形御前，降蛟斩怪。”这显然是宋以后的说法，要比佛教迟很多。

宋哲宗封关羽为显烈王，宋徽宗封他为忠惠公，后又封为义勇武安王。元代封为显灵义勇武安英济王。明初祀为壮缪公，万历年间加封为三界伏魔大帝、神威远震天尊、关圣帝君。

也就是说，宋、元两朝至明代的中期，官方封关羽最多不过是个王或公。到明朝晚期才升为帝君，这还是出于《三国演义》小说的演绎为“忠义”的化身，以及明神宗对道教的崇拜。而在民间，道教奉关公为护法天神之一，称“荡魔真君”或“伏魔大帝”的。这时候的关羽，还只是个护法而已。

而岳飞呢，不但忠孝节义望重一时，其仁、义、礼、智、信五德齐备，在死后62年被追封为鄂王。其百战百胜的用兵之道，“冻死不拆屋，饿死不掳掠”的严明军纪，以至于令敌人感叹“撼山易，撼岳家军难！”

从南宋朝廷的追赠和褒扬来看，也是极其尊崇的。

公元1170年(宋孝宗乾道六年)，宋孝宗和南宋朝廷以州人所请，下诏于鄂州建岳飞庙，赐庙号为“忠烈”。此时，岳飞已去世二十九年了。

公元1204年(宋宁宗嘉泰四年)，南宋朝廷追封岳飞为鄂王，七年后追封岳云为继忠侯。

公元1221年(宋宁宗嘉定十四年)，南宋朝廷在岳飞墓旁建立了忠烈庙，祭祀岳飞父子，这就是杭州岳庙。

从民间对岳飞的崇敬来看，更是前无古人的。

公元1130年，年仅二十八的正七品军官岳飞就被宜兴县士人和民众尊崇为神，为他立生祠纪念。县令为岳飞的生祠亲自题写碑文，当地人民崇敬岳飞如再生父母，赞誉说：“父母生我也易，公之保我也难。”

岳飞在吉州、虔州平叛，岳飞屡次直谏，拒绝屠城，只处死了少量的叛军首领，释放了约一万多被俘民众。当地人皆被岳飞的圣德所感，家家户户悬挂岳飞画像奉若神明，提及岳飞大名皆生感泣。这是岳飞出世以来第二次被人民群众树立的高度崇拜。

岳飞“凡出兵，必以广上德为先，歼其渠魁而释其余党，不妄戮一人”，岳飞以仁为本的崇高武德堪称中华民族的典范。

元代丞相脱脱主修的《宋史》中，对岳飞是推崇备极，赞曰：“自西汉而下，若韩、彭、绛、灌之为将，代不乏人，求其文武全器、仁智并施如宋岳飞者，一代岂多见哉。史称关云长通《春秋左氏》学，然未尝见其文章。飞北伐，军至汴梁之朱仙镇，有诏班师，飞自为表答诏，忠义之言，流出肺腑，真有诸葛孔明之风……”

民国岳飞像

从明朝开始，纪念岳飞达到了一个前所未有的高潮，岳飞的神话开始与国家的道德建设结合起来。朱元璋就非常敬重岳飞，当他看到岳飞的事迹时落泪哀悼，当他看到岳飞的书法真迹时，感慨不已，曾亲笔题写匾额："书如其人，纯正不曲！"包括杭州岳飞墓前四个跪像的修立以及各地陆续铸造的四跪像，都是明朝时期的产物。岳飞正直爱国的正义形象与秦桧奸邪祸国的卑劣形象，成为中华文明中表示善恶黑白的两个极端。明代崇拜岳飞之盛行已经开始进入到中国社会的道德体系。据说，明代军队中，特别是锦衣卫都供奉岳飞为"军神"、"武圣"。

清代对岳飞的崇拜最早源于努尔哈赤，他曾经让他的两个子孙改姓为岳。乾隆对岳飞的尊重也是十分突出的，曾多次到杭州岳飞庙造访，并亲自撰写《岳武穆论》，赞誉岳飞"天下后世而仰望风烈，实可与日月争光矣"！乾隆皇帝对岳飞名言"文臣不爱钱，武臣不惜死！"也推崇有加，亲自写诗说"两言臣则师千古，百战兵威震一时。"

民国国父孙中山曾在1921年尊敬地称岳飞精神为"岳飞魂"。已故当代宋史大家邓广铭先生说："岳飞是一个最具人民性的英雄！"我们可以肯定地说：岳飞生而为神矣！"

到了民国，由于日寇入侵，全国人民同仇敌忾，抵御外侮，所以又把岳飞请回了关帝庙中，仍称关岳庙——现在台湾还有不少。而且在抗战时期，岳飞地位急剧提高，真正成为了中华武圣人。

"岳飞崇拜"是人民的选择，岳飞魂作为中华民族之魂是历史的选择。

总之，宋末以至清初，岳王庙遍布全国，备受人民尊崇和爱戴，岳飞是真正的武圣人。

因此，我们可以肯定地说：中国的武圣是岳飞，实至名归。

最后，让我们再度翻开那一页风云激荡、战祸不断的历史，咀嚼一下那段苦痛的岁月……

我们就会发现，历史既有残酷悲壮的一面，也有激荡昂扬的一页。越是乱世，越能激发一个伟大民族的奋发抗争精神，也越能造就英雄人物，这就是前人所说的时势造英雄。正是在那个不平凡的历史境况下，一个来自社会底层的平民百姓，面对国破家亡的血泪深仇，誓不屈服，临难奋起，凭着一腔热血，束发从军，矢志保家卫国、驱逐敌寇，发出了"还我河山"的呐喊，在尽忠报国的精神感召下投身战场，经历了无数次血与火的铸炼，最终百炼成钢，成为了民族精英，跨上了中国历史的大舞台——这个人就是名动后世的民族英雄岳飞。

后　记

岳飞是中国历史上影响力最大的民族英雄之一。

他生活的那个时代是一个国家和民族遭遇危难的大动荡岁月：外敌入侵，国破家亡，河山沦陷，无数无辜的百姓惨遭杀戮和劫掠，许多领先世界文明的繁荣城市遭遇到了毁灭性的破坏，财富被掠夺，百姓被奴役，陷身水火，国家和民族到了危亡的关头。这时候，原本一介平民的河南汤阴人岳飞毅然挺身而出，以尽忠报国的精神注入自己的生命之中，国尔忘身，置生死于度外，别妻离子，勇敢地投身于抗金斗争的洪流之中，凭着自己的一腔热血和超人的勇武、才智、胆略，拯厄除难，功济于时，南宋得以偏安，那里的百姓得以生存，一部分先进的社会文明得到了保全，后人作诗感叹说"临安一木幸犹支！"

然而，岳飞生长在那个不幸的年代，那是一个君主专制的帝国社会，几乎没有民主、自由、平等、博爱等开明的普世价值观念。

岳飞自幼秉承的尽忠报国精神，以及他非凡的才略和勇气、高洁傲岸的品行在那个年代突兀而出，所谓"木秀于林，风必摧之！"那个不幸的年代注定了岳飞必须战斗，没有别的选择。

岳飞是中国历史上的一代战神，他的一生都在勇敢地战斗着：和入侵的金军战斗，和伪齐战斗，和匪寇战斗，和叛军战斗，和金齐联军战斗，和昏君奸相战斗，和投降派战斗……虽然岳飞在战场上取得了一系列的辉煌胜绩，但是最后，岳飞还是被赵构和秦桧等一帮邪恶势力团伙背后偷袭，阴谋制造冤狱，陷害致死了。

哲人日已远，典刑在夙昔。乌云是遮不住太阳的，公道自在人心。赵构和秦桧等冤杀了民族英雄岳飞，却难以平息天下百姓的众怒，虽然秦桧父子大肆

删削、篡改、伪造历史资料和档案，妄图诋毁、歪曲岳飞的英雄形象，以至于后人在翻阅岳飞和南宋的历史之时，颇多迷茫。人们发现在岳飞身上隐藏了太多的谜团，太多的历史，太多的伟大，太多的感慨，虽历经八百多年，至今依旧扑朔迷离，难息争议。同时，也在岳飞身上彰显了太多的是非标准，正义与邪恶，爱国与卖国，仁义与残暴，高尚和卑贱，忠直与奸诈，清廉与贪腐……不一而足。

正义最终战胜邪恶是历史的必然，也是历史潮流的大势所趋。

历史真相经过时间的清洗之后，渐渐浮现，而岳飞的高大形象、光辉业绩已经远远地超越了历史，在他身上迸发出了太多的火花，瞬间照亮了那段漆黑的历史长夜，让人们看到了光明与希望。

由于岳飞在中国历史上的巨大影响和他的悲情英雄之结局，极易引起国人的情感共鸣，以至于《说岳全传》等有关岳飞的演义小说风行一时，戏剧、评书等民间文艺也十分青睐岳飞题材的故事，从而进行大量的艺术加工和演绎。然而，这些艺术加工和演绎的岳飞形象与历史上的岳飞大相径庭，相差甚远。

因此，还原一个真实的、历史上的岳飞，意义重大。

现代及当代历史学家、学者们研究岳飞取得了一些可喜的成果，也涌现出了邓广铭先生和王曾瑜先生等一些历史大家。邓广铭先生的研究具“独断之学”，学问深邃而渊博，首开岳飞历史研究之先声；王曾瑜先生的研究具“考索之功”，旁征博引，辨析严谨，集当代岳飞研究之大成。此两位先生是当代研究岳飞的两座高峰。特别是王曾瑜先生，他专注岳飞研究数十年，其力作《岳飞新传》等考据严谨、精细、翔实，不为流俗左右，论断公允，堪为师表。每每阅读他的大作，都获益良多，常有高山仰止之感。本书更以王曾瑜先生现身讲述的形式专段推出，编选了一些王先生的研究成果，在此谨致谢意。

研究岳飞有年之后，我深感所有研究岳飞的史家、学者之终极境界，最后都会归于对岳珂《鄂王行实编年》的研究上来。尽管学界曾有人指责岳珂《鄂王行实编年》出自私家著述，有为尊者讳之嫌，而且，《鄂王行实编年》也确有疏失、错漏之处，但是，正如当代研究岳飞者绕不开王曾瑜先生和邓广铭先生两座高山一样，真正研究岳飞者都绕不开《鄂王行实编年》。

本书封面所用的岳飞画像是南宋画院中的著名画家刘松年所绘，是目前保存下来的最早的岳飞画像。

关于岳飞的相貌问题，历来学界就颇多争议：民间流传的岳飞塑像、画像大都作军中大帅的装束，着盔带甲，身披锦袍，腰束玉带，魁伟英武，威风凛凛，往往还留有几绺胡须；而现存最早的南宋年间岳飞画像却十分儒雅，面大而方，头颅颇大，细眉毛，小嘴，而且没有髭须，带给人们的心里反差甚大。

我们先来说说南宋年间的岳飞画像。中国历史博物馆现存一幅古画——《南宋中兴四将图卷》，"四将图卷"的次序是从右向左，以刘光世为首，韩世忠其次，其三是张俊，岳飞居末，四将的身旁各有一个扈从。图卷的末尾有"刘松年画"四字，已模糊不清。有人考证说这幅图卷并不是南宋画院中人刘松年的原作，应是宋元之际的一种传摹本。清人阮元看到过这幅《南宋中兴四将图卷》，他在《石渠随笔》卷3《刘松年宋中兴四将图》说："岳飞面大而方，广额疏眉，两颊甚丰，目圆鼻尖，自口以下，重颐甚长，无髭须。"

南宋画院画家刘松年（约公元1155年—1218年），南宋孝宗、光宗、宁宗三朝的宫廷画家。钱塘（今浙江杭州）人。南宋孝宗淳熙年间（公元1174年—1189年）入为御前画院学生，南宋光宗绍熙年间（约1190年—1194年）为画院待诏，成为宫廷专职画家，南宋宁宗时（公元1195年—1224年）因进献《耕织图》，得到奖赏，被赐予金带。刘松年擅长画人物、山水，曾师从张训礼（本名张敦礼），其后画技精进，蜚声京城，名声盖过其师，被誉为画院人中"绝品"。刘松年的传世代表作品有：《四景山水图》卷及《天女献花图》卷，现藏故宫博物院；《罗汉图》轴和《醉僧图》轴，现藏台北故宫博物院；《雪山行旅图》轴藏四川省博物馆；《中兴四将图》卷传为其所作，现藏中国历史博物馆。后人把他与李唐、马远、夏圭合称为"南宋四大家"。

刘松年创作《南宋中兴四将图卷》的时间不详，但据其生卒年龄而推，则刘

松年出生之时，岳飞已经去世十三年了，刘松年当然没有机会亲眼目睹岳飞的真容。公元1204年（宋宁宗嘉泰四年），南宋朝廷追封岳飞为鄂王，此时距岳飞去世已经六十二年了，这一年刘松年四十九岁。刘松年《南宋中兴四将图卷》之中明确标注有"岳鄂王飞"四字，因此，刘松年创作"四将图卷"只能是岳飞去世六十二年之后的事情了。但是，我们不能想当然地据此否认刘松年创作"四将图"时看到当时的岳飞画像，因为他毕竟是南宋画院中人，能够获得很多的创作素材（不能排除刘松年见到过岳飞当年的画像或访求过曾目睹到岳飞真容的遗老），而且，刘松年作为一代著名画家，又在画院，没有理由凭空想象去创作岳飞等人的相貌。因此，我觉得刘松年《南宋中兴四将图卷》所绘岳飞相貌还是有一定的可信度的。

最早的岳飞画像出现于建炎四年（公元1130年），这年二月，受宜兴知县钱谌的诚挚邀请，岳飞统军进驻宜兴县，将兵营屯扎在县城西南的张褚镇，并在此破敌剿寇，保境安民，使宜兴百姓免遭兵灾匪祸，而且岳飞军纪严明，对民间秋毫无犯，赢得了宜兴人民的爱戴和赞誉。《三朝北盟会编》卷208《林泉野记》记载："充（杜充）后守建康，叛归虏。诸将扈成、戚方皆反，惟飞（岳飞）全一军，屯于宜兴县。时常州吏民避狄，居县中者甚众，赖飞而全。"宜兴百姓用朴素的语言称颂岳飞，说："父母生我也易，公之保我也难。"按照中国古代的隆重礼节，宜兴人民为时年28岁的爱国将领岳飞建造了生祠，以表达父老百姓的感激之情，这应该是历史上人们为岳飞建造的第一座祠庙。

宜兴百姓还将岳飞画像"摹刻于石，庶广其传"，"图像于家"，挂在家里让老少早晚瞻仰敬奉。正是淳朴善良、知恩图报的宜兴百姓在岳飞生前就将岳飞尊奉为神，使其走上了神坛。因此，邓广铭先生说："岳飞是一个最具人民性的英雄。"

岳飞含冤遇害之后，出于对岳飞恩德的感激与对岳飞的纪念，今湖北、湖南、江西一带的老百姓家家户户张挂岳飞的遗像，奉祀不衰，这些老百姓大多见过岳飞，所以他们画的岳飞像也比较接近真实的岳飞。

直到岳飞身后好几十年，江、湖之地的百姓依然家家户户张挂岳飞的遗像，奉祀不衰，还流传了很多歌颂岳飞的民间故事。鄂州城内的旌忠坊，特别为岳飞设立忠烈庙。《金佗续编》卷27《孙迪编岳飞事迹》记载:“湖之南,江之西,比屋绘像,事王(岳飞)如生。”

南宋乾道六年(公元1170年),湖北转运司在湖北武昌为岳飞立庙的公文中评价岳飞:“伏见故少保岳飞顷提十万之众,留屯鄂、汉,纪律严明,秋毫无犯,捐躯殉国,有百战百胜之功。至今鄂州一军士卒整肃可用者,皆飞之力也。(岳飞)去世已三十年,遗风余烈,邦人不忘,绘其相而祀者,十室而九。”

《金佗续编》也提到岳飞遗像形貌魁伟,气度不凡。据《金佗续编》卷27《百氏昭忠录》载有一篇《南昌武宁县城隍祠岳忠武王遗像记》,这里面记载了一件事情,说的是南宋武宁县官员章子仁,有一次他去当地城隍祠祭祀,看到一尊十分魁伟的塑像,有一隅峨冠博带,正襟危坐,宝相庄严。章子仁感到惊奇,就问看庙的人道:“那是谁的塑像?”(原文“环视绘堵间,有魁然容貌,俨然冠带而隅坐者,骇而问焉”)看庙的人告诉他,那是岳忠武王(岳飞)遗像。

2012.2.15